KB160601

일본어 조동사 (ら)れる의 사적변천

이 저서는 2016년 대한민국 교육부와 한국연구재단의 지원을 받아 수행된 연구임
(NRF-2016S1A6A4A01018653)

일본어 조동사 (ら)れる의 사적변천

박종승

역락

머리말

1990년 4월 25일, 필자는 吉岡曠교수님으로부터 「やっと来られましたね」라는 인사말을 듣고 순간 왜 "존경" 표현을? 하고 고개를 갸우뚱했다. "가능" 표현이었다는 것을 알아차리기까지는 시간이 얼마 걸리지 않았지만, 언어에서의 다의성으로 인한 소통의 혼선을 일본어에서 처음으로 겪는 순간이었다. 2월에 입학시험을 치르고, 비자 문제로 재입국이 늦어서 4월 5일 입학 날짜를 20일이나 지난 시점에 겨우 입국하게 되었을 때 들은 인사말이다.

이후 2001년 3월 귀국 전까지 小松英雄교수님의 "일본어사 특수연구"라는 수업을 10여 년 수강하는 중에 들었던 내용이 대부분 연구서로 출판되었다. 그중에 『日本語はなぜ変化するか』(笠間書院)도 포함된다. 일본어의 역사적 변천이라는 측면에서 조동사 (ら)れる를 처음 접하게 된 것도 이 수업에서이다. 일본어사 연구의 길잡이를 해 준 강의였다. 텍스트 해석解釈과 解析을 위한 기초 다지기는 역시 吉岡교수님의 『源氏物語』 「本文批判」과 佐々木隆교수님의 『日本書紀』·『古事記』의 신화 읽기, 그리고 「記紀歌謡」·『万葉集』의 훈독과 해석 수업을 통해서 이루어졌다. 大野晋교수님을 통해서는 음운에 대한 기초지식과 그 중요성을 배울 수 있었다.

일본어사 측면에서 조동사 (ら)れる만큼 다이내믹한 변천 과정을 거친 기능어도 찾아보기 어려울 것이다. 용법의 다의성과 그 용법 간의 파생관계, 그리고 형태변화에 따른 기능의 변별 등 흥미진진하다. 그만큼 연구 결과물의 축적도 어마어마하게 방대하다. 그럼에도 이 저서를 집필하게 된 것은 일본어의 코퍼스 구축이 상당한 수준에 도달하여 새로운 방법에 의한 연구가 가능하게 됨으로써 (ら)れる에 대해 정밀한 연구를 할 수 있게 되었기 때문이다.

필자가 일본어 코퍼스^{말뭉치}를 처음 접하게 된 것은 한국연구재단의 2013년 "대학연구인력국제교류지원" 사업으로 옥스퍼드대학(Faculty of Oriental Studies, University of Oxford)에 갔을 때이다. Bjarke Frellesvig교수의 연구팀이 개발한 OCOJ(Oxfor Corpus of Old Japanese)는 7~8세기 자료인「古事記歌謡」^{712년}・「日本書紀歌謡」^{720년}・「風土記歌謡」^{730년대}・『仏足石歌』^{753年}・『万葉集』^{759年}・「続日本紀歌謡」^{797년}・「上宮聖徳法王帝説」^{平安初期}를 텍스트로 하고 있다. 일본국립국어연구소에서 개발한 CHJ^{日本語歴史コーパス}는 그때까지는 아직 개발되지 않았던 코퍼스이다. 前川喜久雄(2008)에 의하면『現代日本語書き言葉均衡コーパス』(약칭 BCCWJ)는 2006년부터 5개년 계획으로 구축이 진행되었다. 13세기부터 18세기 말까지의 자료를 텍스트로 한 코퍼스가 아직 미개발(15세기의『狂言』은 CHJ에 수록되어 있음) 상태이기 때문에 고대어에서 현대어에 이르기까지의 통시적인 연구가 완벽하지는 않지만 일본어 연구를 위한 코퍼스 구축의 비약적인 성과임에 틀림없다.

본서에서의 대부분의 예문 분석은 코퍼스에서 추출된 것이며, 통계적인 분석 또한 코퍼스에 기반하고 있다. 특히 본서의 제5장은 코퍼스에 기반한 새로운 방법론에 의해 실증적으로 분석된 현대 구어에서의 조동사 (ら)れる의 쓰임새에 대한 연구결과이다. 제1장에서 제4장까지는 박종승(2004, 2005, 2008, 2011, 2018a, 2018b)을 근간으로 하여 가필 또는 재구성한 것이다.

본서는 한국연구재단의 지원을 받아 수행된 연구 결과물이대이 저서는 2016년 대한민국 교육부와 한국연구재단의 지원을 받아 수행된 연구임(NRF-2016S1A6A4A01018653)].

끝으로 본서는 도서출판 역락의 후의로 간행되었다. 출판에 도움주신 영업이사 박태훈 님, 편집이사 이태곤 님, 그리고 편집담당 강윤경 님께 감사의 말씀을 드립니다.

2021년 2월
박종승

차례

제1장 조동사 ラユ와 ラル의 생성

제2장 조동사 ラユ와 ラル의 용법

제3장 형태의 변화와 기능

제4장 조동사 ラレル 용법의 양상

Prologue

본서의 목적과 과제

동사는 명사와 더불어 모든 자연언어에 보이는 품사 중의 하나라 시제^{Tense}, 상^{Aspect}, 태^{Voice}에 따라 형태가 바뀐다. 시제, 상, 태는 언어일반에 나타나는 보편성과 개별언어의 특수성을 잘 보여주는 동사의 문법범주이다. 일본어 조동사 (ら)れる는 (さ)せる와 함께 일본어의 태^{Voice}를 나타내는 형태로서 고대에서 현대에 이르기까지 활용형의 변화(ra)ru 〉(ra)ruru 〉(ra)reru와 함께 "ra탈락표현^{ら抜き言葉}"과 "re첨가표현^{れ足す言葉}"이라는 형태와 기능의 변화가 있었다.

본서에서는 조동사 (ら)れる에 대한 사항을 생성과정에서 시작하여 형태의 변천과 제용법과의 인과성 그리고 언어운용에 따른 의미와 용법의 변천과정을 통시적인 시각에서 기술하고자 한다. 이와 같은 저술목적은 다음과 같은 이유에서 비롯된다.

첫째, 일본어 조동사 (ら)れる에 대한 용법을 기술함에 있어서 지금까지는 사적변천이라는 시각에서 다양한 용법과 형태상의 변화, 그리고 운용상의 변화에 대한 통일적인 설명을 부여하지 못했다尾上의 "생기문(出来文)"설과 이를 계승한 川村는 의미와 용법만을 다룸. 각 용법간의 관계, 즉 파생관계에 대해 인과성을 적용하여 기술하지 않고 각각의 용법을 개별적으로 나열하는데 그쳤다. 다만 (ら)れる의 근원적인 의미에 대한 연구와 함께 〈수동〉과 〈가능〉 용법 사이의 관계를 기술한 것은 있다(志波2018). 그리고 활용형의 변천과정 외의 운용상의 변화에 대한 체계의 통일성이라는 관점에서 기술하지 못하고 있다. 각 용법간의 파생과정에 대해서는 지금까지 의견의 일치를 보지 못하고 있는 것이 現狀이다. 따라서 지금까지의 연구에 대한 정리와 재검토가 이루어져야 할 것이다. 둘째, 조동사 (ら)れる를 문법범주 태^{Voice}의 시각에서 기술하고자 하는 관점의 결여로 일본어에서의 자발태와 가능태 그리고 존경태를 인정하는데 소극적이었다. 셋째, "ra탈락표현^{ら抜き言葉}"과 "re첨가표현^{れ足す言葉}"과 같은 운용상의 문제를 인과율에 입각하여 함께 다루지 못했다. 또한, "ra탈락표현"과 "re첨가표현"을 체계의 통일성이라는 관점에서 같은 연장선상에 두고 연구가 이루어지지 못했다. 그럼으로써 "ra탈락표현"과 "re첨가표현"을 별개의 운용상의 변화로 보아 /-eru/형 가능동사라는 체계의 통일성을 간과하게 되었다. 언어의 변화를 역동적으로 기술할 필요가 생겼다는 것이다. 끝으로 현대일본어에서의 조동사 (ら)れる용법의 분포를 코퍼스 분석에 의해 기술하고자 한다. 대용량의 코퍼스가 구축되어 (ら)れる의 운용현황을 더욱 세밀하고 정확하게 분석할 수 있게 되었다.

일본어에서 조동사 (ら)れる만큼 그 기능에 있어서 역동적인 문법범주도 찾아보기 힘들 것이다. 상기와 같은 저술 목적은 언어사적인 시각에서 인과율에 의한 통일된 기술이 필요하며, 각각의 형태변화에 대한 사적변천을 언어^{일본어}체계 내에서의 변화로 받아들여 계기적^{継起的}으로 발생한 모든 변화에 대해 인과율로 일관된 설명을 부여해야 할 필요가 있다.

일본어의 태^{Voice}에 대한 이와 같은 저술 작업은 일본어의 태^{Voice} 체계를 확립함과 아울러 다이내믹하게 펼쳐지는 언어변화가 어떠한 동인^{動因}에 의해 변천하느냐 하는 과정을 밝힐 수 있을 것이다. 통시적인 관점에

서의 저술이 가능하게 된 것은 연구 환경의 외적 요소도 한 몫 한다. 즉, 다양한 코퍼스^{Corpus}가 구축되었다는 점이다. 본서에서도 코퍼스를 활용하여 (ら)れる를 접속하는 동사의 종류와 용법의 분포, 그리고 "ra탈락표현"과 "re첨가표현"의 변화추이에 대해서도 기술할 것이다. 끝으로 본서의 과제는 다음 사항에 대한 검토와 기술이다.

(1) 조동사 ラユ [(ら)ゆ]와 ラル [(ら)れる]의 생성과정 및 의미·용법의 변화

(2) 용법의 파생 또는 생성과 상호연관성

(3) 형태변화와 기능

(4) 개별 용법의 변화양상

(5) 현대구어에서의 쓰임새

(6) "ra탈락표현"과 "re첨가표현"의 사용실태

조동사 (ら)ゆ는 8세기의 태^{Voice} 형식의 하나로 〈수동〉〈자발〉〈가능(불가능)〉 용법으로 사용되었다. (ら)ゆ에 주목하는 것은 (ら)る의 생성과정을 선행적으로 보여주기 때문이며, 또한 그 용법의 한계를 (ら)る가 대체하고 있기 때문이다. 이러한 용법의 계승으로 인해 (ら)ゆ가 (ら)る로 형태변화과정을 거쳤다는 주장도 있지만 그렇지 않다. (ら)ゆ와 (ら)る는 각각 -그어미동사와 -ル어미동사의 어미가 접미어에서 조동사로 문법화 과정을 거쳐 생성된 것으로 두 조동사 간의 형태적 변화관계는 성립하지 않는다. 〈수동〉〈자발〉〈가능〉용법의 상호연관성은 조동사 (ら)る에만 국한되는 것이 아니라 (ら)ゆ에도 적용된다. 따라서 (ら)ゆ의 생성과정과 의미·용법을 명확하게 밝히는 것은 (ら)る용법의 상호연관성을 규명하기 위해서도 필요한 작업이다.

12세기 말에는 일본어의 활용체계에 큰 변화가 발생한다. 우선, 종지

형에 의한 연체형 통합(tatu 〉 taturu)현상이 일어나 그때까지 종지형 공유에 의한 자타동사변화 시스템은 소멸된다. 조동사 (ら)る도 동사활용체계의 종지형에 의한 연체형 통합으로 종지형이 (ら)るる로 변화하게 된다. 그리고 2단활용의 (ら)るる는 2단활용동사의 1단화와 함께 (ら)れる로 형태 변화 과정을 거치게 된다. 이와 같은 동사의 활용체계의 변화와 더불어 종지형 형태의 변화는 활용체계의 내적 요인, 즉 "형태의 시사성"(坪井 1991:101)에 의한 결과로 받아들여진다. 동사활용체계의 변화는 가능동사의 형성을 유도하고, 가능동사는 조동사 (ら)れる의 "ra 탈락표현"에 의한 "-reru"형 가능동사 형성으로 이어지고, 마침내는 "re 첨가표현"이라는 일련의 〈가능형〉이라는 형태변화의 모태로 볼 수 있다. 따라서 "ra 탈락표현"과 "re 첨가표현"을 독립적으로 기술하지 않고, 조동사 (ら)れる의 역사적 변천이라는 선상에서 함께 기술되어야 할 부분이다. 그리고 코퍼스를 활용하여 현재의 사용실태를 파악함으로써 언어변화의 과정을 엿볼 수 있다. 끝으로 조동사 (ら)れる의 용법을 코퍼스에 기초한 분석으로 그 분포에 대해 보다 세밀하게 기술할 수 있다. 이를 통해 동사의 의미적 특징과 동사의 형태[모음어간동사와 자음어간동사]에 따른 용법 분포의 차이 등을 명확하게 파악할 수 있을 것으로 기대된다.

연구사

조동사 (ら)れる【고대어 (ら)る】에 대한 연구는 무수히 많다. 연구의 방법은 (ら)れる의 개별적인 의미와 용법, 그리고 (ら)れる형 술어문의 다의구조로 나눌 수 있다. (ら)れる의 개별용법의 경우 근본적인 의미가 무엇이며, 용법간의 파생관계가 어떻게 되는지가 주로 관심의 대상이다. 이

와 같은 접근은 (ら)れる의 네 가지 용법을 통일적으로 기술하고자 하는
의도에서 비롯되었다고 할 수 있겠다.

  조동사 (ら)れる의 근원적인 의미를 〈자발〉에 두는 "자발기원설"과 〈수
동〉에 두는 "수동기원설"이 대표적인 경우이다. (ら)れる의 개별용법 간
의 파생 및 확장 관계를 주장하는 제설^{諸説}에 대한 검토는 川村(2012)에서
상세하게 기술하고 있다(pp.231-249).

  조동사 (ら)れる 용법의 전화관계에 대해서는 제2장에서 상술하기로
하고, 여기서는 자발기원설과 수동기원설, 그리고 개별용법과 술어문의
다의구조에 대한 선행연구의 흐름을 개관하기로 하겠다.

  時枝(1941)은 (ら)る의 원래의 뜻을 〈자연적실현〉 내지 〈자연적성립〉으
로 규정하고, 〈수동〉〈가능〉〈경어(존경)〉는 자연적 실현이라는 원뜻을
바탕으로 각각의 의미가 파생하였다고 파악하고 있다(pp.462-464). 이와 같
은 자발기원설은 辻村(1967)의 "〈수동〉〈가능〉〈존경〉은 모두 〈자발〉에서
유래했다"(p.187)는 주장으로 계승된다. 橋本(1969)에서도 〈수동〉은「自ら
なる意味のものから転化」(p.278), 〈가능〉은「自然の意味を表わすものが可能
の意味を表わすようになった」(p.283), 〈존경〉은「敬語はやはり自然動から発
生したものであらうとおもはれる」(p.284)라며, 〈자발〉에서 모두 파생하였다
고 한다. "자발기원설"을 도식화 하면 다음과 같다.

  자발용법과 수동용법의 파생관계는 각각의 기원설과도 관련이 있는 관
계이다. 〈자발〉과 〈수동〉은 사태가 언어주체^{주어}의 의사와는 무관하게 생

기한다는 점에서 공통적 특징이 인정된다. 예를 들면,「先生にほめられる」라는 수동표현은 문의 주어^私가 관여하지 않았음에도 동작주^{先生}의「褒める^{칭찬하다}」라는 동작/작용에 의해 자신이「褒められる^{칭찬받다}」라는 상태에 처하게 된다는 점에서 자발적수동의 의미가 인정된다(박2004).

한편, 川村(2012:244-245)는 존경용법이 자발용법에서 확장된 것으로 보기 어려운 이유에 대해 다음과 같은 지적을 하고 있다.

① 존경용법에서는 동작의《대상》이 ガ격을 받지 않는데 비해 자발용법에서는《대상》이 ガ격을 받는다. (격 체제의 차이)

② 존경용법에서의《행위자》(즉 존경의 대상)는 기본적으로 화자본인일 수 없지만, 자발용법에서의《행위자》는 소설의 지문(地文)이 아닌 한 평서문에서는 화자본인이다(辛島1993). (《행위자》와 관련한 인칭제약의 유무)

③ 존경용법에서의 술어동사에는 특히 제한이 없지만, 자발용법의 술어동사는 지각・감정・사고동사인 경우가 많다(辛島1993). (술어동사의 종류의 편중 유무)

자발용법에서 존경용법이 확장되었다고 설명하기 위해서는 적어도 위의 세 가지 사항에 대한 설명을 부여해야 한다고 한다.

박(2008)에서는 존경용법이 자발용법 또는 수동용법에서 전화한 것이 아니라 경어동사에 접속하던〈자연생기〉를 나타내는 접미어 ル가 존경용법의 기능을 담당하게 된 것으로 보고 있다(p.22). 또 하나의 동인^{動因}으로는 접미어 ス와 ル의 대립구조 속에서 친근감을 더하여 가벼운 경의를 나타내는 ス를 대신하여 존경의 의미를 나타내게 되었다는 가능성을 들 수 있다.

다음은 수동기원설에 대해 살펴보기로 하겠다. 조동사 (ら)る 용법의 수동기원설은 金沢(1912)에서 출발한다. 金沢(1912)는「国語では所相転じて勢相となり」(p.215)로 보고, 〈수동〉의 조동사 (ら)る에서 〈가능〉이 파생했다고 상정하고 있다.[1] 三矢(1928)에서는 〈수동〉에서 〈가능〉으로의 전화과정을 다음과 같이 기술하고 있다.

> 被役相は動作の表れたる現象にして、可能相はその現象を生ずべき力あるを表す者、即結果の形式を以て能力を表す者なれば、全然被役相そのまゝの文が又可能相にも成るべき理なれば、(p.178)

三矢가 말하는「被役相」는〈受身〉또는〈所相〉를 의미하며, 〈수동〉은 동작발생의 현상으로서 〈가능〉이 그 현상을 발생시킨 것으로 보고 있다. 金沢(1912)와 三矢(1928)은 〈수동〉 → 〈가능〉의 전화관계만을 기술하고 있지만 다음의 山田(1948)은 전 용법의 전화관계에 대해 논하고 있다. 山田(1948)은『日本文法学概論』에서 조동사 (ら)る에 대해 다음과 같이 기술하고 있다.

> 「る」「らる」は状態性の間接作用をあらはすものにして、その最も根本的なりと認めらるゝは受身をあらはすものなり。(p.317)

山田의〈수동〉기원설은 다음과 같다. 조동사 (ら)る 용법은 〈수동〉 → 〈自然勢(자발)〉 → 〈능력(가능)〉 → 〈경어(존경)〉처럼 단계적으로 전화했으며, 그 근원에는 상태성의 간접작용이 있어서 그 작용의 실현은 방관적이라는 것이다(pp.317-319).

---

1) 大槻文彦: 勢相＝可能相、被役相＝所相

〈수동〉 ⟶ 〈자발〉 ⟶ 〈가능〉 ⟶ 〈존경〉

　자발기원설과 수동기원설의 차이는 전화관계에 있다. 자발기원설은 〈수동〉〈가능〉〈존경〉이 모두 〈자발〉에서 파생했다고 보고 있으나, 수동기원설은 그렇지 않다는 점이다.

　児島(1973)에서는 자발·가능은 수동과 불가분의 관계에 있으며, 수동의 근원적 의미를 어떤 동작이 주체의 의미와 무관하게 생기는 것으로 파악하고 있다(p.99). 그것이 주체의 동작일지라도 자연적으로 생기는 가능이나 자발의 뜻이 함의되어 있다고 보고 있다.

　조동사 (ら)る 용법의 기원설은 이후 다음과 같이 계승된다. 吉田(1973)은 고대일본어 조동사 (ら)る를 〈수동〉의 조동사와 동사 ラ행재활용어미의 두 종류로 분류하고 있다(p.162). ラ행재활용어미의 접미사 る는「そのようにある」라는 〈自然存在〉의 상(相)을 나타내며(p.167),[2] 조동사로서의 る도 〈자연존재〉를 나타내면서 점차 격 관계 표현으로 분화하여 〈自然勢^{자발, 저자 주}〉와 〈수동〉의 의미를 나타내게 된다고 보고 있다(p.167). 정리하면 다음과 같은 분화관계로 표시할 수 있다.

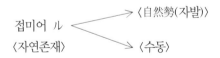

접미어 ル ⟶ 〈自然勢(자발)〉
〈자연존재〉 ⟶ 〈수동〉

　吉田(1973)은 자발과 수동은 상호 전화관계에 있는 것이 아니라 〈자연존재〉를 나타내는 접미어 ル에서 분화한 기원이 같은 것으로 보고 있다. 中西(1996)은 고대일본어 조동사 (ら)る의 본래의 의미는 〈수동〉이었으며,

─────────────────

2) 4단활용의「離く」「変ふ」「益す」에 접미어 る를 접속하여「離かる」「変はる」「益さる」를 파생

〈자발〉은 〈수동〉에서 유래했다고 한다(p.53). 〈수동〉에서 〈자발〉로의 의
미변화는 「他者によって」가 「我において」로 되는 지점에 발생한다고 기
술하고 있다. 한편, 조동사 (ら)る의 긍정표현의 〈가능〉용법은 8세기 시
가집 『万葉集』에는 발견되지 않는다. 中西(1996)에서는 10세기의 『古今集』
와 11세기의 『源氏物語』에 극소수의 사용례가 있다고 한다(pp.72-73). 〈자
발〉의 부정은 〈불가능〉과 〈자발의 부정〉으로 나누어지며, 이는 심적 행
위에 의해 실현된다. 한편, 〈가능〉은 의지발동에 의해 상황이 관여하여
실현되는 것으로 보고 있다(p.76). 존경용법에 대한 기술은 보이지 않으
며, 수동용법에서 자발용법이 파생했으며, 가능용법은 자발용법에서 파
생한 것으로 지적하고 있다. 이것을 그림으로 나타내면 다음과 같다.

中西는 〈자발〉과 〈가능〉의 차이를 의지발동 유무에 의해 구별하고 있
다. 그러나 의지발동에 의해 사태가 실현되는 〈가능〉은 주체의 능력을
나타내는 경우에 한정된다. 〈가능〉의 의미를 〈능력가능〉과 〈상황가능〉
으로 분류할 경우, 中西의 가능은 〈능력가능〉에 해당한다고 볼 수 있다.
현대일본어와 고대일본어에는 〈상황가능〉이 보편적이다. 적어도 8~10세
기의 고대어에서는 〈능력가능〉은 관찰되지 않는다. 吉田(2013)에 의하면
"의지를 갖고 노력한 결과, 실현 곤란한 행위가 실현되는" 가능구문은 중
세院政期; 11세기 후반부터 12세기 말까지부터 보이기 시작한다고 한다.

〈존경〉 용법이 〈자발〉 또는 〈가능〉에서 파생했다고 보는 것이 자발과 수동기원설이다. 辛島(1993)은 「主に受身用法の「る・らる」が尊敬用法に転じていった」(p.7)라며, 〈수동〉에서 〈존경〉 용법이 파생한 것으로 보고하고 있다. 〈자발〉 용법에서 〈존경〉 용법이 전화할 가능성이 낮은 이유에 대해서 辛島(1993)은 문헌 자료에 보이는 회화부나 시가에 사용된 (ら)る의 〈자발〉 용법은 1인칭의 행위에만 국한되고, 대화 상대 또는 3인칭에 대해서는 사용되는 경우가 거의 없기 때문이라고 한다. 〈수동〉〈가능〉〈자발〉은 의미적으로 서로 연속적이기 때문에 〈존경〉 용법은 어느 용법에서도 전화가 가능할 수 있었겠지만, 〈수동〉 용법에서 〈존경〉 용법의 전화가 가능했던 것은 1인칭의 발화 장면(회화부)에서의 연속성 때문이라는 것이다. 辛島(1993)은 「古文書」의 (ら)る 표기에 사용된 「被」의 특색에 대해 논한 辛島(1991)의 후속연구이다. 辛島(1991)에서는 〈수동〉과 〈존경〉이 (ら)る 표기에 사용된 「被」를 매개로 의미적으로 밀접한 연관성이 있으며, 연속성을 가진다고 지적하고 있다. 또한 〈수동〉에서 〈존경〉으로의 전환이 발생하기 쉬웠던 이유에 대해 古文書에 사용된 (ら)る가 주로 하위자가 상위자에게 보내는 서신上申文書에 다용되었기 때문이라고 설명한다(p.10).

川村(2012)는 존경용법의 수동용법 파생에 대해 다음 두 가지의 문제점을 해결할 필요가 있음을 지적하고 있다(p.246).

① 수동용법에서 존경어화하기 위해서는 주어가 《被影響者》로부터 《행위자》로 의무적으로 교체하게 된다. (주어 명사 항 교체의 필요성)

② 만약 수동용법의 ラル형술어에서 존경용법으로의 전용이 발생했다면 그것은 「貴人の動作を受ける」라는 사태의 표현이 존경표현에 전용되었다는 것이다. 그러나 「貴人の動作を受ける」사태 표현이 직접적으로 존경

표현에 전용되었다고 볼 수 있는 사례는 일본어의 역사상 그 예를 찾아 볼 수 없다. (유사용례가 없음)

　川村(2012)는 辛島(1993)설의 문제점으로 두 가지를 들고 있다. 하나는 상기 수동유래설 ②에 대한 문제가 방치되어 있다는 점, 둘째는 상위자의 행위를 요청希求할 때 수동문을 사용해야 하는 동기에 대한 설명이 없다는 점이다(p.248). 辛島가 주장하는 존경용법의 수동용법 파생의 작용원리mechanism와는 다르지만 존경용법의 수동파생설은 森山(2007)에서도 계승되고 있다. 森山(2007)은 〈존경〉을 나타내는 「-(ラ)ル」형식은 본래 〈수동〉을 나타내는 형식이며, 존경대상의 행위를 화자언어주체가 존경대상으로부터 은혜를 입는다는 의미에서 확장된 표현이라는 것이다(p.70).
　존경용법의 가능파생에 대해서는 児島(1973)을 들 수 있다. 児島는 존경용법의 본질은 가능에 있으며, 그 능력 소유자를 존경하는 뜻이 내포되어 그것이 경어로 발전했다고 보고 있다(p.106). 이와 같은 주장은 수동기원설의 山田(1948)을 계승하고 있음을 알 수 있다. 山田는 존경용법에 대해 다음과 같이 언급하고 있다.

　　さてこの「る」「らる」は又一転して敬語として用ゐらる。(中略)　この敬語となれるものは恐らくはその能力の存するをいへるものより一転せるものならむ。即ち、その人にさる能力の存する由をいひ、その人の優越の地位に在るを示し、以て崇敬の意をあらはすに至れるものなるべし。(pp.318-319)

　자발기원설에 기초한 존경용법의 자발파생에 대해 大野(1967)은 고대일본인의 사고방식과 생활환경에 근거하여 다음과 같이 논하고 있다.

人間関係についても、相手を自然のままであるとみること、相手に対して人
為を加えないことが、つまり相手を尊敬することと考えられるのは当然の成
り行きである。そこにル・ラルが尊敬を表わす助動詞として使用された根拠
がある。(p.12)

위와 같이 존경용법은 자발·수동·가능 등의 제용법에서 파생되었다
는 설이 있어서 이와 관련해서는 좀 더 세밀한 연구가 필요한 부분이다.

조동사 (ら)れる의 제용법을 통일적으로 설명할 수 있는 개념을 찾기
위한 연구도 활발하다. 즉, (ら)れる의 근원적인 의미가 무엇이냐 하는 물
음이다. 조동사 (ら)れる의 근원적인 의미에 대해서는 〈자연생기〉를 상정
하는 것에 대해 많은 학자가 지지하고 있다. 志波(2018)은 조동사 ラル의
의미를 "자연발생"으로 보고, ラル구문은 화자의 '시점'과 강하게 결부되
어 있는 구문으로 파악하고 있다. ラル구문은 화자가 시점을 둔 유정물
측에서 자신에 대해^{어떤 요인에 의해} 행위가 자연적으로 발생한 것을 서술하
는 것을 중심적 기능으로 보고 있다(p.5). 그리고 吉田(2013)은 고대일본어
^{12세기 전까지}에서의 조동사 ラレル 용법의 공통된 의미에 대해 "주어인 유정
물에 대해 유정물의 의지와는 무관하게 사태가 자연발생"하는 점이라고
기술하고 있다.

조동사 (ら)れる의 근본적인 의미파악과 함께 ラレル술어문에 대한 연
구가 주목을 받고 있다. 尾上(2003)은 ラレル술어문의 다의성을 "사태 전
체의 생기" 즉, 「出来文」이라는 개요^{schema}를 통해 통일적으로 파악하려고
시도하고 있다. 尾上의 「出来文」에서는 (ら)れる의 용법이 6가지―의도성
취·자발·가능·수동·발생상황묘사·존경―로 분류된다(尾上2003:38, 참조
1998a, 1998b, 1999). 尾上의 "생기문^{出来文}"은 다음과 같이 규정된다.

「事態をあえて個体の運動(動作や変化)として語らず、場における事態全体の
出来、生起として語るという事態認識の仕方を表す文である」(2003:36)

　생기문의 주어는 사태가 생기하는 "장"이 된다. 일반적인 동사술어문
은 사태를 개체의 움직임 또는 상태로 파악하지만, 尾上의 생기문은 "사
태를 전체적으로 발생, 생기하는 것을 서술하는 문"(1998a:82)으로 파악하
고 있다. 그리고 〈수동〉〈가능〉〈존경〉의 의미는 "사태전체의 생기" 스
키마를 적용함으로써 언어적으로 실현된다고 이해하고 있다(尾上2003:36).
尾上의 생기문은 川村(2012)에 의해 계승발전 된다. 川村(2012)는 ラレル형
술어문의 다의성을 기술함에 있어서 개별용법 간의 확장 또는 파생 관계
를 고려하는 연구방법은 적절하지 않다고 지적하고, 尾上(1998a, 1998b,
1999, 2000, 2003)의 "생기문^{出来文}"설이 ラレル형 술어문의 다의구조를 적절
하게 파악할 수 있는 방법으로 받아들이고 있다.

　川村(2012)는 尾上(1998a, 1998b, 1999, 2000, 2003)을 계승하는 한편, 용법분
류 방법에서 두 가지의 차이점을 인정하고 있다. 첫째는 尾上(2003)에서
는 존경용법의 일부를 별도의「非人称催行」용법으로 분류하고 있지만,
川村(2012)는 이것을 별도분류하고 있지 않다는 점이다. 둘째는 尾上
(1998b)에서 가능용법 중,「個別一回的な事態の不成立」을 나타내는 경우
에 대해 川村(2012)에서는 〈불가능〉보다 〈의도불성취^{意図不成就}〉를 나타내
는 것으로 보고 있다는 점이다.

　尾上의 생기문은 仁科(2011)에서 고대일본어 조동사 (ら)ゆ와 (ら)る용
법의 연관성을 기술하는 주요한 이론으로 차용되고 있다. 仁科(2011)은 尾
上(1998a, b, 1999)의 "생기문^{出来文}"설과 Shibatani(1985)의 "동작주비초점화
^{Agent defocusing}"설의 장점을 도입하여 고대일본어 조동사 (ら)ゆ와 (ら)る용
법의 연관성에 대해 기술하고 있다. 仁科(2011)은 (ら)ゆ와 (ら)る의 용법

을 크게 수동계열과 자발계열로 분류하고, 이것을 직접형과 간접형으로 세분하여 정리하고 있다. 계열간의 공통성과 계열내의 공통성에 대해 다음과 같이 정리하고 있다(p.40).

	受身系列用法	自発系列用法	
直接型	A 直接受身	D 自発Ⅰ E 可能Ⅰ	「動作主非焦点化」で ←説明が付くタイプ (他動詞の自動詞化)
↓ 用法展開 ↓	B 対格残存型 C 自動詞型	H 中間型 (知覚判断/出来事の発生)	両様の理解が可能な タイプ
間接型	間接受身 (迷惑・競合)	F 自発Ⅱ G 可能Ⅱ	「出来文」での説明が 自然なタイプ

被影響者の側から事 態を語る(ニ受身の共 通性)　　　動作の非意図的実現 (自発の定義)

用法の再整理(仁科2011:40 引用)

仁科는 상기 그림에서 보는 바와 같이 "동적주비초점화"설은 직접형을 설명하는 개념으로, "생기문"설은 간접형 용법을 설명하는 개념으로 차용하고 있다. 그러나 용법전체에 대해 근거를 제공할 공통성은 인정하기 어렵다면서도 논의의 후보로서는 尾上의 "생기문"설을 들고 있다(p.41). 川村(1993)에서도 분류의 차이는 있으나 결국 "동작주비초점화"설로 설명 가능한 부분과 "생기문"설로 설명가능한 부분으로 나누고 있는 점에서는 仁科와 공통된 의견을 제시하고 있다.

尾上(1998a,b, 1999, 2003)의 생기문설과 이를 계승한 川村(2012)에 대한 비판은 志波(2018)에 의해 이루어지고 있다. 志波(2018)이 지적하는 생기문설의 문제점은 다음의 네 가지이다(pp.305-308).

    (1) 생기문에서의 주어는 ガ · ノ격으로 표시되는 항이다 ― 주어 인정
    (2) "발생상황묘사용법"에서의 대상도 주어로 볼 수 있다
    (3) 무의지자동사문은 생기문이 아니다
    (4) 현대어의 〈비정주어 수동문〉은 생기문이 아니다

    먼저 (1)과 관련해서 생기문의 주어는 사태가 생기하는 "장場"이기 때문에 자발이나 가능용법의 경우, '대상' 또는 '행위자' 모두 주어로서의 "장"이 될 수 있다. 자발구문과 가능구문에서 ガ격으로 표시되는 '대상'이 "주어장"가 될 수 있다는 것은 생기문설이 갖는 한계일 수 있다. (2)의 문제점은 (1)과 관련된다. 尾上가 말하는 "발생상황묘사용법"은 金水(1991)의 "서경문叙景文"과 같은 용법으로서 결과 상태를 나타낸다. (ら)れる의 이와 같은 용법은 현대어에서 〈비정주어 수동문〉으로 분류되지만 尾上와 川村는 수동용법에서 제외하고 있다. 현대어의 〈비정주어 수동문〉의 일종인 "발생상황묘사용법"에서의 '대상'이 ノ격으로 표시되는 것과 관련하여 〈유정주어 수동문〉의 주어와 같은 주어로 볼 수 있느냐는 문제이다. (3)은 「折れる」「壊れる」「荒れる」 등과 같은 무의지자동사문은 생기문이 아니라고 하지만 〈비정주어 수동문서경문/발생상황묘사용법〉은 무의지자동사문과 상당히 유사하여 그 관계는 당연히 설명이 필요하다는 것이다. 조동사 (ら)れる가 무의지자동사의 활용어미에서 문법화하여 형성된 것(柳田1989、釘貫1991)으로 볼 수 있다는 주장을 감안하면 무의지자동사문과 생기문의 관계는 설명이 필요하다고 볼 수 있다. 끝으로 (4)는 현대어에서 수동문의 일종으로 자리매김하고 있는 〈비정주어 수동문〉은 생기문이 아니라는 것이다. 그러나 〈비정주어 수동문〉이 서구의 번역체 영향으로

확대된 ラレル문의 한 용법으로 정착된 현재의 상황에서 "생기" 스키마로 설명해야 할 필요가 있다는 것이다.

이상, 조동사 (ら)れる의 제용법 간의 파생관계 및 ラレル술어문의 의미와 관련된 주요 선행연구에 대해 개설^{槪說}하였다.

조동사 (ら)れる의 형태적 측면에서의 연구는 "ra탈락표현^{ら抜き言葉}"과 "re첨가표현^{れ足す言葉}"에 대한 개별적인 연구가 일반적이다. 본서에서는 고대일본어 조동사 (ら)ゆ에서 "ra첨가표현^{ら入れ言葉}"이 있었음을 인정하고, ら入れ言葉에서 현대일본어의 れ足す言葉에 이르기까지의 형태적 변화를 하나의 선상에 두고 기술하고자 하였다. 조동사 (ら)れる의 이와 같은 형태적 변화를 의미·용법과 관련지어 통일적으로 기술한 선행연구는 보이지 않는다.

본서의 구성

본서의 구성은 다음과 같다.

제1장과 제2장에서는 조동사 (ら)ゆ와 (ら)る의 생성과 용법에 대해 박(2004, 2005, 2008, 2018a)를 바탕으로 가필 또는 재구성하였다. 조동사 (ら)る의 생성 동기와 그 배경을 (ら)ゆ와 관련지어 기술하였으며, (ら)る가 태^{Voice}를 나타내는 문법형태소로 생성되었다는 것을 확인할 수 있다.

제3장에서는 박(2003, 2012)를 바탕으로 동사활용체계의 변화와 가능동사의 형성에 대해 기술하였다. 동사활용체계의 변화는 동사 2단활용의 1단화와 종지형에 의한 연체형 흡수이다. 가능동사의 형성에서는 자음어간동사의 무대타동사 2단자동사파생이 가능동사 형성으로의 맹아임을 기술한다. 그리고 고대일본어 조동사 (ら)ゆ·(ら)る의 "ra첨가표현"에 대해 살펴보고, 현대일본어 조동사 (ら)れる를 둘러싼 "ra탈락표현"과 "re첨가

표현"이 모음어간동사의 가능동사 형성이라는 형태변화임을 고찰할 것이다. 이것은 "ra탈락표현"이 전략적인 선택으로 체계의 변화를 통한 가능태의 단순화를 꾀한 시도였다는 것을 설명하기 위함이다. 8세기의 [r]음 삽입^{ra첨가표현}을 통한 모음어간동사의 '자발태'와 '존경태' 생성이 현대어에서는 [ra]음 탈락^{ra탈락표현}을 유도해 '가능동사'를 새롭게 만들었다. 모음어간동사의 가능동사 형성은 자음어간동사의 가능동사 형태를 유추하여 만들어졌다. 모음어간동사의 경우 모든 가능동사의 활용어미는 [re]가 된다. "re첨가표현"은 모음어간동사의 [V-eru]형 가능동사의 파생으로 활용어미 [re]가 만들어짐으로써 새롭게 발생한 표현이다. 언어화자는 가능동사로의 전환을 [-reru]형으로 인식하고 이미 가능동사형인 동사에도 같은 기호를 사용하여 자음·모음어간동사의 구분 없이 모든 동사에 적용하는 단순화를 꾀한 것이라는 시스템의 변화에 대해 기술하였다.

제4장에서는 조동사 (ら)る의 수동용법·존경용법·가능용법의 양상에 대해 기술하였다. 수동용법은 현대일본어와 고대일본어의 수동의 유형, 그리고 고대일본어의 〈유정과 비정의 수동〉에 대해 기술하였다. 고대일본어의 수동용법의 양상에 대해서는 박(2018b)를 중심으로 재구성하였다. 존경용법의 양상에 대해서는 16세기의 자료를 바탕으로 존경표현 형식의 변화와 (ら)るる에 의한 존경표현의 증가 및 이중경어 표현 등을 고찰하였다(박2011). 끝으로 가능용법에서는 가능과 자발의 연관, 긍정표현과 부정표현에 의한 〈가능〉, 〈능력가능〉 등을 다루었다.

제5장에서는 현대 구어체에서의 조동사 (ら)れる의 쓰임새가 어떻게 나타나고 있는지 코퍼스를 활용하여 계량적으로 기술하였다. 상접^{上接}동사의 종류에 따른 용법의 편중, V-(ra)reru형 가능동사의 연어^{Collocation}, 그리고 "ra 탈락표현"과 "re 첨가표현"의 변화추이에 대해 코퍼스를 활용하여 분석하였다.

제1장

조동사 ラユ와 ラル의 생성

제1절 동사어미의 의미적 특징과 접미어적 역할

1.1. 고대일본어 동사어미의 의미적 특징

동사어미가 의미를 특징짓는 경우는 드물지 않다. 고대일본어의 동사어미의 형태는 -〈/〈, -す, -つ, -ぬ, -ふ, -む, -ゆ, -る이다.[1] 예를 들면, 「る」와 「す」는 〈자연생기〉와 〈인위적인 작용 또는 사태〉를 나타내는 의미적 특징으로 자동사와 타동사의 대립 쌍을 만드는 접미어로 사용되며, 또한 〈자발〉과 〈수동〉, 그리고 〈사역〉을 나타내는 태^{Voice} 범주의 조동사로 문법화가 이루어진다.

---

[1] 고대일본어는 8세기의 일본어를 지칭함.

[る―す、ゆ/る―つの 자타 대립 쌍]

借る―貸す、似る―似す、鳴る―鳴す、流る―流す、遣る―遣す

絶ゆ―絶つ、消ゆ―消つ、をゆ(痒)―をつ(変若)、こほる―こほつ(壊)

상기 자·타동사 쌍을 이루는 [-つ어미동사] 이외의 다음 예를 살펴보면 동사어미 [-つ]의 특징이 잘 나타난다. 동사「くたつ(降)」는 〈하강하다, 쇠퇴하다〉의 의미를 나타내며, 특히 시간과 관련하여 어떤 상태가 정점을 찍고 끝 지점에 도달해 있는 것을 나타내는 표현에 사용되고 있다.

(1) 我が盛りいたく<u>くたちぬ[久多知奴]</u>雲に飛ぶ薬食むともまた変若めやも
   (万5/847)[2]

(1)의「盛りくたちぬ」는 자신의 젊은 시절이 다 지났음을 나타낸다. 각주2)의 4146번가의「夜ぐたち」는 결구의「鳴く千鳥」, 4147번가의「夜くたちて鳴く川千鳥」를 감안하면 한밤중을 지나서 새벽이 가까워진 시간임을 알 수 있다. 참고로 4146, 4147번가의 제목^{題詞}을 보면「夜裏聞千鳥喧」라고 되어 있다.「夜裏」는 〈한밤중〉을 의미한다. 이와 같은 [-つ어미동사]의 특징은「ゆ/る―つ」의 자·타동사 대립 쌍을 이루는 어미로 전화한 것이다.「消ゆ―消つ」는 원래 어기^{語基}가 되는「く^消」라는 동사에서 각각 파생한 자동사와 타동사이다.

(2) 朝露の<u>消やすき[既夜須伎]</u>我が身他国に過ぎかてぬかも(万5/885)

(3) 立山の雪し<u>消らしも[久良之毛]</u>延槻の川の渡り瀬鐙漬かすも(万17/4024)

---

2) 夜ぐたちに[夜具多知爾]寝覚めて居れば川瀬尋め心もしのに鳴く千鳥かも(19/4146)
  夜くたちて[夜降而]鳴く川千鳥うべしこそ昔の人も偲ひ来にけれ(19/4147)

ナ행불규칙의 [-ぬ어미동사는 「去ぬ/死ぬ」 두 단어뿐이다. 「去ぬ」는 시간이나 세월이 〈지나가다(「相見ては千年や去ぬる」 万3470)〉를 나타내는 뜻과, 〈죽다(「うち嘆き妹が去ぬれば」 万1809)〉의 완곡한 뜻을 나타낸다. 「去ぬ」에서 파생한 조동사 ヌ는 〈자연적인 시간의 경과로 사태가 완료〉되는 것을 나타낸다(ex. 日が暮れぬ).

접미어 [-ふ]를 접속하여 파생한 동사로는 다음과 같은 것이 있다.

歌〉歌ふ、数〉数ふ、ゑみ(む)〉)ゑまふ、択る〉択らふ、霧る〉霧らふ、語る〉語らふ、住む〉住まふ、叩く〉戦ふ、流る〉流らふ、向く〉向ふ、呼ぶ〉呼ばふ、渡る〉渡らふ、湿ふ〉うるほふ、移る〉移ろふ、圧す〉おそふ、おとる〉おとろふ、覆ふ〉おほふ、噴る〉噴ろふ、宣る〉のろふ、休む〉やすもふ...

접미어 [-ふ]의 접속은, 동사의 말음^{coda} 직전, 명사의 말음이 [a][i]인 경우에는 ア단, [u][e][o]인 경우에는 オ단에 접속하여, 각각 [-aふ]와 [-oふ]형의 파생동사를 생성한다. 그리고 접미어 [-ふ]는 상기의 명사나 동사에 접속하여 〈동작의 반복 또는 계속〉의 의미를 나타내며, 동사의 의미는 상태성을 띤다. 접미어 [-ふ]가 접속한 동사의 명령형이 없는 점으로 미루어 봐도 동사의 상태성은 인정될 것이다.

平安時代以降は、四段動詞の中でも、付いて用いられる動詞がいよいよ狭く限定されてきて、特定の動詞に固定化するようになり、接尾語化する。(中略)平安時代以降では、「移ろふ」「語らふ」「住まふ」「向かふ」「呼ばふ」などの「ふ」は接尾語として扱い、全体を一つの動詞と見る。【『例解古語辞典』三省堂】

한편, 형용사의 동사화에는 다음의 예처럼 형용사의 어간에 접미어 [-む]를 접속한다.

[ita-si 〉 ita-mu](痛む), [ure-si 〉 uresi-mu](嬉しむ), [kubo-si 〉 kubo-mu](窪む), [kuru-si 〉 kurusi-mu](苦しむ), [nago-si 〉 nago-mu](和む), [yasu-si 〉 yasu-mu](息む), [wo-si 〉 wosi-mu](惜しむ), [megu-si 〉 megu-mu](恵む), [fuka-si 〉 fuka-mu](深む), [haduka-si 〉 hadukasi-mu](恥かしむ), [neta-si 〉 neta-mu](嫉む), [kiyo-si 〉 kiyo-mu](浄む), [hiro-si 〉 hiro-mu](広む)…

[-る어미동새는 동작이나 작용 혹은 상태가 인위적이지 않은 〈자연발생〉적인 성립을 나타낸다.

a. 赤 〉 赤る(紀35)、影 〉 影る(記100)、雲 〉 曇る、しげ 〉 茂る、ひか(ぴかぴか) 〉 光る、
   ねぶ 〉 ねぶる、ひろ 〉 広る、たか 〉 高る
b. 〈そ 〉 〈さる、籠む 〉 隠る、禁ふ 〉 さはる(障)、つむ (集)〉 つまる
c. 極む 〉 極まる、責む 〉 せまる、をふ(終) 〉 おはる、たぶ 〉 たばる
d. こほつ―こほる(壊)、放つ―離る、かゆ(離)―かる

a.는 명사 또는 형용사어간에 [-る]를 접속하여 자동사를 파생한 경우, b.는 어기語基가 되는 명사 또는 타동사에 모음교체와 함께 [-る]를 접속하여 자동사를 파생한 경우, c.는 타동사에 [-る]를 접속하여 자동사를 파생한 경우와 수수표현과 경어존경과 겸양의 기능을 담당하게 된 경우이다. 끝으로 d.는 [-つ]와 [-る]의 타동사와 자동사의 대립을 나타내며, [-る]는 〈자연생기〉의 의미를 나타낸다. a.~d.의 [-る]는 기본적으로 동작이나 작용

혹은 상태가 인위적이지 않고 자연발생적으로 성립한 것을 나타내고 있음을 알 수 있다.

1.2. [-ゆ어미동사]의 의미적 특징

다음은 고대의 [-ゆ어미동사]군이다.

【ゆ어미동사(예문의 수는 1首를 1例로 샘)】

肖ゆ(3例)、老ゆ(12例)、おびゆ(1例)、崩ゆ(2例)、悔ゆ(6例)、越ゆ(118例)、肥ゆ(1例)、臥ゆ(8例)、凍ゆ(1例)、冴ゆ(1例)、萎ゆ(4例)、生ゆ(2例)、吠ゆ(2例)、乱ゆ(1例)、燃ゆ(16例)、萌ゆ(7例)

　　그 외『古事記』와『日本書紀』그리고「祝詞」에 보이는 [-ゆ어미동사]는 瘁ゆ(記神武)、若ゆ(祝詞出雲国造神賀詞)、費・疲幣ゆ(神武前紀)、離ゆ(記允恭) 등이다.

[-ゆ어미 동사]의 대부분의 의미적 특징은 동작이나 작용 혹은 상태가 〈비의지〉적이고 〈자연발생〉적이라는 점이다. 다만, 「射ゆ」는 수동용법으로만 사용되었으며, 「吠ゆ」와 「越ゆ」는 자동사이며 주체의 의지적인 행동을 나타낸다. 그 외의 [-ゆ어미동사]는 주체의 의지와는 무관하게 사태가 자연생기 하여 어떤 상태에 놓이게 되는 것을 나타낸다.

위와 같이 동사의 어미는 특정한 의미를 내포하고 있는 경우가 많다. 이와 같이 동사 어미가 갖는 의미적 특징을 활용한 접미어를 통해 다양한 파생동사를 만들고 있음을 알 수 있다.

1.3. 접미사로서의 [-ゆ어미]

射ゆ(3例)、絶ゆ(103例)、にほゆ(3例)、思ほゆ(122)、聞こゆ(42)、消ゆ(4
例)、栄ゆ(23例)、見ゆ(203例)

若ゆ(祝詞出雲国造神賀詞)、費・疲幣ゆ(神武前紀)、離ゆ(記允恭)

상기 [-ゆ어미동새군 가운데, 見ゆ, 射ゆ, 思ほゆ, 聞こゆ, 栄ゆ에 대해
서는 설명이 조금 더 필요하다.

「見ゆ」와 「射ゆ」의 [-ゆ는 각각 「見る」와 「射る」에 조동사 ゆ가 접속
한 것이 아니라, 「消つ-消ゆ」・「絶つ-絶ゆ」와 같이 자・타동사의 쌍을 이
루는 동사 어미와 같은 것으로 판단된다. 즉, 「射ゆ」와 「見ゆ」의 어미[-ゆ
는 「絶ゆ」의 [-ゆ와 같은 동사어미로, 일종의 접미어로 파악되며, 이것을
〈-ゆ어미동사화^{動詞化}〉로 보고자 하는 것이다. 이것은 「見る」와 「射る」의
의지동사 대 「見ゆ」와 「射ゆ」의 비의지동사의 쌍을 만드는 체계^{형태적}로
보는 것이 타당할 것이다. 그렇지 않으면 조동사 ゆ가 하2단 활용동사의
연용형에도 접속한 예외로 처리해야 한다. 본고에서는 [-ゆ어미동새의
비의지적 의미를 통한 유추작용으로 「見ゆ」와 「射ゆ」가 새롭게 [-ゆ어미
동새에 편입된 것으로 해석하고자 한다. 어기^{語基} [み-]^見에 접미어 [-ゆ가
접속하여 여타 [-ゆ어미동새가 갖는 의미적 특징을 나타내게 된 것이다.
이것은 〈語基 + 존경/사역의 す〉 구조인 「見す」(「我を見さば弥佐婆知りし」風8/
「国内ことごと見せば[美せ]ましものを」万797)의 존재로도 유추가능하다. 「見る →
見ゆ/見す」의 관계는 「思ふ→おもはゆ〉おもほゆ/おもはす〉おもほす」의 관
계에서도 인정된다. 즉 어기^{語基}가 되는 「見る」와 「思ふ」에 접미어 [-ゆ
와 [-す]가 접속하여 동사가 파생한 것이다. 참고로 「射ゆ」의 경우, 『万葉
集』의 예뿐만 아니라 『日本書紀』의 예에서도 「射ゆ鹿/獣」라는 정형표현

에만 사용되고 있으며, 万1804, 3344에서는 枕詞로, 万3874, 紀117에서는 序詞에만 나타나는 특징을 보인다. 「射ゆ」가 하2단활용의 동사인 점을 감안하면 「射ゆる鹿」라고 하는 것이 맞지만 고대에는 종지형이 직접 체언에 연결되는 예는 다음과 같이 종종 있다.

「水下ふ[矢駄府]魚」(紀96), 「見が欲し[本期国]」(記58)3)

「愛し[波斯]妻」(記59)/「愛しき[波之吉]佐保山」(万474)

「愛し[于都俱之]妹」(紀114)/「愛しき[于都俱之枳吾が若き子]」(紀121)

「賢し[佐加志]女」(記2), 「麗し[久波志]女」(記2/紀96)

「宜し[与慮志]女」(紀96)

「水下ふ」의 [ふ]는 「経」의 종지형으로 「経」가 하2단이므로 「水下ふる」가 되어야 하지만 종지형에 체언이 연결되었다. 나머지는 모두 シク활용 형용사로 万474, 紀121과 같이 체언에 연결될 때는 シキ가 되어야 하지만 종지형에 연결된 경우이다.

「思ほゆ」와 「聞こゆ」는 각각 「思ふ」와 「聞く」에 [-ゆ어미동사]의 어미 [-ゆ]가 접속하여 동사로 굳어진 것이다. 어미 [-ゆ]가 オ단에 접속한 것처럼 보이지만 원래는 ア단에 접속하여 「おもはゆ」「きかゆ」이던 것이 음의 전화로 「思ほゆ」「聞こゆ」로 되었다. 「思ほゆ」의 경우, 전화되기 전 단계인 「思はゆ」(万4327)가 남아있다. 「聞こゆ」는 「聞かゆ」의 형태를 남기지 않고 있는 점으로 미루어 8세기 이전의 이른 시기에 형성된 것으로 판단된다. 그것은 「聞こゆ」의 의미적 확장에 의해서도 설명된다. [-ゆ어미동사]가 갖는 사태의 자연발생적 의미인 「耳にはいる」에서 「評判が伝わる」,

---

3) 「見が欲し[杲石山]」(万382)・「見が欲し[保指]もの」(紀84)

그리고 화자의 능동적인 의지표현인「告げ知らせる」에서 겸양의「申し上げる」로의 의미적 확장과 함께 다용되고 있다.「聞く」에 존경의 조동사 ス가 접속한「聞こす」도「きかす」에서「きこす」로 음이 전화되었다.

(4) 賢し女を有りと聞かして[岐加志弖]麗し女を有りと聞こして[岐許志弖]」(記2)

(5) 山吹はなでつつ於保佐む[生ふ(자) + す = おはす 〉 おほす(타)](万4302)

「射ゆ」의 수동용법은 고대의 〈수동〉과 〈자발〉의 관계를 잘 나타내고 있다고 할 수 있다. 즉, 수동용법 또한 상대의 작용이 나의 의지와는 무관하게 나에게 영향을 미치는 것을 고려하면 어떤 상태에 놓이게 되는 것이 비의지적이며 자연발생적이라고 볼 수 있다.

「栄ゆ」의 경우도 명사「さき^{幸い、栄え}」의 어기^{語基} [さか-]에 접미어 [-ゆ]가 접속하여 파생한 동사이다.「さき」의 어기 [さか-]는「栄ゆ」외에 [-る]를 접속한「盛る」, 명사와 연결된「さかえ」등이 있다【「栄樹娑柯曳」(紀78), 「常磐なすいや佐加波延(栄映え)に」(万4111)】.「さき」처럼 명사에 [-ゆ]를 첨가하여 동사를 파생시킨 예로「若ゆ」^{わか + ゆ}가 있다.

1.4. [-る어미동사]의 의미적 특질

[-る어미동사]의 의미적 특징에 대해서는 이미 언급하였다. 동사어미가 [-る]로 끝나는 동사의 특징은 〈비작동성^{非作動性}〉으로서 자연발생의 사태를 나타내는 동사어미로 많이 쓰인다. 이와 같은 동사어미 [-る]의 의미적 특성은 인위적인 〈작동성〉을 나타내는 동사어미 [-す]와 함께 자·타동사 대립 쌍을 이룬다. 자연발생적인 움직임 또는 동작에는 [-る]를, 인위적인 움직임 또는 동작에는 [-す]를 접속하여 나타낸다. [-る어미동사]가 자연발

생적인 움직임 또는 동작을 나타내는 뜻에서 어미 [-る]와 [-す]는 자동사와 타동사 파생을 위한 접미사로도 사용된다.

[표 1] -る와 -す의 자타대립

-ru어미 자동사		-su어미 타동사	
amaru	余る	amasu	余す
kaeru	帰る	kaesu	帰す
karu	借る	kasu	貸す
kiru	着る	kisu〉kiseru	着す
naru	成る	nasu	成す
niru	似る	nisu〉niseru	似す
yoru	寄る	yosu〉yoseru	寄す

상기 [표 1]과 같은 자연발생 비작동성의 [-る]어미와 인위적인 작동성을 나타내는 [-す]어미는 서로 대립 쌍을 이룬다. 동사어미 [-る]와 [-す]는 문법화 과정을 거쳐 각각 자동사와 타동사를 생산적으로 발생시키는 조동사로 독립하게 된다.

1.5. 접미사로서의 [-る어미]

동사어미 [-る]와 [-す]는 의미상의 대립을 이루며, 각각의 의미특성은 [표 2]와 [표 3]에서처럼 자동사와 타동사의 파생동사를 형성하게 된다.

[표 2] -る접속 파생동사

타동사(어기)		-る접속 파생동사	
umu	生む	umaru〉umareru	生まる
kaku	掛く	kakaru	掛かる
kahu	変ふ	kaharu	変はる

sagu	下ぐ	sagaru	下がる
sasu	刺す	sasaru	刺さる
sutu	捨つ	sutaru	廃る
tukamu	掴む	tukamaru	掴まる
tunagu	繋ぐ	tunagaru	繋がる
tumu	積む	tumoru	積もる
togu	研ぐ	togaru	尖る
hasamu	挟む	hasamaru	挟まる
husagu	塞ぐ	husagaru	塞がる
maku	負く	makaru	負かる
matohu	纏ふ	matoharu	纏わる
matagu	跨ぐ	matagaru	跨る
magu〉mageru	曲ぐ	magaru	曲がる
hiromu〉hiromeru	広む	hiromaru	広まる
hayamu〉hayameru	速む	hayamaru	速まる
yasumu〉yasumeru	休む	yasumaru	休まる
yosu	寄す	yosoru	寄そる
waku	分く	wakaru	分かる

[표 3] ーす접속 파생동사

-る어미 자동사(어기)		ーす접속 파생동사	
aru〉areru	荒る	arasu	荒らす
kiru	切る	kirasu	切らす
kuru〉kureru	暮る	kurasu	暮らす
koru〉koreru	懲る	korasu	凝らす
shiru	知る	shirasu	知らす
teru	照る	terasu	照らす
taru〉tareru	垂る	tarasu	垂らす
naru	鳴る	narasu	鳴らす
nuru〉nureru	濡る	nurasu	濡らす
haru〉hareru	晴る	harasu	晴らす
huru	降る	hurasu	降らす
moru〉moreru	漏る	morasu	漏らす

상기 [표 2]와 [표 3]은 각각의 어기에 [-る]와 [-す]를 접속하여 자동사와 타동사를 파생시키고 있다. 다음과 같은 단어는 하나의 어기에서 각각 자동사와 타동사를 새롭게 파생한 경우이다.

어기가 되는 동사		자동사		타동사	
oku	起く(상2단·자)	okoru	起こる(4단·자)	okosu	起こす(4단·타)
sugu	過ぐ(하2단·자)	suguru	過ぐる(4단·자)	sugosu	過ごす(4단·자)

「起く」와 「起こる」, 「過ぐ」와 「過ぐる」는 자동사에서 자동사를 재차 파생한 경우에 해당한다. 이와 같은 것으로는 「寄す」(타)에 대응되는 자동사 「寄る」가 있음에도 「寄そる」를 파생시키고 있다. 「すぐる」는 「すぐ」의 연체형을 동사로 재활용한 것으로도 해석되지만 종지형에 접미사 [-る]를 접속한 것으로도 해석할 수 있다. 그것은 「くく(潜く)」[4]의 경우 연체형이 「くくる」가 아니기 때문이다. 즉 「すぐる」와 「くくる」의 경우, 종지형에 접미사 [-る]를 접속하여 파생한 동사로 볼 수 있다. 「よそる」와 「おこる」는 각각 才단에 [-る]를 접속한 경우이다. 「よそる」이외의 동사는 모두 자동사에서 자동사로 파생한 경우이다. 따라서 접미사 [-る]는 타동사의 자동사 파생만을 위한 것은 아니었으며 자연적으로 사태가 발생하는 자연생기의 의미를 부여하고자 할 경우에는 자동사에도 접속한 것이다. [ ] 안은 현대어역이다.

(6) 春山の馬酔木の花の悪しからぬ君にはしゑや寄そる所因ともよし(万10/1926)

    [春山のあしびの花のように悪しくないあなたとのことでならままよ言い騒

---

4) 子の中に我が手俣よりくきし子なり(많은 아이들 중에서 나의 손가락 사이에서 새 어나온 아이다)

がれてもかまいません]

(7) 波の間ゆ雲居に見ゆる粟島の逢はぬものゆゑ我に寄そる[所依]子ら(万12/3167)

[波間から遥かに見える粟島の逢わないのに私と噂されているあの娘よ]

(8) 白波の寄そる[与曾流]浜辺に別れなばいともすべなみ八度袖振る(万20/4379)

[白波の寄せる浜辺で別れたら堪らなくなりそうなので幾度も袖を振ってみる]

(9) 山鳥の峰ろのはつをに鏡懸け唱ふべこそ汝に寄そり[与曾利]けめ(万14/3468)

[山鳥の尾羽のはつをに鏡を掛けいずれ一緒になる気であの娘はお前と噂

をたてられたのだろう]

(10) 新田山嶺にはつかなな我に寄そり[余曾利]はしなる子らしあやに愛しも

(万14/3408)

[新田山がどの嶺にも付かないように寝ていないまま私と噂をたてられ引

込みがつかないあの娘が無性にいとしい]

(11) 栲領巾の白浜波の寄り[縁]もあへず荒ぶる妹に恋ひつつそ居る(万11/2822)

[白浜波のように近寄れないほど起源の悪いあなたに恋し続けている]

(12) かへらまに君こそ我れに栲領巾の白浜波の寄る[縁]時もなき(万11/2823)

[あべこべにあなたこそわたしに(栲領巾)白浜波のように寄る時もないくせ

に]

(8)의 「よそる」는 "하얀 파도가 밀려드는 해변"에서처럼 무의지동사로
쓰이고 있다. (6)(7)(8)(9)의 「よそる」는 「君/我/汝によそる」로 쓰여 〈남
성과의 관계가 있는 것처럼 소문이 나다〉의 뜻을 나타낸다. 이것은 화자
또는 상대^娘의 의지와는 무관하게 두 사람의 관계가 맺어지는 것을 표현
하고 있다. 「よそる」의 원동사인 「よる」는 자동사이지만 (11) (12)에서처
럼 의지동사이다. 따라서 자동사에 접미사 [-る]를 접속하여 자연생기의
의미를 나타내게 된 것이다. 「る」의 이와 같은 의미는 타동사에서 자동

사를 파생시키는데 적합한 접미사로 활용되게 된다.

이상, 위와 같이 파생동사를 형성하는 단계에서의 [-る]와 [-す]는 파생 접미사로서의 역할을 하지만 다음에서 보는 것처럼 조동사로 문법화하여 고대에서는 주로 〈수동〉의 의미와 〈자발〉, 〈가능〉 등을 나타내는데 사용된다.

제2절 문법화

2.1. 문법화란

모든 언어적인 요소는 '어휘의미'와 '문법의미'를 가지고 있다. '어휘의미'를 가지는 것은 실질적인 의미를 가지며 자립적 요소가 될 수 있는 어휘소 또는 내용어(lexical word/content word)이며, '문법의미'를 주로 가지는 것으로는 자립적 요소에 부가되어 문법적 기능만을 담당하는 문법소 또는 기능어(function word/grammatical word)이다.

'문법화'는 어휘의미를 갖는 자립형태의 내용어가 문법의미를 주로 갖는 기능으로 변화하는 것을 의미한다.[5] 金水(2004)는 '문법화'에 대해 다음과 같이 기술하고 있다.

> 「文法化」と呼ばれる現象には、自立的な品詞・形態を持つ語が付属的な品詞・形態を持つ語へと変化していく統語論的・形態論的側面と、語の具体的な意味が抽象的な意味へと変化していく意味論・語用論的な側面がある。(p.34)

---

5) "언어변화의 일종으로 그 자체 어휘적 의미를 갖는 어word 또는 구phrase가 문법관계를 나타내는 어나 접사Afix로 변하는 현상을 말한다"(『英語学要語辞典』pp.298-299).

상기 金水의 언급에서처럼 '문법화'는 형태 변화와 의미 변화를 수반한다. 여기서의 형태변화란 '형태의 구속성'(大堀2005:4)을 말하는데 내용어^{자립어}에서 기능어^{부속어}으로의 변화 그 자체이다. 이것은 三上(1972: 194)의 '品詞くずれ'와 같은 것이다.[6] 실질적인 의미를 갖는 자립어^{내용어}인 명사나 동사가 문법적 기능을 주로 담당하는 기능어인 조사나 조동사로 문법화가 일어나기 때문에 '형태의 구속성'^{品詞くずれ}이 문법화 과정에서 발생하게 된다. 한편 의미적 측면에서도 구체적인 의미에서 수의적인 의미로 확대되어 한층 추상적인 의미를 갖게 된다. 이와 관련해 秋元(2002)는 문법화 과정에서 통어상의 독립성과 어휘적 의미의 소실, 그리고 음성적 마멸을 통상적으로 동반한다고 한다(p.4). Hopper 와 Traugott(1993:7)은 문법화 과정을 다음과 같이 표시하고 있다.

content item 〉 grammatical word 〉 clitic 〉 inflectional affix

그리고 大堀(2004:28-29)에서는 문법화의 기준을 다음과 같이 정리하고 있다.

기준1: 의미·기능의 추상성
기준2: 범례^{範例}의 성립. 대명사나 격조사처럼 일정한 문법기능을 나타내는 도구
기준3: 표시의 의무성. 특정 형태소에 의한 표시가 어떤 기능을 나타내기

---

6) 三上가 말하는 「品詞くずれ」는 문법화 과정에서 발생한다는 "탈범주화^{decategorization}"라는 개념과 같은 것으로 봐도 좋다. 탈범주화^{品詞くずれ} 현상은 일본어의 경우, 기능변화 (동사연용형 〉 접속사(従って) 이외에 형태소 경계의 재분석([ところ] [が] 〉 [ところが]), 축약([てしまう] 〉 [ちゃう])과 같은 형태로 발현된다.

위해 요구되는 것이 의무성이다.

기준4: 형태소의 구속성. 이것은 「자립어에서 부속어로」라는 변화 그 자체이다. 三上의 「品詞崩れ」가 여기에 해당.

기준5: 문법 내에서의 상호작용. 일본어의 경우 일치현상이 그다지 보이지 않기 때문에 이 기준이 명확히 적용되는 경우는 적지만, 소위 부정의 호응현상은 이 범주에 넣어도 좋을 것이다. 「決して」

결국 문법화란 어휘적 요소^{동사, 명사 등}가 의미적으로 추상화되어 문법적 요소가 되는 것을 말한다. 다른 말로 표현하면 "탈어휘화^{delexicalization}7)"라 할 수 있겠다.

2.2. 「ます」의 문법화과정

다음의 예를 살펴보기로 하자. 고대일본어의 하2단 활용 동사 「まゐらす(参)」는 문법화 과정을 거쳐 현대어의 조동사 「ます」가 된다. 문법화의 유형론 연구에 의하면 내용어에서 기능어로의 변화 과정에는 변화의 점진성이 인정된다고 한다. 즉 중간단계의 존재가 인정되기 때문이다. 「まゐらす」도 동사와 보조동사/조동사가 혼재하는 양상을 보인다.

a. 「ここに胸やみたまふめり。物の積かと。かいさぐり、薬なども<u>まゐらせたま</u>へ」とて、やがて預けて立ちぬれば、(落窪物語)

b. えさらず候ひはべる御方よりも、この年ごろ、御心ばへも見<u>まゐらする</u>に、つ

---

7) Boneli (2000) refers to delexicalization as "The process through which a lexical item loses its original lexical value and often acquires other meanings and other functions within a larger unit"(p.229).

かまつらまほしうはべれど、(落窪物語)

c. 「松はやしをいたす程に、ござってくだされひといふて、よびまらしてこひ」
(虎明本狂言・松脂)

d. いつも上頭へおかざりの道具として、ゆづりはをみ年貢に上げまらする、
(虎明本狂言、翻刻註解〈上〉)

e. 「爰元ではぞんじまらすまいほどに」(虎明本狂言一入間川)

f. 「わたくしがざい所へはおにがまいって、人をくひまらする程に、用心なされひ」
(虎明本狂言・伯母が酒)

g. 「かしこまつてござる「こなたへとをらせられひと申されまする」(岡太夫)

h. 「国本を出まするからは、申おきたひ事もござらぬ」(鼻取相撲)

i. 「いや、みみが、もちぎれまっする」(虎清本狂言・蟹山伏)

j. 「此おたちをたしかにとどけませひ、ゑひ」(虎明本狂言・武悪)

k. 「酒はあまりくさうて、のまれますまひ程に、御無用で御座る」(河原太郎)

l. 「あの高い所へ上て見ますれば、蟻のはふ迄も見へまするが、武悪が事は扨置、
人影も見へませぬ」(虎寛本狂言・武悪)

　a.と b.の「まゐらす」は 10世紀 예문이며, a.의「参らす」는 본동사「さ
しあげる」의 뜻이지만, b.는「~でさしあげる/お~する」의 뜻으로 쓰인 겸
양의 보조동사이다. c.~f.의「まらす/まらする」는「まゐらす」의 변화형이
다. c.와 d.는 겸양의 의미로, e.와 f.는 정중함^{공손한 말}을 나타내는 의미로
쓰였다. 이 시기^{17세기}의「まらす/まらする」는 본동사로서의 용법은 거의
보이지 않고 대부분 보조동사로 사용되는데,「まゐらす」와의 차이는 e.와
f.의 정중함을 나타내는 의미로 쓰이게 된다는 점이다. 이것은 문법화 과
정에서 동반되는 형태의 변화(;형태소변화와 함께 본동사에서 보조동사로의 변화
를 포함)와 함께 "의미의 재배분 또는 전위^{shift}"(Hopper and Traugott(1993:88-

93))가 일어난 것을 의미한다. g.~i.의 「まする/まっする」는 「まらする」에서 「ます」로 변화하는 중간 단계의 형태이며, g.는 겸양의 의미, h.와 i.는 정중의 의미로 쓰였다. j.~l.의 「ます」는 「まゐらす」의 문법화가 최종적으로 이루어진 변화형이다. i.는 겸양, k.와 l.은 정중의 의미로 사용된 예이다.

「まらす」와 「まらする」, 「ます」와 「まする」의 관계는 조동사 「まらす」와 「ます」의 연체형이 종지형을 흡수한 형태가 공존하고 있는 것이다. 현대일본어의 「信じる」와 「信ずる」에서 보는 것처럼 「-じる」형과 「-ずる」형이 공존하고 있는 것과 같다. 조동사 「ます」의 문법화 과정은 다음과 같이 요약된다.

参らする(謙讓語) 〉 まらす/まらする(丁寧語) 〉 まする/まっする 〉 ます

b.의 「まゐらする」가 문법적인 기능을 담당하게 되는 보조동사로 쓰이게 된 것은 10세기이지만, c.~l.의 조동사 「まらす〉ます」의 형태변화는 모두 17세기에 일어난 것으로 중간단계가 공존하고 있는 것을 확인할 수 있다. 또한 문법화가 최종적으로 이루어진 단계에서는 의미의 완전한 소실과 함께 문법적 기능만을 담당하게 된 것을 볼 수 있다.

실질적 의미를 나타내는 내용어 「まゐらす」가 문법적 기능을 담당하게 되는 기능어 「ます」로의 변화에는 문법화의 두 측면, 즉 의미적인 측면 (의미의 소실; 표백화^{bleaching})[8]과 형태·통사적인 측면(내용어 → 기능어; 탈범주화

---

8) 표백화는 의미의 약화 또는 소실消失을 말하는데 의미의 일반화$^{semantic\ generalization}$ 혹은 의미의 축소$^{semantic\ reduction}$도 여기에 해당된다(秋元2002:5). Hopper and Traugott(1993:88-93)에 의하면 문법화의 초기 단계에서는 의미의 재배분과 전위^{shift}가 발생하며, 의미의 소실은 다음 단계에서 발생한다고 한다(秋元2002:5 재인용).

^{decategorization})을 갖추고 있어 전형적인 문법화로 볼 수 있다.

2.3. 형태변화 없는 문법화

일본어의 보조동사 또는 조동사 중에는 상기 「ます」와 같이 전형적인 문법화의 과정을 거치는 것과는 다르게 형태의 변화를 일으키지 않고 의미변화만 일어나는 경우에도 문법화의 범주에 넣을 수 있다. 그것은 문법적 기능을 담당하기 때문이다.

2.3.1. 〈내용어〉^{독립어}에서 〈기능어〉^{부속어}로

본동사 「さぶ」는 접미사 「-さぶ」로 문법화 된 경우이다.

> 본동사: さぶ(接尾語)上2段[9]
> 접미사: 翁さぶ(=老人らしく振舞う)、神さぶ(=神々しくなる、古めかしくなる、古びる)、茂みさぶ (=こんもり茂る)[10]

동사 「きこゆ」는 아래 예문과 같이 단독으로 쓰일 때는 「聞える」의 의미로, 보조동사로 쓰일 때는 〈お~する〉라는 겸양표현의 문법적 기능을 한다.

---

9) (명사에 접속하여)~のようだ. ~のようになる. 상2단 동사를 파생시키며, "そのものらしく振舞う", "そのものらしいようすである"의 뜻을 나타낸다.

10) おきなさび人などがめそ(伊勢)、かみさぶる生駒高嶺に雲そたなびく(万4380)、石のかみ古りにし恋のかみさびてたたるに我は寝ぞ寝かねつる」(古今)、大和の青香具山は日の経の大き御門に青山としみさび立てり」(万52)、み薦刈る信濃の真弓我が引かば貴人さびていなと言はむかも(万2/96)

본동사: 大宮の内まで聞こゆ網引すと網子ととのふる海人の呼び声(万3/238)

ここに人々のいはく「これ昔名高く聞こえたるところなり」(土佐、新全集、p.50)

보조동사: 此之所為態乎 何爾志天 陳倍聞江牟止

(これのしわざを如何にして陳べ聞えむと)(『続日本後紀』849년 3월)

翁、「こは、なでふことをのたまふぞ。竹の中より見つけきこえたりしかど、菜種の大きさおはせしを、わが丈立ちならぶまでやしなひたてまつりたる我が子を、なにびとか迎へきこえむ。(竹取物語、新編全集⟨12⟩)900年

위와 같이「さぶ」와「きこゆ」는 형태소의 변화를 거치지 않고 문법적 기능^{접미사, 보조동사}을 담당하게 되는 경우도 흔히 있다.[11]

「きこゆ」를 보조동사로 취급했지만, 岩波『古語辞典』補訂版(大野晋・佐竹昭広・前田金五郎, 1991)에서는 조동사로 취급하고 있다. 이하, 조동사로 취급되고 있는 예를 들면 다음과 같다.

    きこゆ、さぶらふ、たてまつる、たまふ(4단)、はべり、まうす

---

11) 「きこゆ」의 경우, 「この類は, 尊敬を表わす動詞が, 兼ねて助動詞の用法をもつにいたったもので, 人間の上下の関係と近待の観念に基づく表現である」『岩波古語辞典, p.1471』로 제2류 조동사로 취급되고 있다. 영어에서는 자립성을 가진 단어이지만, 문법적 기능을 하고, 본동사와 함께 쓰여 tense, voice, mood, aspect 등의 문법범주를 형성하는 역할을 하는 것을 조동사로 규정하고 있다(will, shall, may, have 등). 그러나 일본어의 경우 일반적으로는 단독으로 쓰이지 않는 부속어로서 형태변화(활용)를 하는 것을 조동사로 취급하고 있지만 학자에 따라 개별 사항(だ, らしい, たい 등)에 따라서는 접미사 또는 複語尾 등으로 분류된다. 본고에서는 명칭에 관계없이 きこゆ가 문법적 기능을 담당하는 기능어로서 문법화가 이루어진 것으로 간주하여 예로 들었다.

상기 조동사는 본동사로도 사용되는 것들이다. 한편, 동사에서 유래한 것으로 추정되는 것 중에 완료를 나타내는 「つ」와 「ぬ」가 있다. 岩波『古語辞典』에 의하면 「つ」와 「ぬ」의 어원을 다음과 같이 설명하고 있다.

> 「つ」と「ぬ」との語源を考えると、「つ」と「ぬ」とは、それぞれ動詞の「棄つ」「去ぬ」と、活用が同一である。また、意味的にも、「棄つ」と「去ぬ」とに根本的な共通性を保っているから、「棄つ」から「つ」、「去ぬ」から「ぬ」が転成したことが推定される。つまり、物を意志的に眼前にほうり出してしまう意の「棄つ」のはじめの母音uを脱落した「つ」は、作為的・人為的な動作を示す動詞や、使役の助動詞「す」「さす」 の下について、すでに動作をしてしまったという意を示す。一方、眼前にいたものがいつの間にかどこかへ去って見えなくなる意の「去ぬ」のはじめの母音iを脱落した「ぬ」は、無作為的・自然推移的な作用・動作を示す動詞や助動詞「る」「らる」の下について、すでに動作・作用が成り立ってしまったという完了の意を示すのである。(「基本助動詞解説」岩波『古語辞典』、p.1473)

[utu 〉 tu], [inu 〉 nu]로 두음^{onset} [u]와 [i]의 탈락을 거쳐 각각 조동사 「つ」와 「ぬ」가 파생하였다는 것이다. 〈작위적・인위적〉인 동작을 나타내는 동사와 접속하는 「つ」와, 〈무작위적・자연추이적〉인 작용이나 동작을 나타내는 동사와 접속하는 「ぬ」는 〈의지적〉인 「棄つ」와 〈자연발생적〉인 「去ぬ」와 의미적으로 공통성이 있기 때문에 동사에서 조동사로 전성^{転成}되었다는 것이다.

「つ」와 「ぬ」의 조동사화 과정에서는 추측의 범위를 벗어나지 못하지만 다음의 조동사는 〈조사＋동사〉의 결합으로 음의 축약이 발생하여 파생한 것들이다.

けり: き + あり、たり: て + あり、なり: に + あり、ざり: ず + あり、めり: み +
あり

　그리고 동사의 어미가 접미사의 과정을 거쳐 조동사화 한 것이 있다.
サス・ラユ・ラル가 바로 그것이다. サス・ラユ・ラル는 각각 동사의 [-す]
어미, [-ゆ]어미, [-る]어미에서 유래한 조동사이다.

　문법화과정에는 「ます」와 같이 의미적 변화와 형태적 변화를 거친 것
도 있지만, 일본어에는 동사의 어미가 독립하여 접미사로, 또는 조동사로
문법화한 경우도 많다. 또한 본동사의 형태를 유지하면서 문법적 기능만
을 담당하게 되는 것도 기능어로서의 역할을 충분히 감당하고 있다고 할
수 있겠다.

제3절 조동사 ラユ와 ラル의 생성

3.1. 조동사 ラユ의 생성

　동사 중에는 [-ゆ어미동사]와 접미사 [-ゆ]가 접속하여 동사를 파생한 그
룹과 접미사 [-ゆ]가 조동사로서의 기능을 감당하게 되어 접속한 그룹이
있다. [-ゆ어미동사] 그룹과 접미사 [-ゆ]를 접속한 파생동사 그룹에 대해
서는 이미 1.2와 1.3에서 언급하였다. 다음은 조동사 ラユ를 접속한 동사
들이다. 【이하, 조동사 「ゆ」・「らゆ」는 ラユ로, 「る」・「らる」는 ラル로 표기하기로 하
겠다. 단, 자음어간동사와 모음어간동사 각각에 접속하는 경우에는 「ゆ・る」와 「らゆ・
らる」로 표기한다. 「현대어의 「れる」・「られる」도 ラレル로 표기한다.】

자동사: 降る(1例)、泣く(16例)、寝(11例)

　　타동사: ころふ(4例)、待つ(1例)、忘る(22例)、罵る(3例)、思ふ(3例)、遷る(2例)、
　　　　　偲ふ(5例)、厭ふ(1例)、濡らす(1例)、折る(1例)、摺る(1例)、憎む(1
　　　　　例)、知る(18例)、取る(2例)、抱く(1例)、言ふ(2例)

　　조동사 ラ그는 상기 19종의 동사 그룹을 보면 알 수 있듯이「寝」(하2단)
를 제외한 나머지 동사는 모두 자음어간동사^{4단활용동사}들이다. 자음어간동
사에는 [-ゆ어미동사]의 어미에서 접미사로 문법적 기능을 하던「ゆ」가
조동사로 접속하게 된다. 접미사 [-ゆ]를 접속한 동사들의 특징은 동작이나
작용, 또는 현상이 자연적으로 생기하는 것을 나타낸다. 예를 들면,「見ゆ」
는 의지동사「見る」와 대응되며,「聞こゆ」는「聞く」와 대응된다. [-ゆ어
미동새인「生ゆ」「萌ゆ」등의 의미적 특징도 이와 마찬가지이다. 그러
나 조동사로서의「ゆ」는 자동사「降る」「泣く」「寝」등에도 접속하며,
또한〈수동〉의 용법으로도 사용되는 점에서 자연생기를 나타내는 접미
사 [-ゆ]접속 파생동사와는 그 성질을 달리하고 있다. 또한 접미사 [-ゆ]는
자음어간동사에만 접속하였지만, 조동사로서의「ゆ」는 접속하는 동사의
대부분이 자음어간동사이지만, 모음어간동사인「寝」에도 접속하여 동사
의 형태에 제한을 받지 않고 모든 동사에 접속할 수 있다는 점도 차이점
중 하나다[실제로는 寝에 한정됨]. 조동사「ゆ」의 모음어간동사 접속은 9세
기 이후「ゆ」를 대체하게 되는 조동사「る」에도 유추작용에 의해 적용되
게 된다는 점에서 의의가 크다. 이로써 자음어간동사 접속「ゆ」와, 모음
어간동사에 접속하는「らゆ」가 갖추어짐으로써 고대일본어의 태^{Voice} 형
식 중의 하나인 조동사 ラ그의 생성이 완성되게 된다. 조동사 ラ그의 생
성과정에서의「ら」삽입(〈모음어간동사 ら+ゆ〉)과 관련해서는 제2장의 형태
의 변화와 기능에서 상술하기로 하겠다.

3.2. 조동사 ラル의 생성

8세기에는 모음어간동사에 접속하는 조동사「らる」는 없으며, 자음어 간동사에 접속하는「る」만 존재한다. 『万葉集』의 〈V-a + る〉를 형성하는 동사는「噴る」「遣はす」「言ふ」「いざなふ」「巻く」「知る」「忘る」「思ふ」 8건에 한정된다. 사용빈도는 다음과 같다.[12]

[표 4] 〈V-る〉형의 용법

동사	継ぐ	噴る	言ふ	隠す	思ふ	遣はす	こる	忘る
빈도	2	1	8	1	1	2	1	1

・「許く」와「巻く」를 넣으면 9종 18例가 된다.[13]

---

12) 和須良礼(20/4322)와 같은 1자 1음의 音仮名表記, 그리고 言礼(4/564)와 継流(11/2675) 와 같이 訓仮名와 音仮名를 병기 한 경우 조동사 る의 가독성이 인정된다.

13) 昔こそ難波田舎と言はれ[所言]けめ今は都引き都びにけり(3/312)
高座の御笠の山に鳴く鳥の止めば継がるる[継流]恋もするかも(3/373)
天雲の 向伏す国の ますらをと 言はれし[所云]人は 天皇の 神の御門に 外の重に 立ち侍ひ 内の重に 仕へ奉りて (3/443)
山菅の実ならぬことを我れに寄せ言はれ[言礼]し君は誰れとか寝らむ(4/564)
我が思ひかくてあらずは玉にもがまことも妹が手に巻かれ[所纒]なむ(4/734)
言とはぬ木すらあじさゐ諸弟らが練りのむらとにあざむかえ[所許]けり(4/773)
もろこしの 遠き境に 遣はされ[都加播佐礼] 罷りいませ (5/894)
をみなへし 佐紀野に生ふる白つつじ知らぬこともち言はえ[所言]し我が背(10/1905)
我がゆゑに言はれ[所云]し妹は高山の嶺の朝霧過ぎにけむかも(11/2455)
おほろかの心は思はじ我がゆゑに人に言痛く言はれ[所言]しものを(11/2535)
相見ては面隠さゆる[隠流]ものからに継ぎて見まくの欲しき君かも(11/2554)
君が着る御笠の山に居る雲の立てば継がるる[継流]恋もするかも(11/2675)
言ひづらひ ありなみすれど ありなみえずぞ 言はえ[所言]にし我が身(13/3300)
相模道の余綾の浜の真砂なす子らは愛しく思はるる[於毛波流留]かも(14/3372)
一嶺ろに言はる[伊波流]ものから青嶺ろにいさよふ雲の寄そり妻はも(14/3512)
汝が母に噴られ[己良例]我は行く青雲の出で来我妹子相て行かむ(14/3519)
住吉の 御津に船乗り 直渡り 日の入る国に 任けらゆる[所遣] 我が背の君を(19/4245)
我が妻はいたく恋ひらし飲む水に影さへ見えてよに忘られ[和須良礼]ず(20/4322)

『万葉集』의 조동사 「る」는 위 [표 4]에서처럼 자음어간동사에만 접속하며, 제2장에서 후술하는 바와 같이 주로 〈수동〉의 문법적 의미로 사용되었다.

고대의 조동사 「る」는 『続日本紀』의 「宣命」 62詔 중, 「誘ふ」와 「言ふ」 두 종류의 동사에 접속하여 〈수동〉의 의미로 사용된 사례가 있다[記紀歌謡에는 용례가 없음. 단, 한문훈독자료(推古遺文)에는 조동사 「る」로 읽히는 예는 많다].

人仁毛伊佐奈方礼須人乎毛止毛奈方須之天[人にも誘はれず人をも伴はずして](第33詔)

男能未父名負氏女波伊婆礼奴奴物爾阿礼夜[男のみ父の名負ひて女は言われぬ物にあれや](第13詔)

凡加久伊波流倍枳朕爾波不在[大方かく言はるべき吾にはあらず](第27詔)

悪友爾所引率流物在[悪しき友に誘はるるものこあり] (中略) 従今往前仁小過毛在人仁所率流止之所聞波[今より行くさきに聊か過ちもあらむ人に誘はるとし聞こしめさば](第35詔)

조동사 「らゆ」는 8세기에 「寝らゆ」에 한정되어 있었다. 즉 자음어간동사 이외의 동사에는 조동사 「ゆ」의 접속이 제한되어 있었던 것이다. 후술하는 바와 같이 「寝らゆ」는 하2단 활용 「寝」에 의사[疑似]자음어간의 어미 [-ら]를 삽입한 「ね(ら) + ゆ」구조이다. 조동사 「らる」는 「らゆ」의 생성 과정을 답습하여 10세기 이후에 나타난다. 10세기의 조동사 ラル 접속 동사를 살펴보면 다음과 같다.

대상자료: 10세기의 산문자료

『竹取物語』(900) 『伊勢物語』(920) 『土佐日記』(934) 『大和物語』(951) 『平中物語』(960) 『蜻蛉日記』(974) 『落窪物語』(986) 『枕草子』(1001)

[표 5] 조동사 ラル 접속 동사

資料	例数	語数	動詞
竹取	11	8	す、据う、寄す、留む、射る、仰す、入る、害す
伊勢	8	7	す、寄す、絡む、捨つ、預く、込む、寝(2)
土佐	1	1	落つ
大和	12	7	す、攻む、恋ふ(2)、仰す(2)、責む(2)、寝(2)、恨む
平中	2	2	寝、詫ぶ
蜻蛉	48	20	す(8)、ものす(5)、見ゆ、見る、果つ、掛く(5)、聞こゆ(2)、妨ぐ、伏す、付く、上ぐ、続く、仰す(2)、詣ず、込む(3)、責む(4)、出ず(5)、寝(3)、罷出ず、合わす
落窪	54	33	す(2)、ず(3)、嵌む、強う、据う、見ゆ、告ぐ、曲ぐ、掛く、給ふ、領む、立つ(2)、変ふ、付く、捨つ(2)、上ぐ、仰す(5)、預く、用いる、越ゆ、違う、込む(2)、制す、懲ず(2)、責む(2)、添う(2)、蹴る、出ず(7)、寝、褒む(3)、合わす、興ず、詰む
枕	128	24	す(4)、ず(2)、戒む、教ふ(2)、念ず、立つ(4)、付く(3)、紛ふ、垂る、植う、仰す(78)、慰む、入る(4)、占む、定む、制す、責む、出ず(8)、寝(2)、怖ず、褒む(6)、捕らふ、恨む(2)、燻ぶ

조동사 ラル는 102개 종류의 동사에 접속하여, 총 264개의 전체 사용 빈도를 보인다. 8세기의 운문자료인『万葉集』에는 자음어간동사 이외의 동사에 접속하지 않았던 조동사「る」는 10세기의 산문자료에서는 ラル형으로 다용되고 있는 것을 상기 [표 5]를 통해 확인할 수 있다. 운문자료인 『古今和歌集』(906년)에도 다음과 같은 동사에 접속하고 있다.

資料	例数	語数	動詞
古今	18	9	名付く、仰す(9)、す(2)、上ぐ、寝、挑む、変ふ、責む、恨む

조동사 ラル는 운문자료『古今和歌集』에 9종의 동사에 접속하여 전체 18회의 사용빈도를 보인다.

10세기 초의 『竹取物語』와 『古今和歌集』에 17종의 동사에 조동사 ラル가 접속하기 시작하여 10세기 말에는 48종의 동사에 182번의 사용빈도에 이른다. 이로써 조동사 ラル의 성립이 완료되어 동사 종류에 제한을 받지 않고 태의 문법적 기능을 담당하게 된다.

제4절 일본어의 태

4.1. 태의 개념

태^{Voice}는 언어에 따라 상이하게 실현[14]될 수 있으므로 일본어의 태 역시 일본어에 맞는 태 기술이 이루어져야 할 것이다. 태는 동작주^{Agent} 및 피동작주^{Patient}와 같은 의미역$^{\text{semantic roles}}$과 주어 및 목적어와 같은 문법적 기능 사이의 상관관계를 이용한 문법 범주라는 사실이다.

동사의 형태 및 격 체제와 관련된 문법범주를 Voice^{태}라 한다. 태란, 전형적으로는 동사의 기본형이 취하는 격 관계와 그 동사에 접사나 보조용언 등을 첨가한 경우에 취하는 격 관계에 변화가 발생하는 현상이다. 일본어에서는 동사의 자/타, 능동/수동, 사역, 가능, 자발, 수수^{授受} 등의 표현이 광의의 태로 취급되는 경우가 많지만, 그 중 가장 전형적인 태 현상이라 할 수 있는 것은 능동 대 수동, 그리고 사역일 것이다.

다음은 태의 개념에 대한 제설을 요약소개하기로 하겠다.

---

14) 예를 들어, 중국어의 경우 상이한 태에 대응되는 동사 표지가 없다. 따라서 능동·피동의 대립은 동사에 전혀 반영되지 않는다.

(1) 仁田(1991)

　　개념규정: 태란, 동사의 형태적인 범주임과 동시에 동사가 나타내
　　　　　　 는 동작이나 작용의 성립에 관여하는 관여자 중 어느 한
　　　　　　 쪽을 중심으로 그 동작이나 작용의 실현을 파악하고 표
　　　　　　 현하느냐와 관련 된 것이다.(p.110)

　　인정유형: (협의)능동, 수동, 사역
　　　　　　 (광의)능동, 수동, 사역 + 가능, 자발 등

태는 동사가 나타내는 움직임이나 상태의 성립에 참가하는 항과 문의 표
현형식에서의 성분으로서의 분절 방식에 관계되는 어휘－문법 범주이다.

(2) 寺村(1982)

　　개념규정: 보어의 격과 상관관계에 있는 술어의 형태 체계

자타대응은 예를 들면 수동태와 비교했을 때 술어형태의 생산성이라는
점에서 상이하다. 즉, 수동태는 생산적이고 규칙적인데 비해 자/타대응은
비생산적이고 불규칙적이다.

(3) 益岡(1987)

　　광의의 태 규정: 술어의 생산적 접사첨가에 관계되는 단순술어 · 복

잡술어의 대립과, 이들 술어가 취하는 항의 표현
형식^{격표현}에 보이는 대립(및 그것에 부수하는 의미적 대
립)과의 관계 체계(p.164)

협의의 태 규정: 동적 사상^{事象}에서의 주체의 교체에 동기부여를 받
은 단순술어·복잡술어의 대립(p.176)

태의 인정유형;

광의의 태: 능동·수동·사역＋가능·원망·난이·양상
협의의 태: 능동·수동·사역

단순술어와 복잡술어란, 「みる」와 「みられる」와 같은 대립을 뜻한다.
益岡(1987)에서는 태의 술어의 형태적인 대립을 생산적인 접사에 의한 것
으로 규정하고 있다.

(4) 佐藤(2005:194-197)

개념규정: 주어를 중심으로 한 사태의 관여자와 술어가 나타내는
움직임과의 의미적 관계를 나타내는 범주.

(a) 형태: 두 개의 문에 격 교체를 동반하는 술어의 형태적 대립이
인정된다.
(b) 통어: 두 개의 문의 주격 명사구가 의무적으로 달리 나타난다.
(c) 의미: 두 개의 문이 함께 움직임을 나타낸다.

원형적인 태 유형: 수동, 사역, 자타대응
비원형적인 태의 제유형: 상호태, 가능태, 희망태, テアル태

[태의 원형과 유형]

	원형적인 태	비원형적인 태			
	受動・使役・自他	상호	가능	희망	テアル
(a) 형태	○	○	○	○	○
(b) 통어	○		×	×	○
(c) 의미	○	○	×	×	×

(5) 일본어기술문법연구회(2009:207-294)

태^{Voice}는 사태 성립에 관여하는 사람이나 사물을 나타내는 명사가 어떤 형태적인 타이프의 동사와 함께 어떤 격에 따라 표현되느냐에 관계되는 문법범주를 의미한다. 태의 중심에는 무표^{unmarked} 표현으로서의 능동문과 유표^{marked} 표현으로서의 수동문, 그리고 사역문이 있다.

태와 관련된 표현으로서는 접사에 의해 표현되는 가능구문과 자발구문, 복합동사에 의해 표현되는 상호구문이 있다. 파생이나 복합이라는 문법적인 수단으로 표현되지는 않지만, 재귀구문도 태와 관계있다(p.207). 태의 중심적인 표현은 능동문, 수동문, 사역문이라 할 수 있다. 태 표현의 주변에는 가능구문, 자발구문, 상호구문과 같은 태의 관련구문이 있다. 재귀구문도 의미적으로 태와 관련성이 있다(p.209).

　　私は思わず山本さんと見つめ会っていた。[상호구문; 일본어기술문법연구회
　　　(2009)재인용]

　　私は舌をかんでしまった。[재귀구문; 일본어기술문법연구회(2009)재인용]

4.2. 일본어 태의 형식

일본어의 태^{Voice} 체계는 형태적으로 자동사와 타동사의 대응과 밀접한

관련성을 갖는다. 고대일본어의 자동사와 타동사의 대립은 대략 다음과 같은 방법에 의해 이루어진다.

① 형태변화^{활용} 차이에 의한 자/타 대립

知る(4段・他)－知る(下2段・自)、切る(4段・他)－切る(下2段・自)

浮く(4段・自)－浮く(下2段・他)、解く(4段・他)－解く(下2段・自)

泣く(4段・他)－泣く(下2段・自)、焼く(4段・他)－焼く(下2段・自)

② 어미 차이에 의한 자/타 대립

成る(4段・自)－成す(4段・他)、隠る(下2段・自)－隠す(4段・他)

渡る(4段・自)－渡す(4段・他)、寄る(4段・自)-寄す(下2段・他)

返る(4段・自)－返す(4段・他)、放る(下2・自)－放す(4段・他)

③ 어간증가와 어미접속

荒る(下2段・自)－荒らす(4段・他)、別かる(下2段・自)－別く(4段・他)

上がる(4段・自)－上ぐ(下2段・他)、止まる(4段・自)－止む(下2段・他)

枯る(下2段・自)－枯らす(4段・他)、曲がる(4段・自)－曲ぐ(下2段・他)

　①은 8세기의 고대일본어 특유의 자동사와 타동사 대립 유형이다. 이 유형은 종지형을 공유하며 자/타 변환 시스템의 기능을 갖고 있다. ②는 활용어미 [－る]와 [-す]에 의한 대립이며, ③은 [-る]와 [-す]가 접미사로서 동사의 어간^{ア단}에 접속하여 어미가 증가한 경우이다.

　위와 같은 자동사와 타동사의 대립 쌍을 구성하는 접미사 성격의 [-る]와 [-す]는 각각 조동사로 문법화 과정을 거쳐 수동태와 사역태의 근간을 이루게 되지만 8세기에는 아직 문법적 대응을 갖추지 못하고 있다. 형식적으로는 앞서 언급한 조동사 ラユ와 シム가 배타적인 관계를 유지하고 있었다.

(1) (전략)か行けば人に厭はえかく行けば人に憎まえ老よし男はかくのみならし
　　(万5/804)

(2) 我が岡の靎に言ひて降らしめし[令落]雪の摧けしそこに散りけむ(万2/104)

　수동태와 사역태의 대립^{symmetrical}이 성립되는 것은 9세기 이후의 일이며, 바로 ラル와 サス의 등장에 의해서이다. 9세기의 조동사 ラル와 サス는 현대어에 이르기까지 다음과 같은 형태적인 변화과정을 거치면서 일본어의 태^{Voice} 형식의 주요한 형식으로 사용되어 왔다.

　　a. {/(sa)su/〉/(sa)suru/〉/(sa)seru/}
　　b. {/(ra)ru/〉/(ra)ruru/〉/(ra)reru/}

　a, b의/(sa)su/와 /(ra)ru/는 앞서 언급한 동사어미 [-す]와 [-る]의 대립으로 볼 수 있다. [-す]와 [-る]는 일본어 동사에서 인위적인 것과 자연발생적인 동작 또는 작용을 나타내는 동사어미로 대립된다. 이와 같은 [-す]와 [-る]의 대립이 태 형식으로 문법화 할 수 있었던 요인이기도 하다.

　태는 형태의미적인 문법범주로 능동태와 수동태가 그 전형적인 예로 취급되지만 일본어에서는 자발태, 사역태, 가능태, 중간태, 존경태, 사역수동태 등을 태의 범주에 넣는 것을 인정하는 경향이 있다. 따라서 ラル에 의해 표현되는 형식은 각각 자발태, 수동태, 가능태, 존경태의 범주에서 기술하고자 한다.

　일본어의 수동문에서는 항의 증감이 없는 수동문 외에, 항이 하나 증가하는 수동문이 존재하는 것이 잘 알려져 있다. 직접수동문과 간접수동문의 구별, 혹은 일반적 수동, 소유자 수동, 제3자 수동의 3가지로 구별하기도 한다. 본서에서는 직접수동, 간접수동, 소유자수동의 3가지 분류를 따르기로 하겠다.

본서에서는 조동사 ラル를 태의 범주에서 논하고자 한다. 즉, ラ그에서 ラル로의 전환을 생산적인 수동태 표현의 발로로 이해한다는 것이다. 또한 제2장에서 다루게 될 ラル의 제용법의 파생관계를 설명함에 있어서도 태의 관점에서 통일적으로 기술하게 될 것이다.

제1절 조동사 ラユ의 의미와 용법

1.1. ラユ의 기본적 의미

　현대일본어의 조동사 ラレル가 감각, 지각, 사고동사에 접속하여 〈자발〉 용법을 나타내는 것처럼 고대의 조동사 ラユ도「忘る」「思ふ」「偲ふ」「知る」「泣く」에 접속하여 화자의 의지와는 무관하게 어떤 상태에 놓이게 되는 것을 나타낸다. 즉, ラユ의 기본적인 의미는 〈어떤 사태나 현상이 자연적으로 생기〉하는 것이다.

　먼저,「忘る」에 ラユ가 접속한「忘らゆ」는『万葉集』에 모두 22회 사용되었으며, 대부분이 부정표현이고, 순수 긍정표현은 1건에 불과하다. [표1]은「忘らゆ」의 긍정과 부정표현의 분포이다.

[표 1] 「忘らゆ」의 긍정/부정표현 분포

	긍정표현	반어표현	부정표현			부정추량
忘ら	えにけり	えめや(も)	えぬ(かも)	えず	えなくに	ゆましじ
용례 수	1	5	7	5	2	2

(1) 天離る鄙に五年住まひつつ都のてぶり忘らえにけり[和周良延爾家利](万5/880)

(1)의 긍정표현 「忘らゆ」는 화자의 의지와는 무관하게 지방에서의 생활이 오래되어 서울^{奈良}의 풍습^{풍속, 습관}이 점점 잊혀져가는 것을 나타내고 있다. 즉 「忘る」라는 상태가 자연적으로 자신에게 생기한 것을 나타낸다. (1)이 「忘れにけり」가 아닌 것은 다음의 예를 보면 알 수 있다.

(2) 秋山をゆめ人懸くな忘れ[所思]にしその黄葉の思ほゆらくに(万10/2184)

하2단활용동사 「忘る」는 4단활용동사의 「忘る」가 주체의 의지에 의한 소거^{消去}를 나타내는데 비해 자연적으로 또는 어느 사이엔가 자신도 모르는 사이에 소거되는 것을 의미한다. 다음은 반어표현이다.

(3) 春日野の浅茅が上に思ふどち遊ぶ今日の日忘らえ[忘目]めやも(万10/1880)

반어표현 「忘れえめや(も)」는 〈자연적으로 잊히는 일이 있을까 결코 잊히지 않을 것이다〉라는 뜻을 나타낸다. 「忘らゆ」는 긍정과 반어표현에서는 〈자연생기〉의 의미로 해석되는 것이 대부분인 것을 알 수 있다.

다음은 「思はゆ」와 「偲はゆ」에 대해 살펴보기로 하겠다.

(4) 葦垣の隈処に立ちて我妹子が袖もしほほに泣きしぞ思はゆ[母波由]

    (万20/4357)

(5) 大伴の高師の浜の松が根を枕き寝れど家し偲はゆ[所偲由](万1/66)

「思はゆ」와 「偲はゆ」는 모두 화자가 의지발동을 하지 않아도 〈사랑하는 사람〉이 그리고 〈집〉이 생각나는 자연생기의 의미가 인정된다.

끝으로 「知らゆ」에 대해 기술하기로 하겠다. 「知らゆ」는 『万葉集』에 18건 사용되었다. 활용형별로 분류하면 다음과 같다.

[표 2] 「知らゆ」의 활용형별 분류

활용형	미연형		연용형	종지형	
용례 수	10		1	7	
접속조동사	じ(1)	ず	ぬ	な(6)	○

먼저, 자연생기의 뜻을 나타내는 것은 다음 예의 연용형 1건뿐이다.

(6) あさりする漁夫の子どもと人は言へど見るに知らえぬ[之良延奴](万5/853)

(6)의 「知らえぬ」는 자연스럽게 알게 된 것을 나타낸다. 서문에 마츠우라[松浦] 강에서 유람할 때 물고기를 잡고 있는 처녀를 만나 어느 집의 딸인지, 그렇지 않으면 선녀인지 묻자, 처녀는 어부의 딸이라고 답하는데 그 기품을 보고 응답한 답가이다. 「知らえぬ」는 「見る」행위를 통해 양가의 딸이라는 것을 자연스럽게 알게 되었다는 것을 의미하며, 외적 상황에 의해 자연히 알게 되는 상태가 되었다는 비의지의 실현을 나타내는 자연생기이다. 이것은 조동사 ユ가 〈자연추이적·무작위적인 의미를 갖는 동사를 받는 경향이 있다〉(岩波『古語辞典』)는 것을 통해서도 확인된다.

「忘る」「思う」「偲ふ」「知る」는 인간의 지각과 사유를 나타내는 동사로 의지성이 낮은 행위이다. 현대일본어에서도 조동사 ラレル의 자발용법은 사고동사에서 일반적으로 흔히 나타난다. 다음의 「泣かゆ」 또한 자동사 「泣く」에 조동사 ラユ가 접속하여 주체의 의지와는 무관하게 자연적으로 눈물이 나는 슬픈 감정을 나타낸다. 「泣かゆ」는 16건 모두 「音(哭)のみし泣かゆ」라는 정형표현으로 사용되고 있다.

(7) 君に恋ひいたもすべ無み蘆鶴の音のみし泣かゆ[所泣]朝夕にして(万3/456)

(8) 高円の野辺見るごとに音のみし泣かゆ[奈加由](万20/4510)

「泣かゆ」는 모두 긍정표현에만 사용되었으며, 자신의 의지로는 어떻게 할 수 없는, 즉 소리 내어 우는 울음이 자신에게 있어서 저절로 발생한 것^{자연생기}을 표현한 것이다.

이상의 검토를 통해 확인할 수 있듯이 조동사 ラユ는 〈어떤 작용이나 동작, 또는 현상이 어떤 주체의 의지에 의해 발생하는 것이 아니라〉, 〈의지와는 무관하게 자연적으로 발생〉하는 〈자연생기〉의 의미를 나타낸다.

1.2. ラユ의 용법

1.2.1. 〈자연(자발)가능〉 용법

조동사 ラユ에는 〈자연생기^{자발}〉의 부정 의미로도 〈가능^{불가능}〉의 의미로도 해석 가능한 예문이 적지 않다.

(9) いかにして忘れむものぞ我妹子に恋はまされど忘らえ[所忘]なくに
(万11/2597)

(10) 和歌の浦に袖さへ濡れて忘れ貝拾へど妹は<u>忘らえなく[不所忘]</u>に
　　　（万12/3175）

「忘らえなくに」는 〈자연생기〉의 부정표현이지만 〈불가능〉으로 해석이 가능하다. 의지발동^{忘れむ}을 하면 자연히 잊히는 상태^{忘らゆ}가 되어야 하는데 그렇게 되지 않음을 영탄하고 있다. (10)은 잊으려고 적극적인 의지발동을 해도 잊히지 않는다는 점에서 〈불가능〉에 가까운 뜻으로 해석된다.

(11) 人はよし思ひやむとも玉葛影に見えつつ<u>忘らえぬ[不所忘]</u>かも（万2/149）
(12) 住吉の名児の浜辺に馬立てて玉拾ひしく<u>常忘らえず[不所忘]</u>（万7/1153）

　부정의 경우, (9)의 「恋はまされど」, (11)의 「影に見えつつ」, (12)의 「玉拾ひしく」가 「忘らゆ」 상태가 되는 것을 막고 있는 원인이 되는 점에서 불가능으로 해석이 가능하다. 「忘らゆ」가 〈자연적으로 잊히는〉 것을 나타내는 〈자연생기〉의 용법인데 비해, 그 자연생기를 부정하여 〈자연적으로 잊히지 않는〉 것을 표현하면 〈불가능〉의 의미가 파생된다. 이것은 가능의 의미가 불가능에서 시작되었고, 불가능은 자연생기의 부정과 의미적으로 연결되어 있음을 나타낸다. 끝으로 「忘らゆましじ」에 대해 살펴보기로 하겠다.

(13) 松が根や遠く久しき言のみも名のみも我れは<u>忘らゆましじ[不〈可〉忘]</u>
　　　（万3/431）

　조동사 マシジ는 대부분 「得」「敢ふ」「かつ^{보조동사}」「ゆ^{조동사}」 등 가능의 의미를 나타내는 낱말에 접속하여 사용되는 경우가 많다. 따라서 부정추량의 「~ないだろう」가 불가능의 의미로도 파악될 수 있다.

　이상 「忘らゆ」의 부정표현에 대해 살펴보았다. 지각이나 사유에서 소거 또는 소실되는 것을 나타내는 「忘る」동사에서는 잊기 어려운 존재가 표현된다.

　〈자연생기〉의 부정과 〈불가능〉 어느 쪽으로도 해석 가능한 예 가운데 「寝らゆ」가 있다. 「寝らゆ」는 앞서의 언급처럼 유일하게 자음어간동사 이외의 동사에 조동사 ラユ가 접속한 예이다. 태^{Voice}와 관련한 제1류 기본조동사 サス와 ラル도 『万葉集』에는 자음어간동사에만 접속하는 「す」와 「る」뿐이다. 자음어간동사 이외의 동사에 접속하는 「さす」와 「らる」는 『万葉集』에는 아직 보이지 않는다. 「寝らゆ」는 자음어간동사 이외의 동사에 태를 담당하는 제1류 기본조동사가 접속한 유일한 예이다. 즉 자음어간동사 이외의 동사에 [-ら]를 삽입하여 의사^{疑似}자음어간동사를 만들어 조동사 「ゆ」를 접속한 최초의 예가 「寝らゆ」인 셈이다. 이것은 언어 사용자의 욕구에 의한 조동사 「ゆ」의 기능 확장이기도 하다. 조동사 「ゆ」의 접속이 자음어간동사에만 국한되어 있던 것을 일반 동사에까지 영역을 넓힌 것이다. 「ゆ」의 「らゆ」형 파생으로 인한 영역확장은 「る」와 「す」에도 유추작용을 통해 「らる」와 「さす」가 파생하게 되는 계기가 된다.[1] 『万葉集』의 「寝らゆ」는 모두 11건 있으며, 그 중 「寝のねらえぬ」형의 성구^{成句}가 8건이다. 그리고 「寝らゆ」는 모두 부정표현에만 사용되고

---

[1] 「らる」와 「さす」는 900년에 성립된 『竹取物語』에 최초의 사용예가 보인다. 「らる」는 8종의 동사에 11건(寄せらる,射らる、仰せらる、害せらる、据ゑらる、入れらる、ご覧ぜらる,とどめらる), 「さす」는 15종의 동사에 16건(あげさす、つけさす、打ぜさす、捨てさす、迎へさす、わびさす、せさす、吊りあげさす、さし入れさす、奏せさす、おぼえさす、かよはせさす、捕へさす、とどめさす、教へさす)이다. 『万葉集』에는 「さす」는 없지만 「しむ」가 모든 동사에서 제한 없이 사용되고 있다.

있다. 「寝のねらえぬ」형 이외의 표현은 「寝ねらえず(寐不所宿)」(4/639, 11/2593), 「寝ねらえなくに(不所寐)」(11/2412)의 두 유형이다. 「寝(の)ねらゆ」라는 정형표현은 『万葉集』의 「(甘睡)眠も(を/は)寝ず」[2]에서 유래한 것으로 파악된다.

(14) 布留山ゆ直に見わたす都にぞ寐も寝ず[寐不宿]恋ふる遠くあらなくに

(万9/1788)

「寐も寝ず」는 화자의 의지표현이지만, 「寐のねらえぬ」는 다음의 예에서 확인할 수 있듯이 화자의 의지에 반하는 결과표현에 사용되고 있다.

(15) 夢見むとわれは思へど寝ねらえなくに[不所寐](万11/2412)

즉, 「夢に見よう」라는 의지를 작동해도 「眠る」상태가 되지 않으므로〈가능〉의 부정으로도 해석되지만 「自然と眠る状態にならない(자연적으로 잠자는(수면) 상태가 되지 않는다)」로도 해석할 수 있기 때문에〈자연생기〉의 부정표현으로도 볼 수 있다. 따라서〈가능〉(불가능)은〈자연생기^{자발}〉의 부정표현과 밀접한 관련성이 있다. 발화주체의 의지가 있음에도 실현되지 않는다는 점에서〈가능^{불가능}〉의 의미가 엿보인다. 다음의 「取らえぬ」도 사태실현의 가능성이 없음을 나타내는〈불가능〉의 용법으로 쓰이고 있다.

(16) 目には見て手には取らえぬ[不所取]月の内の楓のごとき妹を(万4/632)

---

2) 11/2369, 15/3771, 13/3274, 15/3633, 19/3969, 13/3329, 12/3157, 13/3297, 13/3277, 9/1787, 12/2963, 20/4400, 9/1788

1인칭의 동작 「手に取る」의 불가능을 「取らえぬ」로 표현하고 있음을 확인할 수 있다. 즉 「(月を)手に取る(달을 손으로 따다)」라는 행위의 실현이 불가능하다는 것을 나타내고 있다.

1.2.2. 〈자발적수동〉 용법

수동^{passive} 구문의 특징은 ① 능동문에서의 타동사의 목적격에 위치하는 대상^{피동작주}이 주격 표지와 함께 주어 위치에 놓이고, ② 능동문의 주어^{동작주}는 생략되거나 사격 표지$^{by, =, 한테}$와 함께 부사어로 표시되며, ③ 동사는 사태의 작용 방향이 바뀌는 것을 표시하는 태 표지$^{voice\ marker}$가 이루어진다는 점이다(Siewierska 1984:2-3). 수동구문의 이와 같은 특징은 피동작주를 부각시키는 기능과 함께 동작주를 탈초점화^{defocusing}하는 기능을 갖는다(Shibatani 1985:837).[3]

고대일본어의 수동 구문에서는 후술하는 바와 같이 피동작주가 생략되고 동작주만 사격으로 표지되는 二格 수동$^{dative\ passive}$ 구문은 상기 수동 구문의 특징을 고려할 때 특이하다고 할 수 있겠다.

수동표현은 주지하는 바와 같이 일반적으로는 유정물$^{honorific\ human\ noun}$이 주어가 되며, 타동사적 동작의 주체와 그 동작을 받는 대상과의 관계가 여격^{二格}으로 표시된다. 그리고 주어가 유정물인 경우 이해^{利害}의 뜻을 동반하게 된다. 이에 비해 비정물$^{inhuman\ noun}$ 수동의 경우는 주어가 비정물이기 때문에 이해^{利害}의 의미를 동반하지 않는다.

---

3) ⅰ) Primary pragmatic function: agent defocusing
　 ⅱ) Semantic properties: a) Semantic valence: predicate (agent, patient), b) Subject is affected
　 ⅲ) Syntactic properties: c) Encoding: agent → ∅ (not encoded), Patient → subject
　 ⅳ) Morphological properties: Active = P, Passive = P [+passive]

(1) 직접수동

현대일본어의 수동표현은 직접수동과 간접수동으로 대별된다. 직접수
동문의 경우, 대응하는 능동문의 ガ격 명사는 주로 ニ격 명사로 표현된
다. 대응하는 능동문의 움직임이나 작용, 관계가 요구하는 ヲ격 명사나
ニ격 명사 등은 ガ격 명사로 표현된다. 직접수동은 능동문의 직접목적어
^{타동사의 대상어}가 주격의 위치에 놓여 피동작주의 시점에서 사태를 서술한
다. 고대일본어에서 이에 해당하는 예는 다음과 같다.

(17) みどり子の若子髪にはたらちし母に抱かえ[所懷](万16/3791)

(18) か行けば人に厭はえ[伊等波延]かく行けば人に憎まえ[迩久麻延](万5/804)

(19) をさをさも寝なへ児ゆゑに母に嘖はえ[許呂波要](万14/3529)

(20) 誰そこの我が宿来呼ぶたらちねの母に嘖はえ[所嘖](万11/2527)

(21) 白髪し子らに生ひなばかくのごと若けむ子らに罵らえ[所詈](万16/3793)

(22) 白珠は人に知らえず[不所知]知らずともよし(万6/1018)

상기「抱く」「厭ふ」「憎む」「嘖ふ」「罵る」의 대상이 주격의 위치에 놓
이는 한편, 동작주체는 주격 위치에서 강등되어 ニ격으로 표시된다. 위의
수동표현에 대한 능동표현은 다음과 같이 표기할 수 있다.

(わたしが)母に抱かれる　　　　　← 母が(わたしを)抱く

(わたしが)人に嫌われる/憎まれる　← 人が(わたしを)嫌がる/憎む

(わたしが)母親に叱られる　　　　← 母親が(わたしを)叱る

(あなたが)若い子らに罵られる　　← 若い子らが(あなたを)罵る

白珠は人に知られない　　　　　　← 人が白珠を知らない

(22)의 「人に知らえず」는 수동 구문을 하고 있지만 〈자연생기〉의 부정 또는 〈불가능〉의 의미로 해석할 수도 있다. 「人に知らえず」는 기본적으로는 〈자연생기〉의 부정이며, 그것이 〈불가능〉 또는 〈수동〉의 의미로 전화^{転化}된 것으로 파악할 수 있다. 현대일본어의 (불)가능표현에 「私にできる(ない)」라는 것이 있다. 이것은 나에게 있어서 자연적으로 어떤 작용 또는 상태가 이루어지는 것을 나타낸다.[4] 이와 유사한 의미의 예로는 「橘の本に道踏む八衢に物をぞ思ふ人に知らえず(6/1027)」가 있다. 「人に知らえず」는 「あの人に知ってもらえない/知られない」의 뜻으로 〈불가능〉 또는 〈수동〉의 부정으로 해석된다. 나머지 「人に知らえず」는 〈자연생기〉의 부정 또는 〈수동〉의 부정으로 해석되는 예들이다.[5] 그 외 직접수동 용법의 수동태 동사는 다음과 같다.

濡らさゆ(7/1387)、摺らゆ(7/1338)、折らゆ(8/1457)、遷らゆ(11/2476、12/2999)、言はゆ(10/1905、13/3300)、(待たゆ 4/484)

(2) 간접수동

동사구가 나타내는 내용의 영향을 받은 유정물 또는 무정물을 주격 위치에 놓는 점에서는 직접수동과 동일하지만 주격에 놓이는 명사항목이 타동사와 맺어지지 않는 것이 간접수동이다. 즉 능동문의 동사가 나타내는 움직임이나 상태가 요구하는 명사로서는 포함되지 않는 유정물을 ガ

---

4) 가능동사 「できる」는 「出で + くる( ) でくる) できる)」의 합성어로, 일본어에서의 '가능'이라는 것이 주체의 능력이 아니라 주체에게 있어서 그 작용 또는 상태가 발생하는 것을 의미한다. 고대일본어에서의 가능용법은 자연생기^{자발}의 부정표현에서 출발 한 것은 이것과 무관하지 않다.

5) 「人に知らえじ」: 7/1330, 「人に知らえず」: 4/688, 7/1300, 10/2114, 11/2537, 12/2861, 12/2905, 12/2928, 「人に知らゆな」: 7/1299, 11/2692, 11/2762

격 명사로 사태를 표현한다[능동문에 없던 새로운 등장인물이 ガ격에 놓임]. 따라서 원래의 동사 ガ격 명사는 간접수동문에서는 ニ격 명사로 표현된다. 현대일본어에서의 간접수동은 "제3자 수동" 또는 "피해의 수동(三上1972)"이라 불리는 수동문이 여기에 해당한다. 단, 고대어에서의 "피해의 수동"으로 분류되는 예에서는 유정물의 수동 예문이 없고 비정물 수동이기 때문에 '피해'의 뜻은 없다[☞ 제4장].

현대일본어의 "피해의 수동"은 자동사에 의한 수동태 구성에서 인정되는데 고대어의 경우도 자동사에서 수동태가 구성된다.

(23) 沫雪に降らえて[所落]咲ける梅の花君がり遣らばよそへてむかも(万8/1641)

「降る」는 자동사이기 때문에 목적어를 취하여 대상에 대해 어떠한 작용도 하지 않지만 「梅の花」가 「雪に降らゆ」라는 사태에 의해 영향을 받고 있음이 표현되고 있다. 고대어의 이와 같은 자동사 수동은 현대어의 "피해의 수동"과는 달리 '피해'의 뜻을 함의하지 않는다. 「梅の花」가 무생물이기 때문에 "피해"의 의미가 발생할 수 없다.

(3) 소유자수동

소유자수동문은 대응하는 능동문의 ヲ격 명사나 ニ격 명사의 소유주를 나타내는 명사를 ガ격 명사로 표현한다. 그에 따라 대응하는 능동문의 ガ격 명사는 ニ격 명사로 표현된다. "소유자 수동"을 큰 틀에서 간접수동에 포함시키기도 하지만, 본서에서는 "소유자 수동"을 수동문의 한 종류로 분류한다.

(24) 三輪の祝が斎ふ杉原薪伐りほとほとしくに手斧取らえぬ[所取](万7/1403)

"소유자 수동"의 특징은 술어구조가 〈타동사 + ゆ〉형이지만 동사의 동작대상이 여격 위치에 그대로 있다는 점이다. 그리고 그 대상이 수동문의 주어의 '소유물'이라는 것이다. 다음은 구체적인 소유물은 아니지만 발화주체와 관련된 내용으로 소유물로 파악할 수 있다.

　(25) 佐紀野に生ふる白つつじ知らぬこともて<u>言はえし[所言]</u>我が背(万10/1905)[6]
　(26) 小野の草若み隠らひかねて<u>人に知らゆ[所知]</u>な(万10/2267)

　「言はゆ」와 「知らゆ」는 자신과 관련된 즉 〈두 사람의 (남녀)관계〉가 타인에게 「言われる/知られる」함으로써 받는 영향임을 알 수 있다. 「知らゆな」의 「な」는 금지를 나타내므로, 상접하는 동사는 무의지표현이 될 수 없다. 즉, 「漁り出な」(武烈前紀), 「今夜のみ飲まむ酒かも散りこすなゆめ」(1657), 「言も咎むな」(1759), 「吾を松椿吹かざるなゆめ」(73)와 같이 사람의 의지적 행동이거나 자연의 현상에 대해 발생을 금하는 표현에 사용된다. 따라서 여기서의 「人に知らゆな」는 〈자발적 수동〉의 용법으로 해석된다.
　끝으로 종지형 긍정표현의 「知らゆ」용법에 대해 살펴보기로 하자.

　(27) はだすすき穂にはな出でそ思ひたる心は<u>知らゆ[所知]</u>(万16/3800)

　「穂に出づ」는 〈사람 눈에 띠는 행동을 하는 것〉을 의미한다. 그리고 「心は知らゆ」의 「心」는 사람 눈에 띠는 행동을 하지 않으려는 발화주체의 〈마음〉을 의미하며, 그 마음을 노인에게 들키게 된 것을 나타낸다. 〈마음〉은 주체와 불가분의 관계에 있지만 여기서는 발화주체가 품고 있는

---

6) 「言はえし我が背」는 「言はれし我が背」로 읽는 고사본과 고주석서가 많다.

〈마음상태〉를 의미하므로 일종의 "소유자 수동"으로도 볼 수 있다. 자신의 행동^{사람 눈에 띠지 않으려는}이 현재의 마음 상태를 자연히 나타내게 되므로 결과적으로는 상대에게 알려지게 되어 수동의 의미로 파악된다.

이상의 고대어 수동 구문을 통해 알 수 있는 것은 타자의 동작 또는 작용의 영향을 직접 받으며, 그 영향은 표현주체의 의지 또는 희망과는 무관하게 타(인)의 의지 또는 작용에 의해 사태가 실현되는 것을 나타내고 있다는 것이다. 이와 같은 점에서 〈자발적 수동〉의 용법을 인정할 수 있다.

1.3. 조동사 ラユ의 한계

조동사 ラユ는 사태의 자연발생을 나타내는 [-ゆ]어미동사의 [-ゆ]가 접미사로 문법화 과정을 거쳐 조동사가 된 생성과정의 특징을 잘 간직하고 있다. 그것은 자연생기^{자발}, 자연 가능, 자발적 수동이라는 제용법을 통해서도 잘 나타나고 있다. 이러한 ラユ의 의미적 특징은 조동사로서의 기능 제한을 초래하게 된다.

(28) 汝が母に嘖られ[己良例]我は行く青雲の出で来我妹子(万14/3519)

(28)의 「母に嘖られ」는 2527과 3529의 「母に嘖はえ」와 같은 표현이다. 동사 「ころふ」는 「こる + ふ」로 파생한 동사이다. (28)의 조동사 「る」와 2527/3529의 조동사 ラユ가 의미적으로 모두 수동의 용법을 나타내지만 2527/3529의 「母に嘖はゆ」는 〈자연생기 + 수동〉의 〈자발적 수동〉의 의미가 남아 있기 때문에 완전한 수동 용법으로는 한계가 있었던 것이다. 고대에 있어서의 조동사 ラユ와 ラル의 용례 분포를 보면 다음과 같다.

[표 3] ラル의 분포

시대	ラユ	ラル
8세기(奈良時代)	97	18
9〜12세기(平安時代)	4	17,166
합계	101	17,184

8세기에는 조동사 ラユ가 많이 쓰였지만 9세기 이후에는 ラル가 압도적으로 많이 쓰이게 되는 것을 알 수 있다. 용법에서도 ラユ는 자연생기를 바탕으로 한 (불)가능과 수동 표현에 주로 쓰였지만, ラル는 전체 용법 중 수동에 편중 현상이 보인다. 조동사 ラル의 『万葉集』 18건 중, 각 용법별 분포는 수동(13), 자발(4), 가능(1)이다. 다음은 동사별 용법의 분포이다.

言はる(8 수동)、継がる(2 자발)、巻かる(1 수동)、遣はさる(2 수동)、隠さる(1 자발)、思はる(1 자발)、こйる(1 수동)、忘らる(1 불가능)、詐かる(1 수동)[7]

ラル와 접속하는 동사 중 가장 빈도수가 높은 것은 「言ふ(8)」이다. 조동사 ラユ는 「泣く(16)」, 「寝(11)」, 「知る(18)」, 「忘る(22)」의 네 동사에 편

---

7) 수동: 昔こそ難波田舎と言はれけめ(3/312)、ますらをと言はれし人(3/773)、知らぬこともち言はれし(10/1905)、言はれにし我が身(13/3300)、一嶺ろに言はるものから(14/3512)、我れに寄せ言はれし君(4/564)、人に言痛く言はれしものを(11/2535)、我がゆゑに言はれし妹は(11/2455)、日の入る国に遣はさるる(19/4245)、もろこしの遠き境に遣はされ(5/894)、妹が手に巻かれなむ(4/734)、練りのむらとにあざむかえ(12개)(れ)けり(4/773)
　　 자발: 継がるる恋(11/2675)、止めば継がるる恋(3/373)、子らは愛しく思はるるかも(14/3372)、相見ては面隠さるるものからに(11/2554)
　　 가능: 水に影さへ見えてよに忘られず(20/4322)

중되어 있다. 그리고 이들 표현은 「音のみし泣かゆ」「寝のねらえぬ」「人に知らえず」와 같이 관용적으로 사용되고 있는 것이 특징이었다. 그러나 ラル에는 이와 같은 정형표현은 보이지 않는다. 조동사 ラユ의 한계를 대신해 그 자리를 메우게 되는 것이 조동사 ラル이다.

제2절 조동사 ラル의 의미와 용법

2.1. ラル의 기본적 의미

동사어미 [-る]는 [-す]와 대립 쌍[わたる(渡る)-わたす(渡す)]을 이루어 자동사와 타동사를 형성한다. 이와 같은 [-る어미동사]의 어미 [-る]와 [-す]는, 자연발생적인 움직임 또는 동작에는 [-る]를, 인위적인 움직임 또는 동작에는 [-す]를 접속하여 각각 자동사와 타동사를 파생한다. 그리고 태^{voice} 기능을 담당하게 되는 조동사 「る」와 「す」로 문법화 된다. 이것은 조동사 ラユ의 생성과정과 동일하다.

위와 같은 과정으로 생성된 조동사 ラル의 기본적인 의미는 〈비작위성〉이다. 8세기의 조동사 「る」는, 〈비작위성〉을 나타내는 동사어미 [-る]에서 생성되었다. 일반 동사에 접속하여 〈자발〉과 〈수동〉을 나타내는 조동사로 사용되게 된다. 『万葉集』의 〈V-a + ru(조동사)〉를 형성하는 동사는 「噴る」「遣はす」「言ふ」「いざなふ」「巻く」「知る」「忘る」「思ふ」에 한정된다. 이 중에서 「忘る」「思ふ」만 「忘らる」「思はる」형태로 〈자발〉을 나타내고 나머지는 〈수동〉의 의미로 사용되었다.

[-る어미동사]의 어미 [-る]가 조동사로 전용되면서 〈자발〉의 용법보다 〈수동〉의 용법으로 다용되는 것은 [-る어미동사]의 수동적 의미에 기인하

는 바가 크다고 할 수 있다. 이것은 ラ행 4단활용동사의 어미로 수동의 뜻을 나타내는 예도 있다는 점에서 수긍이 간다.

(1) 針袋これは賜ばりぬすり袋今は得てしか翁さびせむ(万20/4133)

(2) 国々の防人集ひ船乗りて別るを見ればいともすべなし(万20/4381)

「賜ばる」「別る」는 「賜ぶ」「別く」에 4단활용동사의 어미 [-る]가 접속하여 〈수동〉의 뜻을 함의하는 중간동사가 된 것이다. 이와 같은 종류의 낱말로는 다음과 같은 것들이 있다.

「ふふむ→ふふまる」「くくむ→くくもる」「増す→まさる」「積む→つもる」「離く→さかる」「たづさふ→たづさはる」「障ふ→さはる」「掛く→かかる」「止む→とまる」「助く→たすかる」「定む→定まる」 등

상기 동사의 수동적 의미의 이면에는 〈비작위성〉이 인정된다. 예를 들어 「さかる離」는 (3)처럼 능동태이지만 의미적으로 〈수동〉적이다. 즉, 〈배가 먼 바다로 떠내려가는〉 현상은 〈자연적으로(조류의 영향) 발생한〉 사태이며, 그 사태가 화자에게 발생한 점에서 수동적 의미라는 것이다.

(3) わが舟は比良の湊に漕ぎ泊てむ沖辺なさかりさ夜更けにけり(万3/274)

「離かる」는 〈작위적·인위적〉인 의미를 나타내는 타동사 「離く」에 〈비작위적〉인 의미를 나타내는 [-る]를 접속한 동사이며, 화자입장에서는 〈수동〉적 의미이다.

2.2. ラル의 용법

2.2.1. ラル의 〈수동〉 함의

8세기에 다용되던 조동사 ラユ에서 9세기 이후 ラル로 대체되는 배경에는 ラユ의 기본적 의미가 〈자연생기〉라는 제약으로 인해 수동용법으로 사용되기에는 제한이 있었을 것으로 판단된다. ラル의 기본적 의미가 〈비작위성〉이며, 그것이 〈수동〉 함의라는 점이 크게 작용했을 것으로 추정된다. 실제, 8세기의 조동사 「る」의 용법이 수동용법에 편중되어 있고, ラユ가 〈자연생기^{자발}〉에 편중되어 있는 것이 이 사실을 잘 입증해 준다.

예를 들면, 하2단의 「生る」와 「結ぼる」 등은 「生む・結ぶ」에 [-る]가 접속하여 〈수동〉의 뜻을 함의하면서 성립한 동사이다.

(4) わが中の生れ出でたる白玉のわが子古日は(万5/905)

(5) 奈呉江の菅のねもごろに思ひ結ぼれ嘆きつつ(万18/4116)

(6) 笹の葉はみ山もさやにさやげども吾は妹思ふ別れ来ぬれば(万2/133)

위와 같은 [-る]에 이르러서는 본질적으로 〈수동〉의 조동사 「る」와 분리하기 어려운 연속성을 갖고 있다.[8] 8세기에는 자음어간동사 이외의 동사에 조동사 「る」가 접속한 예는 없다. 이것은 조동사 「る」의 한계이기도 하다. 조동사 「る」의 문법적인 기능에 생산성이 더해지기 위해서는 접속하는 동사에 제한이 없어야 한다.

『万葉集』의 조동사 「る」를 접속한 8종의 동사의 용법은 다음과 같다.[9]

---

8) 12세기 이후에도 「埋む→埋もる」(源氏・夕顔), 「よこたふ→横たはる」(源氏・藤裏葉), 「捨つ→すたる」(古今著聞集).

9) 和須良礼(20/4322)와 같은 1자 1음의 音仮名表記, 그리고 言礼(4/564)와 継流(11/2675)

[표 4] 〈V-る〉형의 용법

동사	継ぐ	噴る	言ふ	隠す	思ふ	遣はす	こる	忘る
빈도	2	1	8	1	1	2	1	1
표현	긍정	긍정	긍정	긍정	긍정	긍정	긍정	부정
용법	자발	수동	수동	수동	자발	수동	수동	(불)가능

*「詐く」와 「巻く」를 넣으면 9종 18例가 된다.10)

상기 8종의 동사 외에 「所詐」(4/773), 「所纏」(4/734)가 있다. 「所」는 『万葉集』에서 조동사 ラユ와 ラル로 읽히는 경우가 일반적이다.

「所詐」의 訓은 각 사본별로 다음과 같이 읽히고 있다.

와 같이 訓仮名와 音仮名를 병기 한 경우 조동사 る의 가독성이 인정된다.

10) 昔こそ難波田舎と言はれ[所言]けめ今は都引き都びにけり(3/312)
高座の御笠の山に鳴く鳥の止めば継がるる[継流]恋もするかも(3/373)
天雲の 向伏す国の ますらをと 言はれし[所云]人は 天皇の 神の御門に 外の重に 立ち侍ひ 内の重に 仕へ奉りて(3/443)
山菅の実ならぬことを我れに寄せ言はれ[言礼]し君は誰れとか寝らむ(4/564)
我が思ひかくてあらずは玉にもがまことも妹が手に巻かれ[所纏]なむ(4/734)
言とはぬ木すらあじさゐ諸弟らが練りのむらとにあざむくかえ[所詐]けり(4/773)
もろこしの 遠き境に 遣はされ[都加播佐礼] 罷りいませ(5/894)
をみなへし佐紀野に生ふる白つつじ知らぬこともち言はえ[所言]し我が背(10/1905)
我がゆゑに言はれ[所云]し妹は高山の嶺の朝霧過ぎにけむかも(11/2455)
おほろかの心は思はじ我がゆゑに人に言痛く言はれ[所云]しものを(11/2535)
相見ては面隠さゆる[隠流]ものからに継ぎて見まくの欲しき君かも(11/2554)
君が着る御笠の山に居る雲の立てば継がるる[継流]恋もするかも(11/2675)
言ひづらひ ありなみすれど ありなみえずぞ 言はえ[所言]にし我が身(13/3300)
相模道の余綾の浜の真砂なす子らは愛しく思はるる[於毛波流留]かも(14/3372)
一嶺ろに言はる[伊波流]ものから青嶺ろにいさよふ雲の寄そり妻はも(14/3512)
汝が母に噴られ[已良例]我は行く青雲の出で来我妹子相見て行かむ(14/3519)
住吉の 御津に船乗り 直渡り 日の入る国に 任けらゆる[所遣] 我が背の君を(19/4245)
我が妻はいたく恋ひらし飲む水に影さへ見えてよに忘られ[和須良礼]ず(20/4322)

古写本	寛永版本	元暦校本	広瀬本	紀州本
훈(訓)	アサムカレケリ	あさむかれける	アザムカレケリ	アサムカレケル
古写本	神宮文庫本	西本願寺	京都大学本	陽明本
훈(訓)	アサムカレケリ	アサムカレケリ	アサムカレケリ	アサムカレケリ

古注釈 및 諸注釈書는 크게 「アサムカレケリ」와 「アサムカエケリ」 두 부류로 나뉜다.

① 「アサムカレケリ」: 万葉集拾穂抄、万葉代匠記(初稿本)(精撰本)、万葉集 僻案抄・童蒙抄・剳記、万葉考、万葉集略解、万葉 集攷証、万葉集新考、万葉集評釈、日本古典全書、 新潮日本古典集成、万葉集全注、新編日本古典文学 全集

② 「アサムカエケリ」: 万葉集古義、万葉集新考、万葉集全釈、万葉集総釈、 万葉集全註釈、評釈万葉　集、万葉集私注、日本古典 文学大系、万葉集注釈、万葉集釈注

대체로 古注釈는 「アサムカレケリ」, 근대의 諸注釈는 「アサムカエケリ」 가 많다. 「アサムカエケリ」는 古注釈의 『万葉集古義』를 잇는 계통이다. 古写本의 전체가 「アサムカレケリ」인 것은 이 시기에는 이미 조동사 ラユ 가 소멸되고 ラル가 일반적이었기 때문인 것으로 해석되며, 古注釈는 古 写本을 답습한 결과이다.

『万葉集』의 조동사 「る」는 위 [표 4]에서처럼 자음어간동사에만 접속 하며, 주로 〈수동〉의 문법적 의미로 사용되고 있음을 확인할 수 있다.

2.2.2. 제용법의 파생관계

현대일본어의 수동문의 성격에 관해서는 어원적인 측면, 용법, 문의 구조, 태^{Voice} 등 다방면에 걸쳐 많은 연구가 이루어져 왔다. 특히 일본어의 수동문을 〈시점〉의 원리로 설명하는 久野(1978)설은 많은 지지를 받고 있으며, 언어 유형론적인 시각에서도 보편적인 주장으로 받아들여진다. 奥津(1983)은 이 〈시점〉의 원리로 고대어의 수동문도 잘 설명할 수 있다고 주장한다. 奥津에게 있어서의 〈시점〉 원리란 다음과 같이 설명된다.

　　a. 太郎が 次郎を 殺した。
　　b. 次郎が 太郎に 殺された。

　　상기의 a.와 b. 모두「太郎」와「次郎」라는 두 항을 갖고 있으며, 양자 간에「殺す」라는 관계가 성립되고,「太郎」가 그 〈동작주〉이며「次郎」가 〈수동자^{受動者}〉라는 사항을 나타내는 점에서는 차이가 없다. 그 지적 의미는 동일하다. 그러나 동일한 의미를 나타내는데 두 문형을 갖는 것은 낭비가 아닌가. 후술하겠지만, 그것은 화자가 스스로의 〈시점〉을 〈동작주〉에게 둘지, 〈수동자〉에게 둘지의 차이에 의한다. 바로 여기에 수동문의 존재 의미가 있다.(p.70)

이와 같은 관찰은 초기의 생성문법인 '변형문법'의 정형화를 떠올리게 하지만 奥津는 "능동문과 수동문의 대응에는 단순한 형식적인 변환관계 외에, 화자의 〈시점〉 문제가 얽혀 있는 것 같다"고 서술하고 있다. 즉 수동의 의미를 奥津는 〈시점〉의 이동으로 파악하고 있다.

「太郎」시점에서 「次郎」시점으로, 〈수동〉에 의해 착안점이 역전되는 것이다. 그러나 능동문과 수동문을 주어와 목적어의 치환으로 보고, 신주어^{新主語}의 위치에 놓이는 구목적어^{旧目的語}에 착안점이 있는 것처럼 주어와 목적어를 별개로 생각해서는 수동문의 성질을 제대로 파악했다고는 할 수 없지 않을까. 그것은 대응되는 능동문을 갖지 않는 수동문의 경우 처음부터 시점의 이동은 상정되지 않기 때문이다.

본서에서는 대응되는 능동문을 갖는 수동문과 그렇지 않은 수동문을 통일적으로 설명할 수 있는 ラレル의 기능을 탐색하는 수단으로서 〈자발〉용법과의 전화^{転化}관계를 중심으로 수동문을 주체와 객체의 두 시점을 동시에 나타내는 사태와 화자의 관계 맺기로 상정하고, 논을 서술하고자 한다.

조동사 ラレル의 고형^{古形}은 주지하는 바와 같이 ラユ이다. 8세기에는 〈수동〉과 〈자발^{자발부정, 또는 불가능}〉의 용법이 중심이었다. 〈가능〉[11]과 〈존경〉의 용법은 조금 더 시간이 지나고 나타난다.

고대어 조동사 ラル형식에서의 상기 제용법 중, 어느 용법이 가장 근원적인 의미이며, 어떤 파생과정을 거치게 되었는가라는 점에서는 견해의 차이를 보이고 있다. 즉 수동 〉자발 〉가능 〉존경의 순으로 파생했다는 견해와, ラル형식의 기본적인 의미는 〈자발〉이라는 견해가 대표적이다. 또한 최근의 연구에서는 〈자발〉과 〈수동〉, 〈자발〉과 〈가능〉을 나타내는 ラレル를 동음이형으로 보는 경향도 있다.

본서에서는 동음이형 설은 인정하지 않으며, ラル의 근본적인 의미 〈자연생기〉에서 〈자발〉·〈수동〉·〈가능〉·〈존경〉이 각각 파생하였으며, 〈자발〉과 〈수동〉, 〈자발〉과 〈가능〉, 〈자발〉과 〈존경〉, 그리고 〈가능〉과 〈존경〉이 서로 밀접한 의미적 관련성을 갖고 있다는 입장에서의 파생 설을 채택하여 그 파생관계를 검토하여 〈V-ラレル〉형 수동문의 성

---

11) ラル의 부정표현은 자발의 부정이며, 불가능용법이 확인되는 것은 14세기 들어서이다.

질에 대해 논하고자 한다.

2.2.3. ラル의 근원적 의미와 전화轉化설

전화轉化설의 경우, ラル의 근원적인 의미를 〈자발〉 내지 〈수동〉 둘 중에 하나로 보고 있다. 우선 수동근원설이다.

山田(1922)는, 조동사 ラル의 근원적인 의미를 다음과 같이 서술하고 있다.

> その根本的なりと認めらるる普通のものは受身を表はすにあり、而、それより一転して自然にその事の現はるる勢にあるを示し再転して文の主体に或る能力の存する義を表はし三転して敬語に用ゐらる。(p.146)

즉, 수동이든 가능이든 자발이든 존경이든 원래 하나의 ラル의 의미가 분화하여 여러 개로 사용되었다는 것이며, ラル의 근본적인 용법은 〈수동〉이라는 것이다. 그 전화과정은 수동 〉 자발 〉 가능 〉 존경 순이다.

한편, 자발근원설은 ラユ와 ラル의 어원과 성립과정을 [-ゆ어미동사]「「見ゆ」「生ゆ」)의 어미와 공통기원인 것으로 보고 있다. 그리고 [-ゆ어미동사]에서 파생한 조동사 ラユ와 그것을 대체하게 되는 ラル는 사물의 〈자연적 성립자연생기〉을 나타내는 〈자발〉의 용법이 근본적이며, 〈자발〉에서 다른 용법으로 다양하게 전화되었다고 보고 있다. 즉 어떤 사태가 자연히 전개되어 발생하는 것이 ラル형식의 기본적 의미이며, 수동의 의미는 여기서 파생했다는 것이다.

존경용법은 차치하고, 가능용법의 전화과정은 수동근원설이든 자발근원설이든 〈자연생기〉의미에서 파생한 것으로 보는 것이 타당하다.[12] 橋本(1931)은 다음의 『枕草子』의 일부를 들어 〈자발〉에서 〈수동〉으로의 추이는 여기서 시작되었다고 보고 있다.

(7) 秋深き庭の浅茅に、露のいろいろ玉のやうにて光りたる。川竹の<u>風に吹かれ</u>
<u>たる</u>夕ぐれ。暁に目覚したる夜なども。すべて思ひかはしたる若き人の
中に、せくかたありて心にしも任せぬ。(119段)

한편, 時枝(1941)은 수동·자발·가능·존경을 나타내는 조동사의 근원
에 개념으로서의 "자연적실현"을 도출하고 있다. 그리고 「彼は打たれた」
라는 문에서 「打つ」동작의 주체가 그 이외의 타자인 수동문을 들어 다음
과 같이 기술하고 있다.

> 自然的実現の概念を通用するならば、他者の「打つ」動作が、彼において、自
> 然に、欲すると欲せざるとに関せず、実現することを意味するが故に、受身
> とも考へられる。但し、自然的実現といふことは、他者の動作が他者に及ぶ
> といふ場合ばかりでなく、本来は他者の動作がそれを受けるものの関心に於
> いて実現するともいひ得る訳である。例へば「彼は切られた」「私は倒された」
> の如きは動作が他に及ぶことであるが、「親、子に泣かる」「子は親に死なれる」
> 「私は毎日雨に降られた」の如きは、動作が自己の関心に於いて実現すること
> を意味する。(p.463)

즉, 時枝에게서의 〈수동〉이란 "타자의 행위를 직간접적으로 받는 것"
이며, 근본적으로는 어디까지나 타자의 행위를 받는 것이 중요하다. 또
"동작이 자신의 관심 하에서 실현되는", 자신에게 발생한 타자의 행위를

---

12) 박(2004)

모두 수동으로 파악하고 있다. 그 타자의 행위가 자신의 관심 하에서 자연스럽게 원하던 원하지 않던 그것과는 무관하게 실현되는 것으로서 수동표현이 "자연적실현"이라는 것이다.

ラル의 기본적인 의미에 의한 〈수동〉과 〈자발〉의 전화관계에 대한 상기의 주장들은 결국 ラル 수동근원설은 ラユ를 고려하지 않고 ラル의 용법의 편중된 분포에 의한 결과이며, 자발근원설은 ラユ와의 관계를 고려한 결과임을 알 수 있다. 時枝의 "자연적실현"이라는 개념도 앞서 후술한 바와 같이 ラユ의 〈자연생기〉 개념과 다르지 않으며, 자발근원설에 포함된다. 그렇다면 〈자발〉과 〈수동〉의 의미적 연결고리는 무엇일까.

제3절 고대어의 〈자발〉과 〈수동〉

3.1. 〈자발〉과 〈수동〉의 차이

『万葉集』에서의 조동사 「る」는 「嘖る」「遣はす」「言ふ」「いざなふ」「巻く」「知る」「忘る」와 접속하여 〈자발〉[忘る 외의 동사는 모두 수동용법]과 〈수동〉의 용법으로 사용되었다.

> 天平勝宝七歳乙未の二月に、相替りて筑紫に遣はさるる諸国の防人等が歌
> (1) 我が妻はいたく恋ひらし飲む水に影さへ見えてよに 和須礼受(万20/4322)

(1)은 제목題詞에 쓰여 있는 것처럼 防人さきもり[13]가 부른 노래로, 결구「忘ら

---

13) 고대 関東 지방에서 파견되어 筑紫・壱岐・対島 등의 요지를 수비하던 병사(3년마다 교대됨).

れず」는 중앙어의 「忘らえず」에 해당한다. 따라서 8세기의 조동사 「る」의 용법은 〈수동〉에만 사용되었다고 볼 수 있다. 그러나 『古今集』 이후의 ラル[14]에 의한 〈자연발생〉표현은 생산적으로 이용되고 있었다는 것은 이미 주지의 사실이다.[15] 나머지 수동용법의 조동사 「る」의 사례는 다음과 같다.

(2) 山菅の実成らぬことをわれに依せ言礼師君は誰とか宿らむ(万4/564)

(3) 我が思ひかくてあらずは玉にもがまことも妹が手に巻かれなむ(万4/734)

(4) (前略) 唐の 遠き境に 都加播佐礼 罷り坐せ(万5/894)

(5) 一嶺ろに伊波流ものから青嶺ろにいさよふ雲の寄そり妻はも(万14/3512)

(6) 汝が母に己良例吾は行く青雲のいで来吾妹子あひ見て行かむ(万14/3519)

(7) 梯立の熊来酒屋に真奴良留奴わし誘ひ立て率て来なましを真奴良留奴わし
   (万16/3879)

(2)의 「よせ言われる」는 관계가 있는 것처럼 소문이 나는 것[누군가 소문을 내어세을 의미한다. (3)은 "이렇게 (당신)생각만 하기보다 (옥)구슬이라도 되고 싶다, 그러면 당신이 팔찌로 손에라도 감을 텐데[손에 감기대"의 뜻이다. (5)의 「ひとねろ」는 「人寝ろ」이며, "세상 사람들이 잠자리를 해라"며 유혹하는 뜻을 내포하고 있다. 「あをねろ」는 「我を寝ろ」로서 내가 "나와 잠자리를 해라"라는 뜻이다. 그리고 「寄そり妻」는 "소문이 나 있는 여재누군가 소문을 내어서 소문이 냄"라는 뜻이다. (7)의 「まぬらる」의 [ま]는 접두어, 「ぬらる」는 「叱られる」의 뜻이다.

---

14) ラル는 조동사 る・らる의 표기이다. 조동사 らる가 만들어지기 전인 8세기에는 る만 존재했기 때문에 ラル로 표기하지 않고, る로 표기하여 구분을 할 것이다. 이하, ラユ도 ラル와 동일하게 적용.

15) 朴(2004)

(2)~(7)은 모두 〈타인에 의해〉라는 행위자를 명확히 취하고 있다. 〈수동〉은 주체와 외적 상황이 명확한 관계를 가짐으로써 두 시점이 동시에 표현된다. 이것이 자연발생의 〈자발〉 용법과의 다른 점이다.

8세기의 조동사 ラユ와 「る」는 모두 〈자발〉과 〈수동〉을 나타내는 기능을 갖고 있으며, 원래는 동사어미로서 접미어적으로 사용되다가 조동사로 문법화한 경우에 해당한다. 용법에서는 ラユ는 〈자발〉, 「る」는 〈수동〉을 주로 나타내며 구분 사용되었다는 것을 알 수 있다. 또한 두 조동사 모두 〈자연생기〉와 〈비작동성〉 동사의 어미가 접미사와 조동사로 문법화 과정을 거쳐 생성된 것들이다.

조동사 ラユ는 대략 8세기에는 이미 문법적 활력이 쇠퇴하여 9세기 이후에는 ラル에 그 자리를 내어주게 된다.

〈자발〉과 〈수동〉 용법의 근원이 같았을 가능성이 높은 것은 사태가 주체의 의사와는 무관하게 그와 같은 상태가 되는 것을 나타내기 때문이다. 다음 예문을 보자.

> いみじきもののふ、あだ、かたきなりとも、見ては、うち笑まれぬべきさまのし給へれば [屈強な武士や敵対者であっても、(源氏を)見ては、自然と微笑んでしまうような姿をなさっていたので](源氏・桐壺)
> ありがたきもの舅にほめらるる婿 [滅多にないもの 舅に褒められる婿](枕草子)

『源氏物語』의 「うち笑まれぬ」는 〈자발〉, 『枕草子』의 「舅にほめらるる婿」는 〈수동〉 용법으로 해석되지만, '무사나 원수가 그 의사와 무관하게 미소 짓는' 사태와, '사위의 의사와 무관하게 장인이 칭찬하는' 사태의 공통점은 주체의 의사와 무관하게 이루어졌다는 것이다.

그럼 〈자발〉과 〈수동〉의 구분은 어떻게 이루어지는가. 동작주체의 의지에 반하거나 그 의지를 무시하고 어떤 사태가 발생하여 동작주체가 그 상태에 놓이게 되면 〈자발〉의 용법이 된다. 그리고 동작 또는 움직임의 영향을 받는 피동자^{被動者, 또는 피영향자}의 의지를 무시하거나 반하여 피동자가 어떤 상태에 놓이게 되면 〈수동〉의 용법이 되는 것이다. 정리하자면, 동작주체의 의지를 무시하면 〈자발〉, 피동자의 의지를 무시하면 〈수동〉용법이 된다.

3.2. 현대어에서의 〈자발적 수동〉용법

수동표현은 문의 주어가 스스로 동작을 하는 것이 아니라 타(자)로부터 동작이나 작용을 받는, 즉 영향을 받는 의미를 나타낸다. 동사의 수동 형식은 주지하는 바와 같이 〈V-ラレル〉이다. 수동에 관해서는 종래 다음 세 가지로 분류하는 경우가 많았다.

① 동작·현상의 직접수동을 나타낸다. 타동사에 접속하여 그 타동사의 목적어가 주격에 위치한다.

子どもが先生にほめられる。

大きな橋が架けられる。

② 타동사에 접속하여 그 타동사의 목적어가 목적격에 위치하는 경우.

君にそんなことをされるとは思いもよらない。

大きな足跡が見出される。

③ 동작·작용의 이해^{利害}관계, 주로 피해나 민폐의 뜻을 나타낸다.

子どもに泣かれて閉口した。

彼女に行かれてしまった。

③의 주어는 일본고유의 수동문에서는 유정물에 한정되며, 심리적 수동으로 여겨지고 있다. 이에 대해 ①은 타(자)의 영향을 받는 것을 나타내며, ②는 단순 수동으로서 비정물이 주어가 되며, 주로 번역문에 많은데 일본어문에서의 이와 같은 수동문은 그 영향을 받은 결과로 설명되고 있다.

수동은 대체로 수동문의 주어가 어떤 동작이나 작용에 의해 의미적으로 이해^{利害}를 초래하는 의미를 나타내느냐 아니냐에 따라 "이해^{利害}의 수동"^{「迷惑受身」라고도 함}과 "단순수동"16)으로 나뉜다. 또한 주어가 받는 영향의 방식을 기준으로 "직접수동"과 "간접수동"으로 분류되기도 한다.

이하, 〈자발〉과 〈수동〉을 관련지어 그 근원적인 성질이 무엇인지에 대해 알아보기로 하자.

〈자발〉이란 "어떤 존재(x)가 자연적으로 어떤 상태를 띠는, 혹은 어떤 X를 대상으로 하는 현상이 자연적으로 발생하는" 것이라고 寺村(1982)는 기술하고 있다. 즉, 사태가 자연적으로 생기하는 것을 나타낸다. 이하, 이것을 〈자연생기〉17)라 부르기로 하겠다. 森田(1995)는 「外」와 「内」의 개념을 일본어의 모든 표현에 보이는 기본적인 형태로 보고, 「상위자」^外 대 「하위자」^内의 설정을 하고, ラレル표현의 특색을 논하고 있다. ラレル의 수동표현에 관해서는 다음의 예문을 들어, 자발함의의 수동을 인정하고 있다.

 a. 食欲をそそられる。
 b. 後輩に先をこされる。
 c. 雨に降りこめられる。
 d. 先生に叱られる。

---

16) 즉, "이해^{利害}"의 뜻을 나타내지 않는 수동문.
17) 小松(1999:90)

a.는 〈자발〉에 가까운 수동, b.와 c.는 각각 사태의 흐름으로 〈자발〉에 가까운 것으로 보고, 외적요인 「後輩」와 「雨」에 의해 당사자가 피해를 받는다는 점에서 〈수동〉적이라는 것이다. d.는 「상위자」로부터의 직접행동이기 때문에 당사자가 「하위자」입장에 처하게 되는 〈수동〉이라는 것이다. b. c. d.는 소위 이해^{利害}의 감정을 동반하는 「財布をとられる」「犬にほえられる」「先生にほめられる」와 같은 종류의 수동표현이며, 자신이 관여하지 않았음에도 어떤 동작 또는 작용에 의해 자신이 어떤 상태에 놓인다는 점에서는 〈자발적 수동〉이라 할 수 있다. 이것을 城田(1998)의 수동태형의 정의에 적용하면 a.와 c.는 신·구의 ガ격 등장인물의 의지성이 결여된—불수의^{不随意; 비자발성}, 자연발생, 유발의 뜻이며, b.와 d.는 구ガ격 등장인물의 의지성이 우월한 허용의 수동이 된다.

e. 先生が生徒を叱る。
f. 生徒が先生に叱られる。

城田를 따라 상기 예문을 다시 표기하면, f.는 {先生が生徒を叱る} 행위가 학생에게 일어난 것을 학생이 허용하는 수동이다. 이것이 단순 수동인지, 피해의 수동인지는 「신ガ격 등장인물에게 사태를 자신에게 허용하고 싶지 않^{願望 의 부정}는 의향 여부에 따라」결정된다. 「願望」의 「부정」은 문맥 속에서 문법적으로는 부여되지 않는다. 즉, 〈V-ラレル〉형식에 의한 "피해의 수동"은 부여되지 않는다는 것이다. 그것은 다음의 예문을 보면 알 수 있다.

g. 良い親に育てられた。
h. 悪い親に育てられた。

다음은 비자발성[不随意], 자연발생, 유발의 수동에 대해 알아보기로 하겠다.

   i. 母親が死ぬ。
   j. (私が)母親に死なれる。

j.는 (私に(対して)母親が死ぬ라는 동작이 자연적으로 발생하는 수동문이다. 城田에 의하면, 신·구ガ격 등장인물[私·母親]의 의지성은 결여되어 있기 때문에 비자발성, 자연발생, 유발의 뜻이 되는 것이다.

이상, 일본어 〈수동〉 표현에는 〈자발〉의 요소가 포함되어 있는 것을 확인할 수 있었다. 17세기 이전에도 「言われる」「呼ばれる」「書かれる」 등에 보인다. 다음은 「書かれる」의 예문을 하나 들기로 하겠다.

   n. さる程に、少将や判官入道も出きたり。少将のと(ッ)てよむにも、康頼入
      道が読けるにも、二人とばかり書<u>れ</u>て、三人とはかか<u>れ</u>ざりけり。(平
      家、巻三·足摺)

이상, 〈수동〉에 〈자발〉의 요소가 내포되어 있는 점에 대해 살펴보았다. 그럼 어떻게 〈수동〉에 〈자발〉의 요소가 내포되게 되는 것일까. 앞서 언급한 時枝에 의해 이미 주장되어 온 "자연적실현"이라는 개념인데 〈자발〉과 〈수동〉은 "동작주"의 관여 없이 어떤 사태가 자연적으로 생기한다는 점에서 공통적이다. 그 자연적으로 생기한 사태가 "동작주"와 관계될 때 〈수동〉이 되는 것이다. 이 개념이 〈자발〉과 〈수동〉의 연관성을 가능하게 하는 것이라 할 수 있다. 다음 절에서는 〈자연생기〉 개념이 어떻게 〈수동〉 용법을 파생하게 되는가에 대해 살펴보기로 하겠다.

3.3. 〈자연생기〉에서 〈수동〉으로의 전화^{転化}

ラル의 〈수동〉용법은 〈자연생기〉에서의 전화라는 것이 필자의 입장이다. 앞서 언급하였듯이 〈수동〉이라 해도 일본어의 경우는 타(자)로부터의 동작·작용의 영향을 받는다는 의식보다도 자신이 관여하지 않았음에도 어떤 동작·작용에 의해 자신이 어떤 상태에 놓이게 되는 〈자발적 수동〉이 인정되기 때문이다. 반대로 ラル의 〈자연생기〉의 의미는 〈수동〉을 바탕으로 하지 않는다. 이와 같은 견해를 뒷받침할 고대일본어의 〈자연생기〉와 〈수동〉을 나타내는 ラユ와 ラル의 용법에 대해 검토를 하고, 두 어형의 형태교체^{交替} 원인과 기능면에서의 연결고리에 대해 기술하기로 하겠다.

3.3.1. 〈자연생기〉와 〈수동〉을 나타내는 ラユ

(1) 〈자연생기〉의 ラユ

ラル의 〈수동〉용법은 〈자연생기〉에서 파생하였다고 보는 것이 필자의 견해이다. 앞서 언급하였듯이 〈수동〉이라 해도 일본어의 경우, 타(자)로부터의 동작·작용의 영향을 받는다는 의식보다도 자신이 관여하지 않았음에도 어떤 동작·작용에 의해 자신이 어떤 상태에 놓이게 되는 자연발생적수동이 인정되기 때문이다.

8세기부터 11세기까지의 문헌자료에 종지형어미[-ゆ] 동사군(이하, 「ゆ어미동사」라 부르기로 함)이 존재하는데 그 대부분은 다음과 같이 현대일본어에 계승되어 오고 있다.

[표 5] [-ゆ어미동사]의 변화형

-ゆ어미		현대어	-ゆ어미		현대어	-ゆ어미		현대어
癒ゆ	〉	癒える	越ゆ	〉	越える	老ゆ	〉	老いる
肥ゆ	〉	肥える	栄ゆ	〉	栄える	冷ゆ	〉	冷える
絶ゆ	〉	絶える	映ゆ	〉	映える	萎ゆ	〉	萎える
悔ゆ	〉	悔いる	覚ゆ	〉	覚える	見ゆ	〉	見える
冴ゆ	〉	冴える	消ゆ	〉	消える	燃ゆ	〉	燃える
生ゆ	〉	生える	怯ゆ	〉	怯える	凍ゆ	〉	凍える
乱ゆ	〉	乱れる	萌ゆ	〉	萌える	聞こゆ	〉	聞こえる

위와 같은 동사의 특징은 타(자)로부터의 동작·작용을 받지 않고 자연적으로 어떤 현상이 생기하는 것을 나타내는 것이다. 〈자연생기〉를 나타내는 동사군의 어미를 조동사로 전용한 것이 2장에서 언급한 「ゆ」이다. 조동사 ラ그는 고대에 〈자발〉과 〈수동〉의 의미를 나타내며, 〈가능〉과 〈존경〉의 용법으로는 사용되지 않았고, 9세기 이후에 조동사 ラル로 대체된다.

조동사 ラ그를 접속하여 사태의 자연발생의 뜻을 나타내는 예문은 『万葉集』중에 "다른 낱말 수"(Type)로 보면「偲はゆ」「思ほゆ」「泣かゆ」「知らゆ」「忘らゆ」「寝らゆ」의 6건 뿐이다.「寝らゆ」이외의 동사는 모두 자음어간동사이며, 조동사「ゆ」를 ア단에 접속한다. 모음어간동사인「寝」에는 의사^{疑似}자음어간동사어미 [-ら]를 삽입하여 조동사「ゆ」를 접속하였다[☞ 3장]. 대부분이 감각, 지각, 사고동사에 접속하여 사태의 자연발생을 나타낸다. 이것은 현대일본어에서도 보인다. 현대어에 계승되어온 자연발생^{자발}표현은「偲ばれる」(「偲はゆ」),「見える」(「見ゆ」),「絶える」(「絶ゆ」),「思える」(「思ほゆ」),「泣けてくる」(「泣かゆ」) 등이다. 참고로「忘らゆ」의「忘る」는 현대어의 모음어간동사인 1단동사의「忘れる」가 아니라, 자음어간동사인「忘る」이다. 상기 6건의 동사는 모두 사태의 자연발생적인 생기에만 사용되었다. 조동사 ラユ의 상접동사 수는 매우 적으며, 표현도 정형적인 것이 대부분이다. 다음에「泣かゆ」「知らゆ」「寝らゆ」의 예문을 각각 들기로 하겠다.

(8) 君に恋ひいたもすべ無み蘆鶴の哭耳所泣^{ねのみしなかゆ}朝夕にして(万3/456)

제4구「音のみし泣かゆ」는「寝のみ」가 조사「し」에 의해 강조되고,「泣く」가 조동사 ラユ와 결합하여 사태의 자연발생을 나타낸다.「音に泣く」라는 표현은 소리를 내어 우는 것을 의미한다. (8)의 전체적인 뜻은 "당신을 너무 그리워하여 어찌할 방도가 없어서 갈대숲에서 울고 있는 두루미처럼 소리 내어 울뿐입니다 아침저녁으로" 즉, 울음을 억누를 수 없다는 의미이며,『万葉集』의 유형적 표현 중의 하나이다.[18]「泣かゆ」는 모두 긍정표현에만 사용되었다. 다음으로「知らゆ」의 예문을 들어 보기로 하겠다. 이것은『万葉集』중에 예문이 하나뿐이다.

(9) あさりする漁夫^{あ ま}の子どもと人は言へど見るに之良延奴^{し ら え ぬ}良人^{うまひと}の子と(万5/853)

「知らえぬ」는 자연적으로 인지하게 되었다는 상태를 의미한다. (9)의 예문은 서문에 松浦 강에서 유람할 때, 고기를 낚고 있던 소녀를 만나 어느 집의 딸인지, 아니면 선녀인지 묻자 그 소녀는 어부의 자식이라 답하지만 그녀의 기품 있는 모습을 보고, 답가를 지었다고 쓰여 있다.「知らえぬ」는「見る」라는 행위를 통해 양가집의 소녀^딸라는 것을 자연스럽게 알게 되었다는 것을 의미하며, 외적 상황에 의해 자연적으로 인지하는

18) 230, 324, 509, 645, 897, 898, 1810, 3314, 3344, 3627, 3732, 4008, 4215, 4480, 4510

상태가 되었다는 의지^{意志} 외의 실현을 나타내는 사태의 자연발생을 나타내는 표현이다. 다음으로는 유일하게 자음어간동사가 아닌 동사에 조동사 ラユ를 접속하여 〈자연생기〉의 뜻을 나타내는 「寝らゆ」의 예문을 검토해 보기로 하겠다. 「寝らゆ」는 『万葉集』 중에 12건 정도 사용되었으며, 「寝のねらえぬ」라는 정형표현으로 사용되는 것이 특징이다.

　(10) 吾妹子に恋ひてすべなみ夢見むとわれは思へど<u>不所寐</u>(万11/2412)

　(10)번가의 뜻은 대략 다음과 같다. "그 처녀가 너무 사랑스러워 어찌할 수 없어서 꿈에서라도 만나보려 해도 잠을 이룰 수 없다."「夢に見よう」라는 의지를 발동해도 「眠る」라는 수면상태가 되지 않는다는 뜻으로 가능의 부정, 즉 〈불가능〉으로도 해석 가능하겠지만, 「眠ることができない(잠을 이룰 수가 없다)」가 아니라 「自然と眠る状態にならない(자연적으로 잠드는(수면) 상태가 되지 않는다)」라는 뜻이기 때문에 사태의 자연발생을 나타내는 〈자발〉용법으로 사용되었다.

　ラユ의 〈자연생기〉라는 의미는 언어주체에게 외적 상황에 의해 어떤 사태가 의지를 발동하지 않아도 자연적으로 실현되는 것을 나타낸다.

(2) 〈수동〉의 ラユ

　『万葉集』 중, 〈수동〉의 용법으로 사용되는 ラユ의 만요가나^{万葉仮名} 표기 예는 전체적으로 그 양이 적다. "다른 낱말 수"(Type)도 「厭はゆ」「憎まゆ」「摺らゆ」「噴はゆ」 4건의 동사에 한정된다. 차례대로 살펴보기로 하자.

　(11) (前略)か行けば人に<u>伊等波延</u>かく行けば人に<u>迩久麻延</u>(後略)(万5/804)

「厭はえ」「憎まえ」의「え」는 조동사 ラユ의 연용형이며, 현대어의「嫌われ」「憎まれ」에 해당한다. 가의^{歌意}는 "저쪽으로 가면 사람들이 싫어하고, 이쪽으로 와도 사람들이 미워한다"는 내용이다. 이 두 표현의 의미는 모두 자신의 의지로는 어떻게 할 수 없다는 점에서 공통적인 표현이다. 그런 점에서 사태^{사람들이 싫어하고 미워하는}가 자연생기의 〈자발〉의 뜻을 함의하고 있다. 타자의「厭う」「憎む」라는 행위는 자신에게 자연적으로 원하든지 그렇지 않든지 관계없이 실현된다.

(12) わが屋前に生ふる土針心ゆも想はぬ人の衣に須良由奈(万7/1338)

(12)번가의 뜻은 "뜰에 돋아나 있는 익모초, 진심으로 마음에도 없는 사람의 옷에 물들지 마오"이다.「摺らゆな」는 염색으로 쓰이지 마세요라는 의미이며, 마음에도 없는 결혼을 하지 마라는 뜻이다.

(13) 等夜の野に兎狙はりをささをも寝なへ児ゆゑに母に許呂波要(万14/3529)

(14) 汝が母に己良例我は行く青雲の出で来吾妹子相見てむかも(万14/3519)

(15) 誰そこのわが屋戸に来呼ぶたらちねの母に所嘖物思ふわれを(万11/2527)

「ころふ」는「叱責する」의 의미로「こる」(3519)의 계속태로 판단된다.[19] 3529번가의 뜻은 "토야^{とや} 들판에 토끼를 사냥하듯, 자지 않고 깨어있는 그녀 때문에 그대 어머니에게 야단맞다" 정도이다. 3519번가는 ラル의 〈수동〉표현이며, ラユ와 ラル의 기능면에서의 관련성을 확인할 수 있는 예문이다. 2527번가의「誰そこのわが屋戸に来呼ぶ(누구냐, 우리 집에 와서 부

---

19)「語る」→「語らふ」,「言ふ」→「言はふ」,「移る」→「移ろふ」,「計る」→「計らふ」,「交じる」→「交じらふ」 등등.

르는 이)」는 "남자가 상황이 좋지 않을 때 찾아와서 힐책하는" 표현이며,
"어머니로부터 야단맞아 잡념에 빠져 있는 나를"이라는 뜻이다. 상기 (11)~
(13)의 능동문과 수동문의 대조표현은 다음과 같다.

	능동문	수동문
(11)'	人が私を厭う/にくむ	私が 人に いとはゆ/にくまゆ
(12)'	思わぬ人が土針を摺る	土針が思わぬ 人に 摺らゆ
(13)'	母が私をこる	私が 母に こらゆ

　상기 〈수동〉표현은 모두 타자의 행위를 직접 받고 있다. 万葉仮名에
의한 확실한 ラユ의 수동예문은 상기 4건에 한정되지만, 『万葉集』 중에
ラユ로 훈독할 수 있는 사례는 몇 개 더 있다.[20]

　ラユ의 용례 분포를 보면 자연생기의 〈자발〉 용법이 많고, 〈수동〉의 용
법은 이른 시기의 작품歌에서 관찰된다.

　이상, 〈V + 조동사ラユ〉에 의한 수동표현을 살펴보았다. 이 형태에 의
한 〈수동〉 용법은 표현 주체의 의지 혹은 희망과 무관하게 타자의 작용,
타자의 의지에 의해 사태가 실현되는 것을 나타낸다. 이와 같은 점에서

---

20) a. み幣取り三輪の祝が斎ふ杉原薪伐りほとほとしくに手斧所取奴(1403)

　　b. 水を多み上田に種蒔き稗を多み択擢之業そ我がひとり寝る(2999)

　　c. 打つ田に稗はしあまたありと言へど択為我そ夜ひとり寝る(2476)

　　d. 沫雪に所落咲ける梅の花君がり遣らばよそへてむかも(1641)

　　e. おのれ故所罵而居れば青馬の面高夫駄に乗りて来べしや(3098)

　　f. しなが鳥猪名山とよに行く水の名のみ所縁之隠り妻はも(2708)
　　　春山のあしびの花の悪しからぬ君にはしゑや所因友好(1926)

　　g. 天雲の向伏す国の武士と所云人は(443)

　　h. 青山を横切る雲の著ろくわれと笑まして人に所知名(688)

〈자발적 수동〉을 인정하게 된다. 이처럼 접미사 [-ゆ]에서 자연생기를 나타내는 〈자발〉 용법이 파생되고, 또 〈자발적 수동〉 용법이 영향을 미치는 타자의 존재 여부에 의해 발생한 것이 맞는다면 일본어의 수동의 근원은 〈자연생기〉에서 파생한 것으로 볼 수 있다.

3.3.2. 〈자연생기^{자발}〉와 〈수동〉을 나타내는 ラル

(1) 〈자연생기〉의 ラル

조동사 ラユ는 8세기에 이미 문법적 활력이 쇠약해 있었다. 9세기 이후는 ラル가 그 역할을 담당하게 된다. 『万葉集』에서의 ラル의 상접동사는 「嘖る」 「遣はす」 「言ふ」 「いざなふ」 「巻く」 「知る」 「忘る」에 한정된다. 다음 (22)의 「忘る」 이외는 모두 〈수동〉 용법으로 사용되었다.

天平勝宝七歳乙未の二月に、相替りて筑紫に遣はさるる諸国の防人等が歌
(16) 我が妻はいたく恋ひらし飲む水に影さへ見えてよに和須良礼受(万12/4322)

상기 (16)번가의 결구 「忘られず」는 당시 중앙어의 「忘らえず」에 해당된다. 8세기의 ラル 용법은 〈수동〉으로만 주로 사용되었던 것이다. 그러나 『古今集』 이후 ラル에 의한 자연생기의 〈자발〉 표현은 생산적으로 사용된다.[21]

자연생기의 〈자발〉 ラユ 및 ラル의 상접어는 심적 움직임을 나타내는 동사나 감각을 동반하는 동사에 한정된다는 지적이 있다. 그러나 9세기 이후는 다양한 동사에 접속하여 생산적으로 자연생기의 〈자발〉의 의미

---

21) 박(2004)

를 나타내는 표현에 사용되고 있는 것이 확인된다.22)

(2) 〈수동〉의 ラル

(17) 山菅の実成らぬことをわれに<u>依せ言礼師</u>君は誰とか宿らむ(万4/564)

(18) 我が思ひかくてあらずは玉にもがまことも妹が手に<u>巻かれなむ</u>(万4/734)

(19) (前略) 唐の 遠き境に <u>都加播佐礼</u> 罷り坐せ(万84594)

(20) 一嶺ろに<u>伊波流</u>ものから青嶺ろにいさよふ雲の寄そり妻はも(万14/3512)

(21) 汝が母に<u>己良例吾</u>は行く青雲のいで来吾妹子あひ見て行かむ(万14/3519)

(22) 梯立の熊来酒屋に<u>真奴良留奴</u>わし誘ひ立て率て来なましを<u>真奴良留奴</u>わし(万16/3879)

(17)의「よせ言われる」란 관계가 있는 것처럼 소문이 나는 것을 의미한다. (18)의 뜻은 "혼자 이렇게 당신을 그리워하기 보다는 오히려 바닷가의 구슬이라도 되고 싶다 그러면 당신의 팔에 팔찌로 감길 수 있을 터인데"이다. (20)의「寄そり妻」는「噂を立てられている妻(소문이 나 있는 그대)」라는 뜻이며, (17)의「よせ言われし」와 같은 뜻이다. (22)의「まぬらる」는「叱られる」(야단맞다)의 뜻이다.

모두 "타자에 의해"서라는 행위자를 명확히 하고 있다. 그리고 수동태의 형태소인 ラル와 함께 〈동작주〉를 표시하는 ニ격을 취하고 있다. 〈수동〉은 주체와 외적 상황이 명확한 관계를 가짐으로써 두 시점이 동시에 표현된다. 이것이 〈자발〉과의 다른 점이다. 또한「嘖る」와 같은 자동사에서도 ラル를 접속하여 〈수동〉을 나타낼 수 있는 것이 일본어 수동문의

---

22)「あやまれる」(古今34),「立ち待たれる」(古今772),「見やらる」(源氏),「見おろさる」(源氏),「見くださる」(源氏),「数へらる」(源氏),「住まる」(徒然) 등등

특색이며, 이러한 구문을 통해 복잡한 감정이나 가치[이해(利害)]를 내포시킬 수 있게 된다.

3.3.3. ラユ와 ラル의 형태교체^{交替} 원인과 기능면에서의 연결고리

조동사 ラユ와 ラル는 모두 자연생기의 〈자발〉과 〈수동〉을 나타내는 기능을 갖는 동사어미에서 문법화한 것이다. 단, 분포상의 편중현상은 보인다. ラユ는 자연생기의 〈자발〉을, ラル는 〈수동〉을 주로 그 영역으로 하여 서로 역할 분담을 하고 있는 것처럼 보인다. 또한 양쪽 모두 〈자연생기〉와 〈비작동성〉의 동사 어미에서 조동사로 생성된 공통점을 갖고 있다. 釘貫(1991)의 조사에 의하면 고대문헌에서 확인되는 ル어미 하2단 동사의 자동사와 타동사의 분포는 자동사에 편중되어 있다는 것이 확인되고 있다. 조동사 ラユ와 ラル의『万葉集』에서의 권별 용법상의 분포를 보면, ラユ가 좀 더 시대적으로 앞서 있는 것을 알 수 있다. 이와 관련하여 활용^{형태변화} 측면에서 ラユ가 더 오래되었다는 것을 佐伯(1972)가 지적하고 있다.

〈자발〉과 〈수동〉의 용법을 동시에 나타내던 ラユ와 ラル는 앞서 언급하였듯이 ラユ는 쇠퇴하고, ラル가 현대에 이르기까지 형태변화를 거쳐 ラレル형으로 남아 있다. 조동사 ラユ와 ラル의 용법은 연속되지만 어형은 연속되지 않았다. ラユ와 ラル는 각각 [-ゆ어미동새와 [-る어미 하2단 동새에서 생성되었기 때문에 당연히 ラユ에서 ラル로의 변화는 형태의 교체^{交替}인 것이다. ラユ가 음운 변화를 거쳐 ラル가 된 것은 아니다.

그럼, 왜 ラル로 교체된 것일까? 그것은 어원이 되는 각각의 동사의 성격에 기인된다. [-る어미동새와 [-す어미동새가 대립을 이루고 있는 점을 감안하면 [-る어미동새는 〈비작동성 자동사〉이며, [-す어미동새는 〈작동성 타동사〉이다.23) 조동사 ラユ에서 ラル로 이동한 원인은, 小松(1999)에 의하면 [-ゆ어미동사와 조동사 ラユ와의 친연^{親緣=가까운 혈통}성이라는 특징으로 인해 운용상의 제약이 있었기 때문이라는 것이다. 즉, 〈자연생기〉를 나타내는 [-ゆ어미동사로부터의 괴리에 기인한다는 것이다. 이러한 제한으로 인해, ラユ는 ラル로 대체되게 되는데, 의미상 ラユ의 근원적 의미인 〈자연생기〉와 ラル의 근원적 의미인 〈비작동성〉이 연결고리가 된다. 또한 고대의 〈수동〉「ゆ」에서 「る」로 바뀐 배경에는 활용은 다르지만 ラ행어미와 관련도 있었을 것으로 판단된다. 하2단 활용의 사례가 적지만 존재한다. 예를 들면,「別る」「生る」「結ぼる」 등은「分く・生む・結ぶ」에 하2단의 「る」가 접속하여 수동의 뜻을 함의하면서 성립한 동사이다.

  a. 吾は妹思ふ別れ来ぬれば(万2/133)
  b. わが中の生れ出でたる白玉のわが子古日は(万5/905)
  c. ねもごろに思ひ結ぼれ嘆きつつ(万18/4116)

이와 같은 「る」에 이르러서는 본질적으로 〈수동〉의 조동사 ラル와 분리하기 어려운 연속성을 갖고 있다. 10세기 이후에도 「埋む → 埋もる」(源氏・夕顔), 「よこたふ → 横たはる」(源氏・藤裏葉), 「捨つ → すたる」(古今著聞集) 등과 같이 수동함의의 자동사를 파생하고 있다.

3.3.4. ラル의 수동전용 표현과 〈자연생기〉
어떤 동사는 능동태로 쓰이지 않고, 항상 수동태로만 사용되는 것들이 있다. 이와 같은 것을 수동전용 표현이라 하겠다.

---

23) 荒る-荒らす, 枯る-枯らす, 借る-貸す 등 1장의 [표 2] 참조.

(23) ただの勘だけど、今頃ユウはあたしに会うのが気が進まなくて、約束した

のを後悔して、作りかけのビルの一室で溜め息をついているのではない

だろうか。間で卓治がとりもったから、ユウはついずるずると情に<u>ほだ</u>

<u>されて</u>、頷いてしまったのかもしれない。(増田みず子「風草」)

(24) 「情(じょう)に<u>ほだされて</u>金を貸してやった」(『広辞苑』)

(25) 「彼の熱意に<u>ほだされて</u>社長も一肌脱いでくれた」(『広辞苑』)

상기 「ほだされる」라는 표현은 수동형이기 때문에 원래 형태는 「ほだ
す」이다. 그러나 「あの子の情が私をほだす」라는 표현은 하지 않는다. 수
동전용 동사라 할 수 있다. 원래 옛말에 「ほだす」라는 단어가 있었는
데,24) 이것을 「絆す」라 쓰고 「引き留める」라는 표현에 사용되었다. 명사
「ほだし」로 쓰면 「引き留めるもの」를 가리킨다. 출가를 할 때, 아이들이
마음에 걸려 그 뜻을 이루지 못할 경우, 「子がほだしになる」[아이가 걸림돌
(족쇄)이 되다]라고 말한다. 비슷한 의미의 말로 「情に引かされる」25)라는
표현도 있지만, 이것도 수동표현만 존재하고 「引かす」라는 능동태는 존
재하지 않는다. 「うなされる」도 수동태밖에 존재하지 않는다. 다음의 예
는 『朝日新聞』(1988.2.10)에서 발췌한 기사이다.

(26) 帰還した兵士たちは夢に<u>うなされ</u>、酒びたりになる者もいれば,麻薬中毒

になる者もいるという。

「熱にうなされる」라고도 하는데 「うなす」라는 말은 사용되지 않는다.
「夢が私をうなす」라고는 하지 않기 때문이다. 「(熱に)浮かされる」도 비슷

---

24) 「羈客とかけば、羈は、ほだす也/中華若木詩抄」
25) 「今度いよいよ<u>ひかされる</u>ことになつた/田舎教師(花袋)」

하며, 「浮かす」로 쓰면 「水に浮かす」 등 다른 의미가 된다. 찾아보면 이러한 사례는 얼마든지 있다. 「気圧される」「焼け出される」「(身に)つまされる」 등이 그 예이다.

『万葉集』에서도 상술한 바와 같은 「叱られる」의 의미로 쓰인 「嘖らる」가 있다. 이것도 「嘖る」라는 능동태로 문헌에 사용된 적이 없다. 이와 같은 수동전용 표현은 자신의 의지와는 관계없이 어떤 사태가 생기하는 자연적인 실현이라 할 수 있다. 이와 같은 수동전용 표현은 〈시점의 원리〉로는 설명이 되지 않는 부분이 분명 존재한다. 이것은 「私ナ」라는 새로운 시점의 등장을 의미한다. 그리고 〈~にV-ラレル〉라는 구문에 의해 (23)~(26)의 「情」・「熱意」・「夢」 등이 인간과 관련지어지게 된다.

제4절 고대어의 〈자발〉과 〈가능〉

4.1. 〈자발가능태〉[26]

다음의 예문은 종래 〈비정의 수동〉의 하나로 간주되어 왔지만 〈자발〉적 의미가 내포되어 있는 〈자연가능〉에 가깝다 할 수 있다[yahoo.co.jp 검색].

(1) ネットワークの構築によって、より自由に行われることが期待される。

(2) 飲み物等をこぼすこと自体は通常の生活の範囲と考えられるが、その後の
手入れ不足等で生じたシミ・カビの除去は賃借人の負担により実施する

---

26) 자발·가능태형이라는 용어를 본서에서 사용한 것은 동사는 어떠한 어형이 되더라도 〈태〉Voice를 표현하게 된다. 〈태〉에서 자유로운 동사의 형태는 존재하지 않는다는 입장이기 때문이다.

のが妥当と考えられる。

(3) 朝10時半より入社式が行われる。

상기 「~が期待される」 「~と考えられる」 「~式が行われる」 등은 동작주가 불특정 다수 또는 단체이기 때문에 〈수동〉의 의식이 엷고, 〈자연가능^{자발}〉에 가까운 성격을 갖고 있다.

〈타동사 어간말자음 + eru형태소〉^(이하, 〈V-eru〉로 표기)형식의 동사는 타동사에서 형성된 자동사이며, 또한 〈자발〉의 의미와 〈가능〉의 의미를 겸비하고 있다.[27]

> 「折る−折れる」・「切る-切れる」・「磨る−磨れる」・「剃る−剃れる」・「釣る−釣れる」・「取る−取れる」・「抜く−抜ける」・「塗る−塗れる」・「貼る−貼れる」・「ほる−ほれる」・「焼く−焼ける」・「割る−割れる」 등등

寺村(1982)는 〈5단 타동사 어간 + eru〉 형태를 〈자발형〉의 표준으로 삼고, 형태상으로는 〈V-eru〉형이라도 〈5단 타동사 어간 + eru〉가 되지 않는 것^{汚れる・崩れる・現れる} 등은 〈자발형〉이 아니라 자동사로 취급하고 있다. 그 이유를 다음과 같이 설명하고 있다.

---

27) 그 외의 가능동사형과 동형인 1단동사는 다음과 같은 것들이 있다.
うなづける−頷く、うれる−売る、おける−置く、おれる−折る、かまえる−構う、くえる−食う、くだける−砕く、くつろげる−寛ぐ、さける−裂く、さばける−捌く、しれる−知る、すすめる−進む、すれる−摺る・刷る・擦る・磨る・摩る・檑る、そげる−削ぐ・殺ぐ、たてる−立つ、たのしめる−楽しむ、つける−着く・就く、つなげる−繋ぐ、つれる−釣る・攣る・吊る、とける−解く、とれる−取る・捕る、なける−泣く、ぬげる−脱ぐ、 ねれる−練る、はげる−剥ぐ、はなせる−話す、ひける−引く、ふれる−振る、はれる−掘る、むける−剥く、むける−向く、よれる−縒る、われる−割る、よめる−読む、あける−開く 등등

… 両者が、表面的には同じように見えても、潜在的には形態的にわずかながら違いが認められ、その形式面での違いが、同じような他の自動詞に比べてある意味的な特性を反映しているとみるからである。そのわずかな形態的違いというのは、自発形は、末尾の〈-e-(ru)〉をとり去ると、(もとの)動詞の語幹が現れるが、自動詞は、そうではないという点である。(p.272)

寺村는 다음과 같은 〈자발〉 표현 중에서 술어로 사용되는 동사의 형태를 〈자발태〉로 규정하고 있다寺村1982 재인용].

昨夜ノ家事デ、家ガ十軒<u>焼</u>ケタ

ガラスが<u>割</u>レル(音ガスル)

ボタンガ<u>トレ</u>ソウダヨ

歯ガ<u>抜</u>ケタ

沖ニ白帆ガ<u>見</u>エル

또한, 寺村는 〈자발태〉와 〈가능태〉 구분의 객관적인 테스트로서 「~テイル」형식을 취하느냐 아니냐를 들고 있다. 즉, 「~テイル」형식을 취하지 못하면 〈가능태〉, 취할 수 있으면 〈자발태〉로 판정한다. 그러나 사고동사는 〈V-are-(ru)〉형식으로 〈수동〉과 〈가능〉, 또 〈자발〉 표현에도 사용되지만, 「~テイル」는 접속하지 않는다. 아래 ①처럼 ラレル형식이 〈자발・가능태〉로 사용될 경우에는 「~テイル」는 접속하지 않는다. 「~テイル」를 취하는 경우는 ②와 같이 〈수동〉이나 〈존경〉의 의미가 된다.

① 弟の身の上が案じられる。

② 弟の身の上が案じられている。

그리고 寺村가 말하는 "표준에서 벗어나는 형태"[28]인 「思われる」와 같은 〈사고동사의 어간 + are-(ru)〉형에는 〈가능태〉와 〈자발태〉 구분의 테스트로 사용되는 「~テイル」형식을 적용할 수 없다는 것도 결함으로 지적할 수 있다. 〈자발태〉와 그 외를 구별하는 가장 좋은 방법은 부정형을 만드는 것이다. 〈자발태〉는 부정형으로 표현하는 것이 부자연스럽기 때문이다.

현대일본어에서의 「切れる」「売れる」「焼ける」「とれる」「抜ける」 등은 「切る」「売る」「焼く」「とる」「抜く」라는 타동사의 어간말자음에 〈-eru〉 형태소가 결합하여 생성된 동사(정확히는 타동사의 어간에 접사 〈-e〉가 첨가되어 자동사화(Intransitivization)된 결과 생성된 것이다)로, 의미적으로는 장면이나 문맥에 의해 〈자발〉과 〈가능〉, 혹은 그 중간(중간동사)으로 해석되는 경우도 있다. 〈V-eru〉 형식은 동사의 가능형으로서 16세기 말의 문헌자료에서 확인되지만 변화가 가속되는 것은 19세기 이후로 보이며, 〈자발〉과 〈가능〉의 혼동은 그 뒤에 생긴 현상이다.

〈자발가능태〉의 형식에는 〈V-ラレル〉도 있다. 고대에는 〈자발〉, 〈수동〉, 〈존경〉과 더불어 부정표현을 동반하여 〈불가능〉의 뜻을 나타내는데 사용되었지만 17세기 들어서 부정을 동반하지 않고 〈가능〉의 의미를 나타내는데 사용되게 된다.

여기에서는 〈자발가능태〉형 동사의 용법에 대해 기술하기로 하겠다. 그 대부분은, 동음이의어가 아니고, 가능동사로서의 용법을 가지면서 가능동사의 범위를 뛰어 넘는 용법을 갖는다. 이것은 역사적인 경위를 포함하여 그 의미 범위 등을 보다 심층적으로 검토할 필요가 있다. 또한 〈V-eru〉 형태소의 어형을 하고 있더라도 가능동사로서의 용법을 갖지 않

---

28) 寺村는 「抜ける」「割れる」 등, 5단 타동사의 어간에 〈-e-(ru)〉라는 형태소가 접속된 것을 〈자발태〉의 표준으로 삼고 있다.

는 동사그룹도 있는데 이에 대해서도 언급하고자 한다.

4.2. 〈자발〉과 〈불가능〉

〈자발〉의 최대 특징은 〈비의지〉 또는 〈비작위성〉, 그리고 〈자연생기〉
에 있다. 이에 대해서 時枝(1941)은 〈자발〉과 〈가능〉을 〈자연적실현〉으
로 파악하였다.

> 「る」「らる」は古く「ゆ」「らゆ」と用ゐられてをったことを考へ、更に「見ゆ」「聞
> こゆ」「思ほゆ」「消ゆ」「絶ゆ」等のゆと思ひ合す時、この語は、事物の自然的
> 実現の概念を表わしたものではなからうかと思ふ。「見る」「聞く」「消す」「絶つ」
> は能動的意志的作用の概念であるのに対し、上に挙げた動詞はそれ自身特定
> の作用の表現には違ひないが、それは消極的能力で、その能力による或る事
> 実自然的実現を意味してゐる。(略)　自然的実現とは「答えが出来る」「家が出
> 来る」「溝が出来る」等に於ける「出来る」の意味である。(『国語学原論』
> pp.462~463)

"능동적의지적작용"에 대해 "소극적능력"을 대립시켜 "자연적실현"을
도출하고 있다. 이것도 주체의 의지에 의하지 않은 것이다. 〈자발〉은 「思
われる」「考えられる」「悔やまれる」「待たれる」「案じられる」 등 심리동
사에 한정된다. 이것은 時枝의 지적에도 있듯이 고대어 조동사 ラユ에까
지 거슬러 올라가는데『万葉集』의 ラユ 용례 421건 중, 90%는 「見ゆ」「思
ほゆ」「聞こゆ」「知らゆ」 등 심적 작용에 준하는 동사에 편중되어 있다.
이들을 제외한 외적동작을 나타내는 동사가 〈자발〉의 의미로 사용되는
것은 극히 드물다. 松下(1928)의『改選標準日本文法』에는 외적동작을 나

타내는 동사의 가능동사형을 사용한 〈자발〉(松下는 〈自然動的被動〉)[29]의 예로 다음을 들고 있다.

(4) 云ふまいとしても云へて来る。こんなことが書けてしまった。どうも酒が飲めて困る。

상기 예는 현대어에서도 사용가능한 표현이며, 「云える」는 「それはなかなか云えている」처럼 「~ている」형으로도 사용되는 경우가 있다.[30] 또한, 〈자발〉은 〈자연가능〉으로도 불리는 것처럼 〈가능〉과는 불가분의 관계를 맺고 있다. 다음의 예를 보도록 하자.

> 松浦川に遊ぶ序
> 余,(中略)、忽ちに魚を釣る女子等に値ひぬ。花の容双びなく、光りたる儀匹なし。柳の葉を眉の中に開き,桃の花を頬の上に発く。意気雲を凌ぎ、風流世に絶えたり。僕問ひて曰く,「誰が郷誰が家の児らそ、けだし神仙ならむか」といふ。娘等皆咲み答へて曰く、「児等は漁夫の舎の児,草の庵の微しき者なり。郷もなく家もなし。(中略)遂　に懐抱を申べ、因りて詠歌を贈りて曰く

(5) あさりする漁夫の子どもと人は言へど見るに知らえぬ(之良延奴)うまひとの子と(万5/853)

---

29) 松下는「被動とは他から或る動作をされるのである。(略)被動それ自身は依拠性である。前例(필자주人、盗賊に殺さる1)で云へば「殺さる」といふ被動は、盗賊といふ客体に依拠して行われる」라 기술하고 있다. 이것은 현재의 〈수동〉에 해당한다.

30) 그 외에「売れる」「釣れる」등이 있다. 또한 어휘적 의미 상, 자발의 성격이 강한 것으로는「いける」「もてる」등이 있다.

(5)는 "당신은 스스로 해녀라 하지만 나에게는 한눈에 당신이 귀인의 여식임을 알 수 있겠다"라는 뜻이다. 내가 의지를 발동하지 않아도 상대의 용모를 보고 한눈에 알 수 있다는 것이다. 「見るに」가 있는데 이것은 시각에 의한 지적인 이해가 아니라, 심정적인 이해를 의미한다. 이것을 〈가능〉으로 받아들이는 해석도 있지만, 〈가능〉이라면 의지의 발동이 있어야 하며, 「見るに」의 의미를 시간을 들여 상대의 용모를 관찰하는 것으로 해석해야 한다. 「知らえぬ」의 「ゆ」에 대해 〈가능〉의 의미를 인정하는 주석서도 많지만, 〈비의지〉의, 상황에 의한 〈자연가능〉의 〈자발〉로 해석해야 한다. 고대의 가능표현은 부정을 동반하여 〈불가능〉을 나타내는 표현이 대다수를 점한다. 또한 ラル에 의한 가능표현은 12세기까지 부정형으로만 사용되었다는 역사적 근거도 있다.

그렇다면, 불가능표현은 〈가능〉의 부정인가, 아니면 〈자발〉의 부정인가. 예문을 검토해 보기로 하자. 〈가능〉의 부정은 「~しようにもできない(~하려고 해도 할 수 없다)」가 되며, 〈자발〉의 부정은 「~されてこない(~(상태)로 되지 않는다)」라는 뜻을 각각 나타낸다. 이와 관련하여 中西(1978)은 다음과 같이 언급하고 있다.

> 自発は、いずれも意志の発動なしに、我においてひとりでに生じてくるものであり、それは我の意志に随わず、心情に導かれて生じてくるものであった。このような我の意志に随わず、心情に導かれて生ずる自発に対応するものは、可能でなく、不可能である。自発が意志の発動なしにひとりでに生じてくるものであったのに対して、不可能は、意志の発動を前提としながらも、たとえ意志を発動させたとしても、我の心がそれに随わず、心情に導かれて意志の発動が実現されてこない場合である。(p.122)

다음의 예는 앞서 언급한 「寝のねらえぬ」라는 정형구 중의 하나이다.

(6) 妹思ひ 伊能祢良延奴爾 暁の朝霧隠り雁がねそ鳴く(万15/3664)

일반적으로 「眠れない」로 번역되는 이 표현은 「寝る」라는 의지를 발동해도 좀처럼 잠든 ^{수면}상태가 되지 않는, 「寝る」가 실현되지 않는 것을 의미하는 〈자발〉의 부정표현이다.

天平勝宝七歳乙未の二月に、相替りて筑紫に遣はさるる諸国の防人等が歌

(7) 我が妻はいたく恋ひらし飲む水に影さへ見へてよに 和須良礼受(万20/4322)

결구의 부사 「よに」는 "결코, 결단코, 조금도" 등의 의미이며, 부정표현과 호응한다. 「忘られず」의 「忘られ」는 「忘らえ」로 해야 하는 곳이지만 여기서는 이미 조동사 ラユ가 ラル로 이행한 것을 나타내고 있다. 수면에 상대의 얼굴이 비치는 것은 상대가 자신을 그리워하고 있는 징표라는 전해오는 옛이야기에 근거하고 있다. 집에 두고 온 처를 잊지 못하는 것은 처가 자신을 연모하고 있기 때문이라는 것이다. 이 「忘られず」는 〈자발〉의 부정표현이다. 〈자발〉과 〈불가능〉은 불가분의 관계에 있다는 것을 확인할 수 있는 대목이다.

斎藤는 〈자발〉의 본질에 대해, "주체 자신에게 실현되는 주체 자신의 행위"이며, 그 성질은 "주체의 의지와 무관한 행위"를 나타낸다고 기술하고 있다. 〈불가능〉은 〈비의지〉라는 제약을 벗어나 외적 상황을 전제로 한다. 이점은 일본어 수동문의 성격을 고찰하는데 있어서도 상당히 중요하다. ラユ와 ラル 형식의 존경을 제외한 나머지 세 가지의 의미 중, 무엇이 가장 근원적인 의미이고, 무엇이 파생적인가에 따라 앞서 언급한 바와 같이 두 가지 설로 나뉜다. 즉, 수동 〉자발 〉가능 〉존경 순으로 파생했다는 "수동근원설"과 ラユ와 ラル형식의 기본적인 의미는 〈자발〉이라는 "자발기원설"이 대립하고 있다. 즉, 어떤 사태가 자연적으로 전개되어 생기되는 것이 ラユ와 ラル형식의 기본적인 의미이며, 〈수동〉은 〈자연생기〉에서 파생하였다는 점에 대해서는 이미 언급하였다.

(8) 夕暮あかつきに河竹の風に<u>吹かれ</u>たる、目さまして聞きたる(枕草子)

이와 같은 〈수동〉형식은 전형적인 〈수동〉과 비교해 보면, 자연상태적인 점에서 다분히 〈자발〉형식과 통하는 성질을 가지고 있다. 이처럼 〈수동〉이라 해도 일본어의 경우에는 타자로부터의 동작·작용의 영향을 받는다는 의식보다 자신이 관여하지 않음에도 어떤 동작·작용에 의해 자신이 어떤 상태에 놓이게 된다는 의식이 강하다. 자동사를 만드는 접미사 [-ゆ]에서 자연생기의 〈자발〉용법을 나타내는 조동사「ゆ」가 성립되고, 그리고 다른 한편에서는 수동과 (불)가능형식이 파생한 것으로 보는 것이 타당하다. 이처럼 〈자발〉은 동작주가 관여하지 않아도 자연발생적으로 어떤 사태가 생기하는 것을 의미하기 때문에 이것은 〈비인칭성〉[31]에 지나지 않는다.

따라서, 〈자발〉과 〈가능〉은, 의지발동의 유무에 따라 나누어지기 때문에 〈자발〉은 의지 발동 없어도 스스로 실현되는 것을 나타내는데 비해 〈가능〉은 의지발동이 있으면 실현된다는, 의지의 발동을 전제로 한 실현가능성을 의미한다.

---

31) "비인칭"은 사태가 동작주 없이 자연적으로 생기한 것을 나타낸다. 수동태의 근원적 의미를 동작주의 배경화라 할 수 있겠다.

4.3. 자동사의 〈가능〉 함의

상기 자동사 「折れる」「切れる」「売れる」「割れる」「破れる」「焼ける」 등의 특징은, 동작주가 비정물^{非情物}이며, 주체의 의미역할은 도구에 지나지 않는다는 점이다. 즉, 자동사의 특징은 주체가 도구로서의 역할을 가지며, 〈가능〉을 함의한다는 것이다.

이들 자동사는 〈타동사어간말자음＋eru형태소〉에 의해 표현되는 〈가능〉과 동형이다. 즉, 그 자체가 타동사의 가능형으로서의 성질을 겸비하고 있다. 예를 들면, 「切れる」 등의 자동사가 〈가능〉의 의미를 함의하는 것은 도구^{Instrument}로서의 의미역할을 갖는 경우이다. 이런 종류의 자동사에서는 주체가 비정물이기 때문에 그 주체는 도구로서의 역할을 하게 된다. 이들 자동사는 형태상으로도 의미적으로도 〈가능〉을 함의하는 특징이 인정된다.

〈자연생기〉^{자연적실현＝자발}를 나타내는 동사의 〈가능〉을 함의하는 특징은 다음의 「出来る」동사에도 잘 나타난다.

하2단 「出づ(で)＋来(る)」 → 「出で来(る)」 → 어두의 「い」가 탈락하고 「で く(る)」 → 「できる(1단화)」

「できる」의 사전적 의미와 용법은 대략 다음과 같다.

a. 自然に生じる：「顔ににきびができる」
b. 完成：「駅前に本屋ができそうだ」
c. 能力・可能性がある。

c.의 용법은 다음의 예문처럼 17세기 이후에 나타난 것이다.

(9) その事でござる。上古にはかやうの事がござつたれども、事が<u>出できなんだ</u>が、末代には何とあらうぞと云うて、みな人も忠盛の面目を失はれたときは、気遣ひをいたされたと、きこえてござる [天草阪平家物語・巻第一]

(10) とひやうなる者この謎をきいて、月夜烏よりも浅葱が<u>できた</u> [吐本・鹿の巻筆一5・3]

(11) 一寸<u>出きる</u>と思の外、此柏屋の約束も翌朝々日と云延たるが [滑稽本・浮世床一初・中・後叙]

(12) わか衆の前がみ女の脇詰男がしらいでたつ物か、<u>できぬ</u>仕方と言ひければなふ、そこらを忘れるおなつでなし [浄瑠璃・五十年忌歌念仏一中]

(13) 東西東西おらが内でそんな咄は<u>出来ねへ</u>。気障気な話は止たり止たり。
[滑稽本・浮世床一初・上]

(14) 弥五「(省略) 村内のわしらも見るも気の毒と、そこで今日は妙見様へお百度に参りました。」

久作「そりゃア気の毒な事でござります。しかし江戸へ年季にやった久松、年が明けざアその相談はどうも<u>出来ますまいて</u>」

弥五「ハテ、そりゃア困った事だの。(下略)」[歌舞伎・お染久松色読販]

(15) 三人「是は御祝義を有難ふござります。」

弥忠「是はお礼で痛み入り酒。」

新八「只今、洗鯉が<u>出来ます</u>。」

三人「又此間に参りませふ。お糸さん、お/静かに。」[お染久松色読販]

앞서 언급하였듯이, 원래 일본어에는 〈가능〉이라는 용법은 없었으며, 〈자발〉의 부정으로서의 〈불가능〉용법이 있었다. 주지하는 바와 같이 자

연언어에서 가능표현은 비교적 새롭게 발달한 문법이다. 그리고 일본어의 가능표현은 영어의 조동사 can(원뜻은 '알고 있다')처럼 주어의 능동적인 동작을 나타내는 단어를 사용하지 않았다. 상기 「できる」와 같은 낱말이 원래 「出て来る(나오다)」에서 유래한 것처럼 주어의 동작에 의한 결과라기보다는 〈자연적인 흐름으로 그렇게 되는〉 것을 나타내며, 그 결과로서 사태가 가능하게 되는 것을 나타내게 된다. 일본어에서 수동형이 가능표현에 사용되게 된 것도 〈(자신의 의지와는 무관하게 대상이) 자연적으로 그렇게 되다〉 → 〈자신에게 있어서 가능하다〉와 같이 전의^{伝義}된 것이다.

하2단 유대자동사에 유도되어 새롭게 형성된 4단 무대타동사의 하2단 동사의 의미와 용법을 파악하기 위해 하2단 유대 자동사에 대한 고찰이 필요하다. 이하, 「知るる」와 「切るる」의 용례를 들어 살펴보기로 하겠다.

(16) 末広がりと申すものは、いかようなもので、またどこもとにあるをも問わずに参った。
はるばる問いには戻られまいが、これはまず何と致そう。
ハハァ、さすが都じゃ。かう見るに、知れぬ事を呼はって歩行ば<u>知るる</u>と見えた。某もこのあたりから、呼ばわって参ろう。末広がり買おう、末広がり買いす。[虎寛本狂言・末広がり]

(17) 自らを見るより身をもだへ、葛篭片荷、櫛笥ひとつなくとも、丸裸で我が女房にほしきとしきりにこがれ、色々と気をつくして媒を入れて、頼樽をしかけてをくられける。女は<u>しれぬ</u>仕合のある物にて、扇屋のお内義さまとよばれて、あまたの折手まじりに見世に出で目に立つ程の姿自慢、緒人の愛にたよりて、五本地三本といふまゝにねぎらず [浮世草子・好色一代女―5・3]

(18) して、その太刀の<u>切れ味</u>は何とあったぞ。[大名狂言・武悪]

(19) 此の長刀が切れまいと思ふか [虎寛本狂言・悪坊]

(20) Cono camisoriua qirenu(この剃刀は切れぬ)この剃刀はよく切れない、
あるいは、よく剃れない。[日葡辞書]

16세기의 「知るる」와 「切るる」에는 위의 예에서 보듯이 〈가능〉의 의미가 인정된다. 이들 동사는 주어 그 자체에 결과가 미치는 표현, '중간'적 의미를 갖는대중간동새. 「知る」와 「切る」는 화자의 행위를 나타내지만, 자신의 행위와는 무관하게 대상이 변화하는 것을 나타내는 「知るる」와 「切るる」 동사는 〈그것이 자신에게 있어서 가능하다〉는 의미로 전의된다. 예를 들면, 「切れる」는 대상 그 자체가 자연적으로 절단되는 의미에서, 주체에게 있어서 절단하는 것이 가능하다는 의미가 된다. 이하, 조금 더 예를 들겠다.

(21) 大名真実入間川でござるの。入間なかなか入間川でござる。大名ヤイ太
郎冠者、渡り瀬が知れた。みどもに引っ添うて渡れ。太郎冠者心得ま
した。入間 申し申し、上へ廻らせられいと申すに。そのあたりは深うご
ざる。(『大名狂言 入間川』)

(22) 太郎冠者 イヤ申し申しそのように大きな目をして、千鳥を見てござって
は、千鳥が立ちまする。扇をかざいて、いかにも千鳥へしのぶ体で囃さ
せられい。酒屋 それでは面白い時分が知れまい。太郎冠者イヤ、面白い
時分には、こちらから左右を致しましょうほどに、必ず見させらるる
な。(小名狂言千鳥)

(23) 忍ぶ草の、いつそ露とも消えなば消えよ、大事かさ、あるにかひなき捨
小船、アイノテ底こそ知れぬ袖の海、かはく間もなき枕の渚、立つ仇
浪はしげしとまゝよ、それをたよりに逢はねばならぬ、(松の葉)

(24) ヲゝよい人が出て見へた。おれが顔一目見せたら人違へはすぐに<u>知(レ)る</u>。

(仮名手本忠臣蔵)

(25) 地中　ぐるりと巻きし長物共。鏡打抜　引救ひフシ皆息なしの　一刻呑。

地色中　殊更　銭内　酒追　詞　アゝ又昔がすかしだから<u>切(レ)る</u>わい。咄せ

るわい。(鎌倉三代記)

　참고로 현대어의 가능동사「分かる」도 4단과 하2단 타동사「わく」^{別・分}에 대한 하2단 자동사였던 것이 17세기가 되어 ラ행 5단 가능동사로서 쓰이게 되었으며,「知れる」를 대신하게 된다. 이와 같은 가능을 〈자연가능〉이라 부른다. 일본어의 가능표현은 영어의 can처럼 주어의 능동적 동작을 나타내는 낱말을 쓰지 않는다.

　고대어에는 이미 기술한 바와 같이 〈자연생기〉를 나타내는 [-ゆ어미동사가 있다. 현대어의「見える」「聞こえる」등이 계승하고 있다. 이들 동사는 주체의 지각능력을 나타내며, 〈가능〉을 함의한다. 〈가능〉을 나타내는「見える」「聞こえる」의 문 구조는 다음과 같이 표시할 수 있다.

　　[N1　{に/には/は}　N2　が　V]

　이 구조가 분명히 주체가 갖는 〈능력〉을 나타낸다고 할 수 있는 것은 다음의 N1 주체가 유정물인 경우, N2가 眼, 耳와 같은 감각 기관 그 자체를 나타낸다.

a. 太郎には視力検査表の一番下の字までもが見える。

b. 犬には人間よりも遥かに小さな音でも聞こえる。

이와 같이 인간에게 생득적으로 부여된 능력을 나타내는「見える」「聞こえる」에는 가능의 뜻이 내포되어 있어서 주체의 의지에 의해 영향을 받지 않기 때문에 ラレル나 〈V-ことができる〉와 같은 표현형식과 공기할 수 없다. 상기의 유대자동사도 가능을 함의하며, 의지성에 따라 영향을 받지 않기 때문에 가능표현과 공기하지 않는 특징이 있다.

제5절 〈존경〉 용법의 파생

5.1. 〈자발〉과 〈수동〉 근원 설

앞서 조동사 ラル의 근원적인 의미가 무엇이냐에 따라 자발근원 설과 수동근원 설에 대해 서두에서 개관한 바 있다(☞ Prologue). 자발근원 설 입장에서의 존경용법의 파생 가능성을 도식화하면 다음과 같다.

ⓐ는 〈자발〉에서 각각의 용법이 파생한 경우이며, ⓑ는 〈자발〉에서 X와 Y의 용법이 파생하고, X에서 〈존경〉용법이 파생한 경우를 나타낸다.

〈수동〉과 〈자발〉 근원 설은 山田(1936)과 時枝(1941)로 대표된다. 山田(1936)은 조동사 ラル 용법의 발생과 전개의 흐름을 受身 → 自然勢 → 能力 → 敬意로 보고, ラル의 근원을 수동에서 찾고 있다. 한편, 時枝(1941)은「AはV-ラレタ」에서「V-ラレタ」의 주어 A가 본인 이외의 타자일 때는 수동, 그 자신일 때는 가능·자발·존경이 되는 것을 언급하고 있다. 時枝에서의 〈자발〉과 〈존경〉은 자연적 실현을 나타낼 때이며, 존경은 「V-ラレタ」라는 동작이 자연적으로 실현되는 것이 「V-タ」라는 단적인 표현보다 완곡하다고 했다. 그 완곡 표현이 〈존경〉용법이 된다고 지적하고 있다. 즉, 〈자발〉→〈존경〉의 전화관계를 상정하고 있다. 大野(1967)은 조동사 ラル의 근원을 자연적 추이 또는 〈자발〉에 있다고 보고, 자연은 경외할만하며 존경의 가치가 있고, 〈자발〉→〈존경〉의 전화관계를 피력하고 있다.

山田가 주장하는 ラル용법의 전화과정을 도식으로 나타내면 다음과 같다.

수동 → 자발 → 가능 → 존경

한편, 時枝에서의 〈수동〉과 〈자발〉의 관계는 주어에 따라서 구별되기 때문에 〈수동〉→〈자발〉, 혹은 〈자발〉→〈수동〉의 전화관계를 상정하고 있지는 않다. 단, 조동사 ラル의 근원이 「AはV-ラレタ」에서 타자의 동작이 A^彼에게 실현되는 〈수동〉이다. 時枝의 조동사 ラル의 제용법의 전화과정을 표기하면 다음과 같다.

ⓒ ·「V-ラル」동작의 주어가 자기 이외의 타자인 경우: 수동

　·「V-ラル」동작의 주어가 자기 자신인 경우

　　(가) 가능적 능력을 나타내는 경우 → 가능

　　(나) 자연적 실현을 나타내는 경우 → 자발 → 존경

ⓓ ·수동

　·가능

· 자발 → 존경

時枝는 ⓓ와 같은 단계적인 전화과정을 상정하고 있지 않다.

당면 과제인 〈존경〉에 대해 기술하자면 山田는 〈가능〉 → 〈존경〉, 時枝는 〈자발〉 → 〈존경〉의 전화관계를 주장하고 있다. 山田의 〈가능〉 → 〈존경〉은 자발근원 설에서도 언급했듯이 시기적으로 무리가 있는 전화관계이다.

조동사 ラユ와 ラル는 サス와 대립적이며[絶ゆ－絶やす, 降る－降らす], [-ゆ] 및 [-る]어미동사의 〈비행동성·비작위성〉이라는 특징을 공유하고 있다. 그리고 인위적인 힘을 가하지 않더라도 자연적으로 그렇게 된다는 것을 나타낸다. 조동사 ラユ 및 ラル의 〈자발〉용법^{자연생기용법}도 [-ゆ]와 [-る] 어미동사와 닮아 있다. 조동사 ラユ와 ラル의 기원을 [-ゆ]와 [-る] 어미동사에서 찾자면, 근원적인 용법은 〈비작동성〉, 즉 자연적으로 사태가 생기^{자연생기}하는 것을 나타낸다. 〈수동〉용법은 자연적으로 생기한 사태를 화자 시점에서 파악한 것이다. 이와 같은 접근을 통해 다음과 같은 일본어 특유의 수동표현도 설명 가능하게 된다.

(1) 秋深き庭の浅茅に、露のいろいろ玉のやうにて光りたる。<u>川竹の風に吹かれたる夕ぐれ</u>。暁に目覚したる夜なども。すべて思ひかはしたる若き人の中に、せくかたありて心にしも任せぬ。(枕草子・119段)

山田의 〈능력〉 → 〈경어〉 전화에 대해서 기술하자면 고대어의 ラユ와 ラル의 〈능력〉^{가능} 용법은 부정표현과 호응하여 〈불가능〉^{자발의 부정}을 나타내는 예뿐이다. 긍정표현에 사용되고 나서부터도 〈자연가능〉에 사용되는 경우가 대다수이며, 〈능력가능〉은 근대부터의 용법이다. 또 〈가능〉과

〈존경〉은 다음과 같이 충돌하여 혼동되는 경우가 많다.

(2) 忠盛御前のめしにまはれければ人々拍子を変へて「伊勢平氏はすがめなりけ
り」とぞ<u>はやされ</u>ける」(平家物語・巻1・祇園精舎)

위와 같은 충돌을 회피하기 위해 ラルル에서「お~になる」「お~ある」형 존경표현이 그 자리를 대신하게 된다. 또한 〈능력〉 → 〈경어〉로의 전화 과정은 시기적으로도 문제가 있다. ラル의 존경용법은 히라가나 전용 문학작품에 존경동사에 접속하여 사용되고 있으며, 9~12세기의 한문훈독에는 일반적으로 사용되고 있었다는 지적도 있기 때문에 시기적으로 빠른 〈존경〉용법이 〈가능〉에서 전화했다고 볼 수는 없다. 이에 비해 ラル의 가능용법은 이 시기, 온전히 〈불가능〉[자발의 부정]용법으로 사용되고 있었기 때문에 〈불가능〉 → 〈존경〉의 전화는 생각할 수 없다.

결국, 수동근원 설에서도 〈자발〉 → 〈존경〉의 전화관계가 유력하게 된다. 자발근원 설과 수동근원 설 어느 쪽이든 〈존경〉용법은 〈자발〉에서 전화한 것이라는 생각이 공통적인 이해이다. 필자의 견해는 〈자발〉 용법에서 〈존경〉이 파생한 것이 아니라, 〈자연생기〉를 나타내는 동사에 조동사 ラル가 접속하여 〈존경〉을 나타내게 되는 점을 감안하여 〈자연생기〉라는 개념에서 〈자발〉·〈수동〉·〈(불)가능〉·〈존경〉이라는 용법이 각각 파생하였으며, 각각의 용법은 근원적인 의미에서 서로 밀접한 관련을 맺고 있다고 본다.

5.2. 고대어의 존경표현

5.2.1. 존경의 보조동사

〈존경〉의 보조동사는 존경어가 보조동사로 사용되어 동작을 행하는 대상에 대한 경의를 나타내는 종류이다. 여기에는 자음어간동사의「たまふ」가 대표적이다.「たまふ」와 관련해서는「たぶ」가 있다.「たぶ」는 다음과 같은 음의 변화를 거쳐 성립된 낱말로「たまふ」와 같은 용법을 갖는다.

    tamaFi 〉 tamFi 〉 tambi 〉 tabi (『岩波古語辞典』岩波書店)

각각의 예를 들면 다음과 같다.

(3) 足日女 神の尊. 韓国を 向け平らげて 御心を 斯豆迷多麻布等 い取らして 伊波比多麻比斯 ま玉なす 二つの石を 世の人に 斯咩斯多麻比弓…
    (万5/813)

(4) 我が聞きし耳によく似る葦の末の足ひく我が背つとめ多扶べし(万2/128)

상기「たまふ」와「たぶ」는「祝詞」「宣命」「古代歌謡」등 고대의 문헌에 널리 사용되던 존경의 보조동사이며, 신을 비롯하여 왕이나 귀족 등 신분이 높은 대상뿐만 아니라 남편에게까지 폭넓게 사용되었다.

5.2.2. 존경의 조동사

존경을 나타내는 조동사로서는 당면의 ラル 외에는 4단활용의「す」를 들 수 있다.「しむ」의 존경용법은 고대에는 그다지 보이지 않으며, 9세기 이후「しめ

たまふ」의 형태로 쓰인다. 8세기 무렵에는 ラル에 의한 존경용법이 없었기 때문에 이 시기의 문헌에는 「す」에 의한 존경표현이 왕성하게 사용된다. 「す」는 (5)에서처럼 동사에 접속하여 친근감을 더해 가벼운 경의를 나타내는 경어동사를 구성한다.

(5) 我が恋ふる妹は<u>相佐受玉</u>の浦に衣片敷きひとりかも寝む(万1692)

「会はさず」는 키노쿠니^{紀伊国}의 여행지에서 본 여성이 자기를 만나주지 않는데 대해 친근감을 가지고 가벼운 경의를 나타낸 표현이다.[32] 〈존경〉의 의미는 거의 없고, 친근감을 갖는 정도의 의미로 쓰였다.

4단활용의 「す」는 상기와 같이 가벼운 경의를 나타내는 경어형이었지만 경어의 정도는 낮았다. 4단활용의 「す」는 히라가나 문학작품에도 사용례가 있지만 「思ほす」「思す」「知ろしめす」와 같은 낱말에만 남아 있다. 단독으로 동사에 접속하여 가벼운 경의를 나타내는 용법은 이미 사라지고, 「~たまふ」와 결합한 「~せたまふ」형태로 최고경의를 나타내는 표현에 쓰이게 된다.

5.2.3. ラル + 경어보조동사 · 조동사

먼저, 다음과 같은 조합에서의 ラル 용법에 대해 언급하기로 하겠다. 히라가나 전용 문학작품인 『源氏物語』에는 「-ラレたまふ」와 「-ラレたてまつる」가 다용되고 있다.

---

32) 그 외, 「通はす」(万196), 「偲はせ」(万587), 「聞かす」「守らす」(万2156)가 있다. 『万葉集』에는 이외에도 「悩ます」「立たす」「乗らす」「待たす」「行かす」「淀ます」「知らす」 등 다수의 예를 확인할 수 있다.

(6) 見たてまつり並ぶるにかの后の宮をば知り聞こえず姫君はきよらにおはし

  ませどまだ片なりにて生ひ先ぞ推しはかられたまふ(源氏・玉鬘)

(7) ^{乳母}「(前略)父大臣に聞こしめされ数まへられたまふべきたばかり思し構へよ」

  と言ふ(源氏・玉鬘)

상기 예문은 우콘^{右近}33)과 유모가 타마카츠라^{玉鬘}의 장래를 상의하는 장면이다. 「推しはかられたまふ」의 「れ」는 〈자발〉의 의미로 사용되었다. 「推しはかる」의 주체는 우콘^{右近}이며, 타마카츠라^{玉鬘}가 아름답지만 아직 어려서 장래가 자연히 염려되는 것을 「推しはからる」로 표현하고 있다. 한편, 「数まへられたまふ」의 「られ」는 〈수동〉으로 사용되었다. 유모가 우콘에게 타마카츠라가 아버지 태정관^{內大臣}34)에게 자녀들 중의 한 사람으로 취급받을 궁리를 해 달라고 말하고 있는 장면이다. 『源氏物語』에서는 동작주의 행위에 대해서 이중경어표현으로 최고경의를 나타내는 경우는 「-サセたまふ」를 사용한다.

다음으로 「-ラレたてまつる」에 대해 언급하고자 한다. 참고로 「たてまつる」는 단독으로는 〈겸양〉과 〈존경〉의 뜻으로 쓰이는 동사이지만 조동사로 쓰일 경우에는 〈겸양〉의 뜻을 나타낸다.

(8) 大臣夜に入りてまかでたまふにひかれたてまつりて大殿におはしましぬ

  (源氏・末摘花)

위의 예문은 좌대신^{左大臣}이 밤에 궁중에서 퇴청하는데 이끌려 源氏도 퇴청하여 자택에 있었다는 내용으로 「ひかれたてまつる」의 「れ」는 〈수

---

33) 右近衛府(うこんゑふ)의 약칭이며, 右近衛府에 근무하는 사람을 지칭한다.
34) 관명의 하나로 좌·우대신 아래에 위치하며, 그 보좌역을 맡고 있다.

동〉으로 사용되었다.

이상, 〈조동사 ラル + 존경을 나타내는 보조동사·조동사 「~たまふ/た てまつる」〉 구조에서의 전항 조동사 ラル의 용법에 대해 살펴보았다. 그 결과, 후항에 존경 또는 겸양어를 접속하는 ラル의 용법은 〈존경〉으로 쓰이지 않고, 〈수동〉 또는 〈자발〉^{가능}용법으로 쓰이게 되는 것을 확인할 수 있었다.

5.2.4. 경어동사 + ラル

8세기의 운문자료에는 나타나지 않는 「おぼさる」라는 동사는 9세기 이후의 히라가나 전용 작품^{산문}에는 왕성하게 사용된다. 「おぼさる」의 「る」는 〈자발〉과 〈존경〉 양쪽 모두 해석가능하다. 辛島(1993)에서는 ラル의 〈자발〉용법이 화자의 1인칭에 편중되어 있는 것을 들어 〈자발〉→〈존경〉의 전화과정을 부정하고 있다.

5.2.4.1. 「おぼさる」

「おぼさる」는 「思ふ」에 친근감을 더한 가벼운 경의를 나타내는 조동사 「す」가 결합하여, 「おもふ+す 〉 おもほす 〉 おぼす」의 과정을 거친 「おぼす」에 조동사 ラル가 접속하여 생긴 어형이다. 즉, 「おぼさる」의 어구성은 〈경어동사おぼす + 조동사ラル〉이다. 「おぼす」는 다음과 같이 단독으로 경의를 나타내는 존경어로도 사용된다.

(9) 何ごとかあらむとも思したらずさぶらふ人々の泣きまどひ上も御涙の隙な く流れおはしますを (源氏・桐壷)

상기 예문은 桐壷更衣 사후, 更衣의 사가로 물러나는 源氏의 천진난만

함을 「何ごとかあらむとも思したらず(무슨 일이 일어났는지도 모르신채)」라고 하는 장면이다. 『源氏物語』의 「おぼさる」 용법은 〈수동〉을 제외한 나머지는 주체의 시점에서는 〈자발〉용법, 상대의 시점에서는 〈존경〉의 용법으로 사용되고 있다.

5.2.4.2. 「仰せらる」

「仰せらる」의 「おほす」는 『名義抄』에 「仰ヲホス」가 있다. 「おほす」는 원래 「負ふ」에 사역조동사 「す」가 접속하여 생긴 동사이며, 명령을 부과하다는 의미에서 「言ふ」「言ひ付ける」의 〈존경〉표현으로 사용된 것이다. 「仰せらる」형태는 히라가나 전용 문학작품에 보이며, 8세기의 문헌에는 사용된 예를 찾을 수 없다. 「宣命」에 「勅りたまひ於保世給ふ御命」(第四五詔 神護景雲三年十月朔　称徳天皇)에서 보는 것처럼 「仰せたまふ」형태가 나타난다. 다음의 예는 『源氏物語』에서 발췌한 것이다.

(10) 繕ふべき所所の預りいま加へたる家司などに仰せらる(源氏・松風)

상기 예문은 造園을 새롭게 꾸민 집사[家司]에게 지시하는 源氏의 행위에 대해 경어동사 「仰せ」에 조동사 ラル가 접속한 「仰せらる」를 쓰고 있다. 「仰せらる」의 ラル는 〈자발〉과 〈가능〉의 용법이 아닌 것은 명백하다. 다음의 예는 〈수동〉용법에 사용된 「仰せらる」이다.

(11) 惟光日ごろありて参れり惟光「わづらひはべる人云々」など聞こえて、近く参り寄りて聞こゆ惟光「仰せられし後なん隣のこと知りてはべる者呼びて問はせはべしかどはかばかしくも申しはべらず」(夕顔1・216)

六条 저택을 방문한 源氏가 夕顔(ゆうがお)의 집을 의식하여 惟光(これみつ)에게 염탐하게 하는 장면이다. 惟光가 源氏에게 보고하는 장면에서 「仰せ<u>られ</u>し後なん」이라고 하는데 이것은 직접체험을 나타내는 조동사 キ의 용법에서도 알 수 있듯이 여기서는 보고하는 惟光에게 시점이 놓여 있으며, 源氏로부터의 「仰せごと(言いつけ)를 頂いた後(명을 받잡은 뒤)」라는 의미로 해석되는 수동용법의 ラル이다. 『源氏物語』의 「仰せらる」는 〈존경〉 혹은 〈수동〉 용법만 나타난다. 다음과 같이 시점을 어디에 두느냐에 따라 〈존경〉과 〈수동〉 어느 쪽으로도 해석 가능한 예문이 많다.

(12) いかでか聞こしめしけむ内裏に仰せらるるやうなむある。帝『尚侍宮仕する人なくてはかの所の政しどけなく女官なども公事を仕うまつるにたづきなく事乱るるやうになむありけるをただ今上にさぶらふ古老の典侍二人またさるべき人々さまざまに申さするをはかばかしう選ばせたまはむ尋ねにたぐうべき人なむなき。云々おほかたのおぼえをだに選らせたまはん』となむ内々に仰せられたりしを似げなきこととしも何かは思ひたまはむ(源氏・行幸)

「内裏に仰せらる」는 〈수동〉용법, 「内々に仰せらる」는 미카도(帝)의 시점에 서면 〈존경〉, 좌대신(左大臣)의 시점에 서면 〈수동〉용법으로 해석된다. 단, 帝의 행위에 대해 ラル를 사용한 예는 그다지 보이지 않기 때문에 여기서는 〈수동〉용법일 가능성이 높다.

「思さる」와 「仰せらる」처럼 존경동사에 조동사 ラル가 접속하여 가벼운 경의를 나타내는 것은 〈수동〉용법이 아닌 것이 명백하다. 즉, 〈수동〉용법이 〈자연생기〉로부터의 파생인 것처럼, 여기서도 경어동사에 접속할 수 있는 것은 ラル의 근원인 〈자연생기〉의 의미임을 알 수 있다. 다음절에서 언급하는 것처럼 조동사 ラル는 이제 일반동사에도 접속하여 〈존경〉의 의미를 나타내는데 사용되게 된다.

5.2.5. 일반 동사 + ラル

10세기 이후의 히라가나 전용 문학작품인 『かげろう日記』『源氏物語』에는 「帰らる」「語らる」「使はる」「作らる」「引き籠めらる」「笑まる」「ものせらる」 등 일반 동사에 조동사 ラル가 접속하여 존경표현을 나타내는 사용례가 많다.

> (13) (兼家)「前略五日の日まだしきに渡りて子とどもはすべし」など言ひて<u>帰ら</u>
> <u>れ</u>ぬれば営みはゆかぬここちもあはれにうれしうおぼゆること限りなし
> (かげろう日記、81)

궁중에서의 賭弓^{のりゆみ} 상품을 걸고 행하는 궁술경기에서 胡蝶楽^{こちょうらく} 舞楽의 곡명를 추게 된 道綱^{みちつな}의 춤 연습을 어머니에게 보고하고 돌아가는 兼家^{かねいえ}의 모습을 묘사하고 있는 장면이다. 「帰らる」는 작자^{道綱의 어머니}의 시점에서 남편에 대한 가벼운 경의를 나타내는 〈존경〉표현이다.

> (14) 内裏よりはやがて車の後に陵王も乗せて<u>まかでられ</u>たり。ありつるやう語
> り(兼家)「わが面をおこしつること上達部どもの皆泣きらうたがりつるこ
> と」などかへすがへすも泣く泣く<u>語らる</u>(81)

「まかでらる」와 「語らる」는 남편인 兼家의 행위에 대한 〈존경〉표현이다.「まかでる」는 상대의 허락이나 명령에 따라 왕래를 하는 뜻으로서 궁중에서의 퇴청 표현에 자주 쓰인다.「語らる」는 兼家가 울면서 자연스럽게 말하게 되는 〈자발〉의 용법도, 兼家가 울면서 말하는 것을 듣게 되는 〈수동〉 용법도 아니고, (兼家가) 울면서 궁중에서의 있었던 일을 말(씀)하셨다는 〈존경〉표현이다.

조동사 ラル는 상술한 바와 같이 처음에는 경어동사에 접속하여 존경의 의미를 나타내고, 그 뒤에 일반 동사에 접속하여 최상위 계층의 높은 신분의 사람 이외의 대상에 대하여 가벼운 경의를 나타내는 〈존경〉용법의 조동사로 사용되게 된다. 지금까지는 ラル와 접속하는 동사의 특징에 대해 살펴보았다. 다음절에서는 ラル의 어떤 성분이 〈존경〉의 의미를 갖게 하는 것인지 밝히기 위해 일본어의 〈존경〉 표현의 특징에 대해 기술하기로 하겠다.

5.2.6. 자연 존경용법

2단 활용의 조동사 ラル의 종지형 어형이 ラルル로 이행되는 16세기가 되어도 신분이 높지 않은 인물의 행위를 나타내는 〈존경〉표현으로 사용된다. ラルル의 〈존경〉과 〈수동〉 용법의 충돌은 여전히 발생하여, 문맥 의존성이 높다. ラルル의 〈수동〉과 〈존경〉의 충돌을 회피하기 위해 〈お~ある〉형과 〈お~(に)なる〉형이 사용되게 된다(小松1997).

5.2.6.1. 〈お~ある〉형

〈お~ある〉형은 16세기 말의 ラルル형 〈존경〉 표현보다 존경도가 높다. 동작성 한어명사 또는 동사의 연용형에 접속하여 그 동작을 하는 사람에 대한 존경의 뜻을 나타낸다. 13세기부터 16세기에 걸친 자료에 접두어 [御(お)-]를 접속하여 경의를 더하는 경우도 있으며,「~ある」형은 경의의 정도가 낮다.

(15) 正月五日主上御元服あって同一三日朝勤の行幸ありけり(平家1・鹿谷)

(16) これほどに御崇仰ありて栄華をきわむれども(中華若木詩抄・中)

(17) 早々御帰りありて学問をめされい(中華若木詩抄・中)

(18) 代々公になりたいと思いあるか(蒙求抄)

〈お~ある〉형 〈존경〉표현은 〈존경〉의 접두어를 갖는 명사에 접속하여 전체적으로 동작의 존경표현을 나타낸다. 한편 일반 동사의 연용형에 「ある」가 접속하여(ex.「思いある」) 가벼운 경의를 나타낸다. 그러나 〈お~ある〉형은 「お助けある[otasukearu]」처럼 결합 상 모음연속이 일어난다. 근세에 이르러서 〈お~ある〉형은 모음연속을 포함하지 않는 〈お~になる〉형으로 바뀐다(小松1997).

5.2.6.2. 〈お~(に)なる〉형

동사 「なる」는 〈자연생기〉를 나타내는 낱말로 고대부터 사용되어 왔다.

(19) 親無しに汝奈理けめや(紀・推古21年12月)

「なる」도 「ある」와 마찬가지로 〈존경〉을 나타내는 접두어를 갖는 명사에 접속하여 귀인의 행위나 동작, 특히 어떤 장소로의 이동에 경의를 나타내는 낱말로 쓰인다.

(20) 上にまうのぼらせたまふ。もしは殿なむまゐりたまふ御宿直なるなどもの騒がしきをりも雑じらず(紫式部日記・47かういひいひて)

상기 예문은 11세기경에 제작된 것으로 추정되는 『紫式部日記』의 斎院[35])의 모습을 묘사하고 있는 장면으로서 이동을 나타내는 동사인 「の ぼる」「まゐる」에 각각 「~サセたまふ」의 최상급 경의를 나타내는 〈존경〉 의 조동사를 접속하고 있다. 동작을 나타내는 명사인 「宿直 (とのい) 숙직/당직」에는 〈존경〉의 접두어 [御(お)-]와 가벼운 경의를 나타내는 「なる」를 접속하여 전체적으로 높은 경의를 나타내는 〈존경〉표현으로 되어 있다. 또한 「なる」 는 13세기의 자료에는 「飲む」「食ふ」의 존경어로 다용되고 있다.

(21) 水をすくひて飲まむとするを『御房御房しばし 水ななり候ひそ』と言ふ」
(沙石集8)

「水ななり候ひそ」는 「水を飲みなさるな(물을 마시지 마세요)」라는 의미로 「なる」는 단독으로 경어의 의미로 사용되고 있다. 14세기의 『平家物語』 를 중심으로 하는 「軍記物語」에는 이동을 나타내는 표현에 자주 쓰인다.

(22) 我山の山王へこそ御幸はなるべけれ(平家―四・厳島行幸)
(23) 「法皇夜を籠めて大原の奥へぞ御幸なる(平家・灌頂・大原御幸)

「御幸なる」의 형태로 「お出ましになる(행차하시다)」라는 이동표현에 사용되었다. 17세기가 되면 「お + 동사연용형 + なる」형 경어표현이 사용되게 된다.

(24) 明日御見なりませう(浄瑠璃・淀鯉出世滝徳―下)

---

35) 9~12세기, 교토의 賀茂신사에서 봉사한 미혼의 공주; 왕 즉위 식 때마다 선발

이상, ラル 이후의 〈존경〉을 나타내는 표현에 대해 살펴보았다. 그 특징으로 들 수 있는 것은 「ある」든지 「なる」든지 모두 자연적으로 그렇게 된다는 뜻을 갖고 있는 동사를 사용하여 〈존경〉 표현에 사용하고 있다는 점이다. 또 다른 특징으로서는 〈존경〉의 뜻을 함의하고 있는 명사 혹은 〈존경〉을 나타내는 접두어 [お-]와 호응하여 높은 수준의 경의를 나타낸다는 점이다. 이것은 조동사 ラル의 〈존경〉 표현을 나타내게 되는 과정과 매우 닮았으며, 시사示唆를 던져 준다.

5.2.7. 정리

조동사 ラル의 〈존경〉 용법은 〈수동〉에서도 〈자발〉에서도 직접 전화한 것이 아니며, 새롭게 〈존경〉 용법을 담당하게 된 것으로 판단된다. 그것은 소위 〈존경〉을 나타내는 경어에 접속하여 사용되던 〈자연생기〉를 나타내는 ラル가 〈존경〉의 기능을 갖추게 된 것이다. 그 動因은 [-す]와 [-る]의 대립구조 속에서 친근감을 더한 가벼운 경의를 나타내는 「す」를 대신하여 〈존경〉의 뜻을 나타내게 된 것으로 해석된다.

ラル의 〈수동〉・〈가능〉・〈존경〉의 가장 근본적인 개념으로서 잠재하고 있는 것은 〈자연생기〉, 즉 〈자연발생〉이다. ラル・〈お~ある〉・〈お~(に)なる〉의 공통점은 행위성이 인정되지 않으며, 자연성이 인정된다는 것이다.

〈수동〉과 〈존경〉이 혼동되는 것은 행위자와 피행위자가 존재하는 조건에서, 문맥의존성이 높기 때문이다. 그 충돌을 회피하기 위해 자연생기를 나타내는 동사를 사용한 새로운 〈존경〉 표현이 고안되기에 이른 것이다. 현대일본어에서도 〈가능〉과 〈존경〉의 충돌을 회피하기 위해 ら抜き言葉라는 체계변화를 통한 언어현상이 발생하였다.

제3장

형태의 변화와 기능

제1절 본장의 과제와 기술 방침

조동사 ラレル[1]의 사적변천과정을 기술함에 있어서 형태의 변화와 기능은 다음과 같은 이유에서 통일적인 시각에서 다루어져야 할 문제이다.

먼저, ラレル의 고형인 ラル와 함께 8세기에 〈자연생기〉와 〈수동〉으로 사용되던 조동사 ラユ의 생성과정에서 현대일본어의 「ら抜き言葉^{ra탈락표현}」와는 반대로 「ら入れ言葉^{ra첨가표현}」—의사^{疑似}4단활용어미-ら 삽입—가 이루어졌다. 이 "ra첨가" 현상은 2장에서 이미 언급한 바와 같이 자음어간 동사뿐만 아니라 모음어간동사에도 조동사 ユ를 접속하여 사용하기 위한 하나의 방도이자, 용법의 확장으로서 접속의 제한을 제거한 음운현상이다. 이후, 2단활용동사의 1단화와 같은 형태의 변화와 함께, 현대일본어

---

1) ラレル는 2단활용의 ラル에서 1단화가 이루어진 후의 형태이다.

에서 「ら抜き^{의탈락}」현상과 「れ足す^{의첨가}」현상에 의한 기능의 분담과 같은 형태의 변화는 개별적 변화가 아닌 체계의 변화이며, 역사적 관점에서 통일적인 시각에서 다루어져야 할 내용이기도 하다.

조동사 ラレル와 관련하여 현대일본어에서 발생한 특징적인 음운적 변화를 꼽는다면 단연 「ら抜き言葉」라는 음운현상일 것이다. 「ら抜き言葉」는 「見られる〉見れる」「食べられる〉食べれる」와 같이 일부의 1단활용동사[2]에서 보이는 현상을 말하며, 일본어문법에서는 가능형으로 부르고 있다. 또한 「ら抜き」에 의해 발생한 것으로 보이는 「れ足す言葉」도 조동사 ラレル의 논의 범주에 넣는 것이 일련의 언어현상에 대한 통일적인 시각에서의 설명원리를 제공할 수 있을 것으로 기대된다.

「ら抜き言葉」와 「れ足す言葉」는 1단활용동사(이하, 모음어간동사)와 カ행 불규칙동사의 가능동사 형성이라는 점에서 공통점을 갖고 있으며, 이것은 5단활용동사(이하, 자음어간동사)의 가능동사의 형성과도 연동되어 있다. 따라서 본장에서는 「ら抜き言葉」와 「れ足す言葉」의 생성과정과 변화의 추이를 논함에 있어서 자음어간동사의 가능동사 형성이라는 형태·음운론적인 시각에서 「ら抜き」와 「れ足す」가 개별적인 형태변화가 아닌 언어의 유추현상에 의해 체계적으로 발생한 음운현상이라는 관점에서 하나의 체계변화로 기술하고자 한다. 아울러 현대일본어에서의 「ら抜き言葉」와 「れ足す言葉」의 변화 추이를 코퍼스 조사를 통해 기술할 것이다[본 절은 박(2012)을 바탕으로 재구성하였다].

---

2) 현대일본어의 동사는 활용(형태변화)이라는 관점에서 자음어간동사인 5단활용동사와 모음어간인 1단활용동사, 그리고 불규칙동사의 세 가지로 분류된다. 5단활용동사는 ア단(ナイ형)/イ단(マス형)/ウ단(종지형)/エ단(가정형)/オ단(의지형)과 같이 다섯 개의 단에 걸쳐 활용하는 동사[書く]를 말하며, 1단활용동사는 イ단 또는 エ단 한 단에서만 형태변화를 하는 동사[見る、食べる]를 가리킨다.

제2절 2단활용의 1단화

2.1. 2단활용 동사의 1단화

2단활용동사[3]의 1단화[4]에 대해서는 많은 선행연구가 있다. 佐々木(2013)에서는 "어의 안정화"라는 시각에서 다루고 있다. 즉, 형태변화^{활용}에서 1음절어의 경우, 어간의 경계가 애매하다. 따라서 「う(得)」「ぬ(寝)」와 같은 1음절어가 1단화 되면서 2음절어화^{得る・寝る}되면서 형태의 안정화를 도모할 수 있다는 것이다. 실제 음절수가 적은 낱말에서 1단화가 먼저 발생하였다는 보고가 많다[坂梨1970, 小林1980].

2단활용의 동사는 현대어의 「解ける」(←「解く」), 「落ちる」(←「落つ」)와 같은 1단활용 동사를 말한다. 「解ける」와 「落ちる」의 변화과정을 보면 다음과 같다.[5]

---

3) 2단활용이란, 동사의 활용이 두 단(エ/イ단과 ウ단)에 걸쳐서 이루어지는 것을 의미한다. 예를 들면, 「切るる」의 활용형은 다음과 같다. 사전형이 「切るる」인 것은 종지형에 의한 연체형 흡수 현상에 의함.

사전형	未然形	連用形	終止形	連体形	已然形	命令形
切るる	切れ	切れ	切るる	切るる	切るれ	切れ
起くる	起き	起き	起くる	起くる	起くれ	起き

4) 활용의 1단화란, 동사의 활용이 한 단(イ단, 또는 エ단)에 걸쳐서만 활용하는 것을 말한다.

사전형	未然形	連用形	終止形	連体形	已然形	命令形
切れる	切れ	切れ	切れる	切れる	切れれ	切れ
起きる	起き	起き	起きる	起きる	起きれ	起き

5) 2단동사의 1단화는 다음과 같다. 切るる 〉 切れる、折るる 〉 折れる、進むる 〉 進める、立つる 〉 立てる、読むる 〉 読める、打つる 〉 打てる 등등.

[표 1] 동사의 형태의 변화과정

2단활용동사		종지형에 의한 연체형 흡수형		1단화
toku[6]	〉	tokuru	〉	tokeru(解ける)
otu	〉	oturu	〉	otiru(落ちる)

[표 1]에서 보는 것처럼 [toku]형은 8세기부터 14세기 초중엽까지, [tokuru]는 14세기중엽부터 16세기중엽까지, [tokeru]는 16세기말의 형태이다. 이와 같은 2단동사의 1단화 배경에는 어떠한 동인動因이 있었을까.

무대타동사「飲む」「読む」의 2단자동사파생「飲むる」「読むる」가 16세기 말「飲める」「読める」와 같은 1단화를 주도한 것은 〈V-uru〉형태의 용법과 무관하지 않다고 본다. 즉,「読むる[yom-uru]」에는 다음 예와 같이 다양한 용법이 인정된다(1)~(4)는 青木1996 재인용.

(1) 此マテハ韻カ三句ニ<u>ヨメ</u>タソ(史記抄・四35才3)

(2) 叢林ニハワイト<u>ヨムル</u>カコチニハクワイト<u>ヨム</u>ソ(蒙求抄・五33才9)

(3) 夫ハ我ヲ戒メ女ハ汝カ禁メタト<u>ヨメ</u>テ候カ(毛詩抄・29ウ10)

(4) 上声ニモ去声ニモ成ト見ヘタソ、此テハ今ハ<u>ヨメ</u>ヌソ(史記抄14,76才2)

위의 (1)~(4)의「読むる」는 문맥에 의해 그 용법을 파악해야 하는 불편함과 해석에 있어서의 모호함이 내재하고 있다.

무대타동사「読む」의 2단파생자동사「読むる」의 1단화「読める」가 갖는 의미는 자타동형自他同形[7]으로 인한 불편함을 해소하는 것 보다는 (1)~(4)에서 보

---

6) [toku](解く)는 4단활용동사(현대어의 5단활용동사)와 하2단활용동사가 있다. 즉 사전형이 동형(同形)으로서 고대에는 이와 같은 사전형을 공유하는 동사그룹이 존재하였다.

7) 자동사와 타동사의 종지형의 형태가 동일한 동사로 고대일본어의 자타대응의 쌍을 이루는 동사군이 존재했다. 자타동형 동사로는 예를 들면 다음과 같은 것이 있다.

는 것처럼 용법상의 불편함을 후술하는 [-e]음의 문법화를 통한 가능동사의 형성으로 해소하고자 하는 의도가 더 크게 작용했다고 볼 수 있다. 자타동형동사의 형태상의 불편함은 「負くる」와 같은 한정된 동사에 국한되지만, 체계변화를 통해 형성된 무대타동사의 2단파생 자동사와 유대타동사는 사용 빈도가 높았기 때문이다.

1단화가 먼저 이루어진 동사군이 자타동형동사군 중에서 무대타동사의 2단파생자동사의 1단화가 가장 먼저 진행되었다는 것은 의미하는 바가 크다. 자타동형동사는 자타변별을 문맥에 의존해야하기 때문에 변별성을 높이기 위해 1단화가 선행되었을 가능성을 배제할 수 없다.[8] 坪井(1991)에서는 2단자동사의 이와 같은 형태변화를 "형태의 시차성示差性"이라 부르고 있다. 2단활용의 1단화에 대해서는 다음과 같이 그 意義를 설명하고 있다.

> 二段活用の一段化は、活用の型を母音変化方式と添加方式の両極に分化・単純化した動きである。(中略) 二段活用の一段化が、終止形連体形統合と連動する動きであって個々の動詞活用形の形態の示差性を増大させる変化であることである。(p.11)

佐々木(2010)은 坪井의 "형태의 시차성示差性"을 수용하면서 자동사의 1단화와 타동사의 2단유지 경향에 대해 "형태보다 의미의 변별이 용이하게 되는 방법"으로의 지향이 자동사에서의 1단화 욕구를 높였다고 보고 있다.

坪井(1991)에서 주장하는 2단활용 자동사의 1단화가 자타동형동사의 단

焼く─焼く(焼ける), 立つ─立つ(立てる), 明く─明く(明ける) 등.

8) 自他同形動詞의 단점이기도 하다. 「負く〉負くる」(下二段自他)의 경우 자타동사의 구분을 문맥에 의존할 수밖에 없다.

점을 극복하기 위한 "형태의 시차성^{示差性}"은 후에 또 다른 단점을 유발시키게 된다. 즉, 2단활용동사의 1단화로 인하여 자발태와 가능태가 형태상의 충돌을 빚게 된다.

[kiru](타; 切る) → [kireru](가능태; 切れる) : 〈V-eru〉형 가능동사 형성

[kiru](자; 切る) → [kiruru](자발태) → [kireru](자발태; 切れる) : 2단활용의
    1단화

다음은 야후재팬(Yahoo.co.jp)에서 「綺麗に切れます」를 검색어로 하여 검색한 문장이다[검색일: 2019.4.15].

(5) 直角切り、垂直切り、45度切りがいとも簡単に<u>綺麗に切れます</u>。

(6) 焼きたてのバゲットのような「まわりカリカリ中ふんわり」のパンでも切った際にカスもあまり出ず、断面も<u>綺麗に切れます</u>。

(7) どうしても焼きたてを食べたい!という方に、焼き立てでも<u>綺麗に切れる</u>方法をご紹介します。

(8) 僕も切る材料が多い時は切ってもらってます。ですが、自分で<u>簡単に切れる</u>ようになると作れるものが増えます、作れるものが増えると夢が広がりますよ。

(5)와 (6)은 자발태, (7)과 (8)은 가능태로 「切れる」가 사용되었다. 이와 같은 「切れる」형은 영어에서 동사의 형태가 수동태이면서 의미는 능동태에 가까운 아주 미묘한 색다른 체계^{system}를 이루는 중간태^{middle voice}와 유사하다.

위와 같은 불편함을 감수하면서까지 2단활용자동사의 1단화가 먼저 추

진된 배경에는 음운의 변화를 통한 문법화를 생각할 수 있다. 즉, 2단동사의 1단화 과정에서 가능을 나타내는 보조동사 「エル」와 부사 「エ」의 촉매로 가능의 형태소 [-e]가 형성되어 생산적인 가능동사의 성립을 가능하게 하였다는 것이다(박2003). 이와 관련해서는 제3절에서 후술하겠다.

여기서 해결해야 할 과제는 2단파생자동사[yomuru]의 용법에 대해서이다. 즉, 초기 抄物⁹⁾에서는 〈자발〉의 뜻, 후기 抄物에서는 〈존경〉의 뜻, 그리고 근세에서의 〈가능〉 용법으로의 전환을 어떻게 설명할 것인가이다.

    a. [yaku](타; 焼く) ― [yakuru](자; 焼くる), 자발용법

                ↓ 형태상의 유추

    [yomu](타; 読む) ― [yomuru](자; 読むる), 자발용법

    b. [yaku](타; 焼く) ― [yakaru〉yakaruru](자; 焼かるる), 자발, 존경, 가능

    [yomu](타; 読む) ― [yomaru〉yomaruru](자; 読まるる), 자발, 존경, 가능

             ↓ -ru어미 용법의 유추

    [yomuru](자; 読むる), 자발용법, 존경용법, 가능용법

〈V-uru〉 형태의 제용법에 대한 설명원리는 이원론적인 복선구조에 있다고 보는 것이 현재로서는 최선의 방법이라 생각한다. 예를 들면, 현대 일본어에서의 소위 「れ足す言葉」의 경우, 일반적으로 〈가능〉의 이중용법으로 쓰이지만 〈존경〉의 용법으로 쓰이기도 한다.¹⁰⁾ 이것은 접미사 [-ru]

---

9) 15세기 중엽부터 17세기 초에 걸쳐 제작된 한서(한문 작품)에 대한 해설과 주석을 주로 쓴 서책의 총칭.

10) 天皇陛下が来れれるということで町中が瓦礫撤去で大あらわ。2011/05/28 [ブログ] ただ単に人材を供給する事だけではなく、作業内容や新製品を職員全員で調べ勉強し、求職に来れれる方々に新しい情報を提供するよう心掛けています。(http://www.tsuji-sogo.co.jp/staff/index.html)

에 내재되어 있는 의미소에 촉발된 현상으로 해석할 수 있다. 무대타동사 2단파생자동사의 [yomuru]가 〈자발〉, 〈존경〉, 〈가능〉의 용법을 갖는 것은 위와 같은 유추 작용에 의한 것으로 설명가능하다.[11]

2.2. 종지형에 의한 연체형 흡수[12]

14세기 중엽에는 활용체계의 큰 변화를 맞게 된다. 우선, 종지형에 의한 연체형 흡수[すむ → すすむる, たつ → たつる] 현상이 발생하게 되고, 그전까지의 종지형 공유에 의한 자동사와 타동사의 변환시스템이 사라지게 된다. 이것은 후술하는 바와 같이 종지형 공유로 인한 장점[자/타 변환]은 사라지지만, 단점[하2단타동사의 종지형 사용불가]이 해소되게 된다. 또한 16세기말에는 2단활용의 1단화가 진행되고[すすむる → すすめる, たつる → たてる], 가능표현과 타동사의 형태적 구별이 어렵게 된다. 조동사 ラレル의 1단화는 동사보다 늦게 시작되었다[또, ワスルル, コボルル 등, ルル어미를 갖는 동사의 1단화 비율도 낮다고 한다].

12세기 말에는 일본어의 활용체계에 큰 변화가 발생한다. 우선, 종지

---

11) 2단파생자동사의 가능용법과 관련하여 『日葡辞書』에서 예문을 들면 다음과 같다.
Ano fitono teua yô yomuru. あの人の書いた文字は読みやすい
Yô fiqeta. (酒宴の際に、ある料理が)よく食われる

12) 小松(1999:170-171)에 의하면, 종지형에 의한 연체형 흡수를 다음과 같이 논하고 있다.
「終止形/連体形の統合については、① 終止形/連体形が合流したとか, ② 終止形が連体形に合流したとか, ③ 終止形が失われたとか, ④ 終止形/連体形の混同であるとか, さまざまな表現で説明されているが、(中略) 基幹形は活用語を支える基幹であるから、基幹形なしに活用語は存在できない、したがって、残留した語形が基幹形である. (中略) したがって、終止形が連体形を吸収し、それまでの連体形の御殿をとったと考えるべきであって、終止形が連体形に吸収されたとか、終止形が連体形に合流したとかいう変化ではありえない。」

형에 의한 연체형 통합[13](kiru 〉 kiruru, toku 〉 tokuru, yaku 〉 yakuru, naku 〉 nakuru, susumu 〉 susumuru, tatu 〉 taturu)현상이 일어나 그때까지 종지형 공유에 의한 자타동사변환 시스템은 소멸된다.

종지형 공유에 의한 자타동사변환 시스템은 다음과 같다.

[표 2] 자타동형동사

4단/타	하2단/자	4단/타	하2단/자	4단/자	하2단/타
焼く	焼く()焼ける)	破る	破る()敗れる)	向く	向く()向ける)
砕く	砕く()砕ける)	切る	切る()切れる)	浮く	浮く()浮ける)
溶く・解く	溶く・解く()溶ける)	知る	知る()知れる)	泣く	泣く()泣ける)
割る	割る()割れる)	抜く	抜く()抜ける)		
裂く・割く	裂く・割く()裂ける)				

* 向く(下2・他): 向ける・向かせる・行かせる・従わせる
* 泣く(下2・他): 泣かせる
* 浮く(下2・他): 浮かべる・浮かす

상기 하2단 동사의 종지형은 연체형에 의해 다음과 같이 흡수되어 종지형 공유에 의한 자타동사변환 시스템은 붕괴되게 된다.

[표 3] 자타동형시스템의 붕괴

하2단/자		하2단/타
焼くる	破るる	向くる
溶くる・解くる	切るる	泣くる
砕くる	知るる	浮くる
割るる	抜くる	
裂くる・割くる		

---

13) 小松(1999:155)

종지형에 의한 연체형 흡수 현상은 상기 「破るる」「切るる」「知るる」에서 보는 것처럼 ルル의 연속을 낳게 된다. 이것은 하2단에서뿐만 아니라 상2단 동사와 불규칙 동사, 조동사에서도 마찬가지이다.

> 2단활용동사: 落つ―落つる、告ぐ―告ぐる、
>
> 불규칙동사: 来―来る、す―する、死ぬ―死ぬる
>
> 조동사: つ―つる、ぬ―ぬる、る―るる

종지형에 의한 연체형 흡수는 자타동사변환 시스템의 붕괴를 초래하지만 4단 동사와 하2단 동사의 선명성을 유지하게 되는 장점도 있다. 즉, 쌍을 이루는 자동사와 타동사의 종지형은 ヤク-ヤクル(焼), トク-トクル(溶), ヤブル-ヤブルル(破)처럼 서로 다른 형태를 가지게 되어 타동사의 종지형을 자유롭게 사용할 수 있게 된 것이다. 이러한 변화는 시간적인 차이를 두고 상기 「つ－つる, ぬ－ぬる, る－るる」에서 보는 것처럼 조동사에도 발생하게 된다.

(9) また時の間の煙ともなりなんとぞうち見るより思はるる(徒然草, 10단)

(10) いつもうへとうへ早田のべいを十俵御年貢にさゝぐる(虎明狂言、かくすい、一・四六)

(11) 一人ゝゝよび出しとらせてたう人みなまくる(虎明狂言、唐相撲、一・一九四)

(12) 梅花は雨に柳絮は風に世はただ嘘に揉まるる(閑吟集8)

『徒然草』의 「思はるる」는 계조사(係助詞) 「ぞ」에 의한 연체형 종지이며, 나머지 『狂言』『閑吟集』의 「さゝぐる」「まくる」「揉まるる」는 모두 종지

형이다. 이러한 변화는 16세기의 하2단 자동사를 파생시키는 촉매역할을
하게 된다[読むる].

제3절 가능동사의 형성

「ら抜き言葉」의 발생을 설명하기 위해서는 조동사 ラレル의 형태변화
와 함께 가능동사의 형성과정을 살펴볼 필요가 있다. 그것은 모음어간동
사의 가능동사가 「ら抜き言葉」라는 음운현상에 의해 형성되었으며, 그
과정에 자음어간동사의 가능동사 파생이 영향을 끼쳤다는 배경이 있기
때문이다. 또한 자음어간동사의 가능동사 성립 배경에는 2단활동동사의
1단화가 있으며, 2단동사의 1단화를 주도한 것은 16세기에 파생한 무대
타동사[14]의 2단자동사이다[☞ 2절]. 따라서 무대타동사의 2단자동사파생과
2단동사의 1단화, 그리고 가능동사의 형성은 서로 연관되어 있다.

3.1. 무대타동사의 2단자동사파생

무대타동사의 2단자동사발생은 고대일본어에서 존재한 유대타동사의
사전형 공유[15]를 전제로 하고 있다.

---

14) 대응하는 자동사를 갖지 않는 타동사(読む·疑う·感じる·殴る·断る·なめる·
ほめる·嫌う·話す·忘れる·叩く)를 말한다. 한편 대응하는 자동사를 갖는 타
동사를 유대타동사(消す—消える)라 한다. 「建つ—建てる」의 [tat-]과 같이 공통의
어간을 갖는 자타동사를 寺村(1982)에서는 「相対自動詞」「相対他動詞」로 부르고
있다. 한편, 早津(1987)에서는 형태적인 대응뿐만 아니라 구문적, 의미적인 대응
관계에 있는 자타동사를 「有対自動詞」「無対自動詞」라 부르고 있다. 대응하는
타동사가 없는 자동사는 무대자동사(泳ぐ·死ぬ·走る·座る·這う·成長する·実
る·光る·茂る)이다.

[표 1] 사전형 공유 동사의 형태변화와 무대타동사의 2단자동사 파생

시기		8세기	14^{C}중엽	16세기	16세기말
고대 일본어	종류 및 형태변화	타동사	자동사	자동사	자동사	2단의 1단화
		[toku]	[toku]	[tokuru]	[tokuru]	[tokeru]
	용법	능동	자발	자발	자발	자발
16세기 일본어	종류 및 형태변화	타동사	자동사	자동사	2단자동사파생	1단화, 가능태
		[yomu]	○	○	[yomuru]	[yomeru]
	용법	능동			자발 〉 존경 〉 가능	가능

[표 1]에서 16세기의 무대타동사 2단자동사파생은 고대일본어의 유대타
동사의 사전형 공유를 전제로 하고 있음을 확인할 수 있다. 위의 [표 1]을
보면 [yomuru]는 8세기의 자타동사 사전형 공유와 같은 대립 쌍([yomu]-
[yomu])이 없다. 16세기의 [yomuru]는 [toku]-[tokuru]의 대립을 전제로 [yomu]-
[yomuru]의 쌍을 파생시킨 것으로 해석된다. 종지형을 공유하는 자타동
형동사는 종지형공유에 의한 자타변환시스템^{切る-切る}의 소실^{切る-切るる}이라
는 치명적인 단점이 있었음에도 종지형에 의한 연체형 통합^{切るる}의 결과 4
단활용동사^{切る}와의 충돌을 회피하여 자유롭게 사용할 수 있다는 장점을
갖는다. 이 장점은 곧 4단활용 무대타동사^{読む}의 2단파생자동사^{読むる}를 유
도하게 된다. 「読むる」처럼 필요에 의해 생성되는 새로운 형태는 기존의
패턴(切るる)을 답습하려고 하는 경향이 있다는 것을 간과해서는 안 될
것이다. 규칙변화의 생산성에 있어서 문법의 이와 같은 성질을 일반적으
로 "rich-get-richer^{부자번영}"시스템16)이라 한다(吉村2003:16). 자동사를 갖지 않

---

15) 고대일본어동사 종지형공유에 의한 자타변환시스템
　　知る(4단/타)—知る(하2단/자)、切る(4단/타)—切る(하2단/자)、
　　解く(4단/타)—解く(하2단/자)、泣く(4단/타)—泣く(하2단/자)、
　　引く(4단/타)—引く(하2단/자)、焼く(4단/타)—焼く(하2단/자)、
　　破る(4단/타)—破る(하2단/자)、割る(4단/타—割る(하2단/자)

은 [yomu](読む)가 필요에 의해 대립 쌍을 파생할 경우 기존의 자타동사 대립 모형을 따르는 것은 당연한 귀결일 것이다.[17] 이와 같은 무대타동사의 2단활용 파생 동사가 1단화를 주도하게 된다.

3.2. 가능동사의 형성

자음어간동사의 가능동사 형성은 2단활용동사의 1단화가 이루어진 16세기 이후의 일이다[渋谷(1986), 박(2003)]. 2단동사의 1단화와 함께 〈V-eru〉형 가능동사가 파생하게 된다. 〈타동사어간말자음 + eru〉형식의 가능동사는 16세기에 형성되어 17세기 이후부터 왕성하게 생성되게 된다. 초기에는 조동사 ラル에 의한 가능표현과 마찬가지로 부정과 호응하여 〈(불)가능〉의 의미를 주로 나타낸다.

(1) まいばんノ＼こない夜はないそのおくりむかいのいやらしさどうもいへぬ
    (52-洒落1769_01001)

(2) 何ノ＼あわた口の「もんじでかいてあるによつてよめぬが、めいづくしか、
    (52-洒落1757_01005)

(3) 此世の事さへもしれねへものが、死んだ先がどう知れるものか。(浮世風呂)

(1)~(3)은 각각 「言えない」「読めない」「知ることができる/ない」와 같이 〈(불)가능〉으로 사용되었다. 부정형과 호응하여 〈불가능〉을 나타내던

---

16) 원래는 경제불균등(Economic inequality)을 논할 때 자주 쓰이는 말로서 "The rich get richer and the poor get poorer."에서 왔다.

17) 현대일본어에서도 대응되는 자동사가 없는 무대타동사의 경우, 조동사 (ら)れる를 접속하여 자동사를 파생시키거나, 무대자동사의 경우에는 조동사 (さ)す를 접속하여 타동사를 파생하여 대립 쌍을 만들기도 한다. 呼ぶ―呼ばれる、喜ぶ－喜ばす

것이「知れる」와 같이 긍정형의 〈가능〉으로 용법의 확장을 통해 가능동사화의 과정을 거치게 된다. 근세의『洒落本』에서 많이 사용된 가능동사로는「行ける」(102),「持てる」(74),「飲める」(62),「読める」(55),「言える」(45),「負える」(35),「話せる」(23),「食える」(21),「解せる」(19) 등을 들 수 있다.[18] 이상의 가능동사는 16세기의 무대타동사에서 파생한 2단자동사에서 성립한 것들이다. 이와 같이 가능동사가 무대타동사에서 파생한 2단자동사에 한정해서 나타나는 이유는 〈자연가능〉을 함의하는 하2단유대자동사^{자타동형동사}의 유추에 의해 2단파생자동사가 성립했기 때문으로 해석된다. 고대의 자타동형동사^{종지형공유}는 자연발생^{자연생기}적인 주체변화의 사태와 외부 영향에 의한 대상변화의 사태가 관찰되는 동사에서만 존재한다[解く(4단/타)-解く(하2단/자)].

가능동사는 하2단파생자동사의 1단화 과정에서 보조동사「得る」와 가능의 부사「え」를 촉매로 성립된 것으로 판단된다. 〈V-uru〉에서 〈V-eru〉로의 형태변화는 〈가능〉함의의 〈자연생기〉^{자연발생}와 〈존경〉용법에서 〈가능〉용법으로의 의미적 변화가 이루어진 것이다. 이것은 현대어의「来られる」와「来れる」에서도 나타나는 현상이다. 〈V-eru〉형은 더 이상 〈존경〉과 〈자발〉의 용법으로 쓰이지 않고, 오로지 〈가능〉전용의 가능동사화 한 것이다. 후술하는 바와 같이「来れる」도「ら抜き言葉」현상을 통한 가능동사화인 것이다. 이와 같이 〈V-eru〉형식의 형태적 측면과 가능의 의미적 측면에서의 결합은 〈書きエル, 読みエル〉등의 표현을 촉매로 하여 형성된 것은 충분히 설득력을 갖는다.

이 가능동사의 형성에 대해 杉本(1988)은 다음과 같이 언급하고 있다.

---

18) 坂梨隆三(1996)

「飲める」のような可能動詞は「四段動詞の未然形(-a)+れる」の[areru]の部分が、室町期に「eru」に変化した。(p.223)

즉, 「のまれる→のめる[nomareru 〉nomeru]」처럼 [ar]가 탈락하여 가능동사가 형성된 것으로 파악하고 있다.[19] 이것은 소위 ラレル 파생설로, 의미면과 「来れる」의 형태면에서 일치하는 이점이 있다. 그러나 4단동사에서 발생하였을 경우, 예를 들면, [yomareru 〉 yomeru]의 [ar]이 탈락하는 변화를 설명가능한 음운적 동기 및 이유가 없다는 결함을 갖고 있다. 혹은, 변화 도중의 단계를 나타내는 증거도 없기 때문에 이 설은 받아들이기 어렵다.

「飲める」와 같은 가능동사는, 杉本가 말하는 것처럼 [arareru]에서 [areru]로의 [ar]탈락이 아니라, 보조동사 「得」를 매개로 하여 형성된 〈문법화〉의 사례로 파악되어야 한다. 이렇게 파악함으로써 활용형도 일치한다. 여기에는 왜 4단동사에서 가능동사 형성이 시작되었으며, "다른 낱말 수" Type: 異なり語数도 적은지, 그리고 「ら抜き」표현과의 연속성과의 관련성과 같은 문제점도 설명가능하게 된다.

4단 무대타동사에서 파생한 하2단자동사의 1단화와 더불어 가능동사가 성립되자 하2단 유대자동사自他動形動詞의 1단화동사―知れる、切れる、解ける、焼ける、割れる 등―도 가능동사화 한다. 소위 말하는 〈자발·가능태〉형 동사 그룹이 여기에 속한다. 4단 무대타동사에서 파생한 하2단자동사의 1단화 동사, 즉 가능동사에도 〈자연생기〉自発的용법이 인정된다.

---

19) 大野晋도 가능동사의 형성에 대해 다음과 같이 기술하고 있다.
江戸時代に「書かる」から新たに「書ける」という、古典語にはなかった可能動詞がつくられて、今は普通に行われていることを思えば、日本人の意識には「可能動詞」を欲する根源的な欲求があり、それに応えるように新形ができる」(『日本語練習帳』岩波新書 p.19)

(4) 夜床の中にはひつてから、ひとりで泣けて泣けて、仕方がなかつた。

(60M太陽1925_09064)

(5) もう一度読み返した時、勇吉は初めて泣ける自身を持つた。

(60M太陽1917_10040)

(4)의 「泣ける」는 "눈물을 억제하지 못하여 울음을 터트려버릴 것 같은"〈자연생기〉^{자발}용법이며, (5)의 「泣ける」는 "소리를 내어 울 수 있는"〈가능〉용법으로 쓰였다. 「泣ける」와 같은 동사는 「泣くる」의 과정을 거치지 않고 성립된 가능동사이다(笑える 등).

끝으로 가능동사 형성의 동인^{動因}으로서는, 무대타동사의 2단파생자동사〈V-uru〉형태와 조동사 ラレル(ラル〉ラルル〉ラレル)를 접속하는 「V-(ra)ru〉V-(ra)ruru」형태에 의한 가능표현의 불편함을 해소하고자 하는 욕구를 들 수 있으며, 그것이 2단동사의 1단화에 의해 실현된 것으로 파악하고자 한다. 「V-(ra)ru〉V-(ra)ruru」형태의 용법은 주지와 같이 네 가지로 분류된다. 즉, 「読む」의 경우, 〈자발〉·〈존경〉·〈가능〉용법이 「読まるる」와 「読むる」에 의해 표현되는 공존의 시기이다.

  a. 4단타동사-a-ruru : yom-a-ruru(読まるる)
  b. 2단파생자동사-uru : yom-u-ru(読むる)

〈V-eru〉라는 시스템의 변화를 통해 생산적인 가능동사의 형성이 이루어졌지만 가능표현이 가능한 능동태를 가능태로 모두 표현하기까지는 400여년의 많은 시간을 필요로 하였다. 능동태의 가능태 전환에 이르는 과정에는 상술한 바와 같이 무대타동사에서 먼저 성립하여 유대타동사로 확장되었다는 것이 지금까지의 연구에서 확인된 사실이다(坂梨1969). 유대

타동사의 경우, 가능태와 자동사가 동일 형태를 취하기 때문에 가능동사화가 지연되었다고 볼 수 있다.[20] 이것은 「行ける」가 18세기부터 이미 「酒が飲める」라는 뜻으로 쓰이고 있었기 때문에 「行くことができる」의 뜻으로 사용할 수 있기까지는 시간이 소요되었던 점과 유사하다.

3.3. 어간의 설정

4단 활용 동사 이외의 1단과 2단 활용 동사, 그리고 불규칙 동사 및 조동사 ラル(ル)〉ラレル의 활용형에서 변하지 않는 어간을 어떻게 설정하느냐 하는 것은 이후의 「ら抜き言葉」와 밀접한 관련이 있다.

[표 2]의 활용형에서는 상1단과 하1단의 미연형과 연용형이 빈공간으로 남게 되며, 1음절의 불규칙 동사에서는 어간 설정을 할 수 없게 된다.

[표 2] 음절우선 활용형

종류	기본형	어간	미연형	연용형	종지형	연체형	기연형	명령형
상1단	見る	み	○	○	る	る	れ	よ
하1단	蹴る	け	○	○	る	る	れ	よ
상2단	落つ	お	ち	ち	つ	つる	つれ	ちよ
하2단	解く	と	け	け	く	くる	くれ	けよ
サ행불규칙	す	○	せ	し	す	する	すれ	せよ
カ행불규칙	来	○	こ	き	く	くる	くれ	こよ
ナ행불규칙	死ぬ	し	な	に	ぬ	ぬる	ぬれ	ね
ラ행불규칙	有り	あ	ら	り	り	る	れ	れ

---

20) 예)「取る」는 자동사와 가능동사 모두「取れる」이다. 「解く―解ける」「焼く―焼ける」등

[표 3] 음소우선 활용형

종류	기본형	어간	미연형	연용형	종지형	연체형	기연형	명령형
상1단	見る	m(i)	-i	-i	-iru	-iru	-ire	-iyo
하1단	蹴る	k(e)	-e	-e	-eru	-eru	-ere	-eyo
상2단	落つ	ot(i)	-i	-i	-u	-uru	-ure	-iyo
하2단	解く	tok(e)	-e	-e	-u	-uru	-ure	-eyo
サ행불규칙	す	s(e)	-e	-i	-u	-uru	-ure	-eyo
カ행불규칙	来	k(o)	-o	-i	-u	-uru	-ure	-oyo
ナ행불규칙	死ぬ	sin(a)	-a	-i	-u	-uru	-ure	-e
ラ행불규칙	有り	ar(a)	-a	-i	-i	-u	-e	-e

또한 하2단의 1음절 단어에서도 마찬가지이다寢. 동사의 활용형에서 빈 공간이 생기는 것은 형태변화를 기술함에 있어서 결함으로 작용될 수 있다. 그리고 활용형의 어간을 설정할 수 없다는 것은 형태변화의 근간을 흔드는 결함이다. 한편, [표 3]에서는 빈공간이 발생하지 않고 활용형을 모두 기술할 수 있다. [표 3]에서 엿볼 수 있는 특이점을 열거하면 다음과 같다.

첫째, 종지형/연체형/기연형에서 상/하2단과 サ/カ/ナ불규칙의 형태가 같 다는 점.

둘째, 연용형에서 하1,2단 이외의 모든 종류의 동사활용 형태가 같다는 점.

위와 같은 특이 사항은 2단 활용 동사의 1단화와 함께 변화를 가져오 게 된다. 다음은 1단화를 거친 동사활용표이다.

[표 4] 1단화 후의 활용형

종류	기본형	어간	미연형	연용형	종지형	연체형	기연형	명령형
상1단	落ちる	ot(i)	-i	-i	-iru	-iru	-ire	-iro
하1단	解ける	tok(e)	-e	-e	-eru	-eru	-ere	-ero
サ행불규칙	する	s(i)	-i	-i	-uru	-uru	-ure	-iro
カ행불규칙	来る	k(o)	-o	-i	-uru	-uru	-ure	-oi

조동사 ラル 〉 ラルル 〉 ラレル의 활용형을 표기하면 다음과 같다.

[표 5] ラル·ラルル·ラレル의 활용

기본형	어간	미연형	연용형	종지형	연체형	가정형	명령형
ラル	(ra)r(e)	-e	-e	-u	-uru	-ure	-eyo
ラルル	(ra)rur(e)	-e	-e	-u	-u	-e	-eyo
ラレル	(ra)rer(e)	-e	-e	-u	-u	-e	-ero

조동사 ラルル의 동사접속은 다음과 같이 이루어진다.

　　4단 활용 동사: たつ + るる〉たたるる[tat-a-ruru]

　　1단 활용 동사: おつる + らるる〉おちらるる[oti(r)-a-ruru]

　　カ행 불규칙: 〈る + らるる〉こらるる[ko(r)-a-ruru]

　　サ행 불규칙: する + らるる〉せらるる[se(r)-a-ruru]

동사의 형태변화에 있어서 음소우선 활용형의 어간은 모두 자음어간이 되는 것을 상기 표에서 확인할 수 있다. 따라서 1단과 불규칙 동사의 경우 모음어간이기 때문에 r자음 삽입을 통해 자음어간을 형성하고, ア단에 조동사가 접속하게 된다. 결국 4단 이외의 동사는 ら행 의사[疑似]4단 활용을 취하게 된다. 4단 활용 동사와 그 외의 동사에 조동사 ラレル가 접속

한 형태에서의 활용형을 기술하면 다음과 같다.

[표 6] 〈V+ラルル·ラレル〉형 활용

동사	어간	준어간	미연형	연용형	종지형	연체형	가정형	명령형	시대
立たるる	tata	rur(e)	-e	-e	-u	-u	-e	-eyo	중세어
見らるる	mira	rur(e)	-e	-e	-u	-u	-e	-eyo	
立たれる	tata	rer(e)	-e	-e	-u	-u	-e	-ero	현대어
見られる	mira	rer(e)	-e	-e	-u	-u	-e	-ero	

2단 활용 동사의 1단화는 준어간의 형태가 rur(e) 〉 rer(e)로 변화한 것이 된다. 여기서의 공통적인 형태는 r(e)이다. 공통의 준어간인 r(e)의 성립은 기존의 疑似4단 요소인 ra행 어간의 필요성을 더 이상 요구하지 않게 되면서 ら抜き言葉 현상의 단초를 마련하게 된다.

3.4. 「ら抜き」현상[21]

「ら抜き言葉」는 다름 아닌 모음어간동사^{カ행 불규칙동사 포함[22]}의 가능동사 형성이라는 음운 현상으로 규정지을 수 있다. 모음어간동사의 가능동사 형성은 다음과 같은 과정을 거친다.

---

21) 존경, 수동, 가능의 형태소 ラレル의 ラ를 탈락시켜 가능용법 전용으로 쓰이게 되는 표현을 의미한다.

22) 자음어간동사 또는 모음어간동사라 함은 활용(형태변화)에 있어서 변화하지 않는 부분을 어간(語幹)이라 하고, 변하는 부분을 어미(語尾)라 할 때, カ행 불규칙동사의 어간도 모음이기 때문에 모음어간동사로 간주할 수 있다. 来る; ko-nai, ki-masu

a. [V-rareru] ─ 〈자발〉, 존경, 〈수동〉, 가능

    ↓ [ra]음절탈락

b. [V-reru] ─ 가능

〈V-rareru〉형의 용법 중, 〈자발〉과 〈수동〉에 괄호를 한 것은 다음과 같은 이유 때문이다. 현대일본어에서의 〈자발〉용법은 주로 지각동사 또는 감각동사에 한해서 나타나며, 〈수동〉용법은 주어 위치에서 강등된 동작주를 표시하는 ニ격을 동반하기 때문에 〈가능〉용법과는 충돌을 빚지 않기 때문이다.[23] [V-rareru] 〉 [V-reru]는 [ra]음의 탈락현상을 동반하게 되는데 이것을 「ら抜き言葉」라 한다. [ra]음 탈락에 의한 가능동사의 생성 배경에는 위와 같은 용법의 충돌, 즉 〈존경〉과 〈가능〉의 혼란을 회피하기 위한 표현의 명료화가 지적되어 왔다. 또한 [ra]음 탈락현상을 일으키는 동사는 주로 사용빈도가 높고, 음절수가 비교적 적은 동사에서 진행되어 온 것도 이미 지적되고 있다.

[ra]음 탈락 현상이 발생할 수 있었던 요인은 여러 가지[예를 들면, 가능동사가 〈V-eru〉형을 취하는데서 그 유추작용으로 [ra]를 빼서 〈V-(r)-eru〉를 만들어 가능동사를 파생시키는 체계의 변화가 있다. 현대어의 ラレル형이 ラ음을 탈락시킨 것과는 대조적으로 고대일본어에서는 ル또는ユ에 ラ를 첨가하여 ラル(ラ ユ)를 성립시켜 접속동사의 제한을 없애는 기능적인 역할을 한다. 그 ラ음 삽입ら入れ현상에 대해서 좀 더 기술하기로 하겠다. 이것은 조동사 ラレル가 「れる」와 「られる」의 이형태異形態의 관계에 있으며, 상호분포를 이루고 있는 점에 착안하여 [ra]음의 역할을 파악함으로써 그 삽입과 탈락 현상을 공통된 원리로 설명 가능하기 때문이다.

---

23) 先生が学生をほめた. → 学生が先生にほめられた.

3.4.1. 「ら入れ言葉」

조동사 ラレル의 용법과 의미, 그리고 형태변화를 논함에 있어서 현대 일본어에서 발생한 「ら抜き言葉」는 형태면에서 뿐만 아니라 의미와 기능 면에서도 중요한 부분을 차지한다. 현대일본어에 「ら抜き」가 있었다면 고대일본어에서는 「ら入れ」가 발생하였다. 「ら抜き」현상을 설명하기에 앞서 고대일본어에서 발생한 「ら入れ」현상에 대해 먼저 살펴보기로 하겠다. 이것은 「ら抜き」가 전략적인 선택으로 체계의 변화를 통한 가능태의 단순화를 꾀한 시도였다는 것을 설명하기 위함이다.

3.4.1.1. 조동사 ラユ

문법화의 유형론적 연구에 의하면 내용어에서 기능어로의 변화 과정에는 변화의 점진성이 인정된다는 것이다. 앞서 문법화를 다루는 절에서 언급한 것처럼 「ます」와 같이 중간단계의 존재가 인정되기 때문이다[☞ 1장 2절].

여기에서는 전형적인 문법화^{내용어의 기능어화} 과정과는 다르지만, 조동사 ラユ를 내용어의 어미가 분리되어 접미사로 쓰이는 단계^{さかゆ=栄かゆ}, 접미사에서 기능어 조동사^{なかゆ=泣かゆ}로 변화해 가는 과정을 문법화의 일종으로 간주하고자 한다. 이와 같은 변화는 조동사 ラル와 サス에서 보는 것처럼 일본어에서의 문법화는 일반적인 도식에서는 벗어나 있음을 알 수 있다.[24]

다음의 동사 그룹은『万葉集』중의 동사이며, [-ゆ어미동사의 [-ゆ를 ア단에 접속하여 문법적 기능을 활용하여 생산적으로 파생한 동사들이다.

---

24) 조동사 (ら)る, (さ)す와 같은 경우는 문법화현상이 내용어에서 기능어로의 일방향성이 인정되는 것과는 상반되는, 즉 접사에서 조동사로 변화하는 탈접사화가 이루어졌다고도 볼 수 있다.

자동사: 降る(1例)、泣く(16例)、寝(11例)

　　타동사: ころふ(4例)、待つ(1例)、忘る(22例)、罵る(3例)、思ふ(3例)、選る(2例)、
　　　　　偲ふ(5例)、厭ふ(1例)、濡らす(1例)、折る(1例)、摺る(1例)、憎む(1
　　　　　例)、知る(18例)、取る(2例)、抱く(1例)、言ふ(2例)

　「寝」 이외의 동사는 모두 4단 활용의 동사이다. 「忘る」는 하2단과 4단
의 두 종류의 활용형이 있는데 다음과 같이 접속하는 조동사에 따라 활
용형의 차이가 인정된다. 다음은 『万葉集』 중의 「忘る」의 활용형과 접속
하는 조동사의 분포를 나타낸 것이다.[25)]

[표 7] 「忘る + 조동사」

忘る(115)	ゆ	す	る	む	ず	じ	ず	たり	ぬ	なむ	けらし
4단(29)	22	5	1	1							
하2단(86)	0	0	0	14	1	9	6	2	1	1	1

* 「なむ」와 「けらし」는 각각 「ぬ」(과거) + 「む」(추량), 「けり」(과거) + 「らし」(추량)의 합성어로 연어로
분류된다.
　忘らむ(1例); 忘らむて1
　忘れむ(14例; 忘れめや8, 忘れむしだ2, -がため1, -名詞2, -と1)

　4단 활용의 동사 「忘る」에 접속하는 조동사는 「ゆ」와 「す」가 대부분이
며, 「る」는 「ゆ」의 후속이므로 동일한 취급이 가능하다. 조동사 ム는 하2
단 활용동사 「忘る」에 접속하는 것이 일반적인데 4단에 접속한 사례는 1

25) 4단활용의 「忘る」는 8세기부터 12세기 초까지 총 63건의 사용례가 있다. 그 중,
　　29건이 『万葉集』에서 사용되었으며, 조동사를 접속하지 않은 사용례는 없다. 『万
　　葉集』이 외의 자료 『竹取物語』(1), 『古今和歌集』(6), 『伊勢物語』(1), 『大和物語』
　　(4), 『源氏物語』(16), 『紫式部日記』(2), 『更級日記』(2), 『大鏡』(1), 『讃岐典侍日記』
　　(1)에서는 모두 조동사 「らる」가 접속되어 의도성을 나타내는 「忘る」의 의미를
　　비의도성으로 나타내고 있다.

건뿐이다. 하2단의「忘る」는 다양한 조동사와 접속하고 있음을 알 수 있다.「忘れじ」와「忘れめや」와 같은 표현은 하2단「忘る」의 특징을 잘 나타내고 있다고 할 수 있다. 즉 화자의 비의지성이 인정된다. 万3520(面形の忘れむしだは;옛 모습이 잊힐 때는)처럼 대상이 기억에서 사라지는 비의지성을 나타낸다.「世の中は常かくのみと思へどもかたて忘れずなほ恋ひにけり; 우리 사는 세상이 늘 이렇게 덧없지만, 한순간도 잊지 않고 그리워했지 (11·2383)」와 같은 경우에는 '자연스럽게 잊히지 않는'이라는 의미로, 비의도성이 인정된다.

3.4.1.2. 의사^{疑似}4단화

고대일본어에서의 자발용법과 수동용법은〈자연생기^{自然生起}〉를 나타내는 동사「絶ゆ」「老ゆ」등의 어미 [-ゆ]에서 비롯된 조동사「ゆ」를 접속하여 표현하였다.[26] 그러나 이것은 앞서 기술한『万葉集』의 동사그룹을 보면「寝」이외는 모두 자음어간동사에 한해서 생성할 수 있는 제한된 형태였다[Vc-의 c는 활용어미의 자음을 나타냄].

    a. [Vc-a-yu] : [nak-u](なく) → [nak-a-yu](泣かゆ)

그러나 모음어간동사에서도〈자연생기〉를 나타내는「ゆ」를 사용하고자 하는 표현의 욕구가 일어나기 마련이다. 그러나 조동사「ゆ」는 ア단에 접속, 즉 연결어미 [-a-]에 접속한다. 모음어간동사의 경우 모음연속이라는 충돌현상이 발생하게 된다. 고대일본어의 음소배열원칙은 모음연속을 허락하지 않기 때문이다. 모음연속의 경우 다양한 방법으로 이를 회

---

26)「ゆ」語尾動詞군에 의한 自然生起 표현은 한정되어 있다. 이것을 극복하는 방법은 어미「ゆ」를 문법화하여 생산적인 自然生起 표현을 가능하게 하는 것이다.

피했음을 알 수 있다.

모음탈락: [waga + imo](吾が妹) → [wagimo](吾妹)

[ara + iso](荒磯) → [ariso](荒磯)

모음융합: [saki + ari](咲き有り) → [sakeri](咲けり)

[tati + ari](立ち有り) → [tateri](立てり)

자음삽입: [hi + ame](氷雨) → [hisame](氷雨、大雨/甚雨)

[ko + ame](小雨) → [kosame](小雨)

따라서 모음어간동사의 경우도 다음과 같이 자음을 삽입하여 의사^{疑似}자음어간동사의 구조 [Vc-a-yu]를 만들면 되는 것이다(c)=활용어미자음삽입].

b. [V(c)-a-yu] : [nu](寝) → [ne(r)-a-yu](寝らゆ)

이로써 모음어간동사에서도 「ゆ」를 접속하여 사태의 〈자연생기〉를 나타내는 형태를 생산할 수 있는 길이 열렸다. 고대의 「ら入れ」는 정확하게 표현하자면 [r]음 삽입이었던 것이다.[27] 「寝らゆ」는 「寝ら+ゆ」로 분석가능하며, ラ는 의사^{疑似}4단화^{자음어간동사화}의 접사로 볼 수 있다[小松1999 참조]. 하2단 활용형에 의사4단활용의 어간으로서 [-ら]를 삽입하여 조동사 「ゆ」를 접속하게 된다. [-す]는 [-ゆ]와 함께 자·타동사 대립 쌍을 이루는 접미어^{消ゆ-消す, 越ゆ-越す}로 유추에 의한 의사4단화가 이루어진 것으로 처리할 수 있다.[28]

---

27) 삽입자음이 왜 [r]음이어야 했는가는 [-ru]어미 동사 또는 조동사 [ru]의 의미특질을 참고하면 쉽게 이해될 것이다. 참고로 8세기의 문헌에 보이는 조동사 「ゆ」는 이미 쇠퇴기에 있었으며, 그 자리를 같은 의미특질을 갖고 있던 「る」에 내주게 된다.

이와 같이 [-ゆ]어미동사의 [-ゆ]가 하2단활용의「寝」를 제외한 4단활용 동사의 ア단에 접속한 것은 조동사로서의 문법화가 이루어진 것을 의미 하며, 그 기능을 하2단활용동사로 확장한 것이 의사4단활용어미 [ら]인 것이다. 「ゆ」가 조동사라는 사실은 위와 같이 의사4단화를 통한 접속형 태의「寝らゆ」를 통해서도 증명된다. [-ゆ]가 접미사적인 기능을 할 때는 「見ゆ」「射ゆ」와 같이 미연형에 직접 접속하여 타동사「見る」와「射る」 에 대응되는 자동사를 파생했지만「寝」의 경우,「寝ゆ」가 아니라 4단활 용동사의 미연형 즉, ア단에 접속한 것처럼 의사ア단을 만들어「寝ら-ゆ」 의 형태를 구성하기 때문이다.

3.5. 조동사 ラル와 サス

조동사 ラユ를 대신하게 되는 ラル의 [キ]도 같은 원리로 삽입된 것이 다. 10세기 이후부터 모음어간동사에 [キ]와 [ザ]를 삽입하여 らる형과 さ す형의 조동사가 사용되기 시작한다.

[표 8] らる형 성립

동사종류	사전형	ア단 ル접속	ラ삽입	らる형
상1단	射る	[i+aru]	[i-ra-ru]	射らる
	見る	[mi+aru]	[mi-ra-ru]	見らる
	着る	[ki+aru]	[ki-ra-ru]	着らる
상2단	恨む	[urami+aru]	[urami-ra-ru]	恨みらる

---

28) 사역의 조동사「す」는 4단활용동사, ナ행과 ラ행 불규칙 동사에 접속하여 8세기 부터 사용되었다.「さす」는 하2단활용 동사에 접속하여 10세기 이후부터 사역의 의미를 나타내는데 사용되었다.「この子いと大きになりぬれば, 名を御室戸斎部の 秋田をよびて, つけさす」[아이가 성장하여 이름을 미무로도인베의 아키타를 불러 짓게 했다(20-竹取0900_00001)

	落つ	[oti+aru]	[oti-ra-ru]	落ちらる
	恋ふ	[kohi+aru]	[kohi-ra-ru]	恋ひらる
하1단	蹴る	[ke+aru]	[ke-ra-ru]	蹴らる
하2단	寄す	[yose-aru]	[yose-ra-ru]	寄せらる
	入る	[ire-aru]	[ire-ra-ru]	入れらる
	寝	[ne-aru]	[ne-ra-ru]	寝らる

[표 9] さす형 성립

동사종류	사전형	ア단 ス접속	サ삽입	さす형
상1단	射る	[i+asu]	[i-sa-su]	射さす
	居る	[wi+asu]	[wi-sa-su]	ゐさす
	似る	[ni+asu]	[ni-sa-su]	似さす
상2단	恨む	[urami+asu]	[urami-sa-su]	恨みさす
	降る	[ori+asu]	[ori-sa-su]	降りさす
	起く	[oki+asu]	[oki-sa-su]	起きさす
하1단	蹴る	[ke+asu]	[ke-sa-su]	蹴さす
하2단	出づ	[ide-asu]	[ide-sa-su]	出でさす
	得	[e-asu]	[e-sa-su]	得さす
	寄す	[yose-asu]	[yose-sa-su]	寄せさす

위와 같이 자음 삽입으로 모음어간동사의 의사^{疑似}자음어간동사를 만들어 생산적인 〈자발〉용법과 〈존경〉용법을 파생시킨 것은 욕구에 의한 체계의 변화이다. 이것이 규칙변화의 생산성, 즉 문법적인 구조에 관한한 규칙변화의 패턴만이 생산성이 있다는 것을 증명한다(吉村2003:15).

여기서 주목해야 할 것은 「-らる」(「-らゆ」)와 「-さす」가 동사에 접속했을 때의 활용어미는 [る]([ゆ])와 [す]이지 [ら]와 [さ]가 아니다(nera-yu/e, okira-ru/re, esa-su). 즉, [키]와 [사]는 의사4단화접사로서 어간이 된다는 것을 인식해 둘 필요가 있다.

3.6. 준어간 [れ]의 설정과 「ら抜き」

2단동사의 1단화와 더불어 조동사 ラルル도 1단화가 이루어져 ラレル
가 되며, 소위 ルレ활용을 하게 된다.[29] 당연히 ラレ는 모든 활용형에 공
통되는 부분, 즉 변하지 않는 준어간이 된다. 준어간 ラレ의 ラ를 의사4
단활용동사의 미연형 어미로 인정한다면 준어간은 [れ가 된다. 당연히
의사4단화접사 ラ의 존재 이유가 사라지게 되는 것이다. 즉, 조동사 レル
에 한해서 [キ를 삽입한 후 접속해야 할 이유가 없다. 이 단계에서「ら抜
き言葉」에 의한 가능동사의 형성조건은 갖추게 되는 것이다.

[표 10] 준어간 [れ]의 설정

어간	ラレル	未然形	連用形	終止形	連体形	仮定形	命令形
ルレ활용	V-ラレル	られ	られ	られる	られる	られれ	られ
준어간 られ	食べ	られず	られて	られる	られる	られれば	られよ

↓

의사4단화접사 ラ	Vラ-れる	れ	れ	れる	れる	れれ	れ
준어간 れ	食べら	れず	れて	れる	れる	れれば	れよ
ら抜き	食べ	れず	れて	れる	れる	れば	れよ

모음어간동사의 의사4단화라는 필요에 의해「ら入れ」^{寝らゆ}가 이루어진
것과 같은 원리, 즉 〈V-eru〉형 가능동사 형성의 욕구로 [표 5]에서 보는
것처럼「ら抜き」를 통한 준어간 [れ를 설정함으로써 그 조건이 갖추어지
게 되었다.

---

29) 小松(1999)에서는 어간과 어미를 우선하는 방식을 어간우선방식이라 명명하고, 1
단활용의 어미가 ル형(종지형, 연체형), レ형(已然形), キ(명령형)인 점을 감안하
여 ルレ활용이라 부르고 있다.

「ら抜き」에 의한 모음어간동사의 가능동사화를 기술하기에 앞서 일본어의 가능표현 방식을 살펴보면 대략 다음과 같다.

ⓐ 가능부사「え」에 의한 가능표현형식 [e+V]

ⓑ 보조동사「得る」에 의한 가능표현형식 [V+eru/uru]

ⓒ 조동사 ラレル에 의한 가능표현형식 [V+(ra)reru]

ⓓ 동사「なる」에 의한 가능표현형식 [~ga naru]

ⓔ 가능동사에 의한 가능표현형식 [V-eru]

ⓕ 동사「できる」에 의한 가능표현형식 [V+kotogadekiru]

ⓖ「ら抜き」「れ足す」에 의한 가능표현형식 [V-reru]

ⓐ는 현대일본어에서「えも言われぬ」「えも言えぬ」라는 관용표현으로만 일부 사용되고 있으며, ⓓ는 현대일본어에서는 사용되지 않는 표현이다. ⓖ의「ら抜き」에 의한 가능동사는 정착단계에 있고,「れ足す」는 정체현상을 보이고 있다. 즉「ら抜き」만큼의 확장세를 보이지 못하고 있다 [☞ 제5장 제3절]. ⓒ의 조동사 ラレル는 ⓔ의 자음어간동사에 의한 가능동사파생의 영향으로 ⓖ의「ら抜き」현상을 통한 모음어간동사의 가능동사 형성 과정을 거쳐,「れ足す」라는 이중가능표현 현상을 보인다. 이것은 후술하겠지만 말하자면 レル형 가능동사의 성립을 예고하는 것이다. ⓕ「できる」는「出来(いでくる)」〉「でくる」〉「できる」의 형태적 변화를 거친 가능동사로 ⓓ를 대신하게 된다. 따라서 현대일본어에서 주로 사용되고 있는 가능표현은 ⓒ, ⓔ, ⓕ와 ⓖ의「ら抜き言葉」네 가지 방법이다. ⓐ는 일부 관용표현에만 쓰이고, ⓑ는 개연성을 나타내는「ありうる/ありえる」에 주로 사용된다.[30] ⓕ의「V + ことができる」는 문장체에 주로 쓰이는 격식 차린[formal] 표현이다. 결국, 현대어에서 가능을 나타내는 형태는 ⓒ 〉

ⓖ의「ら抜き」와 ⓔ이다. ⓒ〉ⓖ의「ら抜き」는 [V-rareru 〉V-reru]형식으로 모음어간동사의 가능동사화를 의미한다.

3.7.「ら抜き」에 의한「れる」형 가능동사의 형성

「ら抜き」는〈모음어간동사 + ラレル〉형에서 발생한 음운현상이지만 모든 모음어간동사에서 일제히 일어나지는 않았다.「ら抜き言葉」는 비격식 ^{informal} 표현으로서 カ행불규칙동사에서 시작하여 1단동사의 음절수가 적고 사용빈도가 높은 단어로 사용범위를 넓혀가며 나타나게 된다.

현대어에 존경과 수동을 나타내는「される」가 있다. 현대일본어 문법에서는 サ행불규칙동사에 조동사「れる」가 접속한 것으로 설명하고 있지만 고대어에 존경을 나타내는 サ행4단활용동사「す」가 있다.「される」는 바로 이 존경의「す+れる」의 어구성이라 보는 것이 필자의 견해이다.「される」는 18세기부터 문헌자료에 보이기 시작한다.

(6)「訳をつけねへぢゃァ了簡<u>されねへ</u>」(人情本・いろは文庫一一八・三六回)

예문 (6)의「了簡されねへ」는 현대어로「我慢できない」의 뜻이며,「される」는 가능의 의미로 사용되었다.「される」는 현대어에서「できる」로 대체되지만 가능의 용법은 그 의의가 커다할 수 있다. 즉 カ행불규칙동

---

30) 가능/개연성을 나타내는 보조동사「得る」의 상접동사는「有る」(5132/37.2%)와「する」(2557/15.8%)가 전체의 55.7%를 점한다. 그 외의「成る」(1210/8.8%),「起こる」(430/3.1%),「知る」(395/2.9%),「成す」(344/2.5%),「持つ」(266/1.9%),「言う」(174/1.3%),「出来る」(160/1.2%)가 1% 이상~10% 미만이며, 나머지 491개의 단어가 1% 미만의 비율이다. 그리고 OB에 34.9%, PB에 34.2%가 사용되어 서적종류가 전체의 69%를 차지한다.

사의 「ら抜き」를 유도한 동인^{動因}으로 볼 수 있기 때문이다.

가능동사의 형성은 앞서 언급한 것처럼 자음어간동사에서 먼저 시작되고, 그 뒤를 이어 カ행불규칙동사와 1단동사 순으로 진행되었다고 한다. カ행동사의 가능동사형성까지는 자음어간동사^{4단동사}의 가능동사가 형성되고 나서 적어도 250여년의 시차가 존재한다. 거기에는 조동사 ラルル의 1단화가 일반 동사보다 늦었던 점, 〈자음어간동사＋eru〉형의 가능동사화의 정착기간, 그리고 조동사 ラレル의 준어간 「れ」의 확립과 サ행 4단활용동사 「す」의 가능표현 「される」의 출현이라는 복합적인 요인이 있었기 때문으로 판단된다.

〈모음어간동사＋ら抜き〉에 의한 가능동사 형성은 자음어간동사의 가능동사 형태를 유추하여 만들어졌다.

[표 11] ら抜き에 의한 れる형 가능동사

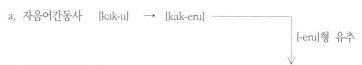

```
a. 자음어간동사    [kak-u]  →  [kak-eru]
                                              [-eru]형 유추
b. 모음어간동사    [tabe-ru]  →  [tabe-(ra)-reru]  →  [tabe-reru]
```

* (ra)는 [표 5]에서처럼 의사4단화접사로서 준어간 [れ]의 설정으로 필요 없게 됨.

[tabe-rareru]의 [ra]음 탈락과 관련해서는 자음어간동사의 가능동사 형성과 일치시켜 [ar]음 탈락을 일부에서는 주장하고 있다.³¹⁾

c. 자음어간동사 : [yom-u] - [yom-a-reru] 〉 [yom-eru]

---

31) 福田(1996)에서는 근세일본어의 가능동사는 조동사 ルル/ラルル 중, 四段動詞에 접속하는 ルル가 [ar]탈락에 의해 발생하였다고 한다(p.51). 「言ワレヌ」 「飲マレヌ」 →「言エヌ」 「飲メヌ」.

d. 모음어간동사 : [tabe-ru] - [tabe-ra-reru] 〉 [tabe-r-eru]

앞서 언급한 것처럼 위와 같은 [ar]음 탈락 원리는 자음어간동사와 모음어간동사의 가능동사 형성을 통일적으로 설명할 수 있다는 장점을 지니고 있지만 일본어에서 [ar]과 같은 초분절음 탈락은 음운론에서 발생한 적이 없으며, 또한 일어날 수도 없다.

한편, 모음어간동사의 경우 모든 가능동사의 활용어미는 [re]가 된다. 자음어간동사의 [V-eru]형 가능동사 입장에서 보면, 모음어간동사의 가능동사는 [r]음 삽입에 지나지 않는다. 따라서 다음과 같은 유추작용을 생각해 볼 수 있을 것이다.

e. [yom-u] 〉 [yom-eru]

f. [tabe-ru] 〉 [tabe-r-eru]

g. [V- (∅/r)-eru]

f.의 [V-eru]형이 e.의 유추작용에 의한 결과로 받아들일 경우, g.와 같은 가능동사 형태를 표기 할 수 있을 것이다. 이 경우, 모음어간동사의 [V-eru]형은 [ra]음 탈락이 아니라 [r]음 삽입이라는 새로운 국면을 맞게 된다. 자음어간동사의 체계 변화에 의한 [V-eru]형 가능동사에서 중간 과정 (b.)을 생략한 f.와 같은 형태를 상정할 수 있겠다. 그러나 여기에는 치명적인 결함이 내재해 있다. 즉, [koreru]의 존재이다.

h. [ko-rareru] 〉 [ko-reru]

i. [ku-ru] 〉 [ko-r-eru]

[koreru]는 [suru]의 가능동사 [sareru]에 촉발되어 h.와 같은 [ra]음 탈락에 의해 형성된 동사이다(박2003). 또한, i.와 같은 형태를 상정하는 것은 형태·음운론적으로도 상당한 무리가 있다. 즉, i.를 상정하는 것은 다음과 같은 음운변화의 과정을 거쳐야 한다는 것을 의미한다.

j. [ku-ru] 〉 [ku-eru] 〉 [ko-eru] 〉 [ko-r-eru] 〉 [koreru]

따라서 모음어간동사의 [V-reru]형 가능동사는 [ra]음을 탈락시켜 발생시킨 것으로 해석하는 것이 온당하다.

모음어간동사의 [V-reru]형 가능동사는 현재 활용형을 모두 갖추고 있다.[32]

[표 12] 모음어간동사의 「ら抜き」형 가능동사의 활용형

	사전형	미연형	연용형	연체형	가정형
자음어간동사	書ける	書けない	書けます/書けて	書ける日	書ければ
모음어간동사	来れる	来れない	来れます/来れて	来れる日	来れれば

3.8. 「れ足す言葉」[33]

「れ足す」현상의 발생은 「ら抜き」와 밀접한 관련을 갖고 있다. 즉 「ら抜き」에 의해 형성된 모음어간동사의 [V-reru]형 가능동사食べれる의 성립과

---

32) 종지형의 예를 들면 다음과 같다.
　続きは、家庭学習にしても、かなりの子がやって来れる。次の日記は、その何日か経った後の日記である。(山川直樹『家庭学習の習慣はこうしてつける』明治図書出版、2003)
33) 가능동사에 가능의 접사 れ를 또 첨가하는 이중가능표현을 의미한다.

함께 가능의 접사 [-reru]가 자음어간동사의 [V-eru]형 가능동사(書ける)에도 접속하여 「書けれる」와 같은 이중가능표현을 실현하게 된다. 가능접사 [-reru]는 [V-eru]형 가능동사 뿐만 아니라 모음어간동사의 [V-reru]형 가능동사에도 영역을 확장하여 「食べれれる」의 〈reru형가능동사〉를 형성하게 된다.

(7) 友人が風邪で温泉に行けれなかったのでお土産として家に「お茶タイム」に行きました。(OY03_00365)

「れる」는 「ら抜き」에 의해 형성된 새로운 형태의 〈V-reru〉형 가능동사의 파생접사로 볼 수 있다. 「れる」의 「れ」는 [표 7]의 「来れる」에서 보는 것처럼 활용형의 어간으로서 「来られる」의 「られ」가 활용어간인 것과는 구별된다. 이것은 「V-rareru」형 「られ」가 〈존경〉과 〈수동〉용법을, 「V-reru」형의 「れ」가 〈가능〉용법을 나타내는 형태소로 분화된 변화로 해석할 수 있다. 이와 같은 변화는 언어체계의 변화로서 패러다임의 일관성을 부여하게 된다. 즉 형태소의 종류[34]에 따라 이형태異形態; れる·られる의 〈가능〉형태소의 선택규칙이 불필요하게 되어 소멸하게 되었다. 모든 동사에 가능의 형태소 [-reru]를 접속함으로써 가능동사의 파생을 유도할 수 있는 단순화와 명료화를 꾀할 수 있게 된 것이다.

「れ足す言葉」는 위와 같이 모음어간동사의 가능동사화 접사인 [-reru]의 활용어간 「れ」를 (7)의 「行けれる」처럼 자음어간동사의 가능동사에 첨가함으로써 발생한 현상이다. 이것은 새로운 형태의 가능동사 파생원리로서 동사형태소의 종류와 관계없이 모든 동사에 일률적으로 적용할

---

34) 자음어간동사인 5단활용동사와, 모음어간동사인 1단활용동사, 그리고 カ행불규칙동사.

수 있다는 점에서 단순화와 명료화를 꾀한 결과로 받아들여진다.

	능동태	존경/수동/가능		가능태		이중가능태
Vc	行く	行かれる	V-eru	行ける		行けれる
			↓		↗	⇓
Vv	見る	見られる	ら抜き	見れる	V-reru	見れれる
	来る	来られる		来れる		来れれる

* Vc: 자음어간동사, Vv: 모음어간동사

    모음어간동사의 모든 가능동사의 형태는 [V-reru]형을 취한다. 언어화자는 가능동사로의 전환을 [-reru]형으로 인식하고 이미 가능동사형인 동사에도 같은 기호를 사용하여 자음·모음어간동사의 구분 없이 모든 동사에 적용하는 단순화를 꾀한 것이다. 이러한 현상은 규칙변화의 생산성으로 볼 수 있다. 필자는 여기에 하나를 더하고자 한다. 그것은 자음어간동사의 [V-eru]형 가능동사 형성은 2단활용 유대자동사의 활용형과 형태적으로 일치하는 운용상의 결함을 갖고 있다는 점이다.

    자동사 [kireru]와 가능동사 [kireru]의 형태적인 충돌은 운용상의 불편함을 초래한다. 즉, 문맥의존도가 높아진다는 단점이 있다. 이것을 보완하기 위해 모음어간동사의 가능동사 형성으로 생성된 [-reru]접사를 가능동사형성의 기호로 사용하여, 운용상의 결함과 형태의 단순화를 동시에

해결하는 전략적인 수단으로 「れ足す言葉」가 이용되기 시작했다고 해석할 수 있다.

3.9. 형태론의 형식적 특징

2단활용의 유대자동사는 고대일본어에서 소위 自他同形動詞이다.

[toku](타; 解く) - [toku(〉 tokuru 〉 tokeru)](자; 解く 〉 解くる 〉 解ける)

위의 자동사 「解く」는 하2단활용동사로서 4단동사의 타동사 「解く」와 사전형을 공유한다. 이와 같은 자타동형동사는 坪井(1991)에서 지적한 것과 같이 "형식의 시차성^{示差性}"에 의해 종지형에 의한 연체형 흡수현상이 일어남으로써 운용상의 불편함을 해소하였다.[35] 2단활용 유대자동사의 경우, [e]음은 타동사와 구분 짓는 음이다. 일반적으로 '語'는 '기체^{base}'와 '접사'로 이루어지며 둘의 관계는 관계f의 동치^{同値}분류이다(吉村2003:138).

w = f(x, y) ; w = 語, x = 基体 · 語幹 · 語根, y = 접사

위에서 요소 y의 기술은 추상성을 필요로 하지만 때로는 의미특성을 지니기도 한다(☞제1장 1절 참조). [toku](타)-[toku](자)의 경우, 용언에 접속할 때 연결어미가 [i]-[e]로 대립을 이루며^{tokite-tokete}, 의미적으로는 '자연발생적'이라는 특성을 지닌다. 이와 같은 경우는 자타동사의 대립에서 [-ru]

---

35) '종지형에 의한 연체형 흡수'라는 표현은 小松(1999)의 주장이며, '종지형과 연체형의 통합'이라는 표현도 있다. 그러나 필자는 전략적인 체계의 변화를 꾀한 점에서 '종지형에 의한 연체형 흡수'라는 표현을 지지한다.

와 [-su]에서도 확연히 나타난다.[36)]

[V-eru]형 가능동사는 접사의 의미적 특성을 살린 '語'라는 것을 잘 나타내고 있다. 자음어간동사에서는 [-u]를 [-eru]로, 모음어간동사에서는 [-rareru]의 [ra]음을 뺀 [-reru]로, 그리고 이것을 모든 동사에 접속하여 새로운 〈가능〉의 의미를 나타내는 〈reru형가능동사〉를 파생시키고 있는 것이다.

[G1] [kak-u] -   ∅   - [kak-eru] - [kake-reru]

[G2] [mi-ru] - [mi-rareru] - [mi-reru] - [mire-reru]

[G3] [ku-ru] - [ko-rareru] - [ko-reru] - [kore-reru]

자음어간동사에는 [-eru], 모음어간동사에는 [-(ra)reru] 접사가 가능의 의미특성을 지닌다. 그리고 앞서 언급한 바와 같이 자음어간동사의 [V-eru]형이 유대자타동사([yaku]-[yakeru], [tatu]-[tateru])와의 同形으로 인한 불편함을 해소하기 위해 모음어간동사의 [-reru]를 가능의 접사로 통일하여 새로운 형태의 가능동사를 파생시켰다.

고대어의 「ら入れ」[寝らゆ], 현대어의 「ら抜き」[来れる]와 「れ足す」[行ければる]는 규칙변화의 생산성, 즉 문법적인 구조에 관한한 규칙변화의 패턴만이 생산성이 있다는 원리에 충실한 체계변화였다는 것을 인식할 필요가 있다.

자음어간동사의 〈-eru형가능동사〉와 모음어간동사의 〈ら抜き형가능동사〉가 「れ足す」에 의한 〈-reru형가능동사〉를 파생한 과정을 도식[schema]화하면 다음과 같다.

---

36) [nagaru](流る) - [nagasu](流す)

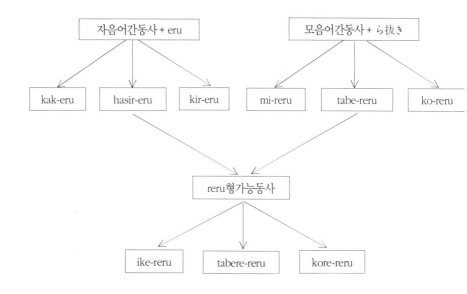

제4장

조동사 ラレル 용법의 양상

제1절 수동용법의 양상

1.1. 현대어의 수동의 유형

수동문은 능동문의 주어였던 명사를 주어로 하지 않고, 동작에 의한 행위나 작용을 받는 사람이나 사물을 주어로 문을 구성하는 것이다. 통상적으로 사태를 묘사할 때는 그 사태를 유발하는 혹은 그 사태의 담당자인 주체를 주어로 서술하는 것이 일반적이다. 이와 같이 주체를 주어로 하여 표현하는 문을 능동문이라 한다. 한편 수동문은 동작에 의한 행위나 작용을 받는 사람이나 사물을 주어로 하여 문을 구성하는 것이다. 동사의 어간에 ラレル를 첨가하여 만들어지며, 사태의 묘사 방법은 유표성^{markedness}을 갖는다.

능동문: 友達が田中を裏切った。

수동문: 田中は友人に裏切られた。

수동문의 의미는 상기 문에서, 〈친구가 田中를 배신하다〉라는 사태로부터 그 영향[배신]을 받는 것을 피동자[被動者, 受影者][1]인 田中의 입장에서 서술하는 것이다. 능동태이면서 수동에 가까운 의미를 갖는 동사로「教わる」「見つかる」「捕まる」등 소위 [-る]어미 첨가에 의해 파생한 자동사가 있다. 이들 동사는 능동태이면서 동작주로부터 어떤 동작·작용[영향]을 받는 사람을 주어로 한다.

능동문(1): 田中先生は私に日本語を教えた。

능동문(2): 私は田中先生に日本語を教わった。

능동문(2)는 능동문(1)의 〈영어를 가르치다〉라는 동작·작용을 받는 주체가 주어로 와서 능동문(1)의 수동문에 가까운 문장이다.

현대일본어의 수동의 유형은 크게 직접수동, 간접수동, 소유자수동으로 나눌 수 있다. 직접수동과 간접수동의 차이를 능동문의 직접목적어를 취하느냐, 간접목적어를 취하느냐라는 차이에 의해 분류되는 경우도 있다. 그러나 본서에서는 수동태가 〈타동사 + ラレル〉인 경우에는 직접수동, 〈자동사 + ラレル〉인 경우에는 간접수동으로 분류하기로 하겠다.

1.1.1. 직접수동

직접수동이란 능동태에 ラレル를 접속하고, 격 관계는 변하지만 항의

---

1)「受影」라는 용어는 益岡(1982)에서 가져옴.

숫자는 증가하지 않는 수동문을 말한다. 즉, 대응하는 능동문의 보어가 나타내는 대상인 사람이나 사물을 주어로 하여 표현하는 문이다. 직접수동문의 기능은 대응하는 능동문의 보어를 전면에 내세우는^{前景化} 것과 대응하는 능동문의 주어를 강등시켜 배경화^{背景化}하는 것으로 나누어진다. 전경화의 기능은 대응하는 능동문의 보어를 주어로 바꾸고, 그 명사가 나타내는 사람이나 사물에 초점을 맞추어 사태를 묘사하려고 하는 것이고, 배경화의 기능은 대응하는 능동문의 주어를 사태의 서술 중심에서 배제하거나 문중에서 제거하거나 하는 것이다.

(1) 会議の途中でコーヒーが運ばれてきたので、私たちは休息をとることにした。

(1)과 같은 수동문에서는 능동문의 주어를 배경화 했기 때문에 누가 커피를 가져왔느냐 하는 것에 정보적인 가치는 그다지 없다. 그래서 동작의 주체를 배경화하여, 「コーヒーが運ばれてきて休息をとることにした(커피가 와서 휴식을 취하기로 했다)」라는 관계^{커피의 도착과 휴식}를 부각하기 위해 직접수동문이 사용되었다.

1.1.2. 간접수동

간접수동은 직접수동과 달리 항의 숫자가 능동문일 때의 무표^{unmarked}의 경우에 비해 하나 증가한다. 간접수동문은 대응하는 능동문이 나타내는 사태에는 직접적으로 관여하지 않았던 인물^{능동문에는 없던 인물}을 주어로 하여 화자가 그 인물과 사태를 주관적으로 관계 지어 사태와 간접적인 관계를 갖는 것으로 표현하는 수동문이다. 따라서 간접수동문과 능동문이 묘사하는 사태는 다르다.

(2) 능동문: 雨が降った。

(3) 간접수동문: 私は買い物の途中で雨に降られた。

일반적으로 간접수동문은 (3)에서처럼 수동문의 주어인 〈私〉가 〈雨が降る〉라는 사태에 의해 〈피해〉를 입는 것을 나타내는 경우가 많다. 이러한 의미적인 특징에서 간접수동을 〈피해의 수동^{迷惑受身, 혹은 利害の受身}〉이라고도 한다.

1.1.3. 소유자수동문

소유자수동문은 대응하는 능동문의 ヲ격 명사나 ニ격 명사가 나타내는 사람이나 사물의 소유주를 주어로 하여 표현되는 수동문을 말한다. 따라서 기본적으로 대응하는 능동문과 소유자수동문은 같은 사태를 묘사한다.

(4) 隣の人が私の足を踏んだ。

(5) 私は隣の人に足を踏まれた。

(6) 田中が鈴木の提案を断った。

(7) 鈴木は田中に提案を断られた。

소유자수동문은 (5)처럼 능동문 (4)의 대상의 신체일부 또는 소유물이 되는 경우가 일반적이지만, (7)과 같이 (6)의 사유의 결과물 또는 형태물로 존재하지 않는 사유^{思惟}도 소유물로 보고 소유자수동문의 대상으로 삼을 수 있다.

1.1.4. 〈수동〉과 〈자발〉을 통합할 수 있는 개념

〈수동〉과 〈자발〉 용법은 3장에서 살펴본 것처럼 〈자연생기〉 개념에서

파생한 같은 뿌리의 관계에 있다. ラユ와 ラル가 〈자연스럽게 어떤 상태나 동작이 계속 또는 완성〉되는 의미로서의 동사어미[2]였던 것이 조동사로 문법화 하여 다양한 용법으로 사용되게 되었는데, 그 과정에 있어서는 각 용법 간의 구분이 모호한 경우가 많다. 현대어에서도 일명 중간동사로 분류되는 동사들 중에는 〈자발〉과 〈가능〉을 겸한다. 따라서 고대어에서는 〈자발〉과 〈수동〉을 통합할 개념이 있었으며, 거기에 대응하는 용례로 ラル 등을 접속하여 표현했던 것이다. 그것이 의미와 용법의 차이로 시대가 흐르면서 점차 분화하여 현대어에 이른 것으로 파악된다.

ラル의 원의^{原義}는 〈주체의 의사와는 무관하게 어떤 상태가 실현되는〉 것을 나타낸다. 이와 같은 개념은 〈자발〉과 〈수동〉 양쪽을 커버할 수 있다.

(8) いみじきもののふ、あだ、かたきなりとも、見ては、<u>うち笑まれぬ</u>べきさまのし給へれば [屈強な武士や敵対者であっても,(源氏を)見ては,自然と微笑んでしまうような姿をなさっていたので](源氏・桐壺)

(9) ありがたきもの <u>舅にほめらるる</u>婿 (枕草子、滅多にないもの 舅に褒められる婿)

(8)의 「うち笑まれぬ」는 〈자발〉, (9)의 「舅にほめらるる婿」는 〈수동〉 용법으로 해석되지만, (8)은 '무사나 원수가 (光る源氏를)보면 (자신의 의사와 무관하게) 미소지어지'는 것을 나타내고, (9)는 '사위의 의사와 무관하게 장인이 칭찬하는' 것을 나타내는 점에서는 공통적이다. 무엇이 이 둘을 나누었는가? 그것은 항과 격의 상태이다.

---

2) 고대에는 어미 그가 동사와 분리되어 접사로 사용되기도 하였다. 조동사로 문법화가 이루어진 것은 그 후의 일이다. 「見ゆ」「射ゆ」「燃ゆ」「絶ゆ」 혹은 시대가 조금 지나 「聞こゆ」「おぼゆ=思ほゆ」 등에 그 흔적이 남아 있다고 할 수 있다.

〈자신의 의사와는 무관하게 어떤 상태가 실현되는〉 동작이나 상태의 행위자^{주체}를 ガ격에 상당하는 격^{고전에서는 ゼロ격인 경우가 많다}에 위치시키고, 동사에 ラル(ラレル)를 접속하면, 행위자에게 〈자연스럽게 자신의 의사와는 무관하게 어떤 상태 또는 사태가 실현되는〉 〈자발〉의 의미를 갖게 된다. 반대로, 〈자신의 의사와는 무관하게 어떤 상태 또는 사태가 실현되는〉 동작이나 상태의 피동자^{被動者, 受影者}를 ガ격에 상당하는 격^{고전에서는 ゼロ격인 경우도 많다}에 위치시키고, 동사에 ラル(ラレル)를 접속하면, 피동자에게 〈어떤 상태 또는 사태가 그의 의사와는 무관하게 실현되는〉 것을 나타내는 〈수동〉의 의미를 갖게 된다.

그러나 각각의 용법에는 별도의 제한이 있다. 〈자발〉의 경우, 〈자연스럽게 어떤 상태나 사태가 실현되는〉 현상 그 자체가 행위자^{주체}와 피동자로 인한 것인지, 아니면 저절로 실현되는 것인지의 의미상의 제한이 있다. 〈자신의 의사와는 무관하게 어떤 상태나 사태가 실현되는〉 것은, 〈처음에는 의사^{意思}가 있어서 어떤 동작이나 상태를 완성시키려 해도 그에 반하여 다른 동작이나 상태를 완성하게 되는〉 전제가 있어야 한다(자발; 의사에 반하는 행동을 자연스럽게 취하게 되는 것). 따라서 〈비의지의 행위자〉는 자발의 ラル(ラレル)와 동시에 사용할 수 없다. 본래 갖고 있던 〈반하는 의지〉가 무엇인지를 추측할 수 없기 때문이다. 따라서 고대어에서도 현대어에서도 비정^{非情} 주어의 〈자발〉용법은 없다. 고대어에도 「思ふ」「感ず」와 같은 지각/감각 동사 외에 「泣く」「笑ふ」와 같은 감정동사에서 자발이 인정된다.

(10) 故郷のことが思い出される。

(11) 母の容態が案じられる。

ガ격에 위치한 것은 행위자가 아니고 영향을 받는 대상이다. 이것은 이미 〈자발〉 용법이 〈수동〉 용법과 격 관계에서의 차이를 상실하고, 〈수동〉의 일종으로 격하된 것을 의미한다. 순수하게 문법적으로 분류한다면 「うち笑まる」와 같은 〈자발〉과 위의 두 예문의 〈자발〉은 분리해서 생각해야 한다. 상기 두 예문은 이전의 〈자발〉 의미만을 현대에 그 흔적을 남기고 있지만 형식상으로는 직접수동의 일종으로 취급해야 한다.

1.2. 고대어의 수동의 유형

1.2.1. 직접수동

고대어의 수동의 유형도 현대어의 그것과 크게 다르지 않다. 다만, 능동태에 그 또는 ラル가 접속되는 점이 다르고, 격의 변화는 있고 항의 증가가 없는 점에서는 동일하다.

(12) 手束杖　腰にたがねて　か行けば　人に厭え　かく行けば　人に憎まえ　老男はかくのみならし(万5/804)

(13) 汝が母に噴られ我は行く青雲の出で来吾妹子相見て行かむ(万14/3519)

(14) 竜は鳴る雷かみの類にこそありけれ。それが珠を取らむとて、そこらの人々の害せられむとしけり。まして竜を捕へたらましかば、また事もなく、我は害せられなまし。よく捕へずなりにけり。(竹取)

(12)~(14)는 〈(Aは)BにCラレル〉의 유형이며, 직접수동에 해당된다. 대응하는 능동문은 다음과 같다.

(12)' 人ガ(我＝年男ヲ)厭ふ/憎む。

(13)' 汝が母ガ我ヲ嘖る。

(14)' 竜ガ人/我ヲ害する。

1.2.2. 간접수동

다음의 (15)~(17)은 간접수동에 해당하는 예문들이다. 간접수동문의 경우, 직접수동문과 다르게 현대어와 조금 차이가 있다. 즉, 수동문의 주어가 비정물이기 때문에 간접수동문의 특징인 〈피해〉의 의미가 없고, 풍경을 묘사한 경우가 대부분이며, 유정물이 주어에 위치하는 예는 없다. 고대어수동문의 소위 〈비정의 수동〉에 대해서는 다음절에서 논의하기로 하겠다.

(15) 淡雪に降らえて咲ける梅の花君がり遣らばよそへてむかも(万8/1641)

(16) 川竹の風に吹かれたる夕暮暁に目さまして聞きたる。(枕101段)

(17) よろづ書き書きて『霞にたちこめられて筆のたちども知られねばあやし』とあるもげにとおぼえたり(蜻蛉・下)

(15)~(17)의 「降る」「吹く」「たちこめる」는 자동사로서 수동태가 되면 문의 주어는 〈피해〉를 입어야 하지만, 「梅の花」「川竹」는 비정물이기 때문에 〈피해〉의 뜻은 발생하지 않는다. 다만 (17)의 명목상의 주어는 화자의 신체 일부인 「눈(目)」이 「たちこめられる」의 영향을 받는 주어가 된다. 봄 안개로 눈이 뿌옇게 되어 앞이 잘 보이지 않는 점에서 피영향자^{被影響者}인 화자가 간접적으로 〈피해〉를 입고 있다고도 할 수 있다. (15)~(17)의 행위자는 「淡雪」「風」「霞」 등 기상과 관련된 것들이다. 다음은 사람의 행위와 관련된 표현이다.

(18) さるは、いといたく世を憚り、まめだちたまひけるほど、なよびかにをかしきことはなくて、交野の少将には、<u>笑はれたまひけむ</u>かし(源氏・帚木)

(19) 「昨日おぼつかなさを、悩ましく思されたなる、よろしくは参りたまへ。久しうもなりにけるを」などやうに聞こえたまへれば、<u>騒がれたてまつら</u>むも苦しけれど(源氏・浮舟)

고대어 「笑ふ」에는 자동사와 타동사 두 개가 있다. 자동사는 「笑う(웃다)」, 타동사는 「嘲笑う・嘲る・馬鹿にして笑う(조소/조롱하다, 바보로 여겨 웃다)」의 의미로 사용되고 있다. (18)의 「笑ふ」는 타동사로 사용된 경우이다. (18)의 의미는 "실제로는 아주 심하게 자중하고 있고, 성실하게 지내며, 특별히 색정적인 흥미를 끌만한 이야기도 없어서, 交野の少将가 들으면, 웃고 말 것이다"로 해석된다. 交野の少将라는 인물은 호색소설의 주인공으로 사랑의 달인으로 설정되어 있다. 그 사랑꾼 입장에서 보면, 「光源氏」의 호색소문은 그저 웃고 넘어갈 정도라는 것이다. 「笑う」의 영향을 받는 자는 「光源氏」이지만, 어떠한 〈피해〉를 입는 것은 아니다. 그것은 내레이터^{語り手}의 추가설명에 해당되기 때문이다. 한편, (19)는 궁에서 편지를 받은 匂宮가 불만스러운 모습으로 침전으로 돌아갔다. (19)의 뜻은 "어제는 부재중이어서 걱정했습니다. 갑작스러운 東山 참배, 어디 몸이라도 좋지 않은지요. 괜찮다면 입궁해서 얼굴이라도 보여주시지요. 한동안 못 만났으니까 라는 내용으로, 걱정 끼치는 것도 죄송스럽지만"이다. 「騒がれたてまつらむ」는 〈능동태 騒グ + 조동사ラル + 겸양의보조동사タテマツル + 추량의 조동사ム〉의 결합으로 구성되었다. 능동태 자동사 「騒グ」는 〈시끄럽게 소란을 피우다, 동요하다, 바쁘게 움직이다〉 등의 의미를 나타낸다. 현대어에서는 「騒がれる」의 형태로 〈화제에 올라 인기가 있다〉로 많이 쓰인다^{アイドル歌手として騒がれる}. (19)에서는 상대에

게 있어서 〈소란스러운 상태〉가 되는 것을 의미하며, 〈피해〉의 의미가
내포된다.

고대어의 간접수동에는 현대어의 「(子に)泣かれる」「(親に)死なれる」「(客
に)来られる」와 같은 〈피해〉의 수동은 존재하지 않는다.

1.2.3. 소유자수동문

고대어의 소유자수동문에는 신체의 일부 또는 구체적인 소유물, 눈에
보이지 않는 정신적인 것이 포함된다.

> (20) 前にひきあてて、まづ裾を皆籠め入れて、腰はうち捨てて、衣の前を整へ果
> てて、腰をおよびて取るほどに、後ろざまに手をさしやりて、猿の手結は
> れたるやうにほどき立てるは、とみのことに出でたつべくも見えざめり(枕
> 272段)
>
> (21) 御幣取り三輪の祝が斎ふ杉原薪伐りほとほとしくに手斧取らえぬ(万7/1403)
>
> (22) はやりかなる好きごと、をさをさ好まず、よろづのこともてしづめつつ、
> おのづからおよすけたる心ざまを人にも知られたまへり (源氏・匂宮)

(20)은 겉에 입는 주름 잡힌 하의下衣 하카마袴를 입는 모습을 묘사한 것
이다. "허리띠를 손을 뻗어 잡기 때문에, 허리 뒤로 손을 돌려, 원숭이가
손을 뒤로 묶인 채 흐느적거리며 일어서는 모양새는~"정도의 의미이다.
원숭이의 손을 묶은 동작주는 배경화 되어 표시되지 않고, 〈원숭이가 손
을 묶였다〉는 사태만이 전경화 되어 있다. 「猿の手結はれたる」는 현대어
로「猿が手を縛られた」로 표현되는 수동구문이다. 「手」는 원숭이의 신체
의 일부로 소유자수동에 해당한다. (21)은 나무꾼이 손도끼를 신관에게
빼앗길 뻔 했다는 내용이다. 손도끼는 나무꾼의 소유물이다. (21)번가의

표면적인 의미는 위와 같지만, 신목인 삼나무를 땔감으로 취하려는 것은 신사^{神社}의 무녀^{巫女}를 탐하다 실패했다는 이야기이다. 표면적인 의미를 취하면, 소유자수동문으로 간주할 수 있다. 끝으로 (22)는 가오루^薫가 화려한 것을 좋아하지 않고 염세적인 기질의 소유자라는 것이다. 가오루^薫의 염세적인 기질^{心ざま}이 사람들에게 알려졌다는 내용으로, 기질을 소유물로 한 수동문이다.

사물^{비정물}이 수동문의 주어가 되는 〈비정의 수동〉에 대해서는 다음 절에서 다루기로 하겠다.

1.3. 고대어의 〈유정과 비정의 수동〉

다음 문장의 「見やらる」의 조동사 「る」의 용법에 대해 먼저 살펴보기로 하자.

(23) このあひだに、使はれむとて、つきて来る童あり。それがうたふ舟歌、なほこそ国の方は見やらるれわが父母ありとし思へばかへらやとうたふぞ、あはれなる(土佐)

(24) 九月になりて、まだしきに格子を上げて見出だしたれば、内なるにも外なるにも、川霧立ちわたりて、麓も見えぬ山の見やられたるもいともの悲しうて(蜻蛉)

(23)의 「見やらる」는 「やはり[父母がいると思うから]故郷の方は遥かに眺めてしまう(역시 [부모가 있기 때문에]고향이 있는 쪽은 저절로 바라보게 된다)」는 의미로 〈자발〉 용법이다. (24)의 「見やらる」도 자발의 의미로 해석된다.[3] 문의 주어는 화자이며, 대상인 「山」이 자연적으로 화자의 시선이 머물러

시야에 들어오는 것을 표현하고 있다. 조동사 「る」의 자발용법은 화자의 「見やる」하는 의지적 행위에 대해 그것이 비의지적으로 자기에게 자연생기^{自然生起}한 것을 나타낸다고 볼 수 있다. 이것을 〈자발문〉이라 하겠다.

한편, 수동의 용법은 다음과 같다.

(25) いたづらに行ては来ぬる物ゆゑに見まくほしきに<u>誘なはれ</u>つゝ(古今集620)

(26) 大空より、人、雲に登りて下り来て、土より五尺ばかり上りたるほどに立ち連ねたり。内外なる人の心ども、物に<u>おそはるる</u>やうにて、あひ戦はむ心もなかりけり。(竹取)

(27) 中納言石上麿足の家に<u>使はるる</u>男どものもとに、「燕の巣くひたらば告げよ」とのたまふを(竹取)

(25)~(27)의 능동표현은 다음과 같다.

(25)' 見たさ逢いたさガ(作者ヲ)誘う[보고 싶은 마음이 화자의 발걸음을 이끌다]

(26)' 物が人の心ども(ヲ)襲う [정체모를 존재가 사람의 마음을 사로잡다]

(27)' 中納言石上麿足が家で使う男ども [麿足가 집에 고용한 남자]

수동문은 사태_[見たさ逢いたさが誘ふ・物がおそふ・麿足が使ふ]의 발생이 구주어의 의지와는 무관하게 타자_[見たさ逢いたさ・物・麿足]에 의해 구주어에게 발생하는 것을 나타낸다.

---

3) 문의 의미는 "이른 시간에 격자문을 걷어 올려 바깥을 응시하자, 저택 안팎으로 흐르는 냇가에 물안개 자욱이 피어올라 산기슭도 보이지 않는 산만이 시야에 들어오는 것도 왠지 슬퍼서"이다.

〈자발〉과 〈수동〉은 위에서 보는 바와 같이 사태가 자연생기[발생]한다는 점에서 공통적이다.[4] 이와 같은 관점은 조동사 ラル의 기본적인 기능이 무엇인지, 그리고 일본어 수동의 의미를 기술하는데 있어서 많은 시사점을 제공한다. 본장에서는 일본어수동문의 변화양상의 기술을 위해 우선 8~10세기의 자료를 중심으로 ラル형 서술문의 용법의 분포와 수동태에 사용된 동사의 종류에 대한 통계를 제시할 것이다. 제시된 통계를 중심으로 〈비정의 수동〉과 무대타동사ラル형의 의미와 용법을 자료 분석을 통해 기술할 것이다.

1.3.1. 선행연구 및 문제제기

1.3.1.1. 선행연구

고대일본어의 수동에 관한 연구를 살펴보면 조동사 ラル의 의미와 용법을 기술한 것이 대부분이다. 고대일본어 수동문의 본격적인 연구는 현대일본어 수동문의 연구결과를 바탕으로 이루어졌다. 그 중에서도 특히 〈비정의 수동 비고유설〉에 촉발되어 고전에 〈비정의 수동〉이 존재한다는 것을 밝힌 연구가 많다.

〈비정의 수동 비고유설〉이란, 일본어의 수동문은 본래 인간[유정물]을 주어로 하며, 정신이 없는 대상(무정물)을 주어로 하는 수동문은 순수한 일본어가 아니라는 것이다(山田1908, 三矢1908).[5]

> 我国語の受身は頗精神的にして、精神なきものが主文としてたてる場合は殆ど受身を構成すること能はざるなり。(山田1908:374)
>
> 非情物が文主にして事実上の主の作用が文主に働掛くることを直接にあらは

---

4) 志波(2018)

5) 그 외, 〈비정의 수동 비고유설〉을 지지하는 연구로 松下(1930), 橋本(1969) 등이 있다.

す如き受身の文は国語には存在せず(山田1908:380)

受身は有情の物特に人或は人に擬し得べき物が消極的に他より動作を被る場合特に迷惑する場合に用うるを最普通なる方法とす。西洋式の受身が随分広く行はれ、(中略) 純正なる国語の語脈にあらざるを忘るべからず。(三矢1908:143-144)

한편, 고전 문헌에 상당수의 비정 수동문이 존재하고 있음을 들어 〈비정의 수동 비고유설〉을 반박한 연구들이 있다. 宮地(1968:277-296)은 고전의 예문 130개를 들어 〈비정의 수동〉이 고유한 것이라 주장하고 있다. 宮地(1968) 이후, 고전 자료에서 〈비정의 수동〉 비율을 제시하는 연구가 나오게 된다.[6]

선행연구의 결과, 고전 문헌을 통한 〈비정의 수동〉 사용 예는 결코 적다고 할 수 없다. 고전에 나타나는 〈비정의 수동〉은 小杉(1979)에 의하면 동작표현이 아니라 결과로서의 상태표현에 나타난다고 한다. 金水(1991)은 12세기 산문의 〈비정 수동〉은 지각된 상황을 묘사하는 장면에서 사용되는 경우가 많은 것을 지적하고, 이것을「叙景文」[7]이라 명명하고 있다. 川村(2003)은 尾上(2002)를 계승하여 〈비정의 수동〉을「発生状況描写」유형으로 분류하여, 수동에서 제외하고 있다. 수동을 의미적 관점에서 접근할 경우, 고유의 수동이「被影響」[8]의 의미를 갖는다는데 동의한다면「発生状況描写」유형은 수동에서 제외될 수밖에 없다. 끝으로 志波(2005)에서

---

6) 三浦(1973)「平安末期資料」12% ·『讃岐典侍日記』36% ·『今昔物語』12%, 原田(1974)『枕草子』26%, 清水(1980)「中古~近代」27.8% ·「中古~近世」16% ·「近代」37.2%, 奥津(1983)『枕草子』27% ·『徒然草』38.8% ·『万葉集』10.9%, 中島(1988) 10.8%

7) 尾上(2003)는 金水(1991)의「叙景文」을「情景描写」로 부르고 있다.

8) 수동문은 他者로부터 "영향을 받는다"는 의미가 있다. 이것을 연구자에 따라「利害」(松下1930),「affectivity」(Kuroda1979),「受影」(益岡1982),「被影響」(尾上1999)로 부르고 있다.

는 수동의 의미적 특성을 「自然発生」으로 규정하고, 사태를 자동사적으로 서술하는 기능을 갖는다고 하였다. 〈비정의 수동〉을 「사태실현형」과 「상태형」으로 분류하고, 고대어 수동문에는 「사태실현형」은 나타나지 않고, 「상태형」만 인정된다고 한다. 그리고 志波(2018)에서 〈비정의 수동〉이 발달하지 않은 것은 일본어 ラル구문은 〈자발〉과 〈가능〉구문을 확립시켰기 때문이라고 하였다.

이상의 선행연구를 통해 고대일본어 수동문의 연구가 〈비정의 수동 비고유설〉에 촉발되어 〈비정의 수동〉 인정설과 이것을 「発生状況描写」유형으로 분류하여 수동과는 다른 종류의 ラル구문으로 보는 다양한 스펙트럼이 존재하고 있음을 확인할 수 있다.

1.3.1.2. 문제제기

첫째, 川村(2013)과 같이 〈비정의 수동〉을 수동의 범주에서 제외해야 한다는 주장과 관련해서는 수동의 의미에 대한 재정의가 이루어져야 할 것이며, 수동의 범주에서 제외할 경우 어떤 문법적 범주에 포함시켜야 하는지 기술되어야 할 부분이다. 〈비정의 수동〉은 〈자발〉과 밀접하다. 따라서 수동/자발/가능을 분할 대립하는 것으로 파악하지 않고, 연속하여 하나의 개념을 이루는 것으로 보아야 할 것이다.

둘째, 〈비정의 수동〉문 주어와 동사의 종류에 관한 분석은 미미하다. 예를 들어, 수동문의 동사가 무대타동사가 많다면 자동사의 빈자리를 메꾸기 위한 피동사^{所動詞/使動詞}[9])로서의 기능을 수동태가 담당하는 것으로 볼 수도 있기 때문이다. 따라서 〈비정의 수동〉문 중, 무대타동사 사용의 비중이 얼마나 되는지 살펴볼 필요가 있다. 또한 주어의 특성이 어떠한지

---

9) 三上(1953): 주격에 〈대상〉이 부여되는 종류의 동사

살펴봄으로써 고대일본어 〈비정의 수동〉과 현대일본어 〈비정의 수동〉이 동일한 관점에서 기술될 수 있는 것인지도 명확히 밝혀야 할 부분이다.

셋째, 상기의 두 과제를 풀기 위해서는 수동의 형태소 ラル의 근원적인 의미와 기능을 기술할 필요가 있다. 또한 ラル와 더불어『万葉集』에 다용된 ラ그 수동문에 대한 고찰도 함께 이루어져야 할 것이다.

1.3.2. 수동표현의 통계적 분포
1.3.2.1. 조사방법 및 범위

조사방법은 코퍼스 검색 애플리케이션『日本語歷史コーパス』(CHJ)를 사용하였다. 검색 키에서 어휘소읽기는 ラル, 품사는 조동사로 설정하고, 검색대상을 아래 자료로 선택하였다. 고대일본어 수동^{ラ그/ラル형 수동}의 조사범위는 8세기에서 10세기까지의 산문과 운문자료가 중심이며, 조사 대상은 다음과 같다.

8세기 운문자료:『万葉集』(759이후)

10세기의 산문자료:『竹取物語』(900)『伊勢物語』(920)『土佐日記』(934)『大和物語』(951)『平中物語』(960)『蜻蛉日記』(974)

10세기의 운문자료:『古今和歌集』(905)

1.3.2.2. 8세기의 수동 분포

8세기의 운문 자료의 ラ그용법의 분포는 다음의 [표 1]과 같다.

[표 1] 8세기 ラ그용법의 분포

	자발	수동	(불)가능	존경	합계
万葉集	60(63%)	34(36%)	1(1%)	0(0%)	95

[표 1]에서 확인되듯 조동사 ラユ는 〈자발〉과 〈수동〉의 용법으로 주로 사용되고 있다. ラユ의 자발용법이 수동용법보다 사용례가 많은 것은 정형화된 표현[10])이 많기 때문이며, '다른 낱말 수^{Type, 異なり語数}'에 있어서는 수동용법이 많다.[11]) 다음은 ラル의 용법 분포이다.

[표 2] 8세기 ラル용법의 분포

	자발	수동	(불)가능	존경	합계
万葉集	4(22%)	13(72%)	1(6%)	0(0%)	18

8세기의 ラル는 수동용법을 나타내는 표현에 다용되고 있음을 [표 2]를 통해 확인할 수 있다.[12])

8세기의 주된 태^{Voice}형식은 ラユ이며, ラル는 ラユ를 대체하는 과정에 있음을 알 수 있다. ラユ형식은 자발태의 사용례가 수동태보다 '전체 숫자(Token, 延べ語数)'에서 많지만 '다른 낱말 수'는 수동태가 우위를 점한다.

1.3.2.3. 10세기의 수동 분포

ラユ는 8세기를 끝으로 자취를 감추고, 그 자리를 ラル가 대신하게 된다. 10세기 중엽까지의 자료에서는 ラル용법 중 수동이 가장 많이 사용

---

10) 「泣く」의 경우 전체용례가 「寝のみし 泣かゆ」로 사용되었으며, 자발용법이다.

11) 자발: 知る, 泣く, 忘る, 寝, 偲ふ, 思ふ, 折る, 待つ
　　수동: 知る, 選る, 思ふ, 罵る, 憎む, 降る, 厭ふ, 嘖ふ, 取る, 濡らす, 摺る, 言ふ, 抱く

12) ラル의 수동용법은 『続日本紀』의 「宣命」 「人仁毛伊佐奈方祀氣[人にも誘はれず](33詔), 「加久伊波流倍枳[かく言はるべき](27詔)에서 「誘ふ」와 「言ふ」에 보인다. ユラ와 ラル의 차이는 〈자발〉과 〈수동〉 용법에서 ラユ는 자발, ラル는 수동에 다용되고 있다는 점이대〈표 1〉과 〈표 2〉 참죄. 참고 8세기의 ラユ는 4단활용동사에 접속하는 그가 일반적이며, 4단동사 이외에 접속하는 ラユ는 하2단 '寝'뿐이다.

[표 3] 10세기 ラル용법의 분포

	자발	수동	(불)가능	존경	합계
古今和歌集	1(4%)	21(91%)	0(0%)	1(4%)	23
竹取物語	0(0%)	17(53%)	5(16%)	10(31%)	32
伊勢物語	5(20%)	14(56%)	6(24%)	0(0%)	25
土佐日記	3(30%)	3(30%)	1(10%)	3(30%)	10
大和物語	5(10%)	24(48%)	6(12%)	15(30%)	50
平中物語	6(21%)	15(54%)	5(18%)	2(7%)	28
蜻蛉日記	47(30%)	41(26%)	27(17%)	44(28%)	159
합계	14(20%)	79(41%)	18(15%)	29(23%)	168

되었음을 [표 3]을 통해 확인할 수 있다. 『蜻蛉日記』에서 ラル의 용법이 균등하게 사용되고 있음을 볼 수 있다. 이것은 자료의 성격에 기인하는 바가 크다 할 수 있겠다. 그러나 전반적으로는 ラル의 수동용법이 무표성unmarked을 갖는 것을 알 수 있다. 8세기의 ラユ가 자발용법에 다용된 것과는 대조적으로 ラル가 수동에 많이 사용된 것은 ラユ의 기능적 한계에 의한 것으로 이해된다.[13)]

1.3.3. 수동표현에 사용된 동사의 종류

1.3.3.1. 자료별 수동태 동사 수Token

자동사 수동태는 9개에 불과하다. 자동사수동문이 일반적이지 않았다는 것은 타동사수동문에 비해 유표성markedness이 인정된다. 자동사수동문의 〈피해〉의 의미 유무에 대해서는 후술하기로 하겠다. 『蜻蛉日記』를 제외한 나머지 자료 중에서 『万葉集』의 '다른 낱말 수(Type)'가 가장 많다. 이것은 조동사 ラユ와 ラル를 합산한 통계이기 때문이다. 단, ラル의 수동태 동사는 「言ふ」 「巻く」 「遣はす」 「嘖る」 「詐く」 5건이다. 따라서

---

13) 박(2018a)

『万葉集』의 수동문 고찰에서는 ラユ수동태의 검토가 중요한 비중을 차지하게 된다. 각 작품별 '다른 낱말 수^{Type}'의 '전체 어휘 수^{Token}'는 114개이지만, 이중 각 작품별로 겹치는 낱말을 제외한 Type는 78단어이다.

[표 4] 자료별 수동태 동사

	자/타동사	동사	합계
万葉集	자동사	降る	1
	타동사	言ふ・遣はす・思ふ・嘖ふ・嘖ふ・忘る・罵る・邏る・偲ふ・厭ふ・濡らす・摺る・憎む・知る・取る・抱く・巻く・詐く	18
古今和歌集	자동사	おどろく・たなびく・	2
	타동사	知る・誘ふ・結ぶ・厭ふ・忘る・言ふ・流す・召す・責む(下2)・許す・召し上ぐ・す・替ふ・恨む	14
竹取物語	자동사	吹く	1
	타동사	言ふ・許す・荷ふ・吊る・使ふ・頼む・襲ふ・吹き寄す・害す	9
伊勢物語	자동사	騒ぐ	1
	타동사	造る・誘ふ・絆す・許す・使ふ・疎む・捨つ・寄す・降り込む(下2)・預く・絡む	11
土佐日記	자동사		0
	타동사	見やる・損なふ・思ひやる	3
大和物語	자동사	騒ぐ	1
	타동사	責む・恋ふ・恨む・知る・さす・憎む・忘る・とる・許す・疎む・敷く・雇ふ・使ふ・負ふ・食ふ	15
平中物語	자동사	騒ぐ	1
	타동사	とる・許す・引く・まさぐる・契る・知る・言ふ・思ふ・はかる	9
蜻蛉日記	자동사	驚く・出で立つ・先立つ・倦じ果つ・立ち込む(下2)	5
	타동사	知る・思ひ知る・言ふ・煩ふ・許す・暗らす・かき起こす・流す・強ひなす・取る・返す・見やる・伺う・引く・見下す・誘ふ・召す・降り込む(下2)・す・言ひ妨ぐ・つく(下2)・かく(下2)・吹き上ぐ	23
Token			91

1.3.3.2. 무대타동사

자동사의 빈자리를 메꾸기 위한 피동사^{所動詞/사동사}로서의 기능을 수동태가 담당했을 수도 있다는 가정의 정합성을 검토하기 위해서 [표 4]에서 무대타동사를 추출하여 그 예를 열거하기로 하겠다[4단활용동사와 하2단활용동사의 구분을 위해 1단화 형태로 표기].

[표 5] 유대/무대타동사

	동사	합계
유대타동사	濡らす・取る・流す・替ふ・捨つ・預く・絡む・付ける・かける	9
무대타동사	言ふ・遣はす・思ふ・嘖る・嘖ふ・忘る・罵る・選る・偲ふ・厭ふ・憎む・抱く・巻く・あざむく・摺る・誘ふ・結ぶ・召す・責める・許す・召し上げる・す・恨む・荷ふ・吊る・使ふ・頼む・襲ふ・吹き寄せる・害す・造る・絆す・疎む・寄せる・降り込める・見やる・損ふ・思ひやる・恋ふ・さす・敷く・雇ふ・負ふ・食ふ・まさぐる・契る・思ふ・はかる・思ひ知る・煩ふ・暗らす・かき起こす・強ひなす・伺ふ・引く・見下さす・言ひ妨げる・吹き上げる・知る14)	59

전체 타동사수동태 68개 중, 무대타동사가 59개에 이른다. 早津(1987)은 '동사의 총수와 자타대응을 이루는 동사 쌍의 수' 관점에서 기본적인 동사일수록 자타대응을 갖는 것이 많다고 보고하고 있다.

---

14) 「知る」의 자동사 「知れる」는 현대어이며, 고대어 「知れ」는 「知らせる」의 의미. 현대어에는 자동사 「知れる」가 있으나 고대어에는 자동사가 없음. 현대어 「襲われる」는 「生れる」처럼 수동태가 자동사화한 것. 「ほだされる」도 현대어 「絆す」의 자동사. 「降り込める」자동사 「降り込む」는 현대어. 「ささる」도 현대어. 「起こす」의 자동사 「起こる」는 있지만 「かき起こす」의 자동사 「かき起こる」는 없음. 마찬가지 「なる」는 있지만 「強ひなる」는 없음.

[표 6] 동사의 총수와 자타대응을 이루는 동사 쌍의 수

	동사 수	자타대응을 이루는 동사 쌍의 수	비율
고찰대상어	약 740어	약 220건(440어)	59.5%

한편, 田中(2002)는 유대/무대자타동사의 비율을 다음과 같이 소개하고 있다.

[표 7] 田中(2002) 유대/무대자타동사 비율

	사용어 총수(사용률)
유대자동사 · 타동사	550(60.2%)
무대자동사 · 타동사	363(39.8%)

상기 [표 6]과 [표 7]에서처럼 현대일본어에서 전반적으로 유대타동사가 무대타동사보다 비율이 높은 것으로 보고되고 있다. 고대일본어에서는 그 비율이 어떻게 나오는지 조사된 바가 없지만 전체 동사 수에서 자타 대립 쌍을 갖는 기본어휘가 많다는 것은 고대어에서도 변하지 않을 것으로 예상된다.[15] 그럼에도 상기 [표 5]와 같은 결과는 ラル수동태의 의미 파악에 시사점이 크다.

1.3.4. 〈비정의 수동〉
1.3.4.1. 〈비정의 수동〉 주어의 특질

다음과 같은 예의 주어는 비정물이지만 잠재적으로는 유정물인 경우가 종종 있다.

---

15) 일본어의 자타대립 쌍은 체계적으로 이루어지는 것이어서 매우 생산적이다. 예를 들면, ルース의 대립, 모음교체 등.

(28) 打つ田に稗はしあまたありと言へど選らえし我そ夜ひとり寝(万11/2476)

(29) 我がやどに生ふる土針心ゆも思はぬ人の衣に摺らゆな(万7/1338)

(30) 世の中はいかに苦しと思ふらむここらの人に恨みらるれば(古今145)

　예문 (28)의 「稗」는 '我', (29)의 「土針」는 '사랑하는 사람', (30)의 「世の中」는 '의인화'된 표현으로 잠재적 유정물로 취급할 수 있다. 또한 인격체^{유정}가 아닌 인격체의 '마음^{心, 恋 등}', 인격체의 '가치', 인격체의 '발자국', 의인화된 비인격체의 '웃음' 등이 〈비정의 수동〉주어에 위치하는 예문 등이 많다.

(31) はだすすき穂にはな出でそと思ひたる心は知らゆ我も寄りなむ(万16/3800)

(32) 夏の野の繁みに咲ける姫百合の知らえぬ恋は苦しきものそ(万8/1500)

(33) 白玉は人に知らえず知らずともよし知らずともわれし知れらば知らずともよし(万6/1018)

(34) 夕凝りの霜置きにけり朝戸出にいたくし踏みて人に知らゆな(万11/2692)

(35) 青山を横切る雲のいちしろく我と笑まして人に知らゆな(万4/688)

　(31)의 「心」는 숨기고 있던 생각이 억새가 이삭이나 열매를 맺듯[穂に出づる] 외면에 나타나 상대에게 들키게 되는 것을 표현하고 있다. 「心」는 인격체의 사유로서 유정물로 취급되고 있다. 그런 점에서 (32)의 「恋」도 마찬가지이다. (33)의 「白玉」는 본인의 "(재능으로서의)가치"를 의미한다.[16] 비정의 재능은 인격체의 소유물로 볼 수 있으며, 그것은 곧 유정물

---

16) 1018번가의 左注에 보면 「元興寺之僧独覚多智 未有顕聞 衆諸〈狎〉侮 因此僧作此歌 自嘆身才也」(元興寺의 승려가 홀로 깨달음을 얻어 智가 많지만, 그것이 드러나지 않아 많은 사람들이 경멸하였다. 이에 이 노래를 지어 스스로의 '재능'을 한탄하

그 자체가 될 수 있다.[17) (34)는 서리 위를 밟은 '발자국'이 다른 사람에게 알려져 두 사람의 관계가 드러나지 않게 하라는 뜻이다. '발자국'은 인격체의 사유도 소유물도 아니지만, 인격체의 행위 결과물로 그 배경에 "잠재적수영자[피동자]"(川村2003:44)로 인격체가 인정된다.[18) (35)도 인격체의 행위 '웃음'이 「人に知らゆ」의 주어임과 동시에 원인·이유로 작용하고 있다. 운문에서의 비정 주어가 유정 취급받는 것은 시의 상징성과 의미의 중첩성이 시적 표현을 더욱 풍성하게하기 때문일 것이다. 시의 상징성과 의미의 중첩성이 아니더라도 비정의 주어 배경에 인격체가 잠재적으로 존재하는 것을 염두에 둔 표현은 산문에서도 많이 사용되고 있다.

(36) もし幸に神の助けあらば南海に吹かれおはしぬべし(竹取)

(37) 滝落し、水走らせなどしておもしろく造られたるにまうでたまうて(伊勢)

(38) この官とられたまへることをぞその罪とえ知らねば(平中)

(39) 世の中のうらめしきことのみ思へば苦しきを行ひは許されず(平中)

(40) 『身の宿世の思ひ知られはべりて聞こえさせず』ととり申させたまへとあり

　　　(蜻蛉)

(36)~(38)은 수동문의 주어가 표시되지 않았지만, (36)「舟」[19) · (37)「建

---

17) 「(私は)人に足を踏まれた」「(私は)人に頭を叩かれた」의 주어는 「私」이며, 「足」와 「頭」는 대상이다. 따라서 '재능(가치)' 또한 〈대상〉과 〈피영향자〉 모두가 된다(金水1991:3).

18) 国に仰せたまひて手輿造らせたまひてによふによふ荷われて家に入りたまひぬるを(竹取)의 「手輿」도 비정주어이지만 「によふによふ荷う」하는 유정의 존재[인격체]가 잠재적으로 인정된다.

19) (14)와 같은 표현은 「国境の長いトンネルを抜けると雪国であった」(『雪国』)에서 주어가 '기차'이지만 그것은 주인공이 타고 있는 기차로 モノ와 ヒト가 중첩되는

物」・(38)「官職」이 비정주어라는 것은 용이하게 상정된다. '배'와 '건물(집)'은 유형의 건조물, '관직'은 무형의 제도이다. (39)는 인격체의 '행위',[20] (40)은 '전생前世으로부터의 인연'이라는 비정주어가 인격체로부터의 영향을 받는 존재로 표현되었다. 특히, (38)은 '소유자 수동'에 해당된다[朝廷が官の(官職ヲ)取る → 官が(官職ヲ)取られる].[21]

운문에서의 비정주어와 달리 산문에서의 비정주어는 인간에 의한 생산물구조물 또는 제도, 관례 등이라는 점에서 운문의 자연물과 대조되는 점이 특징적이다. 현대어의 비정주어 수동문의 경우에도 생산물이 오는 표현이 많다.

    (41) この本/雑誌は大勢の人に読まれている。

(41)이 자연스러운 것은 동작주가 불특정다수인「大勢の人」이기 때문이다.

당해 조사대상 자료에서의 생산물 비정주어 수동문에는 (31)과 같은 구문은 보이지 않는다. 그러나 (28)·(29)·(33)에서처럼 자연물 비정주어 수동문의 경우에는 불특정다수人に知られる/人に恨まれる/人の衣に摺られる]의 동작주이다.

(28)~(40)의 예문과 같은 〈비정의 수동〉은 대상으로부터 영향을 받는 유정의 존재인격체가 인정되므로 진정한 〈비정의 수동〉으로 보기에는 한계

    것과 같다.

20) 〈비정의 수동〉에서 유정의 행위인 '행사'와 같은 무형의 무정물이 비정주어인 경우도 있다.
    四十の賀九条の家にてせられける日中将なりけるおきな(伊勢)
    同じ御時せられける菊合に州浜をつくりて菊の花植ゑたりけるに(古今272題詞)

21) 고전에서도 현대어에서처럼 '소유자수동'은 인정된다.「純友がさわぎにあひて家も焼け滅び, 物の具もみな取られはてていみじうなりにけり[純友의 난을 만나, 집도 소실되고 가구도 모두 도둑맞아 참담했다](大和物語).

가 있다.[22]

1.3.4.2. 순수 비정주어 수동

비정주어 수동문의 경우, 잠재적으로 영향을 받는 인격체가 상정되지 않거나 의인화되지 않은 〈비정의 수동〉은 당해 조사범위 자료에 많은 숫자는 아니지만 산재한다.

(42) 沫雪に<u>降らえ</u>て咲ける梅の花君がり遣らばよそへてむかも(万8/1641)

(43) つとめてその家の女の子どもいでて浮き海松の浪に<u>寄せられ</u>たるひろひて 家の内にもて来ぬ(伊勢)

(44) 風はやきほどに桜<u>吹きあげられ</u>つつ立てるさま絵にかけたるや(蜻蛉)

(45) 庭の草氷に<u>許され</u>顔なり。(蜻蛉)

(46) 簾もへりはかはほりに<u>食はれ</u>てところどころなし(大和)

(47) 三輪山をしかも隠すか春霞人に<u>知られ</u>ぬ花やさくらむ(古今94)

(48) 乗らむとする舟の差掛のかたへばかりに<u>見くだされ</u>たるぞ(蜻蛉)

(49) 車の簾は<u>掛けられ</u>けるものかは。(蜻蛉)

(50) 「かの廂に<u>敷かれ</u>たりし物はさながらありや」(大和)

(42)~(45)까지의 비정주어^{=자연물}「梅の花」「海松」「桜」는 무정의 동작주^{=자연물}「沫雪」「浪」「風」「氷」의 영향을 받고 있는 〈비정의 수동〉이다. 그리고 (46)~(50)의 비정주어 「簾」「花」「舟」「車の簾」「物」는 유정의 동작주 「かはほり=コウモリ」「人」의 영향을 받고 있다. 특징적인 사실은 비정주어가 「花」이외는 모두 생산물^{=인공물}이라는 점이다. 자연물이든 생

---

22) 山田(1908), 小杉(1979), 奥津(1987), 金水(1991), 川村(2012)에서도 〈비정 수동〉의 의인법적 용법을 〈비정의 수동〉으로 인정하지 않고 있다.

산물이든 비정주어는 モノ[사물]가 대부분인 가운데 구체명사가 일반적이고, 추상명사[恋·心]가 특수적이라는 것이다. 이것은 근대이후의 현대일본어 〈비정의 수동〉에서 추상명사가 많이 나타난다는 일반적인 보고와는 대조적이다.[23]

1.3.4.3. 〈비정의 수동〉의 상태성

小杉(1979)에서는 〈비정의 수동〉의 대부분이 ~られタリ/リ 이에 준하는 상태성 표현으로 되어 있다는 것을 보고하고 있다. 예를 들면, 앞서 제시한 예문들 중에서 몇 개를 열거하면 다음과 같다.

(37) 滝落し、水走らせなどしておもしろく造られたるにまうでたまうて(伊勢)

(38) この官とられたまへることをぞその罪とえ知らねば(平中)

(42) 沫雪に降らえて咲ける梅の花君がり遣らばよそへてむかも(万8/1641)

(43) つとめてその家の女の子どもいでて浮き海松の浪に寄せられたるひろひて
家の内にもて来ぬ(伊勢)

(49) 乗らむとする舟の差掛のかたへばかりに見くだされたるぞ(蜻蛉)

(50) 「かの廂に敷かれたりし物はさながらありや」(大和)

(37)(43)(49)(50)의 술어형태가 〈~ラレたり〉이고, (37)은 존재를 나타내는 보조동사와 함께 쓰이고 있고, (42)는 〈~ラレてある〉(=咲ける)의 형태로 상태성을 나타내고 있다. 金水(1991)은 이와 같은 〈비정의 수동〉을 「叙景文」으로 칭하고 있다. 小杉(1979)의 논은 山田(1908)을 계승한 것이며, 이것을 金水(1991)이 발전시켰다.

---

23) 森田(2007:55-72)

수동문의 상태성에 대해서는 이미 山田(1908)에서 언급되고 있다. 단 山田(1908)은 〈비정의 수동〉뿐만 아니라 〈유정의 수동〉 모두 상태성을 나타내며, 상태성이야말로 수동문의 본질로 규정하고 있다[p.380].[24] 즉, 〈비정의 수동〉뿐만 아니라 〈유정의 수동〉도 상태성이 인정된다는 것이다.

(51) 大納言南海の浜に吹き寄せられたるにやあらむと思ひて息づき臥したまへり
(竹取)

(52) むかしおほやけ思してつかうたまふ女の色許されたるありけり(伊勢)

(53) 男、女がた許されたりければ、女のある所に来てむかひをりければ(伊勢)

(54) 隠岐国に流されて侍ける時によめる(古今961、詞書)

(51)~(54)는 〈유정의 수동〉으로 술어의 형태가 상태를 나타내는 〈~られたり/てはべり〉로 되어 있다. 그러나 고대일본어의 〈유정의 수동〉문도 다음과 같이 동작에 역점을 둔 동작수동이 많다.

(55) 誰そ我がやどに来呼ぶたらちねの母にころはえ物思ふ我を(万11/2527)

(56) 年月の勘事なりとも、今日のまゐりには許されなむとぞおぼゆる(蜻蛉)

(57) 車さし寄せて乗らむとて、かき起こされて人にかかりてものす(蜻蛉)

金水(1991)의 「叙景文」, 尾上(2003)의 「情景描写」, 川村(2012)의 「状況発生描写」로 불리는 〈비정의 수동〉이 수동의 범주에 들어가느냐 아니냐는 수동의 의미를 어떻게 정의하느냐에 따라 결정된다고 할 수 있겠다.

---

24) 참고로, 細井(1986)은 비정주어 수동문은 결과 상태에 역점이 놓이며, 이것을 상태수동으로 분류하고 있다.

1.3.4.4. 〈수동〉의 범주

수동의 본질을 논함에 있어 출발이 되고, 유익한 견해는 山田(1908)일 것이다. 山田(1908)은 수동의 본질을 상태성에 두고, 수동을 〈유정의 수동〉과 〈비정의 수동〉으로 분류하고 있다. 〈유정의 수동〉은 문의 주어가 유정물일 때이고, 이 경우 문의 주어가 동작주其の実際の主로부터 직간접적으로 영향을 받는다고 한다. 단, 비정물도 의인화된 것은 곧바로 수동의 주체가 될 수 있지만, 이런 종류의 문의 주체는 직간접적으로 그 영향을 받는 것을 스스로 의식하는 것을 1인칭이 인정할 때 한한다고 한다 [p.380].

山田(1908)에서의 수동의 핵심은 그의 이론을 계승한 연구자들에 의해 명명된 「受影」「被影響」이다. 그리고 수동문의 주어가 〈비정〉일 때는 스스로 동작주로부터 어떤 영향을 받는다는 것을 인지해야 한다는 것이다. 이것은 山田 스스로 지적하듯 〈비정〉의 주어가 의인화된 존재여야 한다는 것과 맥을 같이 한다. 그러나 고대일본어에서의 ~ラル형 술어문의 기능 중, 자발·수동·(불)가능의 의미를 감안하면 〈유정〉물이 공통요소가 아니라 〈무정〉물이다. 그리고 그 기본적이고 공통적인 의미는 〈자연생기自然生起〉25)에 있다.26) 〈자연생기〉란 어떤 동작 또는 작용事態이 주체의 적극적 또는 소극적인 의지意志 없이 일어나는 것을 말한다. 따라서 그 동작 또는 작용事態이 주체에게 생기生起하면 자발/(불)가능이 되고, 대상에게 생기하면 수동이 되는 것이다. 즉 〈유정〉 또는 〈무정〉의 동작주에게 있어서 스스로의 의지와는 관계없이 타자他者에 의해 동작 또는 작용事態이 〈자연생기〉한 것을 나타내는 것이 수동인 것이다.27)

---

25) 小松(1999), 志波(2015)「自然発生」

26) 박(2018b)

27) 志波(2018)

따라서 본장에서는 유정주어의 수동을 협의의 수동으로, 무정주어의 수동을 수동에 포함하는 것을 광의의 수동으로 보고자 한다. 그것은 고대일본어에서 비정주어의 수동과 유정주어의 수동이 공통적으로 타자의 영향을 받는다는 점이 인정되기 때문이다. 그 영향은 물리적 영향[(兼家ガ妻ニ)かき起こさる,海松の浪に寄せらる(〈유정〉〈무정〉모두에서)]일 수도 있고, 심리적 영향[母にころはゆ(〈유정〉 또는 의인화된〈비정〉에서)]일 수도 있다. 수동문의 유형 중, 수동문의 주어와 동작주가 모두 〈비정〉일 경우에는 대상^{동작주}으로서의 비정물이 주어 비정물을 움직일 힘을 갖고 있는 경우에 한정된다 [庭の草氷に許さる].

이와 같이 의인화되지 않은 또는 "잠재적수영자^{受影者}"를 상정할 수 없는 경우의 〈비정의 수동〉을 광의의 수동으로 인정함으로써 현대일본어의 ニヨッテ수동문으로의 확장을 생각할 수 있다.

1.3.5. 자동사수동문의 〈피해〉의 의미에 대해

현대일본어에서는 자동사수동문의 경우, 동작주로부터의 영향을 받은 주체는 〈피해^{迷惑}〉를 입게 되는 구문적인 특징이 있다. 고대일본어에서도 자동사수동문의 경우 〈피해〉의 의미가 발생하는지 살펴보기로 하겠다 [〈유정의 수동〉만 검토대상].

(36) もし幸に神の助けあらば南海に吹かれおはしぬべし(竹取)

(58) なかなかいと心やすくて世もうらもなううち臥して寝入りたるほどに、門たたくに驚かれて、あやしと思ふほどに(蜻蛉)

(59) 秋来ぬと目にはさやかに見えねども風のをとにぞおどろかれぬる(古今169)

(60) たたむ月には大嘗会の御禊これより女御代出で立たるべし(蜻蛉)

(61) 「霞にたちこめられて筆の立ちども知られねばあやし」とあるもげにとおぼえ

たり(蜻蛉)

(62) 「すべてありやうに従はむ」など、定めつるかひもなく、<u>さきだたれ</u>にければ、いふかひなくてあるほどに(蜻蛉)

(63) まして見苦しきこと多かりつると思ふここちただ身ぞ<u>倦じはてられ</u>ぬるとおぼえける(蜻蛉)

(64) 九重の中にては嵐の風も聞かざりき今は野山し近ければ春は霞に<u>たなびかれ</u>~(古今1003)

〈행운〉의 의미로는 (36)·(64),[28] 〈중립〉의 의미로는 (59)·(60), 〈피해〉의 의미로는 (58)·(61)·(62)·(63)이다. 적어도 고대일본어에서는 〈피해〉의 의미가 자동사수동문이라는 구문적인 요소에 의해 발생하지 않는다는 것을 알 수 있다.

1.3.6. 무대타동사ラル형과 자동사화
1.3.6.1. 무대타동사수동과 비정주어

무대타동사수동과 비정주어[29]의 조합은 [표 5]의 무대타동사 60개 중 9개이다.

(65) 行き帰り見れども飽かずうべしこそ見る人ごとに語り継ぎしのひけらしき百代経て<u>偲はえ</u>行かむ清き白浜(万6/1065)

---

28) 궁중에 있을 때는 산에서 불어내려 오는 바람소리도 듣지 못했다. 그런데 지금은 산이 가까이 있어서 봄에는 물안개가 끼이고 여름에는 매미소리 울어대고 가을에는 가랑비에 젖는 옷소매 정취 있고 겨울에는 서리 내리고 … 궁중에서는 느끼지 못했던 사계절의 정취를 읊고 있다.

29) 의인화된 비정주어와 잠재적수영자가 존재하는 경우는 제외.

(65)번가는 기본적으로 『万葉集』에서 〈讃歌$^{国・土地・山・物誉め　등}$〉30)의 형식을 따른 것으로 경관의 아름다움을 찬미한 노래이며, 비정주어「白浜」가 오래도록「賞美され(めでられ)ていく」할 것을 표현하고 있다.「偲はえ行かむ」을 분석하면, [능동사偲フ + 자연생기ユ + 보조동사行ク + 추량ム]로 동사군 전체가 비의지적 움직임의 추량표현임을 알 수 있다. 즉, 피동사^{所} $_{動詞/사동사}$화된 표현으로도 해석되는 대목이다. 나머지 8개31) 예문에서도 같은 해석을 적용할 수 있다. 무대타동사 ラル형이 자동사화 된 것으로 해석하면 다음과 같다. (24)「山が見やられた」, (37)「(住まい)が造られた」, (43)「海松が寄せられた」, (44)「桜が吹き上げられつつ」, (46)「簾の縁が食われた」, (49)「舟の差掛の片方が見下された」, (50)「廂に敷かれていた物」, (古今272)「四十の賀が催された」. 이중에서 동작주가 ニ격으로 표시된 것은 (43)「浪」, (46)「かはほり」밖에 없으며, ニ격 표시는 없지만 동작주가 등장하는 것은 (44)「風」이다. 위와 같이 자동사문으로 해석이 가능한 것은 수동문의 주어가 비정^{사물}이기 때문에 의지발동을 할 수 없는 존재로 무대타동사의 ラル형이 자동사로서의 기능을 감당하게 된다고 볼 수 있다.

1.3.6.2. 무대타동사수동과 유정주어

유정주어와 함께 쓰인 무대타동사수동은 자동사화 하지 않는다. 그것은 山田(1908)에서 지적하는 것처럼 문의 주어가 동작주로부터 영향을 받는 것을 의식가능하기 때문이다.

---

30) (박1999)
31) (2)「麓も見えぬ山の見やられたる」, (15)「(住まひ)おもしろく造られたる」, (21)「海松の浪に寄せられたる」, (22)「桜吹き上げられつつ」, (24)「簾もへりはかはほりに食はれて」, (27)「舟の差掛のかたへばかりに見下されたる」, (28)「廂にしかれたりし物」, 각주17)의「四十の賀九条の家にてせられける」(古今272・詞書)

(66) 誰そこの我がやどに来呼ぶたらちねの母に嘖ろはえ物思ふ我を

(万11/2527)

(67) 花すゝき我こそ下に思しか穂に出でて人に結ばれにけり(古今748)

　(66) 동작주 「母」의 「嘖る」행위가 주체 「我」에게 영향을 미치고 있음을 의식하고 있기 때문에 「嘖らゆ」는 자동사화 되지 않고 〈수동〉의 의미로 해석된다. 상술한바와 같이 이때의 〈수동〉은 주어의 의지발동 없이 사태가 주어에게 자연생기^{自然生起} 한 것을 나타내는데 지나지 않는다. (67)의 「結ばる」는 〈수동〉「結婚される」의 의미이다. 능동표현은 「他人が表立っている(彼女ヲ)娶る」이며, 수동문은 동작주의 행위^{結ぶ=娶る}가 수동문의 주어에게 자연생기^{受影} 한 것을 나타낸다.

1.3.6.3. 무대타동사ラル형과 자발

　무대타동사ラル형이 자발의 의미로 쓰인 경우를 살펴봄으로써 무대타동사ラル형 자동사화와 수동용법의 차이를 이해하는데 도움이 될 것이다.

(68) 一日こそ人も待ち良き長き日をかくし待たえばありかつましじ(万4/484)

(69) 祝部の標やかきわけ結ひてけむ言の葉さへわれに忌まるる(大和)

(70) 行く先はともかくも、つゆにてもあはれと思はるるものならば、(平中)

　(68)~(70)의 「待たゆ」「忌まるる」「思はるる」사태는 주체에게 자연생기 한 것으로 영향을 주는 동작주가 존재하지 않는다. 따라서 〈자발〉과 〈수동〉은 사태가 주어에게 자연생기 하는 것은 동일하지만, 영향을 주는 동작주의 유무에 따라 나누어지는 구문의 차이임을 알 수 있다. ラユ와 ラル형태의 자발용법은 『万葉集』와 『蜻蛉日記』에 있어서만 다용되고 나

머지 자료에서는 빈도수가 낮다. 또한『万葉集』의 경우,「音のみし泣かゆ」등 정형화된 표현에 다용되어 총어휘수^{Token, 述べ語数}는 많지 않지만 통시적 관점에서 자발용법이 가장 생산적으로 다용되던 시기이다. 그리고『蜻蛉日記』와『伊勢物語』등에서의 ラル형 자발문은「思ふ」「忘る」「分かる」「疑ふ」「頼む」등 사고・지각동사 등에서 다용되고 있다.

제2절 존경용법의 양상

2.1. 기술목적

일본어의 존경표현은 고대일본어에서〈관계표시기능〉을 하고 있음을 알 수 있다. 다음은『源氏物語』桐壺巻의 한 부분이다.

> おぼえいとやむごとなく上衆めかしけれどわりなくまつはさせたまふあまりに
> さるべき御遊びのをりをりなにごとにもゆゑある事のふしぶしにはまづ参う上
> らせたまふ(1・95)

위 인용문에서의 특징은 주어가 표기되어 있지 않다는 점이다. 즉, ㉠「おぼえいとやむごとなく上衆めかしけれど」가 누구인지, ㉡「まつはさせたまふ」・「参う上らせたまふ」의 주어가 누구인지 문에는 나타나있지 않다. ㉠은 문맥의 흐름 상「桐壺更衣」라는 것을 前文을 통해 알 수 있으며, ㉡의 경우는「~サせたまふ」라는 극존칭표현을 통해「帝」라는 것을 알 수 있다. 이와 같이 문의 주어가 표시되지 않아도 존경표현을 통해 '누가' '누구'에게라는 관계를 알 수 있는 것이 고대일본어 존경표현의 특징 중의 하나이다. 이것은 현대어에서도 「~をお持ちします」라고 하면 '私', 「お持ちなさる」이면 'あなた'가 문의 주어가 된다. 이런 관점에서 존경표현 형식을 보면 〈관계표시〉 되는 대상에 따라 존경도에 차이를 두어 다른 형식으로 표현하는 것은 당연한 결과일 것이다.

후술하는 바와 같이 고대일본어와 중세일본어의 존경표현은 그 형식의 다양성이라는 점에서 많은 차이를 보인다. 존경표현의 형식이 다양하다는 것은 그 만큼 〈관계표시〉되는 대상의 세분화를 의미하기도 한다. 「いく」의 존경표현은 「行き給う」「おはす」「行き候」「行かる〉行かれる」「お行きある〉行きある〉ゆきゃある〉ゆきゃる〉ゆきやる」「お行きなさる」「お渡りある」「お渡りになる」「お出である」「お出でになる」「いらっしゃる」 등과 같이 시대에 따라 다양하다. 이처럼 일본어의 존경표현은 고대어에서 현대어에 이르기까지 많은 변천의 과정을 거쳐 왔다. 그 가운데 중세일본어의 존경표현은 그 이전의 것과 확연히 다른 모습을 보인다. 즉 고대일본어의 경우, 상술한 바와 같이 조동사 「す」의 생산적인 존경형식,[32] 보조동사 「給ふ」, 「おはす」 등과 같은 존경어가 주류를 이루었다. 그러나 중세일본어에서는 조동사 ラルル의 생산적인 존경형식, 「御＋동사 연용형(또는 漢語)」형식, 일반동사 「なり」「あり」에 의한 존경표현, 「御~あり/なり/なさる」에 의한 존경표현 등이 사용되게 된다. 위 형태 중, 접두어 「御」와 조동사 ラル를 제외한 나머지는 '문법화^{gramamaticalrize}'[33] 과정을 거친 형

---

32) 「めす」(「みる」＋「す」), 「けす」(「きる」＋「す」), 「なす」(「寝」(ぬ)＋「す」), 「きこす・きかす」(「きく」＋「す」), 「おもほす」(「おもふ」＋「す」), 「あそばす」(「あそぶ」＋「す」), 「たたす」(「たつ」＋「す」), 「とらす」(「とる」＋「す」) 등

33) 내용어(자립어)가 기능어(부속어)로 변하는 것을 말하는데, 경어에서의 문법화란 본래는 다른 구체적인 의미를 가진 독립어이지만 그 본래의 의미를 상실하고 경어라는 문법적인 기능을 가지게 되는 것을 뜻한다. 문법화의 요소로서는 (1) 의미의 추상화, (2) 어형변화의 탈범주화, (3) 語音의 축약을 들 수 있다.

태라는 점이다. 현대일본어의 존경표현「お~になる」형식은 중세일본어에 바탕을 두고 있다고 볼 수 있다.

본절에서는『平家物語』의 覚一本과 天草本의 대조를 통해 중세일본어 존경표현의 200여년에 이르는 변화의 추이를 살펴보고 그 변화의 動因을 밝히고자 한다. 또한 본절에서의 기술은 고대일본어에서 현대일본어에 이르기까지의 일본어 존경표현의 변천과 그 動因을 인과율에 기초하여 기술하는 과정의 한 부분임을 밝혀둔다본절은 박(2011)을 그대로 옮긴 것이다.

2.2. 조사대상 및 방법

조사자료는 기본적으로『平家物語』의 覚一本과 天草本이다. 필요에 따라 보충설명을 할 경우에는 동시대의 자료도 인용한다. 覚一本平家는 大良大社蔵本을 그리고 天草本平家는 大英図書館蔵本과 翻字本 'ハビヤン抄 キリシタン版『平家物語』'를 자료로 이용하였다. 그리고 覚一本平家의 경우 覚一本을 底本으로 채택하고 있는 大系本『平家物語』도 참조하였다.

연구방법은 覚一本의 특정 존경표현이 天草本에서 어떻게 변화하였는 가를 대조분석 하는 것이다. 그리고 각각의 존경표현의 존경대상과 존경도를 용례 해석解析을 통해 확인하고 존경표현 형식의 변화 동인을 기술할 것이다.

중세일본어 존경표현의 사적연구로서 한세진(2005)를 들 수 있다. 한세진(2005)는 중세후기부터 근세초기까지의 구어체 자료를 대상으로 하여 존경표현의 변화와 쇠퇴 과정을 면밀히 검토하고, 그 원인을 밝힌 연구이다. 본서에서의 연구 방법론과 결과에 있어서 일부 겹치는 내용34)도

---

34) 한세진(2005)의 '第1章 天草本『平家物語』의 待遇表現'과 본 논문이 연구 방향과 방법론에 있어서 중첩되는 부분이 인정된다.

있으나 존경표현 양식의 변화 동인에 대해서는 이견을 보이는 부분이 인정된다.[35] 구체적인 예에 있어서는 논을 전개해 나가는 과정에서 서술하기로 하겠다.

존경표현의 각각의 예문 발췌 및 분석에 있어서 지문^{地の文}과 회화문^{会話文}의 구분은 하지 않았다. 한세진(2005)에서는 "지문^{地の文}과 회화문^{会話文}사이에는 그 使用 対象에 差異"가 인정된다 하여 구분하고 있다. 그러나 존경의 대상에 따라 경어 사용의 차이는 인정되나, 문체에 따른 경어 사용의 차이는 인정되지 않는다. 즉, 「御~あり」가 지문에만 존재하고 회화문에는 존재하지 않는 것은 아니다. 그리고 天草本에서는 문체에 따른 경어의 구분이 이루어지지 않고 모두 「御~なさるる」로 나타나는 표현도 있다. 따라서 용례 발췌와 용법에 있어서 문체에 따른 검토 작업은 유의미하지 않다는 것을 알 수 있다. 그리고 회화문에서 '상위자와 하위자'가 직접 대화하는 장면보다 내레이터^{語リ手}가 설명하는 장면이 전체적으로 많기 때문에 용례가 지문과 회화문에 차이가 있다는 것은 의미가 없다.

참고로 본연구와 동일한 연구방법에 의한 일본에서의 중세일본어 존경표현의 사적연구는 소견에 의하면 전무하다.[36]

2.3. 『平家物語』の覚一本과 天草本의 존경표현 대조

覚一本『平家物語』와 天草本『平家物語』의 동일 내용에 대한 대응되는 존경표현 형식은 아래 [표 1]과 같다. [표 1]에서는 보조동사 및 조동사만

---

35) 본고의 집필 단계에서는 한세진(2005)의 존재를 알지 못하고, 2010년 12월 한국 일어일문학회 동계국제학술대회 구두 발표 과정에서 토론자로 나선 한세진 선생님의 지적을 통해 선행연구의 존재를 알게 되었음을 밝혀 둔다.

36) CiNii (NII Scholarly and Academic Information Navigator(http://ci.nii.ac.jp)에서 검색한 결과.

을 항목으로 설정하고, 접두어 「御」는 각각의 표현과 접속하는 형태에 묶었다.

[표 1] 존경표현 형식

형태	覚一本	대상	天草本
ある	존경어 + ある	帝	御 + 名詞 + なさる
	일반명사 + ある	帝	御 + 名詞 + なさる
	御 + 漢語名詞 + ある	帝、上皇、中宮、宮	御 + 名詞 + ある/なさる
なる	존경어 + なる	法皇	존경어 + なさる
候*	御 + 動詞連用形 + 候	清盛	御 + 動詞連用形 + なさる
	御 + 漢語 + 候	清盛、木曾	御 + 漢語 + なさる
たまふ	漢語動詞 + せたまふ	法皇	御 + 漢語 + なさる
	動詞連用形 + たまふ	清盛、成経、木曾、基康*	御 + 動詞連用形 + ある
	動詞連用形 + たまふ	重盛	動詞連用形 + (ら)るる
(ら)るる	動詞連用形 + (ら)るる	成親	動詞連用形 + (ら)るる
		下級職員*	はだかの動詞

* 「候」는 존경표현이 아니라 겸양표현이지만 天草本에서 존경표현과 대조되므로 같이 다루게 되었다.

　　보조동사 「あり」는 중세일본어에서 동사의 연용형 또는 동작성 한어명사에 접속하여 그 동작과 동작주에 대한 가벼운 경의를 나타내는 용법으로 널리 사용되고 있었다. 구체적인 용법으로서는 〈동사연용형 + あり〉형, 〈존경어 + あり〉형, 〈御~あり〉형으로 사용되었다. 「なり」는 단독으로도 이동 행위의 존경 용법으로 사용되기도 했으며, 〈御 + 명사 + なり〉형, 〈敬意를 나타내는 한어 동작성명사 + なり〉형으로 귀인의 이동 또는 동작의 존경용법으로 주로 사용되었다.37) 「たまふ」는 주지하는 바와 같이

---

37) ① 「いかにをのをのは、誰をかばはんとて軍をばし給ふぞ。御幸も行幸も他所へなりぬとこそ承はれ」と申せば、(覚一本平家)
　　② それも尚気に合はずは、是より何方どなたへなりとも迷ひ行いていかなる岩木のはざ

상위자에게서 하위자로의 수여동사로 상위자의 동작에 대한 경의를 나타내는 것이 원의^{原義}이다. 고대의 조동사 「たまふ」에도 동작에 대한 경의를 나타내는 용법이 인정되며 널리 사용되었고, 최고경의의 뜻을 나타낼 때는 「~せたまふ」형이 사용되었다. 覚一本『平家物語』에서는 후술하는 바와 같이 大納言 또는 中納言에 주로 사용되는 경의도가 그다지 높지 않은 존경표현이다. 끝으로 조동사 ラルル는 仮名文学作品^{히라가나 전용표기 작품}에는 존경용법의 例가 그다지 보이지 않는 표현이지만, 한세진(2005)에 의하면 天草平家에서 608例가 사용되고 있다. 覚一本平家에도 坂上(1997)에 의하면 555例가 사용되고 있다. 단순 비교에서 그다지 차이가 나지 않는 것처럼 보이지만 내용을 축약해 4권밖에 되지 않는 天草本平家의 용례 수가 많다는 것은 의미하는 바가 크다. 한세진(2005)의 조사에 의하면 覚一本平家와 天草本平家의 대응되는 ラルル 수가 129例이다. [표 1]에서와 같이 覚一本平家 〈V + ラルル〉형이 天草本平家 〈V + ∅〉로 나타나는 사례가 많다. 그리고 ラルル가 「たまふ」를 대체하는 경우와 실현되지 않는 경우에서 보듯 天草本平家에서의 존경도는 상승했다고 볼 수 있다. 그것은 중세이전에 있어서 〈동사연용형 + ラルル〉형이 〈동사연용형 + たまふ〉형보다는 존경도가 낮았다는 사실을 돌이켜 볼 때 수긍이 갈 것이다.[38]

まにも倒れ伏いて、(天草本平家)
③ 「主上紫宸殿ニ出御成テ玉坐ニ席ヲ薦メ給フ」(太平記)
④ 「殿なむ参り給ふ、御とのゐなるなど」(紫式部日記)
38) ① 五月に、みかどの御ぶくぬぎにまかでたまふに、(中略)「夢にものしくみえし」などいひて、あなたにまかでたまへり。(かげろふ日記)
② 内よりは、やがて、車のしりに、陵王ものせて、まかでられたり。(かげろふ日記)

2.4. 존경표현과 그 대상

『平家物語』의 覚一本을 중심으로 각 형태에 따른 예문을 살펴보면 다음과 같다. 먼저 「あり」에 의한 존경표현은 세 가지 유형으로 대별할 수 있다.

(1) 是をめし出され刀の実否について咎の左右あるへき歟と申しかるへしとて 其刀をめし出して叡覧あれは上は鞘巻のくろくぬりたりけるかなかは木刀 に銀薄をそおしたりける(覚Ⅰ・16/1)

(2) 其比忠盛備前国より都へのぼりたりけるに鳥羽院明石浦はいかにと尋あり けれは(覚Ⅰ・16/14)

(3) 中宮やかて皇子御誕生あて家門の栄花弥さかんに候へしなと申されけれは (覚Ⅰ・191/11)

「あり」에 의한 존경표현 유형은 (1)~(3)의 [〈尊敬語 + あり〉, 〈一般名詞 + あり〉, 〈御 + 漢語名詞+あり〉]처럼 세 가지이다. 존경의 대상은 최상신분의 인물로 존경도가 가장 높은 형식임을 알 수 있다. 참고로「御~あり」형 존경표현의 하한 대상은 太政大臣 정도이다. 다음으로는「あり」와 같이 〈존경어 + なり〉형식에 의한 존경표현이다.

(4) 或時法皇も御幸なる故少酒宴に此由を浄憲法印に仰あはせられけれはあな あさまし(覚一巻・51/5)

존경의 대상은「あり」형식과 마찬가지로 최상위신분의 인물이며, 존경도가 높은 표현이다. 세 번째「候」형식의 겸양표현 유형과 그 대상은 다음과 같다.

(5) 重盛かうして候へは御命にもかはり奉るへしとて出られけり父の禅門の御
まへにおはしてあの成親卿うしなはれん事よくよく御はからひ候へし(覚
Ⅰ・109/5)

(6) あの松の中て御自害候へとてうてゆく程に又あら手の武者五十騎はかりい
てきたり君はあの松原へいらせ給へ兼平は此敵ふぜき候はんと申けれは
(覚Ⅲ・193/6)

(5)와 (6)의 존경의 대상은 淸盛와 木曾義仲로 太政大臣과 大納言 신분
의 고급관료이다. 다음의 「たまふ」는 이중경어 형식인 「サセたまふ」와
「たまふ」로 나뉜다.

(7) 朝泰返事にをよばす院御所に帰りまいて義仲おごの者て候只今朝敵になり
候なんすいそき追討せさせ給へと申けれは(覚Ⅲ・147/15)

(8) 木曾さらはとて粟津の松原へそかけ給ふ(覚Ⅲ・194/9)

전통적인 극존칭 「サセたまふ」는 (7)에서와 같이 최고위 인물인 法皇
에 대한 존경표현에 사용되었으며, 「たまふ」는 淸盛^{太政大臣} 이하 大納言・
中納言・少納言 등이 사용대상 인물이다. 한편, [표 1]의 「たまふ」의 대상
가운데 基康는 淸盛가 鬼界が島에 보낸 사자로 여기서는 유배 온 俊寛御
坊가 자기도 배에 태워 九州까지라도 데려가 달라며 애원하는 부분이다.
따라서 일반적인 「たまふ」의 용법과는 거리가 멀다.

(9) 理をまけてのせ給へせめて九国の地まてとくとかれけれ共(覚Ⅰ・197/8)

끝으로 조동사 ラルル의 존경대상은 다음과 같다.

(10) 鳥羽殿をすぎ給ふにも此御所へ御幸なりしには一度も御供にははづれさりし
物をとて<u>わが</u>山庄すはま殿とてありしをもよ所にみてこそと<u>おられ</u>けれ
(覚Ⅰ・139/8)

(11) 去程に、入道相国の御むすめ建礼門院、其比は未中宮と聞えさせ給しが、
御悩とて、雲のうへ天が下の歎きにてぞありける。諸寺に御読経始ま
り、諸社へ官幣を<u>立らる</u>。(覚Ⅰ・187/16)

(12) 廿九日、<u>頭中将</u>、南都ほろぼして北京へ帰り<u>いらる</u>。(覚Ⅱ・181/2)

坂上(1997)에 의하면 覚一本의 존경표현 중, ラルル는 555例, 「お~あり」는
117例, 「お~なる」는 39例가 사용된 것으로 보고되고 있다. 그러나 조동사
ラルル는 (10)~(12)와 같이 단독으로 사용되는 것보다 「~サセラルル」형태
의 이중경어 또는 「仰せらるる」와 같은 「경어동사＋ラルル」형태로 쓰인
경우가 대부분이다. ラルル의 존경의 대상은 (10)의 大納言^{成親}, (11)의 神
祇官, (12)의 頭中将^{重衡}이다. 신분의 높낮이는 大納言 〉頭中将 〉神祇官
순이다. (10)의 大納言인 成親卿이 비교적 신분이 낮은 대상에게 사용되
는 ラルル로 표현된 것은 죄인의 몸으로 유배를 가는 길이기 때문으로 판
단된다.

이상의 예문을 통해 覚一本의 존경표현과 그 대상을 정리하면 다음의
[표 2]와 같다.

[표 2] 존경표현과 그 대상

유형	あり型	なり型(させたまふ)	御~候型	たまふ型	ラルル型
신분	최상위		고급관료	중급관료	하급관료

2.5. 존경표현 형식의 변화

覚一本과 天草本의 존경표현의 변화는 [표 1]을 통해 알 수 있다. 최대의 변화는 「なる」유형이 「なさる」형으로, 그리고 「御~候」와 「たまふ」유형이 소멸되고, ラルル형이 그 세력을 확대하였다는 점이다.

먼저, 「なさる」형 존경표현의 발생과 존경도에 대해 살펴보면 다음과 같다. 「なさる」의 어구성은 주지하는 바와 같이 「なす+る」이다. 이전의 「なる」형에서 형태변화를 일으킨 것이 아니라 「なす」에 조동사 ラルル가 접속하여 새로운 형태의 존경표현을 만든 것이다. 이것은 조동사 ラルル의 생산적인 기능의 확대로 볼 수 있다. 坂上(1997)의 보고에 의하면 覚一本에서도 ラルル의 존경표현 예는 555개로 보고 되고 있을 만큼 다용되고 있다(다른 낱말 수(Type)로 계산하면 그 수는 줄어든다). 그러나 그 예문을 검토해보면 「なさる」「泣かる」「笑はる」와 같이 「동사+ラル」의 형태는 소수에 불과하며, 대부분이 「仰せらるる」「~サセラルル」와 같이 〈존경+존경〉 표현에 편중되어 있음을 알 수 있다. 「なさる」는 覚一本에서는 모두 여섯 번[39] 사용되고 있으며 그 대상은 君, 清盛, 法皇, 高倉の宮, 近江守仲兼, 後鳥羽帝와 같이 최고위 신분이 4명, 고급관료2명으로 존경도가 아주

---

[39] (1) もとよりをのれらがやうなる下臈のはてを、君のめしつかはせ給ひて、なさるまじき官職をなしたび、父子共に過分のふるまひするとみしにあはせて、あやまたぬ天台座主流罪に申おこなひ、天下の大事引出いて、剰此一門亡ぼすべき謀反にくみして(ン)げるやつ也(巻二、上154)

(2) 次に、中納言闕の候し時、二位中将の所望候しを、入道随分執り申しか共、遂に御承引なくして、関白の息をなさるゝ事はいかに(巻三、上252)

(3) 座主尊永、法印になさる。(巻三、上222)

(4) 熊野に候十郎義盛をめして、蔵人になさる。(巻四、上281)

(5) 主従八騎にうちなさる。(巻十、下292)

(6) 九郎冠者義経、左衛門尉になさる。(覚巻十、下292)

높은 표현이다. 한편, 天草本의 「なさる」는 「なさるまじい」「もうしなさる」가 각각 1例, 「御 + 동사연용형 + なさる」「尊敬語 + なさる」가 30例로 주로 존경의 접두어 「御」 또는 「尊敬語」와 함께 사용되어 [표 1]에서와 같이 최고위 신분 또는 고급관료에 대한 최고의 존경표현에 쓰이고 있다.

한편, 「あり」형 존경표현 「御+動詞連用形(漢語) + あり」는 覚一本과 天草本 모두 최고경어이지만 天草本에서는 사용빈도수가 급격하게 줄었다. 사라진 「たまふ」형 존경표현을 대신하면서 그 명맥을 간신히 유지하고 있을 정도이다. 「御~あり」형이 天草本平家에 21例로 보고되고 있으나 그 중 7例는 청자^{聞き手}인 右馬가 내레이터^{語り手}인 喜一에게 사용한 예이다. 한세진(2005)에서는 이와 같은 「御~あり」를 정중용법으로 처리하고 있다. 현대일본어에서 부모가 아이에게 또는 상위자가 하위자에게 친숙하게 「食べなさい」「お読み」라고 하는 것과 같은 맥락이라 할 수 있다. 나머지 14例에 대해서 한세진(2005)에서는 "전시대 용법이 그대로 전해지고 있으며 敬意도 높게 나타나고 있는 존경용법"으로 기술하고 있다. 이와 같은 「御~あり」형 존경표현의 사용빈도수 감소의 원인에 대해서 한세진(2005)에서는 아무런 언급이 없으나, 먼저 그 음운적인 구조에서 찾아볼 수 있을 것이다. 즉, 「御+動詞連用形+あり」는 연용형의 최종모음([i]또는 [e])과 「ある」의 두음^{onset}모음과의 융합에 의한 「あ」음의 소멸과 연관이 있다.[40] 矢野(1994)에 의하면 「お+ある」형은 표기 면에서도 아래와 같이 혼란이 있었으며 이와 같은 혼란은 실제 발음의 혼란이 영향을 미쳤으리라는 지적을 하고 있다.

---

40) 고대일본어에서는 모음연속을 회피하는 현상이 있었다. 예를 들면, 「さき + あり」 → 「さけり」와 같은 [i+a=e] 또는 「なが + いき」 → 「なげき」와 같은 [a+i=e] 모음 융합을 들 수 있다. 「お + ある」형도 후대에는 拗音化로 「お + やる」형이 된다. 이와 같은 현상은 『狂言』의 「おり + ある」 → 「おりゃる」형에도 잘 나타난다.

(13) faru ni naraba, vonoboriareto, attareba[春にならばお上りあれとあった
   れば](天p77)

(14) miyakono kataye vonoboriattakato vomotareba[都の方へお上りあった
   かと思うたれば](天p319)

　또 다른 측면에서의 소멸 원인은「なり」형 소멸과 같이 해석될 수 있
는 것으로 조동사 ラルル에 의한 존경용법의 기능 확장을 꼽을 수 있을
것이다.
　「お+ある」의 쇠퇴와「たまふ」의 소멸과 함께 그 세력을 확장한 존경표
현이 ラルル형이다. ラルル는「たまふ」를 대신하며 중급관료층의 인물에
대한 비교적 존경도가 낮은 표현에 다용되었다. 위에서 언급한 바와 같
이 覚一本에서는〈존경+존경〉의 이중경어 형태로 쓰인 경우가 대부분이
지만 天草本에 와서는 다양한 종류의 동사에 접속하여 생산적인 존경표
현으로 사용되었다.[41] 후술하는 바와 같이 天草本에서도「仰せらる」「ご
覧ぜらる」「~サセラルル」와 같은 이중경어 형태가 많이 쓰이고 있다. 天
草本에서〈V+ラルル〉에 의한 존경표현이 많이 나타나는 것은 여러 가지
요인이 있을 수 있겠지만 잠재해 있던 용법이 구어체 자료라는 특성 상
표출되었다고 볼 수 있다. 辛島(1993)에 의하면 ラルル형식은 古文書에서
12세기 초기부터〈존경〉과〈수동〉의 용법으로 해석되는 예가 많이 보인
다는 지적을 하고 있다. ラルル의 용례가 눈에 띄는 자료는 辛島의 지적
과 같이 古文書와 古記録 등의 변체한문 자료이며, 일반동사에 다용되게

---

41)「罷出らる」「集めらる」「列らる」「極めらる」「奉らる」「帰らる」「ののしらる」「企てら
　る」「見らる」「思ひやらる」「下りらる」「入れらる」「慰めらる」「離れらる」「あきれら
　る」「過ぎらる」「留まらる」「尋ねらる」「ゐらる」「下げらる」「捧げらる」「帰り上らる」
　「送らる」「おしつけらる」「落ちらる」「しぼらる」「参らる」「通らる」「諫めらる」「攻め
　らる」

되는 것은 「参らるる」와 같이 연체형에 의한 종지형 흡수현상 이후의 天草本平家부터이다. ラルル형 존경용법의 증가 요인에 대해서는 다음 절에서 언급하기로 하겠다.

2.6. ラルル형 존경표현의 증가 요인

ラルル형 존경표현의 증가 요인에 대해 한세진(2005)에서는 다음과 같이 지적하고 있다(인용은 필자에 의해 요약 정리되어 원문의 한자 표기는 생략).

a. 覚一本의 〈보조동사〉를 이용한 존경표현이 天草本에서는 〈일반동사+ラルル〉형 존경표현으로 바뀐 점을 들 수 있다. 그 중에서도 보조동사 〈~給ふ〉의 약화와 함께 조동사 ラルル를 대신 사용하게 됨.

b. 覚一本의 〈존경동사〉를 이용한 존경표현이 天草本에서는 〈일반동사+ラルル〉형으로 바뀐 점.

c. 覚一本의 내용을 축약하면서 전후 문맥이 통하도록 문장을 고치는 과정에서 생긴 ラルル형과 天草本이 대화체 형식을 취함으로서 내레이터와 청자의 대화에 보이는 ラルル형 등 覚一本에는 보이지 않는 ラルル형 문장이 부가 된 경우.

d. 覚一本의 〈일반동사〉가 天草本에서 〈일반동사+ラルル〉형으로 바뀐 점.

e. 天草本 쪽이 覚一本보다 경의가 높게 나타나고 있다. 차이가 두드러진 현상은 覚一本의 〈일반동사〉가 天草本에서 〈일반동사+ラルル〉형으로 바뀐 점이며, 경의도의 차이를 보이는 총 104例 중 82%인 85例가 여기에 속한다.

이상이 한세진(2005)에서 ラルル의 증가 원인으로 지적되는 내용이다.

위의 a~e는 ラルル의 사용 횟수가 증가한 물리적 원인을 나열한 것에 지나지 않는다. 즉, 조동사 ラルル가 「給ふ」와 「존경동사에 의한 존경표현」을 대신할 수 있었던 존경용법의 확장 요인이 무엇이었느냐에 대한 설명은 되지 않는다는 것이다. 또한 e.에서의 경의도^{敬意度} 문제에서 동일인물에 대해 ラルル를 사용하게 된 배경, 즉 ラルル의 존경용법의 무엇이 그것을 가능하게 하였느냐 하는 것이다.

우리는 여기서 ラルル의 존경용법에 대해 살펴보기에 앞서 일본어의 존경표현의 한 가지 특징을 짚고 넘어가야 할 것이다. 중세일본어의 존경표현 중 [표 1]에서 확인 되듯이 동작주의 행위에 대해 직접 경의를 표하지 않는 형태의 존경표현이 두드러진다는 점이다. 「あり」형과 「なり」형이 그 대표이다. 「~あり」「~なり」에서 보듯 존경의미의 기저에는 〈동작주의 행위를 주어로 하지 않고 사태가 그렇게 존재한다, 또는 그렇게 이루어지다〉라는 〈자연발생〉의 뜻이 함의되어 있다. 이와 같은 의미는 조동사 ラルル에도 〈자연생기〉의 뜻이 내포되어 있어 그 자리를 대신할 수 있었던 것으로 이해된다.[42] 天草本平家의 존경표현 중 가장 특징적인 「なさる」형도 앞서 언급한 것처럼 조동사 ラルル에 의해 만들어진 새로운 형태의 존경표현이다. 이는 「なさる」에서 보듯 조동사 ラルル가 모든 동사에 제한 없이 사용가능하다는 장점도 또한 인정된다. 「あり」・「なり」형 존경표현이 모음연속이라는 불완전한 음운적인 문제와 「漢語尊敬語+なる」라는 어휘적 제한이 있었던 것과는 대조적이다.

조동사 ラルル에 의한 존경표현의 확대 요인을 다음과 같이 정리하고자 한다.

---

42) 박(2008)에서는 조동사 「(ら)れる」의 존경용법의 발생에 대해 '자발' 용법과의 관계에서 발생하였다는 것을 기술하고 있다.

(a) 「あり」・「なり」형 존경표현의 사용상의 제약과 「たまふ」형 존경표현의 쇠퇴로 인한 새로운 존경표현의 필요성 대두.

(b) 조동사 ラルル에는 「あり」・「なり」형을 대신할 수 있는 「なる」형 언어 특유의 의미적 특징을 공유하고 있었다.

(c) 12세기 초부터 인정되는 존경용법이 히라가나전용의 문학작품^{仮名文学作品}이 주류를 이루던 시기에는 그다지 사용되지 않던 것이 구어체 자료에 대량으로 표출되었다. 즉, 문체의 특성상 얼굴을 내밀지 못하고 일상 언어활동에서 사용되던 표현이 환경이 갖추어지면서 표면에 드러난 것이다.

天草本平家에서 확인되는 ラルル에 의한 이중경어표현이 이전부터 사용되던 용법이라는 것을 생각하면 ラルル가 중세일본어에 갑자기 등장한 것이 아니라는 것을 이해하게 될 것이다.

2.7. ラルル에 의한 이중경어 표현

한세진(2005)에서는 이중경어 표현을 〈일반동사 + サセラルル〉형과 〈존경동사 + ラルル〉형으로 대별하고 각각의 유형에 대한 검토를 하고 있다. 특히 〈존경동사 + ラルル〉형의 예로서는 「仰せらる」「召さるる」「聞こし召さるる」「御覧ぜらるる」「思し召さるる」「知ろしめさるる」를 들고 있다. 여기에서는 가장 사용빈도가 높은 「仰せらる」와 이형태가 공존하는 「御覧ぜらるる」, 그리고 「サセラルル」형에 대해 기술하고자 한다.

2.7.1. 「仰せらる」

「仰せらる」는 일찍이 히라가나전용 문학작품⁴³⁾에도 보이는 어형으로

기본동사「おほす」는 이미「宣命」에「仰せたまふ」형으로 사용되고 있다.[44)]
「仰せたまふ」〉「仰せらる」의 변화로 보아도 좋을 것이다. 히라가나전용
문학작품에 사용되는「仰せらる」는 최고위 신분인 '帝' 이외 인물의 행위
에 대해 경의를 표하는 경우와, 친한 친구에게 사용되고 있다.「仰せらる」
는 그 외「思さる」등과 함께 전체적으로 가벼운 경의를 나타내는 ラル
에 의한 이중존경으로 사용되고 있었음을 확인할 수 있다.[45)]

히라가나전용 문학작품에도 그 예를 찾아볼 수 있는 이중경어「仰せら
る」는 覚一本平家 55例, 天草本平家에 56例 사용되었다.[46)] 존경의 대상
인물은 다음의 [표 3]과 같다.

---

43) 繕ふべき所、所の預り、いま加へたる家司などに仰せらる。(源氏・松風2・401)
44)「勅りたまひ於保世給ふ御命」(第四五詔 神護景雲三年十月朔 称徳天皇)
45) 박종승(2008)
46) 〈おほせらる〉6例
　　大納言(巻2、192/14)、大臣殿(清盛)(巻7、102/9)、左大臣(藤原頼長)(巻4、327/
　　1)、(年功を積んだ)老人(巻5、343/8)、上皇(巻10、301/8)、鎌倉殿(巻12、389/12)
　　〈仰らる〉48例
　　鎌倉殿(巻12、389/12、14)、祇王(巻1、100/6)、(後白河)上皇(巻1、114/5)、清盛
　　(巻1、118/13)、関白の母北の方(巻1、131/15)、上皇(巻2、153/1)、清盛(巻2、
　　157/13)、重盛(巻2、175/13)、小松殿(巻2、181/16)、成経(巻2、185/14)、大納言
　　(巻2、191/4)、大納言(巻2、193/1、7)、清盛(巻3、242/12)、上皇(巻4、276/3)、
　　右大臣(巻4、328/3)、(年功を積んだ)老人(巻5、343/5、7、9)、大菩薩(巻5、343/
　　8)、大明神(巻5、343/8)、大菩薩(巻5、344/4)、大明神(巻5、344/4)、始皇(巻5、
　　349/4)、義仲(巻6、403/4)、清盛(巻6、404/3)、大臣殿(巻7、102/9)、大臣殿(巻7、
　　110/15)、大臣殿(巻7、112/14)、大臣殿(巻7、114/13)、(115/5)、法皇(巻8、152/
　　4)、松殿(巻8、162/9)、大臣殿(巻9、190/10)、小宰相(巻9、231/6)、維盛(巻10、
　　285/12)、上皇(巻10、298/3)、上皇(巻10、301/5)、大臣殿(巻11、334/5)、大納言
　　時忠(巻11、356/9)、鎌倉殿(巻11、363/12)、頼朝(巻11、364/7)、鎌倉殿(巻11、
　　368/5)、鎌倉殿(巻12、389/12)、鎌倉殿(巻12、389/15)、頼朝(巻12、406/6)、平家
　　小松三位中将の北の方・六代の母上(巻12、407/13)
　　〈仰せらる〉1例　祇王(巻1、106/4)、〈仰せられ候〉3例　頼朝(巻12、386/7)、兵衛
　　佐殿(巻10、263/8)、鎌倉殿(巻10、264/5)

[표 3] 존경의 대상

尊敬の対象	覚一本平家	天草本平家
天皇・上皇・法皇・若宮・女院・一の宮	8	33
清盛・頼朝・北の方	22	9
左右大臣・内大臣・大納言・北の方	15	14
神仏	4	
祇王	2	
(年功を積んだ)老人	4	

「仰せらる」의 존경대상은 覚一本平家와 天草本平家 모두 최고위신분과 고급관료이다. 見野(1968)에 의하면 「仰せらる」는 『保元物語』와 『平治物語』에서 최고신분인 法皇, 上皇, 天皇, 女院, 親王 등에 사용된 예가 18번, 関白, 左大臣, 右大臣, 内大臣 등 고급관료에 5차례 쓰였음을 보고하고 있다. 이는 「仰せらる」가 최고위 신분의 인물에 대한 「宣う」계열의 존경어였음을 의미한다. [표 3]에 의하면 天草本平家가 覚一本平家보다 帝를 포함한 최고위 신분에 대한 존경표현의 비중이 높게 나타나고 있다. 세부적인 사용 내역을 보면 전체 80% 이상이 法皇이다. 한편, 「仰せ+動詞」+ ラル」형의 이중경어는 天草本平家에서만 보인다. 예를 들면, 「仰せ出さる」「仰せかけらる」「仰せつけらる」「仰せ遣はさる」「仰せ下さる」등이 그것이다.

2.7.2. 「御覧ぜらるる」

한세진(2005)에서는 「御覧ぜらるる」가 4건으로 보고되고 있으나 필자의 조사에 의하면 8건이다. 「御覧ぜらるる」는 「御覧ず」계열의 이중경어로 天草本平家에는 이형태異形態인 「ごらうぜらるる」와 함께 다용되고 있다. 覚一本平家에서는 「御覧ず」가 일반적이다. 「御覧ぜらるる」는 「御覧ず」보다는 존경도가 높지만(그 대상은 関白) 「御覧なさる」보다는 낮다. 「御覧ぜらるる」는 覚一本平家의 「見給ふ」에 대응하는 표현이며, 「御覧なさる」는 「叡覧あり」에 대응되는 최고 수준의 존경표현이다. 覚一本平家와 天草本平家의 「御覧ず」계열의 존경표현 분포와 그 대상은 다음과 같다.

[표 4] 「御覧ず」계열의 覚一本과 天草本의 존경표현 분포와 그 대상

대상	覚一本			天草本		
	御覧ず (9例)	御覧ぜらる (1例)	御覧なさる (0例)	御覧ず (2例)	御覧ぜらる (8例)	御覧なさる (4例)
帝, 왕족	2	1			4	2
法皇	2					1
鎌倉殿、木曾					3	1
平家、一族	4			1		
成親卿、一族				1		
俊寛僧都	1				1	

天草本平家의 「御覧ぜらるる」가 최고위 신분의 인물에 대한 존경표현의 내용은 다음과 같다. 첫 번째가 忠盛가 帝에게 무례하게 굴고 있는 장면에서이다. 나머지는 后에게 1例, 宮에게 2例 사용되었다. 그리고 俊寛僧都에게 1例가 있는 것은 有王가 俊寛僧都를 애도하는 장면에서이다. 따라서 天草本平家의 「御覧ぜらるる」는 최고위 신분의 인물을 포함하여 당대의 최고관료에 대한 존경표현으로 사용되었다고 볼 수 있다.

2.8. 「V + サセラルル」형 존경표현

ラルル에 의한 이중경어의 경우, 〈경어동사 + ラルル〉형식 이외에 天草本平家에는 〈일반동사 + サセラルル〉형의 이중경어표현이 다용되고 있다.

〈V＋サセラルル〉형 이중존경표현은 선행동사에 제한이 없는 만큼 일반적으로 사용되었으며, 그 존경의 대상 또한 광범위 하다. 존경 대상은 위로는 帝王으로부터 아래로는 전령^{都の使い}에 이르기까지 신분의 폭이 넓다. 卷1의 예에서 사용동사를 살펴보면 다음과 같다.

> 驚かせらるる、呼ばせらるる、出ださせらるる、生れおちさせらるる、ならせらるる、参らせらるる、おおせあはせらる、おぼしめしたたせらるる、きはめさせらるる、なやませらるる、とどめさせらるる、もれさせらるる、捨て果たさせらるる、住ませらるる、まさらせらるる、送らせらるる、帰させらるる、召させらるる

참고로 상기의 「召させらるる」와 같은 표현은 3중 경어에 해당된다.

2.9. 정리

覚一本平家와 天草本平家의 존경표현 양식에서 두드러진 차이는 「たまふ」형과 「なり」형의 소멸과 「あり」형의 쇠퇴, 그리고 「なさる」형을 포함한 ラルル형에 의한 생산적인 존경표현의 확대이다. 이와 같은 현상은 한마디로 조동사 ラルル의 생산적인 기능의 확대로 볼 수 있다.

ラルル형 존경표현의 확대는 「あり」형의 음운적인 제약, 「なり」형의 접속 어휘의 제약, 「たまふ」의 소멸과 함께 필요에 의한 기능 확대로 생각할 수 있겠다. 정리하자면 다음과 같다.

① 「あり」・「なり」형 존경표현의 사용상의 제약과 「たまふ」형 존경표현의 쇠퇴로 인한 새로운 존경표현의 필요성이 대두되었다.

② 조동사 ラルル에는 「あり」・「なり」형을 대신할 수 있는 「なる」형 언어 특유의 의미적 특징을 공유하고 있었다.

③ 12세기 초부터 인정되는 존경용법이 히라가나전용의 문학작품이 주류를 이루던 시기에는 그다지 사용되지 않던 것이 구어체 자료에 대량으로 표출되었다.

위와 같은 요인에 의해 ラルル형 존경표현이 증가했다고 볼 수 있다. ラルル형에 의한 이중경어표현도 이와 같은 맥락에서 이해될 수 있을 것이다. 즉, 경의도가 떨어진 존경어에 가벼운 경의를 나타내는 조동사 ラルル를 첨가함으로써 전체적으로 경의도를 높일 수 있고, 「たまふ」형 존경표현의 소멸로 「サセタマフ」와 같은 이중경어를 대신할 수 있게 된 것이다.

중세구어체 자료에 다용되는 ラルル형 존경표현은 현대에 이르기까지 그 세력을 확대하여 변함없이 가벼운 경어표현에 사용되고 있다.

제3절 가능용법의 양상

3.1. 〈가능〉의 의미

3.1.1. 자동사의 〈가능〉함의

현대어의 가능동사 「分かる」는 4단과 하2단 타동사 「わく別・分」에 대한 하2단 자동사였던 것이 17세기가 되어 ラ행 5단 가능동사로 쓰이게 되었으며, 「知れる」를 대신하게 된다. 이와 같은 가능을 〈자연가능〉이라 부른다. 고대일본어의 가능표현은 영어의 can처럼 주어의 능동적 동작에

의한 〈능력가능〉을 나타내지는 않는다.

고대어에는 이미 기술한 바와 같이 〈자연생기〉를 나타내는 [-ゆ어미동사가 있다☞1장]. 현대어의「見える」「聞こえる」가 고대어「見ゆ」「聞こゆ」를 계승하고 있다. 이들 동사는 주체의 지각능력을 나타내며, 〈가능〉의 의미를 함의하고 있다. 가능을 나타내는「見える」「聞こえる」의 문구조는 다음과 같이 표시할 수 있다.

[N1 {に/には/は}　N2　が　V]

이 구조가 분명히 주체가 갖는 능력을 나타낸다고 할 수 있는 것은 다음의 N1 주체가 유정물인 경우, N2가 眼, 耳와 같은 감각 기관 그 자체를 나타낸다.

a. 太郎には視力検査表の一番下の字までもが見える。
b. 犬には人間よりも遥かに小さな音でも聞こえる。

이와 같이 인간에게 생득적으로 부여된 능력을 나타내는「見える」「聞こえる」에는 가능의 뜻이 내포되어 있어서 주체의 의지에 의해 영향을 받지 않기 때문에 ラレル나「~ことができる」와 같은 표현형식과 공기할 수 없다. 상기의 유대자동사도 〈가능〉을 함의하며, 의지성에 따라 영향을 받지 않기 때문에 가능표현과 공기하지 않는 특징이 있다.

3.1.2. 자발적 가능

자동사의 〈가능〉 함의와 함께 조동사 ラル의 〈자발〉과 〈가능〉의 관계는 밀접하다. 다음의 예를 살펴보자.

(1) 前栽の花、色々咲き乱れ、おもしろき夕暮れに、海見やらるる廊に出で給
　　ひて、たたずみ給ふ御さまの、ゆゆしう清らなるに、所がらは、ましてこ
　　の世の物とも、見え給はず。(源氏物語・須磨)
　　[정원의 꽃들이 화려하게 흐드러지게 피고, 정취 넘치는 석양에, 멀리
　　바다가 보이는 회랑에 나와서 서성이는 모습이 불길할 정도로 아름다
　　워 장소가 장소인 만큼 더더욱 이승의 자태라고는 믿기지 않는다]

　회랑에서 자연적으로 바다가 보인다는 뜻이라면 단순한 〈자연생기〉의
표현이지만, 「見やる」란 그 방향으로 시선을 보낸다는 의미이기 때문에
이 표현은 바다를 볼 수 있는 회랑으로도 해석가능하다. 즉, 「見やらる」
는 의지발동을 주체가 선택하면 필연적으로 행위 「見やる」가 실현되기
때문에 남녘으로 저 멀리 아득히 들판까지도 보려고 하면 볼 수 있다는
〈성취가능〉이다. 그러나 한편으로는 회랑에 서서 눈길을 돌리면(주면) 바
다가 시야에 들어오는 장소로서 이 장소성이 그곳에 서는 사람으로 하여
금 「見やる」 할 수 있는 가능성을 부여하는 상황에 이끌려 생기하는 〈상
황가능〉으로도 해석된다.
　다음의 예도 〈가능〉과 〈자발〉 양쪽 모두 해석 가능한 경우이다.

(2) いといたく荒れて人目もなくはるばると見渡されて木立いとうとましくもの古
　　りたり。(源氏・夕顔) [날씨가 상당히 거칠어 보는 눈도 없고, 저 멀리
　　보이는 나무들이 음침하기까지 해서 조금 예스럽기까지 하다]
(3) たちまちに、この世を去らんとする時にこそはじめてすぎぬる方のあやまれる
　　ことは知らるれ。(徒 然草,49段) [이제 막 이승을 떠나려고 할 때 비로
　　소 지난날의 잘못은 알게 되는 법이다]

(2)와 (3)의 「見渡さる」「知らる」는, 「人目もなく」「この世を去らんとする時」라는 상황이 〈너른 시야〉와 〈잘못을 깨닫는〉 것을 가능하게 한다. 다음의 「見入れらる」는 〈가능〉〈자발〉〈수동〉 그 어느 쪽으로도 해석이 가능한 상당히 모호한 표현이다.

(4) 隙見ゆるに、寄りて西ざまに見通し給へば、このきはに立てたる屛風も、端の方おし畳まれたるに、まぎるべき几帳なども、暑ければにや、うちかけていとよく見入れらる。(源氏・空蟬)

[틈새로 보여서 다가가 서쪽을 보니 이쪽 경계에 세워 둔 병풍도 가장자리에 접혀있어서 공간을 나누는 휘장도 더워서 인지 걷혀있어 매우 잘 들여다보인다]

吉田(2013)에서는 상기 「見入れらる」를 긍정가능의 예로 해석하고 있다. 그것은 화자의 「望み」(=寄りて見通し給へば)가 인정되기 때문인 것으로 설명하고 있다. 그러나 상기 예문은 내부를 보이지 않게 하려고 세워둔 병풍과 쳐놓은 휘장[几帳]이 각각 한쪽 자락이 접혀있거나 걷어져 있어서 실내가 잘 보인 것으로도 해석할 수 있다. 「見入る」는 의지동사이지만 조동사 ラル가 접속하여 전체적으로 무의지동사 즉 자동사취급을 할 수 있다. 그것은 현대일본어의 무대타동사에 조동사 ラレル를 접속하여 자동사를 구성하는 것과 다르지 않다. 고대일본어에서도 타동사 「忘る」에 ラル를 접속하여 자연적으로 잊힌 것을 나타내는 경우가 있음을 이미 서술하였다. 다음의 사례도 〈수동〉과 〈자발〉, 또는 〈가능〉으로 해석되는 경우가 있다.

(5) まだ暁より足柄を越ゆ。まいて山の中の恐ろしげなること言はむかたなし。雲

は足の下に踏まる。(更級日記) [아직 날이 밝기 전에 足柄를 넘었다. 산속이 산기슭보다 무서운 것은 두말할 필요 없다. 구름은 발밑에 밟힌다(구름이 발밑에 있을 정도의 높이)].

만약, 〈수동〉의 의미로 파악한다면 비정 주어에 의한 수동문의 사례가 될 것이다. 비정 주어 수동문은 고대일본어에 없었던 것은 아니다. 다음의 예를 보도록 하자.

(6) 「けふ雪の山作らせ給はぬところなんなき。御前のつぼにも作らせ給へり。春宮にも弘徽殿にも作られたりつ。」(枕・83단)

(7) 常の御念誦堂をばさるものにて、ことに建てられたる御堂の西の対の南にあたりて、(源氏・賢木)

「雪の山(が)(人によって)作られる」, 「御堂(が)(人によって)建てられる」라는 수동문 구조이다. 이것은 「人が雪の山を作る」「人が御堂を建てる」라는 능동문에 대응된다. 당해 「踏まる」는 "AはBに~(ら)れる" 구조라는 점에서 수동문의 구조를 갖추고 있지만, 상기 두 예문과는 조금 다른 구조를 하고 있다.

雲は(私の)足の下に踏まれる ↔ ?私の足の下が雲を踏んだ

당해 사례와 유사한 현대어의 비정 주어 수동문을 하나 더 예로 들겠다.

タイルが生徒の足に踏まれる ↔ 生徒がタイルを足で踏む
雲は(私の)足の下に踏まれる ↔ ?(私は)雲を足下で踏んだ

따라서 「雲は足の下に踏まる」는 비정 주어 수동의 의미로는 해석할 수 없다. 다음의 현대어 예문을 보자.

カトマンズの街が足元に広がる[47]

朝の静寂な空気の中、足元に広がる朝靄の世界[48]

「カトマンズ」와 「朝靄」 모두 「足元^{발밑}」에 펼쳐지는 광경이다. 따라서 「雲は足の下に踏まる」의 「踏まる」도 「広がる」와 같은 자동사적 역할을 하고 있다고 볼 수 있다.

〈자발〉과 〈가능〉의 구별에서 〈가능〉은 의지발동을 전제로 한다. 이것이 〈자발〉과의 차이이다. 〈자발〉은 의지발동 없이 저절로 사태가 생기하는 것이다. 그러나 〈가능〉이 의지발동만으로 되는 것은 아니다. 〈가능〉을 유도하는 것은 설령 그것이 의지발동을 전제로 한다고 하지만 〈상황〉이 갖추어지지 않으면 〈가능〉은 성립되지 않는다.

3.2. 부정과 긍정표현에 의한 〈가능〉

3.2.1. 부정표현에 의한 〈(불)가능〉

고대일본어의 ラル에 의한 〈가능〉은 대부분이 부정의 술어형태를 취하여 〈불가능〉용법이 먼저 나타나고, 긍정서술에 의한 〈가능〉표현은 나중

---

47) https://www.tripadvisor.jp/ShowUserReviews-g293890-d2018892-r536846927-Swayambhunath_Temple-Kathmandu_Kathmandu_Valley_Bagmati_Zone_Central_Region.html. 2018.02.24

48) http://www.jkokusai.co.jp/news/post-137.php. 2018.02.24

에 나타난다. 조동사 ラル에 의한 〈가능〉 용법은 부정술어의 경우에 한정된다고 해도 과언이 아닐 정도이다. 이와 같은 경우, 〈자발〉과 〈가능〉의 경계가 모호한 경우가 많다. 따라서 부정표현에 의한 〈불가능〉의 용법은 〈자발〉의 부정과 의미적으로 미분화된 경우가 많다.

(8)「二千里外故人の心」と誦じ給へる、例の涙もとどめられず。入道の宮の、「霧や隔つる」とのたまはせしほど言はむ方なく恋しく折々のこと思ひ出で給ふによよと泣かれ給ふ。(源氏・須磨)
["2천리 밖 옛사람의 마음"하고 소리를 내어 읊조리니, (주변사람들은) 언제나 그러했듯 눈물을 그치지 못하고 있다. 入道님이…]

(8)은 어떤 〈상황〉으로부터 사람들이 영향을 받아, 〈울지 않으려고 해도 눈물을 멈출 수가 없는〉 것을 나타낸다. 즉 주변 사람들은 예의 눈물을 그칠 수가 없었다는 것이다. 눈물은 주체의 의지에 의해 어떻게 되는 것이 아니기 때문에 심적인 의지—눈물을 그치려고 하는— 만 인정된다. 심적 의지를 발동해도 사태가 실현되지 않는다는 점에서 〈불가능〉의 의미로 해석된다.

(9)桐壺には、人びと多くさぶらひて、おどろきたるもあれば、かかるを、「さも、たゆみなき御忍びありきかな」とつきしろひつつ, そら寝をぞしあへる。入りたまひて臥したまへれど、寝入られず(源氏・花宴) [키리츠보 마마 쪽에는 많은 사람들이 시중을 들며, 눈을 부릅뜨고 있는 자도 있어서 이처럼 몰래 잠입하는 것을, "어머 잠행도 열심히시네요"라며 서로 콕콕 찌르며, 자는척한다. 들어가서 눕지만 잠이 오지 않는대잠을 잘 수 없다.

「伏したまへれど(=横になられたが, 자기위해 누워보지만)」에 의해 알 수 있듯이 「寝入る」희망은 있는 것으로 파악된다. 그리고 사태는 이미 실현, 즉 잠을 잘 수 없는 상태＝^{眠ることができない}가 실현된 것이다. 수면상태를 실현시키고자 하지만 실현할 수 없는 상태가 〈자발〉의 부정으로서의 〈불가능〉의 의미로 해석될 수 있다.

(10) しばしかなでて後、(頭ニ被ッタ足鼎ヲ)抜かむとするに、おほかた抜かれず。酒宴こと醒めて、いかがはせむと惑ひけり(徒然草、53단) [잠시 춤을 춘 뒤, (머리에 뒤집어 쓴 삼발이 용기를) 벗으려 했지만 좀처럼 벗겨지지 않는다/벗을 수 없다. 연회도 흥이 깨어져 어떻게 할지 몰라 곤혹스러웠다]

「(鼎を)抜く」행위를 통한 의지발동이 확인되며, 사태를 실현시키고자 실제로 행동에 옮겼지만^{노력했지만}, 실현할 수 없었다는 뜻을 나타내는 〈불가능〉이다.

(11) よなかあかつきと言はず、御心に従へる者のこよひしもさぶらはで、召しにさへおこたりつるを、憎しとおぼすものから、召し入れて宣ひ出でむことのあへなきに、ふとものも言はれ給はず。(夕顔) [한밤중, 새벽 불문하고, 源氏의 의향을 따르고 있지만 오늘밤은 시중들지 않고, 호출에도 태만했던 것을 마음에 들어 하지 않으셨지만 불러들여서 이제부터 이야기할 것에 대해서도 의욕이 없어서 금방 무슨 말을 시작할 수 없다]

「物もいはれず(말도 안 나온다/뭐라 할 수가 없다)」란, 「言おうとしても言葉が口をついて出てこない(말하려고 해도 입이 떼이지 않는다)」이며, 각각 「宣は

むことのあへなき(말씀하시고자 하는 의욕 없음)」,「あな心憂と思ふ(아이고 한심해라)」라는 표현처럼 심정에 끌린 〈불가능〉이다. 즉, 무슨 말을 하려고 해도 그럴 기분이 나지 않는다는 뜻이다.

하2단의 「寝」동사는 조동사 ラユ를 결합하는 「寝らゆ」가『万葉集』에 8건이 사용되었는데 「眠の寝らえぬ」형의 부정술어의 정형구로 사용되었다.

    (12) 大和恋ひ眠の寝らえぬに心なくこの州崎廻に鶴鳴くべしや(万1/71)

    (13) ほととぎすいたくな鳴きそひとり居て眠の寝らえぬに聞けば苦しも

        (万8/1484)

    (14) 心なき秋の夜の物思ふと眠の寝らえぬに照りつつもとな(万10/2226)

    (15) このころの眠の寝らえぬはしきたへの手枕まきて寝まく欲りこそ

        (万12/2844)

    (16) 妹を思ひ眠の寝らえぬに暁の朝霧隠り雁がねそ鳴く(万15/3665)

    (17) 妹を思ひ眠の寝らえぬに秋の野にさ雄鹿鳴きつ妻思ひかねて(万15/3678)

    (18) 夜を長み眠の寝らえぬにあしひきの山彦とよめさ雄鹿鳴くも(万15/3680)

    (19) 秋の夜を長みにかあらむなぞここば眠の寝らえぬもひとり寝ればか

        (万15/3684)

(12)~(19)의 「眠の寝らえぬ」의 원인으로 각각 _____부의 〈서울(집)이 그리워〉, 〈가을밤의 근심〉, 〈껴안고 자고 싶은 마음〉, 〈사랑하는 이가 그리워서〉, 〈긴 밤의 사슴 울음〉, 〈홀로 자는 쓸쓸함〉이 작용하고 있다. 자연스럽게 수면상태로 접어들지 못하는 것은 이와 같은 이유에서이다. 잠을 청하는 의지는 있었으나 주변의 상황으로 인해 수면상태에 들지 못한 측면을 고려하면, 〈자발〉의 부정으로서의 〈불가능〉으로 해석된다.「独り寝のさびしさ」혹은「物思い」가 잠을 청해도 잠을 잘 수 없는 상황이며,

자려고 하는 의지발동에도 불구하고 심정에 끌려 육체적으로 수면상태가 발생하지 않는 것이다. 다음의 예도 「恐ろしくて(두려워서)」, 「おもほしいづる事多くて(이것저것 생각이 많이 나서)」가 원인으로 작용하여 「寝も寝られず(잠을 잘 수 없는)」, 「まどろまれ給はず(졸 수 없는)」 상태가 되는 것을 나타낸다.

(20) 庵なども浮きぬばかりに雨降りなどすれば恐ろしくて寝も寝られず

(更級日記)

(21) ましておもほしいづる事多くてまどろまれ給はず。(源氏・若紫)

끝으로 (22)의 「寝らるべくもあらず」도 〈자발〉의 부정표현에 의한 〈불가능〉 용법으로 해석된다.

(22) おくへもいらでやがてはしにふしたれば、つゆねらるべくもあらず、人はみなうちとけねたるに、そのことと思ひわくべきにあらねば、つくづくとめをのみさまして(和泉式部日記) [안에도 들어가지 않고 그대로 구석에 누웠지만 도무지 잘 수도 없다. 시녀들은 모두 편히 자고 있는데 불면의 특별한 원인도 없어서 곰곰이 생각에 잠겨 눈만 말똥말똥]

「臥す」 행위를 통해 「寝る」를 의도했지만 실현되지 않았다는 의미에서는 (불)가능용법으로도 취할 수 있겠지만, 여기서의 「寝る」는 「眠る」 즉 수면상태로 들어가는 것을 의미하기 때문에 「寝らゆ」와 마찬가지로 수면상태가 되지 않는 것으로 해석할 수 있다.

3.2.2. 긍정표현에 의한 〈가능〉

일반적으로 ラル는 9~12세기에는 부정가능을 나타내는 용법만 인정되며, 12~15세기가 되어서 비로소 긍정가능을 나타내는 용법이 인정된다고 한다. 그러나 吉田(2013)에서는 12세기 전에 이미 긍정가능이 있었다는 것을 사태의 실현 유무라는 관점에서 논하고 있다.

吉田(2013)에서는 ラル의 긍정가능을 다음과 같은 기준을 설정하여 분류하고 있다. 즉, 「望みの有無」희망유무, 「実現の有無」실현유무, 「実現の仕方」실현방법에 따라서 〈자발〉과 〈가능〉으로 분류된다.

"희망유무"는 사태를 실현시키고자 하는 희망이 있느냐 없느냐라는 관점이며, "사태실현"을 희망하는 경우 〈가능〉, 없는 경우 〈자발〉로 분류한다. "실현방법"은 "사태실현"이 의지적—사태를 실현시키고자 자율적으로 동작을 행하여 실현하는—인가, 비의지적—사태실현을 위해 스스로 노력하지 않고 타율적으로 실현하는—인가라는 관점이다. 이것을 표로 나타내면 다음과 같다.

[표 1] 吉田의 〈자발〉과 〈가능〉의 구분

用法	望み	実現	実現の仕方	時期
A 自発	無	有	非意志的	中古
B 既実現可能	有	有	非意志的	
C 既実現可能	有	有	意志的	中世
D 未実現可能	有	無	―	近世

(吉田2016:50)

이하, 吉田에서 긍정가능의 예로 들고 있는 사례를 검토하기로 하겠다. 긍정가능이 나타나는 것은 일반적으로 『徒然草』라는 것이 통설이지만 吉田는 『源氏物語』에 이미 존재한다고 주장하고 있다.

(23) 隙見ゆるに、寄りて西ざまに見通したまへば、この際に立てたる屏風も
　　　 端の方おしたたまれたるに、紛るべき几帳なども暑ければにや、うち掛
　　　 けていとよく<u>見入れらる</u>。　　　　　　　　（空蟬、p.86, [川村大1993]）

(24) 旅のいはやなきとこにも<u>寝られ</u>けり草の枕に霜は置けども

　　　　　　　　　　　　　　　　　（拾遺和歌集、p.356, [西田直敏1964]）

(25) (中君)「なほえこそ書きはべるまじけれ。やうやうかう<u>起きゐられ</u>などしは
　　　 べるが、げに限りありけるにこそとおぼゆるも、うとましう心憂くて」

　　　　　　　　　　　　　　　　　　　　　（椎本、p.1564, [川村大2005]）

　吉田(2016)은 (23)의 경우 내부를 들여다보려고 다가갔기 때문에 「見入
る」할 "희망"이 있는 것으로 해석하였다. 그러나 사태의 실현은 자율적이
지 않고 상황—병풍 등 방해하는 것이 없어서—에 의해 실현되었다. 예
문 (24)와 (25)도 사태 실현의 "희망"이 있는 것으로 해석하고 있다. 그리
고 (24)의 「寝」는 의지적으로 제어가 되지 않는 작용이므로 자신도 모르
는 사이에 잘 수 있었다는 것을 나타낸다. (25)는 자율적으로 실현된 것
처럼 보이지만 노력을 해서 실현된 것이 아니라 최근의 경향으로서 뜻하
지 않게 「起きゐる」상태가 실현되었다고 보고 있다. 이 시기의 ラル 용법
은 모두 비의지적으로 실현되는 사태를 나타낸다.

　(23)의 「見入れらる」는 화자의 입장에서 보면 〈가능〉으로도 해석되지
만 대상이 시야에 들어오는 것으로 해석하면 〈자발〉로도 받아들여진다.
즉, 「다가가서 서쪽 방향으로 시선을 돌리자 방해물(병풍과 휘쟁)이 없어서
잘 보이」는 것이다.

　〈Aばいとよく B〉라는 구문에서 A가 무의지표현이면 B는 무의지 또는
의지, A가 의지표현이면 B는 무의지표현이 온다. 다음은 『源氏物語』에
서 발췌한 것이다.

(26) 恥づかしげに<u>しづまりたれば</u>、うち<u>出で</u>にくし。(帚木、106)

(27) おほかた心やすくをかし<u>心ざまなれば</u>、上にいとよくつき<u>睦びきこえた</u>
  <u>まへれば</u>(薄雲、435)

(28) わが御心ながらも、ゆくりかにあはつけきことと<u>思し知らるれば</u>、いとよく
  <u>思し返し</u>つつ(胡蝶、188)

(29) 京はおのづから<u>広き所なれば</u>、市女などやうのもの、いとよく<u>求め</u>つつ率て
  <u>来</u>。(玉鬘、127)

(30) あだめきたるところなく<u>おはすれば</u>,いとよく<u>念じて</u>(少女、28)

(31) 常に<u>書きかはしたまへば</u>、わが御手にいとよく<u>似て</u>、(賢木、118)

(32) もの憎みはいつならふべきにかと<u>怨じたまへれば</u>、いとよくうち<u>笑みて</u>
  (澪標、291)

(33) すこし立ち出でつつ<u>見わたし給へば</u>、高き所にて、ここかしこ僧坊どもあら
  わに<u>見おろさる</u>。(若紫)

(34) <u>暗ければ</u>こまかには<u>見えねど</u>(少女、61)

「무의지－의지」가 (26)~(29), 「의지－무의지」가 (30)~(33), 「무의지－
무의지」가 (34)이다. 따라서 (23)의 「見入れらる」는 A의 「見通したまへば」
라는 의지표현이 있기 때문에 무의지표현이어야 한다. 조건표현을 나타
내는 조사 「ば」는 순접의 접속조사로서 확정조건 또는 (23)의 경우처럼
우연의 조건 절을 구성한다. 「見通しなさったら~見入れられる」라는 표현
으로, 「見入れらる」는 가능표현이 될 수 없다.

한편 (24)의 「寝らる」는 11세기 초의 작품『拾遺和歌集』에 나오는 표
현으로, 8~12세기^{794~1192}에 부정을 동반하지 않은 가능용법의 사례로 자주
거론되는 시가이다. 이것은『徒然草』의 「住まる」와 유사하다.

(35) 家の作りやうは夏をむねとすべし。冬はいかなる所にも住まる。

(徒然草、55단)

「住まる」를 "겨울은 어떠한 곳에서라도 살 수 있다"로 해석하면, 〈가능〉용법이 된다. 그러나 『徒然草』의 이 부분은 집을 지을 때는 여름을 대비하여 지어야 한다는 것을 표현한 내용이다. 즉, 습기가 많고 더운 기후의 주택은 여름을 대비하여 통풍이 잘되는 시원한 집을 지어야 한다는 것이다. 겨울은 어떻게든 지낼 수 있다는 뜻이다. 이 겨울은 어떻게든 지낼 수 있다는 것은 언어주체의 〈능력〉이 아니며, 기후 조건 또는 난방 도구^{囲戸裏}라는 부대상황에 의해 가능하다는 것이다. 따라서 겨울은 어떻게든 살면 살아진다는 〈자발〉로도 해석가능하며, 〈가능〉의 의미로 취할 경우에도 비의지가능이 된다. 다시 (24)로 돌아가서 「寝らる」를 검토하기로 하자. 초구 「旅のいはやなきところ(여행에서 동굴도 없는 곳)」의 「いはや」는 「岩屋(동굴)」와 「寝は屋(침실)」의 중첩적인 의미로 쓰였다. 따라서 초구를 「旅の寝は, 屋なき床にも(여행에서의 잠은 지붕이 없는 침상에도)」로 풀어 쓸 수 있다. 〈여행지에서의 잠은 잘 곳이 마땅하지 않아도 잠이 잘 든다/온다〉로 해석하면 〈자발〉의 의미, 〈잘 잘 수 있다〉로 해석하면 〈가능〉용법이 된다. 그러나 이때의 〈가능〉도 비의지가능이다. 즉 잠자리가 마땅치 않아도 잠을 청하면 수면 상태가 실현된다는 것이다.

(25)의 「起きゐられなどしはべるが」는 〈자리에서 일어나 앉아 있을 수 있기는 하지만〉이라는 의미이다. 「起きゐる」는 동작이 아니라 상태를 나타낸다. 다음의 「ゐる」도 앉아 있다는 의미로 쓰였다.

(36) 明日明後日と思へば、心あわたたしく急がしきに、こなたにも心のどかに
ゐられたらずそそめき歩くに(東屋)[혼례가 내일 모레라고 생각하니 마

음이 안정이 되지 않고 불안하여 여기서도 느긋하게 앉아 있을 수 없어서 안절부절 걷고 있재

  언어주체의 의지발동의 결과 어떤 상태로 있을 수 있다는 것은 의지가 능으로 볼 수 있을 것이다. 긍정의 〈가능〉은 상황에 이끌려 생기하는 것이지 심정에서 비롯되는 것은 아니다.

> (37) 「色も香も思ひ捨ててし後、昔聞きし事も皆忘れてなむ」と宣へど、人召
> して琴とり寄せて「いとつきなくなりにたりや。しるべする物のねにつけ
> てなむ<u>思ひ出でらる</u>べかりける」(橋姫)

  (37)의 「思ひ出でらる」는 「合奏してくれる人があれば―その音に導かれて、今は忘れてしまっている物の音も我において思い出されてくる―思い出すことができる(합주해주는 사람이 있으면―그 소리에 이끌려, 지금은 잊고 있는 소리도 생각이 나다―떠 올릴 수 있다)」라는 〈가능〉의 뜻을 나타낸다. 이 경우, 「人召して琴とり寄せて(사람을 불러 거문고를 갖고 오게 해서)」라는 의지발동이 인정되기 때문에 〈자발〉의 용법이라기보다는 「合奏してくれる人があれば、思い出すことができる」라는 〈가능〉의 뜻으로 해석해야 할 것이다. 「思い出すことができる」란, 「思い出そうとすれば, 意志の方向に添って思い出されてくる―思い出すことが実現してくる(떠올리려고 하면, 의지에 따라 생각이 나는―생각나는 것이 실현되는)」를 의미한다. 심정에 이끌리는 〈자발〉이라면, 「思い出すまいとしても、ひとり出に思い出されてくる(떠올리려고 하지 않아도, 자연적으로 생각이 나다)」일 테지만, 여기서는 그런 뜻이 아니다.
  이상의 긍정표현에 의한 〈가능〉 용법을 살펴본 결과, 행위자의 능력으로 인한 〈가능〉이 아니라, 주변의 상황으로 사태가 실현되는 것을 나타

내는 〈상황가능〉의 의미라는 것을 알 수 있다. 이와 같은 의미에서의 〈가능〉 용법에 대해 조금 더 살펴보기로 하겠다.

「寝る」동사에 조동사 ラル를 접속하는 고전어^{9세기~19세기}는 CHJ에서 검색한 결과, 전체 126건이다. 긍정과 부정의 내역은, 20건과 106건이다. 10세기에서 12세기까지의 긍정표현은 다음의 4건이다. 이것이 「寝る」동사의 〈가능〉의 의미로 쓰인 가장 이른 긍정표현이다.

(38) ほととぎすの声も聞かず。もの思はしき人は、寝こそ寝られざなれ、あやしう心よう寝らるるけなるべし。(20-蜻蛉0974_00010) [고민이 많은 사람은 잠도 못 잔다는데, (그런 고민 많은 사람은 새벽녘에 밖에 울지 않는 두견새 울음소리를 들을 수 있다는데) 나는 이상하게도 너무 기분 좋게 잘 자고 있을 거야

(39) 君こふる涙のこほる冬の夜はこころとけたるいやはねらるる(20W拾遺1005_12012) [그대를 그리워하는 눈물이 얼어붙는 겨울밤은 마음 편히 잠은 어찌 잘 수 있겠는가 …]

(40) いざくらやみになりてかざさむいはやなぎたびのいはやなきとこにもねられけり(20W拾遺1005_07007) [이제 어두워졌으니 (잠)자리나 만들어 볼까 조팝나무 꽃(으로) 집 떠나 동굴이 없어도 잘 수 있도대

(41) 郭公をよめるなかぬ夜もなくよもさらに郭公まつとてやすくいやはねらるる(20W後拾1087_03004) [(뻐꾸기를 읊은 노래) 울지 않는 밤 없이 오늘밤도 뻐꾸기 기다리며 편한 잠을 어찌 잘 수 있을깨

(38)~(41)의 「寝らる」는 행위자의 잠을 잘 수 있는 〈능력〉을 의미하는 것이 아니라, 잠을 자고자 하는 의도가 이루지는 것을 의미한다. 특히 (40)의 「寝らる」는 집을 떠나 있어서 잠자리도 불편한데, 밤이슬 피할 동

굴도 아니고, 조팝나무 꽃으로 잠자리를 만들어 잠을 청하는 모습이다. 그 조팝나무 꽃 잠자리로 인하여 잠을 잘 수 있다는 〈상황가능〉을 나타낸다. (39)와 (41)은 「眠やは寝らる」라는 정형표현으로서 〈어찌 편한 잠을 잘 수 있을까〉를 나타내는 반어표현이므로 의미상으로는 부정을 나타낸다. 이후, 『新古今集』에서도 「眠やは寝らる」가 1건 사용되고 있다. 이로써 반어표현은 3건이 되어 순수 긍정표현은 17건이 된다.

> (42) かやうの物まいりには、じひをもつぱらとしてこそ、利生もあらふずれ、みればよねんもなふねらるる、ちとおこさう(40-虎明1642_04015)[그런 참배에는 온전한 자비를 베풀고 비로소 은혜도 있는 것이지 알고 보면 정신없이 잠 들었어 잠시 깨워볼까

「余念もなふ(なく)寝らる」는 깊은 잠에 빠져 잘 자는 모습을 묘사한 표현이다. 「寝らる」는 행위자의 의도가 성취된 결과 상태를 나타낸다.

> (43) 山田生が発議で、一同言合せ、煤掃同然の大掃除を行ふた。さア今夜は楽々と寐られるだらう、と安心して、一同床に就いた、が、(60M太陽1895_10049) [야마다 학생의 발의로 다 같이 입을 모아 그을음청소 같은 대청소를 했다. 이제 오늘밤은 편히 잘 잘 수 있겠지, 라며 안심하고 다 같이 잠자리에 들었지만

(43)의 「寝らる」는 청소를 했기 때문에 피곤해서 잠을 잘 잘 수 있다는 점에서 〈상황가능〉이다. 지금까지 살펴본 고대에서 근대에 이르기까지의 「寝らる」는 〈능력가능〉을 나타내지 않고, 〈상황가능〉에 사용되었다. 이와 같이 일본어의 〈가능〉용법은 대부분이 〈상황가능〉을 나타낸다.

(44) 下につけば、太なり。その下に、子の字を書きつづくれば、天子とも、太子とも読まるべし。(30-十訓1252_01021) [아래에 점을 찍으면 클 태자가 된다. 그 밑에 아들자를 이어서 쓰면 천자로도 태자로도 읽을 (힐) 수 있대

(45) 王辰爾、その羽を蒸して、袱紗のきぬにて押しければ、書けるごとくうつりて、あざやかに読まれけり。(30-十訓1252_07005) [王辰에게 그 깃털을 삶아 비단보 같은 천으로 압력을 가했더니 글씨를 쓴 것처럼 비쳐서 선명하게 읽을 수 있었대

(44)와 (45)의 「読まる」도 행위자의 능력이 아니라, 주변의 상황으로 인한 〈상황가능〉의 의미이다. 10세기부터 17세기 중엽까지 「読まる」는 34건이 사용되었다. 그 중에서 긍정의 〈가능〉용법은 모두 〈상황가능〉으로 쓰였다.

위와 같이 일본어의 전통적인 〈가능〉의 의미는 〈상황가능〉에 있다. 현대어에서도 예를 들어 어린아이가 혼자서 옷을 입을 수 있다는 것은 일정한 나이가 되었기 때문에 그러한 상황이 옷을 혼자서도 입을 수 있다고 보는 것이다. 다음의 예를 보자.

(46) 数ならば身に知られまし世の憂きを人の為にも濡らす袖かな(源氏・夕顔)

「もしも私が人並のものであったら―男女の縁のつらさを知ることができようが, 私のようなつまらないものには知ることができない」[만약에 내가 평범한 여자였더라면-부부 간의 인연의 고통(슬픔)을 알 수 있었겠지만, 나와 같은 보잘 것 없는 사람에게는 알 리가 없대라는 가상의 〈가능〉, 현실에서의 〈불가능〉을 의미한다. 이 경우에도 「数ならば[가치 있는 존재라면」라는 가상 조건(상황)

이「身を知る」하는 것을 가능하게 한다. 이 경우는 심적 행위로서의 〈가능〉의 의미를 갖는 사례이다. 다음은 신체적 행위로서의 가능의 의미를 갖는 경우이다.

(47) 春ノ暖気ナルユヘニ大クタビレガシテネラルルモノ也。(中華若木抄)
　　　[봄은 따뜻한 기운으로 나른해져서 잠을 잘 잘 수가 있는 것/잠이 잘
　　　온대]

「ネラルル」는「クタビレガシテ」라는 조건이 〈가능〉을 유도한다고 볼 수 있을 것이다. 수면상태가 되는 것이 행위자의 〈능력〉에 의해서가 아니라, 주변의 상황으로 인해 자연적으로 그런 상태가 될 수 있다는 것이다. 이와 같이 〈자발〉 용법과 〈가능〉의 용법은 구별이 쉽지 않다. 그러나 〈가능〉은 행위자의 어떠한 〈의도〉가 있고, 그것이 주변의 상황에 의해 실현되는 것을 〈상황가능〉으로 보고자 하는 것이다. 尾上(1998)은 〈가능〉을 다음과 같이 정의하고 있다.

　　動作主がその行為をしようという意図を持った場合にその行為が実現するだ
　　けの許容性、萌芽がその状況の中に存在する。(p.93) [동작주가 그 행위를
　　하고자 하는 의도를 가진 경우에 그 행위가 실현될 만큼의 허용성, 발생
　　징후가 그 상황 속에 존재한다]

예를 들어, (44)와 (45)의「読まる」의 경우, 행위자의「読む」의사가 있고, 그 "읽는" 행위가 실현될 만큼의 "허용성"과 "발생의 징후"로서 〈글자를 이어서 내리쓰다〉와 〈압력을 가했더니 글씨가 쓴 것처럼 비쳐서〉라는 조건이 "읽는" 상황 속에 존재한다.

긍정표현의 〈가능〉의 의미 중, 행위자의 실현능력을 나타내는 〈가능〉은 고대일본어의 ラル조동사 접속 동사에서는 전무하다는 것이 본서의 견해이다. 다음과 같은 ラル접속 동사의 경우, 〈가능〉 용법의 의미로 해석될 수도 있겠지만, 행위자의 능력을 나타내는 것은 아니다.

(48)　忍ばむに忍ばれぬ恋ならばつらきにつけて止みもしなまし(拾遺940) [남의 눈을 피해 숨겨서 숨길 수 있는 사랑이라면 견디기 힘든 고통도 그치기나 할 텐데]

(49)　是ほどけつかうな市の一のくひに、牛などをつなひで、見ぐるしうて見らるる物で御ざるか(40-虎明1642_01024) [이만큼 꽤나 괜찮은 시장의 하나의 말뚝에, 소 따위를 묶어서, 보기 안타까워 차마 볼 수 있겠느냐]

(50)　あの水はのむが、その時あのやうな事をみた事もなかつた、いそひでかへつて、たのふだ人に申さう、いや〳〵たのふだ人は、物ごとに念をいるる人じや程に、きて見らるる事があらふが、其時なくは、おくびやうなものじやといはれう (40-虎明1642_04013) [그 물은 마시겠지만, 그 때 그와 같은 일을 본적이 없었다, 서둘러 돌아가서, 의뢰인에게 말하자, 아니야 의뢰인은 어떤 일이든 신중한 사람이니 만큼 와서 볼 수/보시는 경우도 있을 테니, 그 때 만약 없으면, 겁쟁이라 하시겠지]

(51)　昔を今に、と思ひたまふるもかひなく、とり返されむもののやうに(柏木) ["昔を今に"라며 생각해봐도 어찌할 도리가 없고, (시간이/을)되돌려질/되돌릴 수 있을 것 같이]

　　(48)의 「忍ばれぬ」의 조동사 「ぬ」는 자연현상에 접속한다「日が暮れぬ(날이 저물었다)」. 따라서 「忍ばれる」는 「忍ばむ」이라는 의지발동을 하면 자연적으로 이루어지는(숨겨지는) 것을 나타내는 〈자발〉의 의미로 해석된다.

(49)는 차마 그냥 볼 수 없는 상황이라는 의미의 반어표현으로서, 행위자의 「見る」능력을 나타내는 것은 아니다. (51)의 「取り返さる」는 행위자에게 시간을 되돌릴 수 있는 능력이 있다는 것을 가상으로 표현하고 있거나, 〈자연발생〉을 나타낸다. (50)번의 「見らる」는 〈존경〉과 〈가능〉 양쪽으로 해석될 수 있겠지만, 〈가능〉의 뜻이라면 〈개연성〉을 의미한다. 그러나 여기서는 의뢰인이 확인하는 행위에 대한 〈존경〉 표현으로 사용되었다고 보는 것이 타당하다.

3.2.3. 〈능력가능〉

ラル조동사를 사용한 〈능력가능〉의 용법은 CHJ의 검색에서는 적어도 15세기 전에는 보이지 않는다. 17세기의 『虎明本狂言集』에 부정표현에 의한 〈능력가능〉의 사례가 있다.

> (52) 「何ノ＼あわた口の「もんじでかいてあるによつてよめぬが、めいづくしか
> (40-虎明1642_02011) [뭐야, 아와타구찌(粟田口)문자로 쓰여 있어서 못 읽겠는데『銘尽』인가]
> (53) 心中には恐悦を催し。よめぬ所もよめる顔して読で居る。(52-洒落1798_
> 01012) [읽지 못하는 곳도 읽을 수 있다는 표정으로 읽고 있다]

(52)의 「よめぬ」는 가능동사 「読める」의 부정표현으로서, 행위자의 문자 가독 능력이 문제가 되고 있는 장면이다. (53)은 긍정표현에 의한 〈능력가능〉을 나타내지만, 연체수식어에서 사용되고 있다. 이하, 18세기 이후의 〈능력가능〉을 나타내는 ラレル 용법과, 〈V-eru〉형 가능동사에 대해 비교 검토해보기로 하겠다. 먼저, 「買ふ」동사에 대해 살펴보기로 하자.

(54) 東 (전략) 精進日の女郎衆あ買れねへ (52-洒落1779_01025) [斎日의 여
자들(유녀들)은 살 수 없에]

(55) 翌の米も買はれますと女児つ子がよろこぶ面あ。(53-人情1836_01003) [그
다음 쌀도 살 수 있습니다, 라며 여자애가 기뻐하는 얼굴임]

(56) 我輩がまだ官費生とならぬ前であツたが、グランマーの文典、今では三銭
か四銭で買へるものぢや、(60M太陽1901_020281901) [내가 아직 국비
장학생이 되기 전이었는데, Granma의 문전, 지금이야 3전인가 4전으
로 살 수 있는 거지]

(54)의 「買ふ」는 18세기의 사례로서 조동사 ラレル를 접속하여 부정표
현에 의한 〈능력가능〉을, (55)는 19세기 사례이며, 긍정표현에 의한 〈능
력가능〉을 나타내고 있다. 그리고 (56)은 〈V-eru〉형 가능동사로서 20세
기 초의 사례이며, 〈가능성〉을 나타내고 있다. 〈V-eru〉형 가능동사의 생
성이 이미 진행되었음에도 18, 9세기의 「洒落本」과 「人情本」에는 〈V-ラ
レル〉형 가능표현이 사용되고 있음을 알 수 있다. 〈V-eru〉형 가능동사의
선구인 「読む」와 「書く」동사의 가능표현에 대해 살펴보면 다음과 같다.

(57) 菊 作さんおまへどふよめたへ 作 どふよめたか(52-洒落1807_01045)
[作씨, 너 어떻게 읽을 수 있었어. 作 어떻게 읽을 수 있었느냐고]

(58) 『飛鳥還迷三月雪。香風吹渡水晶村』を現出するに至りては言ふにも言は
れず書くにも書かれず。(60M太陽1895_04009) [~을 실제 나타내는데
이르러서는 말로도 글로도 표현할 수 없는]

(59) 其通り、と彼先生は稍苦い顔で答へた。能く書けますね、(60M太陽1895_
03022 [~, 선생님은 무뚝뚝한 표정으로 대답했다. 잘 쓰네요]

(60) 王元美ならずは迚あの位の妙文は書けぬて (52-洒落1800_01015) [(역시)

王元美가 아니고서는 저 정도의 뛰어난 문장은 못 쓰지]

(57)~(60)의 「読める」「書ける」「書かれる」는 19세기의 사례이며, 역시 〈V-eru〉형과 〈V-ラレル〉형이 혼재하고 있다. (58)의 〈V-ラレル〉형은 〈VスルニモV-ラレズ(ヌ)〉의 정형표현(言うに言われぬ)으로서 〈Vスルニ(モ)V-enai/zu〉형(言うに言えない)으로 대체되지 않은 상태이다. 끝으로 모음어간동사의 〈가능〉에 대해 언급하기로 하자.

> (61) 外の女達からは、いつも相談相手として、こつさに智恵を借りられる彼も、阿俊の底知れぬ分別には、いつも後手になつて、徒らに後塵を拝すのが落ちだつた。(60M太陽1925_02043) [바깥의 여자들로부터는 언제나 상담 상대로서, 바로 지혜를 빌릴 수 있는 그도, 阿俊의 측량할 수 없는 분별력에는 언제나 뒷짐을 진채, 무익하게 부러워하는 게 고작이다]
>
> (62) 木造の住宅は、其柱は大抵三寸角位でも地震に堪へられるのである(60M太陽1925_05057) [목조 주택은, 그 기둥은 대개 90*90 각재정도만 되도 지진에 견딜 수 있다]

(61)의 「借りられる」는 주변 사람들이 주어로부터 〈지혜〉를 빌릴 수 있는 상황을 나타내는 〈가능성〉을 의미하며, (62)는 〈목조주택〉이 〈지진〉을 견딜 수 있다는 화자의 판단을 나타낸 것으로 〈목조주택〉의 〈능력〉을 의미한다.

〈가능〉의 의미에서 행위자의 능력을 함의하는 것은 17세기 이후의 자료에서 확인된다[단 CHJ를 통한 검색에 한해서].

제5장

현대 구어에서의 조동사 ラレル의 쓰임새

제1절 ラレル의 제용법과 상접동사의 분포

1.1. 기술목적

조동사 ラレル는 8세기부터 현대에까지 태^{Voice}를 나타내는 표현에 사용되고 있다. 용법은 주지하는 바와 같이 자발, 수동, 가능, 존경이다. 현대어에서의 자발용법은 주로 주관적인 생각이나 감각을 나타내는 동사에서 많이 나타난다는 특징이 있으며, 가능용법은 자음어간동사^{일본어교육에서의 그} 룹1동사 行く에서는 〈V-eru〉형 가능동사^{行ける}로 대체되어 자음어간동사에서만 쓰인다. ラレル의 존경용법은 4장에서 언급한 바와 같이 존경도가 높지 않다. 또한 존경용법과 가능용법의 충돌로 소위 "ra 탈락표현"^{ら抜き言葉}이 쓰이게 되면서 용법의 변별이 가능하게 되었다. 수동용법은 현대일본어 문법 연구에서 빈번하게 다루어지는 주제이기도 하다. 그 결과, 수동

용법의 의미적 하위분류가 다양하게 제시되고 있다.

본장에서는 현대일본어의 〈V-ラレル〉형 결합어를 코퍼스를 통해 추출하고, 동사의 분포와 제용법과의 관계, 그리고 문법적 구조의 특징 등을 기술할 것이다.

1.2. 검색방법 및 작업 대상

1.2.1. 검색방법

조동사 ラレル를 접속하는 동사의 추출을 위해서『現代日本語書き言葉均衡コーパス』(이하, BCCWJ라 부르기로 함),『日本語歴史コーパス』(이하, CHJ라 부르기로 함), NLT(NINJAL-LWP for Tsukuba Web Corpus)1.30을 사용하였다.

BCCWJ와 NLT를 같이 사용한 것은 검출어휘의 공통성을 확인하기 위해서이다. 즉, 코퍼스 규모와 텍스트의 종류와 무관하게 조동사 ラレル를 접속하는 빈도수가 높은 동사를 중심으로 제용법을 분석하기 위해서이다. 그리고, CHJ를 사용하는 것은 구어체에서 ラレル 상접동사의 변화 추이를 파악하기 위함이다.

작업 대상을 검출하는 방법은 우선 NLT의 검색화면에서 품사를 동사로 선택하여 빈도가 높은 자립어를 순서대로 클릭하여 그룹별 메뉴에서 조동사 ラレル와 결합하는 구조를 선택하여 공기 빈도 10, MI스코어 3, LD 값이 7 이상인 동사의 목록을 작성한다[그림 1].

다음으로 BCCWJ에서 검색대상 자료목록^{register}의 코어와 비코어를 선택한 후, 단단위검색^{短単位検索} 창에서 검색키를 품사의 대분류를 동사로 설정하고, 후방공기 어휘소를 れる와 られる로 입력하여 조건 추가 메뉴에서 품사를 조동사로 설정한다[그림 2].

<table>
<tr><td>[그림 1]</td><td>[그림 2]</td></tr>
</table>

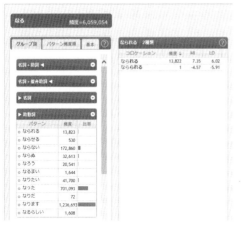

1.2.2. 작업 대상

BCCWJ의 검색대상 어수는 104,911,460이며, 그 중에서 〈V-れる〉는 603,932건, 〈V-られる〉는 174,139건으로 〈V-ラレル〉의 총 건수는 778,071 건이다. 검색결과를 다운로드하면 10만 건만 가능하다. 따라서 10만 건에 대한 ラレル 상접동사의 총어수^{Token, 延べ語数}에 대한 다른 낱말 수^{Type, 異なり語数}를 추출하여 분석하기로 한다.

1.3. 통계 방법

어와 어의 결합 강도를 측정하는 방법으로는 여러 가지가 있으나, 연어^{Collocation}의 강도를 측정하는 도구로 자주 이용되는 MI 스코어와 LD 값을 적용하기로 하겠다.[1]

① MI스코어(Mutual Information Score); 상호정보량

어떤 낱말이 공기상대 어의 정보를 어느 정도 갖고 있느냐를 나타내는 지표를 의미한다. 그 낱말이 사용되면 공기상대는 자동적으로 결정되게 되는 경우에 상호정보량이 높게 나타난다. MI스코어는 빈도는 낮지만 특수한 결합을 하는 연어가 자주 검출된다. 단, MI스코어의 특성상, 저빈도의 연어가 과도하게 강조되기 때문에 일반적으로 MI스코어≧3이 현저한 경향이라 할 수 있다.

$$I = \log 2 \frac{\text{공기빈도} \times \text{코퍼스총어휘수}}{\text{중심어빈도} \times \text{공기어빈도}}$$

② 로그다이스(Log Dice 계수)

어와 어의 결합강도를 나타내는 다이스 계수를 대수화한 것으로, 연어 통계에서는 가장 균형 잡힌 지표 중의 하나로 꼽는다. LD의 최대치는 14이며, 일반적으로 10이하가 된다. LD치가 높을수록 어와 어의 결합강도가 높다. 또 내림차순으로 정렬하면 MI 스코어보다 단순빈도에 가까운 결과를 얻을 수 있다고 한다.

$$LD = 14 + \log \frac{2 \times \text{공기빈도}}{\text{해당문법패턴중심어빈도} \times \text{공기어빈도}}$$

(赤瀬川(他)2016: p.26, p.70)

---

1) 연어 추출에 이용되는 통계적 방법은 대략 다음과 같은 것들이 있다.
Dice's Coefficient, Jaccard Index, Simpson's Coefficient, Mutual Information(MI), Cosine Similarity, Log-likelihood ratio(LL), t-test
박종승(2017)에서는 연어 추출에 가장 적합한 통계 방법으로 LL을 제시하고 있으며, 다이스계수는 간단하면서도 안정적인 통계방법으로 결론짓고 있다. 한편, NLT 검색에서는 중심어와 공기어의 결합 강도를 MI와 LD로 표시하고 있다.

1.4. ラレル의 분포

조동사 ラレル는 동사에 접속하는 조동사 중에서도 다용되는 것으로,
동사에 따라서 접속빈도가 높은 조동사도 다르게 나타난다. 아래 [표 1]
은 NLT의 동사 그룹 중 빈도수가 높은 상위 9개의 자립 동사에 접속하는
조동사의 빈도를 표시한 것이다.

[표 1] 고빈도 조동사

	なる	思う	言う	行う	見る	考える	持つ	分かる	使う
	6,059,054	2,670,076	2,535,143	1,323,813	1,274,674	1,185,718	952,301	843,735	727,005
ラレル*	13,823	171,277	**414,579**	**251,530**	**169,276**	**184,829**	7,707	49	**108,060**
サセル*	530	9,738	11,157	4,967	3,191	11,207	15,084	1,168	5,509
ない	172,860	21,443	29,132	23,431	22,749	28,236	27,252	**217,019**	31,625
ぬ	32,613	7,525	18,422	4,353	7,219	11,119	8,296	15,240	10,737
う	20,541	349	4,899	4,315	7,646	5,886	1,987	808	4,314
たい	41,700	1,690	28,442	5,383	23,893	6,177	3,547	268	8,156
た	701,093	158,521	175,230	91,263	143,651	70,508	**68,241**	49,761	61,558
ます	**1,236,693**	**1,248,663**	186,884	152,814	36,083	67,897	15,858	171,933	29,873

* 「れる・られる」는 「ラレル」, 「せる・させる」는 「サセル」로 표기

「なる」와 「思う」는 マス가 가장 많이 접속하며, 비의지 자동사인 「な
る」와 「分かる」는 ラレル의 접속빈도가 낮다. 특히 「分かる」는 어 형성이
「分く(下2段) + る(조동사)」인 점에서 더더욱 ラレル와는 접속하지 않는 경
향을 보인다. 나머지 「言う」「行う」「見る」「考える」「使う」의 ラレル
접속빈도는 상당히 높게 나타나는 것을 확인할 수 있다.

위와 같이 조동사 ラレル는 여타 조동사에 비해 동사에 접속하는 빈
도가 높다. BCCWJ에서 검출되는 조동사 ラレル의 총빈도는 784,935(내역
「れる」 606,359 / 「られる」 178,576)건이다.

조동사 ラレル가 접속하는 동사의 분포뿐만 아니라 사용되는 텍스트의
종류에도 편중이 있을 것이다. 그 사용분포를 나타내면 아래 표와 같다.

[표 2] 코어/비코어 통계

register	약칭	られる	れる	합계	비율
출판/신문	PN	1,942	7,818	9,760	1.24
출판/잡지	PM	6,279	22,569	28,848	3.68
출판/서적	PB	60,029	196,458	256,487	**32.68**
도서관/서적	LB	58,705	187,187	245,892	**31.33**
특정목적/백서	OW	9,763	27,416	37,179	4.74
특정목적/베스트셀러	OB	6,457	18,827	25,284	3.22
특정목적/Yahoo知恵袋	OC	11,398	51,988	63,386	8.08
특정목적/Yahoo블로그	OY	11,284	42,050	53,334	6.79
특정목적/법률	OL	1,093	3,702	4,795	0.61
특정목적/국회회의록	OM	6,089	27,231	33,320	4.24
특정목적/광고지	OP	3,000	14,066	17,066	2.17
특정목적/교과서	OT	2,286	6,199	8,485	1.08
특정목적/운문	OV	251	848	1,099	0.14
합계		178,576	606,359	784,935	

[표 3] 코어 통계

약칭	ラレル	비율
PB	1,638	20.72
PN	2,234	28.26
PM	1,426	18.04
OW	1,602	20.26
OC	557	7.05
OY	449	5.68
합계	7,906	

[표 2]와 [표 3]을 그림으로 나타내면 아래와 같다.

[그림 3] 코어/비코어 통계

[그림 4] 코어 통계

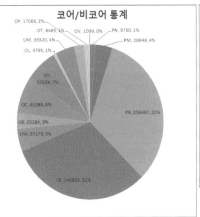

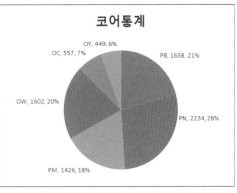

[표 2]에서 조동사 ラレル가 다용되는 텍스트는 PB와 LB로 나타난다. 그러나 코어자료를 대상으로 한 검색결과 [표 3]은 다른 결과를 보여준다.

[그림 4]에서는 PN에서 ラレル가 가장 많이 사용되며, PB, OW, PM순으로 고르게 사용되고 있음을 알 수 있다. OC와 OY에서는 사용빈도가 낮다.

코어 자료를 대상으로 검색한 [표 3]([그림 4])에서 가장 많이 쓰인 참조자료register는 신문이며, 그 다음으로 서적, 백서, 잡지 순이다. 개인 블로그와 Yahoo知恵袋("네이버 지식iN"과 유사)에서 ラレル의 사용빈도가 극히 낮게 나타나고 있다는 점이 특이사항으로 꼽을 수 있겠다. 비코어 자료([표 2]/[그림 4])의 OV, OL에서는 ラレル의 사용빈도가 극히 낮게 나타난다. 이것은 ラレル의 용법과 무관하지 않음을 알 수 있다.

1.5. V-ラレル 추출

1.5.1. 타동사와 자동사의 ラレル 접속의 차이

[표 4] NLT와 BCCWJ 검색 대조

	NLT				BCCWJ				
동사	공기빈도	중심어	MI	LD	공기빈도	중심어	MI	LD	자/타
いる	16173	842976	9.15	8.07					자
おる	64244	93805	7.35	8.23	5524	85931	3.47	8.03	자
感じる	50025	482067	9.17	9.68	3734	28527	6.26	9.21	타
開く	30306	150726	7.35	7.15	3863	19240	5.11	7.66	타
挙げる	23507	78432	9.18	8.61	1323	5560	7.12	7.88	타
建てる	13424	43921	9.18	7.81	1015	3230	7.52	7.52	타
見る	169212	1274674	9.19	11.35	17918	223222	5.56	10.51	타
決める	25332	178879	9.17	8.71	1790	14049	6.22	8.25	타
考える	184692	1195718	9.18	11.47	15259	98935	6.50	10.82	타
教える	11697	232117	9.18	7.61	1148	32340	4.38	7.48	타
求める	82590	267710	9.18	10.38	4504	20798	6.99	9.53	타
勧める	9808	81975	9.18	7.36	941	11684	5.56	7.34	타
寄せる	17738	37392	9.18	8.2	795	3459	7.07	7.16	타
耐える	10633	31832	9.15	7.47	1070	3688	7.41	7.59	타
答える	7656	89178	9.17	7	783	19269	4.57	7.02	타
得る	93130	335610	9.18	10.54	5369	40470	6.28	9.65	타
来る	17320	454173	8.95	8.17					자
忘れる	12264	126992	9.18	7.68	1410	14491	5.83	7.90	타
描く	34005	154023	7.35	7.31	2824	13189	5.21	7.22	타
聞く	29232	526547	7.35	7.1					타
変える	10534	161327	9.15	7.46	846	15971	4.96	7.15	타
付ける	10479	99360	9.18	7.45	4615	44215	5.93	9.41	타
使う	107910	727005	7.35	8.96	8254	68889	4.37	8.62	타
思う	171274	2670076	7.35	9.62	14508	229081	3.45	9.15	타

書く	81785	470634	7.35	8.57	5951	41966	4.61	8.23	他
設ける	16995	68993	9.19	8.14	1842	5718	7.56	8.36	他
続ける	11820	142123	9.17	7.62	1161	27042	4.65	7.53	他
受ける	40557	590005	9.15	9.38	1747	42645	4.58	8.02	他
述べる	9941	128816	9.18	7.37	899	13966	5.24	7.26	他
示す	31487	235150	7.35	7.2	2725	24856	4.24	7.14	他
始める	8099	165502	9.18	7.08					他
食べる	23790	272103	9.13	8.62	2406	32739	5.43	8.54	他
信じる	18260	105086	9.17	8.25	2543	10285	7.18	8.79	他
抑える	8112	50987	9.17	7.08					他
言う	414553	2535143	7.35	10.85					他
与える	50617	258519	9.18	9.69	4338	20769	6.93	9.48	他
用いる	38801	170660	9.19	9.32	3371	12789	7.27	9.17	他
認める	104680	226610	9.18	10.7	7712	19610	7.85	10.32	他
入れる	10557	321535	9.17	7.46	1265	38409	4.27	7.58	他
作る	87175	624643	7.35	8.06	6845	57888	4.35	8.40	他
残す	27568	115239	7.35	7.01	2702	10704	5.44	7.16	他
伝える	25660	177123	9.18	8.73	2137	11849	6.72	8.52	他
定める	33384	164960	9.18	9.1	2538	14822	6.65	8.75	他
支える	11451	70429	9.18	7.58	1007	5617	6.71	7.48	他
止める					744	9626	5.50	7.02	他
知る	63731	563097	7.35	8.21	6420	64503	4.10	8.29	他
進める	20946	173672	9.18	8.44	2437	13077	6.77	8.70	他
出す	30284	324518	7.35	7.15	3224	49359	3.49	7.33	他
置く	33209	191813	7.35	7.28	5041	61241	3.83	7.95	他
避ける	9388	80640	9.16	7.29	746	6331	6.11	7.05	他
限る	37529	76969	7.35	7.46	2707	10048	5.54	7.17	他
含む	107801	248326	7.35	8.96	6602	19023	5.90	8.43	他
行う	251505	1323813	7.35	10.16	23065	79779	5.64	10.11	他
許す	28503	60881	7.35	7.06	3099	8928	5.90	7.37	他
呼ぶ	155146	284273	7.35	9.48	12986	28626	6.29	9.39	他

[표 4]에서 확인할 수 있듯이 전체 어휘수(NLT; 11억, BCCWJ; 1억)와는 크게 상관없이 〈V-ラレル〉가 검출되는 것을 확인할 수 있다. 다만, NLT에는 BCCWJ에서 제외된 いる, 来る, 聞く, 始める, 迎える, 言う의 6개 낱말이 조건의 MI스코어와 LD값을 충족하여 검출되었으며, BCCWJ에는 止める가 포함되어 있는 것이 다른 점이다.

[표 4]에서 확인되는 두 번째 사항은 ラレル를 접속하는 동사의 종류가 대부분 타동사라는 것이다. 물론 자동사에서도 ラレル를 접속하지만 접속 강도 면에서는 타동사보다 약하다는 것을 알 수 있다. 한편, 자동사 중에서 조동사 ラレル를 접속하지 않는 동사는 다음과 같은 동사들이다.

決まる、届く、基づく、流れる、似る、散る、生まれる、巡る、始まる、役立つ、優れる、異なる溢れる、知れる、遅れる、取れる、疲れる 등

자동사가 조동사 ラレル와 접속하는 사례가 적은 것은 자동사와 조동사 ラレル의 의미가 사태의 자연생기라는 근원적인 부분에서 공통적으로 작용하기 때문인 것으로 추측할 수 있다. 그러나 자동사 중에서도 주체의 의지적 의미가 인정되는 것은 조동사 ラレル를 접속한다.

[표 5] 〈자동사 + ラレル〉

동사	공기빈도	중심어	MI	LD	자발	수동	가능	존경
従う	4	20000	-4.86	-2.26	2			2
残る	4	15751	-4.51	-2.25				4
加わる	5	3284	-1.93	-1.90				5
こだわる	6	2196	-1.09	-1.63				6
渡る	8	14102	-3.35	-1.24		2		6
並ぶ	9	7485	-2.27	-1.06		6		3
通る	12	6122	-1.56	-0.64		3	2	7

上る	27	11371	-1.29	-0.52		8	19
座る	16	9661	-1.81	-0.23	9	1	6
飛ぶ	17	7005	-1.26	-0.14	13		3

(1) しかし天が壊そうとするものは、人力で支えられるものでない。先君はすなおに天命に<u>従われ</u>、天下は晋に服従することとなった。(LBe1_00005)

(2) したがってこの時間的な世の秩序のなかで<u>したがわれる</u>べき規範をしめすものとしてあらわれたのである。(LBg1_00012)

(3) しかし、万物が御子に従うとき、御子自身も、ご自分に万物を従わせた方に<u>従われ</u>ます。(PB41_00134)

(4) その時がくれば私たちよりもっと偉い方から命令があります。あなたもそれには絶対的に<u>従われる</u>でしょう。(PB41_00093)

(5) 「『タイフーン』を出られてからのことを、ちょっと詳しくうかがいたいのですが…」「はい」「最後に<u>残られた</u>のは、細田さんと水木優子さん、そして彼女のマネージャーにあなたの四人ですね」(LBr9_00258)

(6) 実戦のように、白四十から四十二と<u>ワタられ</u>ては、黒は大損をしてしまいました。(PM51_00540)

(7) まぁ、読売はこの3連戦が一番大事ですが、阪神は、残りの横浜戦を取りこぼさないのが1番大事です。それさえ出来れば、読売に<u>並ばれ</u>ても勝機はまだあります。(OY15_08804)

(8) 何か聞き及ぶところによりますと、近く都市計画決定がなされるというふうに聞いております。二月十七日には県の都計審を<u>通られ</u>たということでございますので、この都市計画決定を控えまして早期事業化をするよう検討いたしたい、今鋭意検討しているところでございます。

(OM34_00001)

(9) この山が、このたいした山が登られたのなら、マナスルだって<u>登られねば</u>な
らない。(LBh0_00007)

(10) 失敗 黒1と上辺を占めるのはぬるい。白2とすかさず一間に<u>トバれて</u>はチャ
ンスは去った。(PB27_00167)

(2)와 (4)의「従われる」는 주체의 의지 삭제에 따른 자발적 의미를 나
타내는 것으로 해석된다.「残られる」는 (5)와 같이 모두 존경의 의미로
사용되었다.

「並ばれる」의 특이 사항은 OY 7건, OC 1건, LB 1건으로 대부분이 블
로그에 사용되고 있다는 점이다. (8)의「通られる」는 도로 계획이 심의회
를 통과했다는 의미로,「通る」한 주체가 의지를 발동할 수 있는 인간이
아니지만 심의회 통과 사실을 낮추어 말하고 있으므로 존경용법에 넣었
다. 국회회의록의 경우는 대인 배려와 관련된 표현^{대우표현}이 많이 이루어
지는 점을 간과해서는 안 될 것이다.「飛ばれる」수동용법 13건 중 7건
이 (10)과 같은 바둑의 문장에 사용되었다.

[표 5]는 우연히 LD 값이 작은 자음어간동사만 목록으로 작성되었다. LD
값이 [표 5]의 동사목록보다 조금 큰 모음어간동사의 목록은 다음과 같다.

[표 6] LD값이 1이상 5이하의 모음어간동사 목록

동사	공기빈도	중심어	MI	LD	자발	수동	가능	존경
離れる	170	9894	3.33	4.89	0	6	163	1
越える	141	13692	2.59	4.59		8	132	1
抜ける	95	4823	3.53	4.09		2	93	
負ける	61	5125	2.80	3.44			61	
降りる	57	4212	2.99	3.35		2	48	7
倒れる	15	3315	1.41	1.43				15

(11) われわれがある他者の心に苦しい絆でつなぎとめられて遠くへ<u>離れられない</u>ときは (LBc9_00119)

(12) 本格的な探査を続ける一方で、やはり人類はどこかで傲慢な妄想から<u>離れられず</u>にいた。(PB39_00463)

(13) 千九百八十七年、ジョージは「意識的に、思いどおりに自分の体を<u>離れられる</u>ようになりたい」という望みを 口にした。(PB27_00041)

(14) わたしは自分と自分以外の世界という感覚から<u>離れられていない</u>んだと思います。(LBt1_00021)

(15a) この年正月頼長は、季通が弟の成通・重通らに官位を<u>越えられている</u>のを哀れんで (LBc2_00043)

(15b) ここでも現実の国と国との対立が前提され、しかもそれが<u>越えられている</u>のである。(PB41_00041)

(16a) それを規制とか文化的ハザード(障壁)、言語のハザードまで<u>越えられてしまう</u>と、ライフスタイルまで彼らに 決められてしまうことになるのではないか。(LBj7_00069)

(16b) 箱根を<u>越えられてしまえ</u>ば、新田軍がなだれをうって鎌倉に押しよせてくることは目にみえている。(PB42_00065)

(17) 何の証明も要らない、私とあなたのあいだに掛けられる橋。<u>互いに隠すことなく内側を開き、互いに与え合い</u>、絶頂においては恐れも恥ずかしさも理性の築いた垣根も取り去られ<u>超えられていく</u>、(LBn3_00127)

(18) 「それなら、君は目もきれいだ。口も、脚も、胸もきれいだ。それにそう、お尻が実にいい。これでどうだい? もう君の寝室のドアは<u>抜けられた</u>かい?(PB29_00063)

「離れられる」의 가능용법의 대부분은 예문 (11)과 같은 불가능이며,

「~から離れられる(ない)(62件)」라는 표현으로 구성되어 있다. 물론 (14)처럼 「~を離れられる(34件)」도 상당수 존재한다. (14)와 같은 상aspect 표현은 가능용법에는 그다지 보이지 않지만 불가능한 상태 지속으로 해석할 수 있다.

수동의 경우, (15)와 (16)처럼 완료상의 표현에 잘 나타나는 특징이 있다. (17)의 「超えられていく」는 의도에 의한 결과로 볼 수 있기 때문에 자발의 용법이라고는 생각되지 않고, 〈(자연)가능〉으로 해석하였다. 두려움도 수치심도 이성이 쌓은 울타리장애물도 초월할 수 있는 기회가 절정인 셈이다.

(18)의 「抜けられる」는 동작주체君의 의도성이 인정되기 때문에 가능으로 해석된다. 「倒られる」만 모두 존경용법으로 사용되었고, 나머지는 대부분 가능용법으로 쓰였다. 「倒れる」는 무의지 자동사로서 주체가 유정물인 경우에는 존경, 비정물인 경우에는 자발과 수동이 상정된다. 「離れる」「抜ける」「負ける」「降りる」「超える」는 동작주의 의지성이 인정되므로 가능의 용법이 대부분을 이룬다.

1.5.2. 조사와 〈V-ラレル〉의 호응

일반적으로 자발, 가능, 존경은 조사 ガ, 수동은 ニ와 호응하는 것이 일반적이다.

(19) そうすると自然の不思議さに気づくことができるから」というような意味が感じられてきた。(PB13_00732)

(20) 新しい年を迎え、春の陽気が感じられるようになった、ある日曜日。(LBln_00003)

(21) 「でも千九百七十年代に突然、聖霊が降りられて、会衆がどっと増えたので

す。(LBo2_00076)

(22) かりに,思うような視聴率がとれなくてスポンサーに降りられたりたりする
ような事態になったとしても、そのぶん収入を減らされるといったことは
ない。(LBl6_00008)

따라서 〈V-ラレル〉형과 조사의 호응을 통해 용법의 분류를 용이하게 할 수 있는 단서가 될 수 있다. 아래 [표 7]의 〈조사 + V-ラレル〉의 검색 조건은 〈V〉를 검색 핵심어^{key}으로 하고, 〈조사〉를 전방공기1, 〈ラレル〉를 후방공기1로 지정하여 핵심어로부터 각각 한 단어 앞뒤로 설정하였다. 〈조사〉의 경우 핵심어로부터 두 단어 또는 그 이상 앞에 오는 것은 조사 대상에서 제외되었다. 따라서 〈조사〉와 〈V-ラレル〉의 호응빈도 및 비율 은 실제 더 클 수 있음을 미리 밝혀둔다.

[표 7] 〈조사 + V-ラレル〉

V-ラレル	호응조사	が	も	で	に	を	は	と
知られる	4614	877	498	837	540	261	230	81
	%	**19.0**	**10.8**	**18.1**	**11.7**	5.7	5.0	1.8
呼ばれる	12475	129	890	287	481	117	65	10106
	%	1.0	7.1	2.3	3.9	0.9	0.5	**81.0**
思われる	6811		138		84		50	6440
	%		2.0		1.2		0.7	**94.6**
考えられる	13563	1696	1483	126	173	142	1222	7786
	%	**12.5**	**10.9**	0.9	1.3	1.0	9.0	**57.4**
言われる	8270	105	477	80	210	237	77	6359
	%	1.3	5.8	1.0	2.5	2.9	0.9	**76.9**
認められる	6931	2633	362	198	486	310	814	1464
	%	**38.0**	5.2	2.9	7.0	4.5	**11.7**	21.1

見られる	8120	2793	799	465	1990	174	94	1412
	%	34.4	9.8	5.7	24.5	2.1	1.2	17.4
求められる	3930	2132	117	109	492	752	57	37
	%	54.2	3.0	2.8	12.5	19.1	1.5	0.9
行われる	5080	2242	129	1013	646	15	34	15
	%	44.1	2.5	19.9	12.7	0.3	0.7	0.3
含まれる	5843	2174	1074	23	2006	2	414	16
	%	37.2	18.4	0.4	34.3	0.0	7.1	0.3
使われる	1815	326	154	264	771	44	17	6
	%	18.0	8.5	14.5	42.5	2.4	0.9	0.3
開かれる	3001	1263	103	1002	484	61	80	8
	%	38.7	3.2	30.7	14.8	1.9	2.5	0.2
得られる	2250	1198	45	117	45	314	30	14
	%	53.2	2.0	5.2	2.0	14.0	1.3	0.6
進められる	2139	1407	102	177	107	65	40	27
	%	65.8	4.8	8.3	5.0	3.0	1.9	1.3
上げられる	1615	1057	48	13	100	77	5	0
	%	65.4	3.0	0.8	6.2	4.8	0.3	0.0
設けられる	1716	1002	62	34	438	17	28	4
	%	58.4	3.6	2.0	25.5	1.0	1.6	0.2
支えられる	85	9	1	4	38	16	1	0
	%	10.6	1.2	4.7	44.7	18.8	1.2	0.0
知られる	4615	878	500	839	541	266	230	84
	%	19.0	10.8	18.2	11.7	5.8	5.0	1.8
受けられる	1654	492	72	64	29	791	120	18
	%	29.7	4.4	3.9	1.8	47.8	7.3	1.1
感じられる	1050	458	68	18	90	103	25	163
	%	43.6	6.5	1.7	8.6	9.8	2.4	15.5
決められる	1320	306	45	254	114	106	95	124
	%	23.2	3.4	19.2	8.6	8.0	7.2	9.4
付けられる	405	109	17	11	85	153	5	2
	%	26.9	4.2	2.7	21.0	37.8	1.2	0.5
与えられる	3688	1039	112	147	647	1085	150	14

	%	**28.2**	3.0	4.0	**17.5**	29.4	4.1	0.4
定められる	158	33	3	22	34	4	0	7
	%	**20.9**	1.9	**13.9**	**21.5**	2.5	0.0	4.4
寄せられる	681	311	20	14	147	41	5	12
	%	**45.7**	2.9	2.1	**21.6**	6.0	0.7	1.8
用いられる	1148	286	71	113	460	6	6	0
	%	**24.9**	6.2	9.8	**40.1**	0.5	0.5	0.0
立てられる	1402	459	32	57	500	107	39	11
	%	**32.7**	2.3	4.1	**35.7**	7.6	2.8	0.8

1.5.2.1. 〈～とV-ラレル〉

「思われる」(94.6%), 「呼ばれる」(81%), 「言われる」(76.9%)는 ト와 압도적인 결합빈도를 보인다. 여타 조사와의 호응은 아주 미미하고, ト와는 연어로서의 결합강도가 인정된다. 그 다음으로 「考えられる」가 57.4%의 비율로 ト와 결합하고, 나머지 ガ와 モ순이다.

1.5.2.1.1. 〈～と思われる〉

먼저, 〈～と思われる〉유형에 대해 검토해보기로 하자.

(23) 「それで、ダンブルドア校長は、どうして僕にそれが必要だと思われるの
    ですか?先生」(OB6X_00114)

(24) この安心感だけであなたの平均余命が伸びるのではないでしょうか。たかが
    "安心"と思われる方がいるかもしれません。(PB14_00057)

(25) JM 千九百七十年代にお書きになった初期の作品はすべて詩です。ジャ
    ンルを変えるきっかけは何でしたか？ どうして散文を書きたいと思われ
    たのですか? (PB49_00813)

(23)~(25)의 〈~と思われる〉는 존경용법으로 사용된 경우이다. (23)처럼 주어가 손위의 타인인 경우가 대부분 존경용법을 나타낸다. 그리고 (24)의「~方」라는 존경의 접사가 존경용법의 지표로 활용되는 경우가 있다. 또한 (25)와 같이 의문문인 경우 대부분이 존경용법으로 사용되었다.

다음으로 수동용법에 해당하는 예를 들어보기로 하겠다.

(26) 友人の居ない孤独な人間だ、<u>と思われたり</u>もするようです。
(OC13_02123)

(27) 下品でいやらしいことを言ってって」「そんな…そんなこと言ったら,異常だって<u>思われちゃう</u>」(PB29_00358)

(28) またきのこは昔の人には,泡のように生まれては消えていくもの<u>と思われた</u>のだろうか。(LBr4_00004)

(26)~(28)의 수동은 타자로부터 영향을 받는 전형적인 수동의 예들이다. (26)은 타인이 자신을 고독한 인간이라고 생각하는 경우이며, (27)도 품위 없는 말을 하면 타인이 자신을 이상한 사람이라고 여기는 경우이다. (26)과 (27)은 주어와 대상이 모두 유정有情의 존재이다. (28)은 소위 비정의 수동문에 해당한다. 비정의 수동이란 수동문의 주어가 비정きのこ인 경우를 의미한다. (28)은 비정의 주어가 유정의 동작주로부터 영향을 받는 것으로 해석된다. 참고로 金水(1991)에 의하면 수동문에는 "수동문에서의 인격적 역할의 분포제약"이라는 것이 있다. 즉 비정의 대상(비인격적 역할을 담당하는 명사구)이 수동문의 신주어로 승격될 때, 구주어인 유정의 동작주경험자를 ニ격으로 표시할 수 없다는 제약이다. 예문 (28)은 金水의 "수동문에서의 인격적 역할의 분포제약"에 정면으로 배치되는 것으로 볼 수 있겠지만 그렇지 않다.

주어	에 격
*〈대상〉	〈동작주〉 또는 〈경험자〉
〈きのこ(버섯)〉	〈昔の人(옛사람)〉

ニ격으로 표시된 구주어 동작주는 다음의 예와 같이 불특정다수와 같이 총칭으로 사용되었기 때문에 상기 제약을 위반하지 않은 것이다.

　この新聞は若い(リベラルな)人に読まれている。(자작)

다음의 수동문은 (26)~(28)과는 성격을 달리하는 예들이다.

(29)　外来は、軽症ではあるが患者はとぎれず、その上ひっきりなしに電話が
　　　鳴って、その応対にも追われ、息　つくひまもない。午後十一時をすぎ
　　　ると、患者も一段落と思われた。すると、赤ん坊を背負った若い母親
　　　が、きつい目をして救急外来に飛びこんできたのである。
　　　(LBk9_00069)

(30)　カンザスシティに新球場が建設されたとき、外野フェンス前の警告帯が不完全
　　　なもので、危険だと思われた。(LBe7_00036)

(31)　「そりゃあ、表沙汰になった者だけさ。闇鬼にやられたとうわさになるの
　　　をいやがって、病死としてとどけたところもある。最初は心の臓の発作
　　　と思われていたしな。(PB2n_00162)

(32)　二つの教団の外国伝道活動において長い間支配的であった礼譲と協調の
　　　原則にも合致する合意事項にランバス監督が認可を与えるのは、当然
　　　と思われていた。(PB41_00096)

(33)　辻本さんの叔父は、鉄砲撃ちを趣味としていた。冬の間は鉄砲撃ちに精

を出す。当時は、鉄砲など金持ちのやる趣味だと思われていた。
(PB16_00127)

(34) アトピー性皮膚炎は、かつては乳幼児の病気と思われていましたが、現在は小・中・高校生、成人にまで広がり、就職や縁談に支障をきたすというような深刻な問題まで引き起こしています。(LBl4_00016)

(29)~(34)는 상^{aspect}적으로 완료된 사건을 나타내며, 전형적인 수동을 나타내는 (26)~(28)처럼 타자로부터의 직접적인 영향은 인정되지 않으며, 단순히 사실을 묘사하고 있다. (29)의 동작주는 외래의사들, (30)에서는 불특정다수의 사람들, (31)은 당시의 일반사람들, (32)는 주변의 관계자들, (33)은 당시 사람들, (34)는 옛날의 일반적 견해^{일반론} 등이다. 〈~と思われる〉의 수동용법의 형태적 특징은 전형적인 수동이든 단순 사실을 나타내는 수동이든 완료상^{~た, ~てい, ~てしまう, ~たり}으로 표현된다는 점이다.

다음은 〈~と思われる〉의 가능용법에 대해 검토해 보기로 하겠다. 가능은 자발 용법과 상당히 혼동되는 경우가 많은데 동작주의 의도 유무에 따라 나누어진다. 그리고 가능은 〈~と言われぬ〉처럼 부정표현에 의한 〈(불)가능〉이 일반적이지만 〈~と思われる〉에서는 부정표현이 검색되지 않는다.

(35) ミイラ師と呼ばれるミイラ作りの専門家がいましたから、この専門家たちは当時としては手のこんだ技術を持っていたものと思われます。
(PB39_00122)

(36) 人口規模により大きな都市ほど一般的に卸売業に必要な情報機能、取引機能、中枢管理機能などの都市機能の充実がみられることによるものと思われる。(OW1X_00056)

(37) 信長自身も、宣教師たちの容貌にはびっくりしたと思われるが、それ以上に一種の<u>カルチャー・ショックだったと思われる</u>のは、<u>黒人をはじめて目にしたときだったと思われる</u>。(LBf2_00057)

　가능은 대체적으로 ル형이며 동작주는 발화자가 기본이지만 일반론적인 경우도 있다. (35)는 개인적인 의견이기는 하지만 본문 중에 대상이 전문가라는 점을 들어 발화자의 의견이 객관적 사실이라는 뉘앙스를 풍긴다. (36)의 예문도 발화자에 의한 추측이 가능하다는 근거, 즉 도시기능의 충실성을 들고 있다. 어느 정도, 전문가적 입장에서의 견해이기도 하다. (37)에는 한 문장에 〈~と思われる〉가 세 번씩 사용되었다. 첫 번째의 「びっくりしたと思われる」는 선교사들의 용모 때문이며, 두 번째의 「カルチャーショックだったと思われる」는 흑인을 처음 목격했을 때이며, 마지막의 〈~と思われる〉는 문화충격이었을 가능성에 대한 가능성 제기이다. 세 번의 〈~と思われる〉는 모두 객관적 근거를 바탕사고에 사고를 거듭한 결과으로 한 발화자의 의도성취로 해석할 수 있다.
　「思われる」의 자발용법은 〈형용사+思われる〉에서 일반적으로 나타나지만 〈~と思われる〉에서는 자발용법이기는 하지만 "저절로 그렇게 되다"의 의미는 적용이 안 되는 것 같다.

(38) 長恨歌の詩句を固くお約束なさったものなのに、それも果たせなかったはかない更衣の薄命さこそ、限りなく<u>恨めしく思われて</u>なりません。
　　(LBk9_00093)

(39) 素足に直接、雪面が触れる。その冷たいことったら…パリの猛暑が、このときばかりは<u>懐しく思われる</u>ほどであった。(PB29_00643)

(40) 両親が愛しているのは兄だけなのだ。自分は<u>疎ましく思われて</u>いる。

(PB59_ 00373)

(41) 煩わしく思われる方もいらっしゃると思いますが、どうぞご理解、ご協力
をお願いいたします。(OP48_00003)

먼저 〈형용사＋思われる〉에는 가능용법이 보이지 않는다. (38)과 (39)
는 자발, (40)은 수동, (41)은 존경용법으로 사용되었다. 수동의 경우,
〈형용사＋思われる〉에서도 완료상의 형태로 나타난다. (38)과 (39)의 자
발은「恨めしい」「懐かしい」라는 심적 상태성을 나타내며, 발화자의 의
도가 작동되지 않은 경우로 심적 상태가 "저절로 그렇게 되었다"는 것을
나타낸다. 한편, 〈~と思われる〉는 다음의 예처럼 발화자의 의도를 최소
화하는 소극적 상태를 나타낸다.

(42) たとえばメモリを増やすとか、HDDを交換する、いらないソフトを削除す
るなどです。ですのでメモリを増やすなどして、全体のバランスをとる
べきだと思われます。(OC02_01478)

(43) 株も同様で、天井の一歩手前、八合目あたりと思われるところで売却す
るのが、確実に利益をとる方法といえる。(PB23_00613)

(44) 還付には申告が必要です。対象となり、申告が必要と思われる人には、
六月下旬に市民税・県民税減額申告書を送付します。(OP41_00003)

(42)~(44)는 타동사형태의「~と思う」로 치환가능하다. 〈~と思われる〉
표현에 의해 발화자의 의도가 누그러뜨려져 화자의 적극성이 떨어지고
소극성이 강조되는, 즉 발화주체를 흐리는 완곡 표현으로 해석하는 것이
타당하다고 판단된다. 이와 같은 완곡 표현의「思われる」는 단정표현으
로 치환해 봄으로써 확인가능하다.

(45) 私たちが嫉妬に関連して交した言葉、といってもかなり以前だが、そのときの言葉だけでも、私にたいする疑惑がないことの証明になると思われた。(LBc9_00011)

(46) 捜査機関側も鑑定上必要な臓器の管理責任について認識を深めるとともに、法医学教室と今後の臓器の保存・利用について検討する必要があると思われる。(PB44_00356)

(47) 日本人はクジラの大きさとその姿の美しさに魅了されてきたのではないかと思われる。(LBk1_00014)

(48) 古代史ものなど、ひとつのテーマには収まらない総合的な活動をしていた作家なので、取り立てて古代史家になりたいとかいうようなことはなかったと思われます。(OC12_01009)

(45)~(48)의 술어 부분을「단정 〉 완곡」표현으로 바꿔 쓰면 다음과 같다.

(45)' 私にたいする疑惑がないことの{証明になる〉証明になると思う〉証明になると思われる}。

(46)' 臓器の保存・利用について検討する{必要がある〉必要があると思う〉必要があると思われる}。

(47)' 魅了されてきたのでは{ないか〉ないかと思う〉ないかと思われる}。

(48)' 古代史家になりたいとかいうようなことは{なかった〉なかったと思う〉なかったと思われる}。

〈~と思われる〉가 완곡 표현을 나타낸다면 〈~と思える〉는「~と思う」에 대한 자동사 표현이다.

(49) 花を見てなぜ美しいと思えるのか、命を見ているのです。死なない命を見
ているのです。御来光を見て、なぜすばらしいと思えるのか、
(PB13_00670)

(50) 彼女の頬に熱い息を吐きかけて、折れるかと思えるほど強く抱き締めま
した。(PB49_00375)

(51) ロムルスは、子供の頃から漁船に乗っていたので、それと比較すると、なん
でも楽だと思えてしまう。(OY13_07334)

(52) そのまま模写するのは失礼ではないかと思えてきたのです。
(PB39_00317)

(53) 体調によっても同じことに対して腹がたったり、ま、いいかと思えたり。
(LB01_ 00038)

〈~と思える〉는 1806건이 검출되는데 가능의 용법은 없고, (49)와 (53)
처럼 자동사로 쓰이고 있다.

1.5.2.1.2. 〈~と呼ばれる〉

〈~と思える〉가 자동사로 사용된 것과는 다르게 〈~と呼べる〉는 가능동
사로 사용되었다. 따라서 〈~と呼ばれる〉에 의한 가능 용법은 검출되지
않는다.

(54) 習慣が特別な取り分を課さない限り、遺言によって与えられた財産を親が
自由に処分するならば、その制度は、「非平等主義的」とよべるだろう。
(LBn3_00162)

(55) この兵庫県にも、まさにご当地カレーと呼べるカレーがあります。
(OY03_10205)

(56) でもそれは眠り<u>と呼べる</u>ほどの眠りではない。(OB3X_00266)

〈~と呼ばれる〉는 다음과 같이 다양한 수동의 유형들이 인정된다. 먼저, 유정^{인격체}의 주어가 불특정 다수 또는 특정의 유정^{인격체} 대상으로부터 영향을 받는 즉 〈어떻게 불리는〉 전형적인 수동의 유형이다. 유형은 〈A는 B と呼ばれる〉이다.

(57) 彼は臆病者<u>と呼ばれ</u>、そんな汚名をきせられたことを気に病んでいた。
(LBd3_ 00035)

(58) 私はすでに六十歳の還暦男、いくら何でも「新人」<u>とよばれる</u>にはあまりにトウがたっている年齢だからである。(LBt0_00015)

(57)은 〈세상이 그를 겁쟁이로 불렀다〉는 사실에 대한 수동표현이며, (58)은 "띠에 〈대형신인 화려한 데뷔〉라 새긴 글"에 대한 수동표현으로 '겁쟁이', '신인'이라는 평가의 영향을 수동문의 주어가 받고 있다. (57)과 (58)은 동작주는 표기되어 있지 않지만 잠재적으로 존재한다. 그러나 다음의 예에서는 동작주를 배경화하여 대상을 부각시키고 있다. 유형은 〈B と呼ばれる〉이다. A는 B의 상위어^{상위개념}로 유추 가능하므로 굳이 표기하지 않아도 된다.

(59) 日本が対米英戦争を開始した以後の主戦場が西太平洋にあったところから、戦後になってアメリカにならい太平洋戦争<u>と呼ばれる</u>ようになったが、戦時中は大東亜戦争<u>と呼ばれ</u>ていた。(LBj2_00058)

(60) 図四十二斎宮邸寝殿の襖ぎわに置かれているのは、美麗几帳<u>と呼ばれる</u>もので、綾の浮織物に刺繍などを施し、風流に仕立てられている。

(LBt2_00022)

(59)에서는 '태평양전쟁'과 '대동아전쟁'이, (60)에서는 '几帳^{휘장}'이 문의 초점으로 설정되어 있으며, 동작주는 관심 밖 사항이다.

다음의 예는 〈A는/가 B로 불리는〉 호칭과 관련된 것으로 일반적 사실을 나타내는 수동표현이다. 유형은 〈AはBと呼ばれる〉이다. A와 B는 어느 한 쪽을 생략할 수 없다.

(61) 甲部家は、世に言われているとおり、甲賀忍者の末裔です。〈중략〉 江戸時代には甲賀屋敷と呼ばれていたようですね。(LBq9_00027)

(62) 渋谷が「若者の町」と呼ばれるのは、町を歩くのが体力勝負だから―
(LBl2_00010)

A를 B로 부르는 동작주가 처음부터 관심 밖인 점은 (59)(60)과 같지만 B로 불리는 A가 표시된다는 점이다. 이때의 B는 A의 별칭이기도 하다. (61)(62)의 A와 B가 별칭관계라면 다음의 (63)(64)는 A가 B의 하위개념을 나타낸다. 유형은 〈Aと呼ばれるB〉이다.

(63) すなわち、「中堅企業」と呼ばれる企業群が出現した。(PB43_00137)

(64) ただし4番目5番目でも継続歯と呼ばれる差し歯ならば、実は保険で白い物が入れられます。(OC09_12009)

(63)(64)의 A는 B의 하위 부류로 분류되는 사항들이다. 초점은 A에 놓이며, B는 생략가능하다. (63)「中堅企業」が出現した」, (64)「継続歯なら保険で白い物が入れられる」. 다음의 예는 B가 A의 설명에 해당하는 경우

로, 〈A는B と呼ばれる〉의 유형을 취한다. B는 부연설명에 해당하는 내용
으로서 생략가능하다.

(65) 　これらは文法用語では"Aspect"「相」と呼ばれるもので、動詞の意味する様態・
　　　性質などの差異を表すものです。(PB48_00022)

(66) 　肝臓は物言わぬ臓器と呼ばれ、自覚症状の現れにくい部位です。
　　　(PB14_00280)

(67) 　このようなデザインは、アヒルが白いキャンバスの上を歩き回った足跡に
　　　似ていることから「アヒルの足」と呼ばれている。(LBc3_00006)

(65)~(67)은 〈B と呼ばれる〉를 생략하고 다음과 같이 고쳐 쓸 수 있다.

(65)' これらは、動詞の意味する様態・性質などの差異を表すものです。

(66)' 肝臓は、自覚症状の現れにくい部位です。

(67)' このようなデザインは、アヒルが白いキャンバスの上を歩き回った足跡に似
　　　ている。

〈~と呼ばれる〉는 대부분이 긍정표현에 사용되었다. 부정표현에는 〈~と
呼ばれない〉 5건이 사용되고 있는데 모두 수동의 단순부정을 나타낸다.
단, 〈~と呼ばれず〉4건은 다음과 같이 사용되고 있다.

(68) 　監督と呼ばれなくなってから久しく、本人も、オッサンと呼ばれることに抵
　　　抗がなくなってきたようなのである。(OB1X_00265)

(69) 　これが「複雑体の科学」とか「複雑者の科学」と呼ばれず、「複雑性の科学」また
　　　は「複雑さの科学」と訳された理由は(LBk4_00025)

(70) この白衣を前にしての血圧上昇は、高血圧の人にも観察されます。この場合
   は、白衣高血圧と呼ばれず、白衣現象と呼ばれ区別されます。
   (LBk4_00034)

(71) このような制度は、権威主義的と呼ばれねばならない。(LBn3_00162)

(72) そしてこの多様なものが、自発的でなく心意識に与えられる仕方は、知性的
   直観の場合とは異なり、感性と呼ばれねばならない。(PB11_00058)

(69)의 〈~と呼ばれず〉는 뒤에 나오는 〈~と訳されず〉에 해당하는 의미
로 사용되었다. 동작주가 아니라 대상에 초점이 놓이는 것은 긍정표현과
다르지 않다. (70)은 〈~と呼ばれる〉의 단순 부정, (71)과 (72)는 대상이
그렇게 호칭되어야 하는 당위를 나타낸다.

〈~と呼ばれる〉는 의미적으로 「~言われる」로 치환이 가능하겠지만 수
동문의 주어가 비정주어인 경우에는 제한을 받는다.

1.5.2.1.3. 〈~と言われる〉

〈~と言われる〉는 대부분(99.7%)이 긍정표현으로 사용되었으며, 부정표
현은 극히 제한적이다. 〈~と言われる〉의 용법은 수동과 존경만 검출되며,
대부분이 수동의 의미로 사용되고 있다. 먼저 존경의 의미로 사용된 예
를 들어보기로 하자.

(73) 設計の山本圭介さんは、私たちがそれぞれ自己をはっきり主張したので、一
   軒の家を建てるというより三軒の家を建てるみたいで面白い、と言われ
   た。(LBi9_00117)

(74) 「ええ、たぶん。もっとも、あなたがいかんと言われればべつですが、ボ
   ス」(LBg9_00235)

〈~と言われる〉가 존경용법으로 사용될 때는 (73)(74)처럼 주어가 표시된다. 다음은 수동 용법에 대해 살펴보기로 하겠다.

(75) 私も「倉木さんってこうですね」と言われたら、「そうなのかな」と思ってしまうし、(PB27_00210)

(76) 藤野先生からは、1日1回、好きなものを好きなだけ楽しんで食べなさい、と言われたのですから、何時でもニッコリ笑ってアイスクリームを食べているのです。(LBm4_00003)

(77) アキバから家に電話すると、ケーキを買ってきてと言われた。(OY15_12297)

(75)~(77)은 수동문의 주어가 동작주로부터 영향을 받는 전형적인 수동문이다. 「言う」系의 수동문이기 때문에 동작주는 당연히 유정이며, 표기냐 비표기냐의 차이뿐이다. 수동문의 주어는 모두 유정주어이며, 표기와 비표기로 나뉜다.

다음은 비정주어 수동문의 예를 들기로 하겠다.

(78) ゲッケイジュ茶は、リウマチの症状をやわらげる作用をもつといわれています。(LBl4_00053)

(79) ヤドリギは、病気をなおす力があるといわれていますが、(LBb3_00027)

(80) 「昔から、タコは精力がつくと言われているし、それに、ニンニクが、くわわっているんだからね」(LBi9_00154)

(78)~(80)의 수동문의 주어는 비정이며, 이들 비정주어는 동작주로부터 어떠한 영향도 받지 않는다. 동작주가 특별히 존재하는 것이 아니라 일

반론적인 사항을 나타낼 뿐이다. 따라서 사태를 객관적으로 나타내는 수동문의 일종으로 볼 수 있다. 이와 같은 해석은 다음의 예에서도 똑같이 적용된다.

(81) 一般的にはアメリカの不況によってアメリカへ輸出が減ると言われていますが、輸出が一挙に二割も三割も減るわけではない。(LBp3_00036)

(82) 脚気かな。この時代は江戸煩いと言われ医者も手をこまねく病気と聞いていた。江戸時代の奇病の一つと言われ、ぜいたく病とも言われている。
(PB39_00193)

(81)은 일반적인 견해가 그렇다는 것을, (82)는 객관적인 사실을 묘사하는데 〈~と言われる〉가 사용되고 있다. 즉, 〈~と言われる〉로 표현되는 내용은 일반적인 사실을 나타낸다.

〈~と言われる〉에 의한 일반론은 다음과 같이 표현되는 경우가 많다.

(83) {妊娠中に毎日大量のカフェインを摂取すると胎児の脳に影響がある}と言われています。(OC08_06149)

(84) {ぜんそくは一般に根治できない病気}と言われていますが、食養法や自然手当て法でラクに根治できます。(PB24_00243)

(85) {一般家庭の消費電力のうち約十％が待機電力}といわれています。
(OP29_00001)

(86) {水平感染はHBの肝炎のウイルスよりもはるかに低い}と言われておるわけでありますが、(OM31_00001)

(83)~(86)의 { }안의 내용은 일반적인 사실로서 발화자의 의견이기도

하지만 그 내용에 대해 단언을 회피하기 위해 〈~と言われる〉가 사용된 완곡 표현이다.

한편, 수동문의 유형에는 주어가 타자로부터 영향을 받는 것을 나타내는 전형적인 것과, 단순히 어떤 사실만을 적시하는 경우가 있다.

(87) 明治時代から国家が「家族国家」<u>といわれ</u>、兵営が「軍人の家庭」<u>といわれ</u>、企業が「企業一家」<u>といわれ</u>、徒党集団が「親分子分」<u>といわれる</u>。(LBf3_00020)

(88) 乱破を上手に使う大将は名将<u>と云われ</u>ていた。(OB1X_00234)

(87)은 〈AがBと言われる〉라는 형식으로 어떤 사실을 단순히 서술한 경우이며, (88)은 〈AはBと言われていた〉형식으로 완료된 사태를 서술하고 있다. 끝으로 〈~と言われず〉〈~と言われない〉는 전형적인 수동의 부정으로 사용되고 있다.

(89) 東京・西麻布のイタリア料理店に教わりにいこう。でも、こんなサラダは邪道<u>といわれ</u>ないだろうか。(PB15_00016)

(90) 「著物や持物で高く評価されるな。財産や地位や祖先の余沢に依って立つのは男子の本懐ではない。いずれを見ても、山育ちなど<u>と言われ</u>ぬように光り輝け」と、(LBf7_00002)

1.5.2.1.4. 〈~と考えられる〉

먼저, 〈~と考えられる〉의 자발용법은 검출되지 않았으며, 가능과 수동용법이 주를 이룬다. 가능의 경우, 동사는 모두 ル형을 취하며, 수동은 상적^{aspect} 표현을 취하는 것이 특징적이다. 존경용법은 다음 (91)의 예문

1건뿐이다.

(91) 深く考えずに用いられる「レーザー光照射装置」には、1.「レーザー光ビーム」の特性よりも「レーザー光照射」で「熱」を用いる場合。2.「レーザー光照射」で「レーザー光ビーム」の特性のみを用いる場合の「2種類」があると考えられてください。(OY07_02212)

(91)의 존경용법은 「-ラレテクダサイ」형에서만 인정된다. 〈~と考えられる〉의 동작주가 타자이며, 발화자가 동작[思考]을 의뢰하고 있어서 그 행위에 대한 존경을 나타내게 된다. OY에서 1건만 사용되고 있으며 일반적이지 않은 어색한 표현이다[이중 경어이기도 하다].

가능용법은 다음의 (92)(93)처럼 ル형으로 표현된다.

(92) これは律令に規定されていた「五保」の制の考え方を受け継いだものと考えられる。(LBi2_00069)

(93) 新市場が生む消費パターンの定着は早いと考えられます。(PB56_00111)

가능에서의 동작주는 당연한 귀결이겠지만 발화자가 되며, 사태 성립에 대한 가능성을 표현하기 때문에 전문가적 입장에서의 발화라는 것이 특징적이다. 다음 [표 8]은 가능 용법이 사용된 텍스트의 분포이다.

[표 8] 〈~と考えられる〉의 ル형의 분포

Regiseter	PB	LB	OW	OC	OT	PM	OY	OM	OB	OP	PN
빈도	1616	855	850	77	64	62	42	35	34	32	6
비율	44.0	23.3	23.1	2.1	1.7	1.7	1.1	1.0	0.9	0.9	0.2

* ル형: 문미의 종지형[考エラレル/考エラレマス] 3673건

[표 8]에서 보면, 가능용법의 ル형은 PB 〉 LB 〉 OW 순으로 많이 분포하고 있으며 전체의 90%를 점유한다. 신문(PN)은 객관적 사실을 전달하고자 하는 텍스트의 특성상 기자의 주관적 입장이 배제되기 때문에 가능용법의 빈도가 낮게 나타나는 것으로 해석된다.

수동용법은 대부분 상^{aspect}의 형태를 취한다.

(94) まず、ヒイラギ。<u>この木は</u>キリストのシンボルと<u>考えられている</u>ものです。(LBb3_00027)

(95) <u>教育とは</u>、慈悲深い営みで、子どもたちも大人たちも、両方が協力しあうもの<u>と考えられております</u>。(PB33_00018)

(96) それまでは、<u>神は</u>人びとがあつまって暮らす集落のそばの山にいる<u>と考えられていた</u>。(LBr1_00042)

(97) <u>お金は</u>所有するものであり、さらに貯め込み、そして殖やすものである<u>と考えられてきました</u>。(LBq3_00137)

(98) それは、酒の席で雰囲気に流されて語ったことが「本音で語った」<u>と考えられてしまう</u>という問題です。(LBn3_00156)

(99) 同じ家族(家)に長い間住み込んでいる使用人もまた、家族(家)の傍系成員<u>と考えられた</u>。(PB13_00444)

(94)~(97)까지의 「考えられテイル/テオル/テイタ/テキタ」 상^{aspect} 형식은 계속의 의미로 그 사고내용은 현재도 지속되고 있다. (94)~(97)의 〈~と考えられる〉는 비정주어 「木」「教育」「神」「金」가 사람들에게 일반적으로 그렇게 받아들여지는 대상이라는 일반론적 표현으로 객관적이라 할 수 있다. (98)의 「考えられテシマウ」는 발화주체의 의도와는 무관하게 그렇게 받아들여진다는 피해의 의미가 내포되어 있다. (99)는 단순 사실을 서

술한 수동이다. 타자로부터의 영향을 받는 전형적인 수동의 〈~と考えら
れる〉는 필자의 조사에 의하면 보이지 않는다.

한편, 연용형의 〈~と考えられ〉는 문미의 형태에 따라 용법이 다르게
나타난다.

(100) {花粉症の症状が出ることや、手荒れが頻繁におこる}ようなら、<u>体内に
有害な化学物質がたまっていると考えられ、要注意です</u>。
(LBt4_00047)

(101) {石室内には一個の家形石棺が収められている}。その形式から見ると、<u>か
なり新しい時期のものであると考えられ、七世紀中頃に相当する</u>。
(LBc2_00010)

(102) 桧扇は、南方産の蒲葵の葉で作られた団扇を桧で模したもので、悪気やけ
がれをあおぐことによって祓うことができる<u>と考えられ</u>、呪具として
<u>用いられた</u>。(LBq3_00145)

(103) 脳内モルヒネの存在は以前から知られていましたが、鎮痛効果以外さした
る意味もない<u>と考えられ</u>、長い間<u>注目されないでいました</u>。
(OB5X_00173)

(100)(101)의 문미표현은 「要注意です」「相当する」와 같이 현재형이다.
종속절의 시제는 주절에 따르므로 (100)(101)의 「~と考えられ」는 현재형
으로 파악되어 가능용법으로 쓰이게 된다. (100)(101) 모두 전문가적 입
장에서의 발화자의 주장으로 { }안의 근거를 들어 ___의 판단결과가 가
능하다는 것이다. 그리고 (102)(103)은 「用いられた」「注目されないでいま
した」와 같이 과거형의 문미표현이기 때문에 연용형 〈~と考えられ〉는 수
동용법이다. (102)는 단순히 사실을 서술하는 수동용법이고, (103)은 일

반론을 나타내는 객관적 수동용법이다.

1.5.2.2. 〈~がV-ラレル〉

다음은 조사 が와 접속강도가 높은「進められる」「上げられる」「設け
られる」「求められる」「得られる」「寄せられる」「感じられる」「行われる」
「認められる」「開かれる」「見られる」「含まれる」의 의미적 특징과 용법
에 대해 살펴보기로 하겠다.

1.5.2.2.1. 〈~が進められる〉

〈~が進められる〉의 사용 분포는 다음과 같다.

[표 9] 〈~が進められる〉의 사용 분포

Register	OW	PB	LB	OM	OP	PM	OT	OY	OC	OB	PN
빈도	697	274	193	115	39	25	18	17	11	10	8
비율	49.5	19.5	13.7	8.2	2.8	1.8	1.3	1.2	0.8	0.7	0.6

「進められる」는 조사 ガ와의 결합비율이 약 66%에 이른다. 또한 [표 9]
에 의하면 OW에서의 사용빈도가 전체의 절반을 점할 정도로 높다.

〈~が進められる〉의 문미 형태는 다양하게 나타나지만 형태와 관계없이
그 용법은 모두 수동이며, 타자로부터의 영향을 받는 전형적인 수동이
아니고, 객관적^{일반적} 수동이다.

(104) 施工図は、施工現場に送られる作業用図面として使用される、この施工図
　　　で現場作業が進められ、竣工して引渡しとなる。(PB15_00135)

(105) 車をどうしたいかを確認する項目がある。ここで「一時使用中止」を選んでお
　　　くと、解体証明書が必要なく、そのまま手続きが進められる。

(LBo5_00026)

(106) これまで述べたとおり、地域の中核都市においては、多様な情報通信基盤施設の建設が進められ、その運用が開始されている。(OW3X_00191)

(107) 昭和五十三年度から大型構造機器実証試験ループ(HENDEL)の建設が進められ、昭和五十六年度には、本体部が完成した。(OW2X_00223)

(104)는 문미 표현이 현재형으로서 종속절에 나타나는 연용형 〈進められ〉는 주절의 시제를 따르므로, (105)의 주절의 문미에 사용된 종지형 進められる와 같은 기능을 한다. 〈~が進められる〉는 (104)(105)와 같은 현재형에서 수동용법으로만 사용되었다는 점이 특징적이다. 다음의 예는 상 표현에서의 수동 용법이다.

(108) すぐ鑑識が呼ばれて、1LDKの室内で、指紋の検出作業が進められた。(LBa9_00021)

(109) このころ天皇は「人間宣言」を行ない、また連合軍による戦争犯罪人の摘発が進められていた。(LBf2_00058)

(110) ヨーロッパでは伝統的に治療に使われているハーブ類についても、積極的に研究が進められています。(PB54_00281)

(111) この流れの中で、市場志向に関しては米国においてはさまざまな視点から研究が進められてきた。(PB33_00778)

(112) その後、若狭湾に面した漁村につぎつぎと原発の立地が進められていく。(PB23_00053)

(108)~(112)의 -タ・-テイタ・-テイル・-テキタ・-テイク는 각각 완료된 사실의 단순 서술·계속 또는 진행되어온 사태에 대한 객관적 서술, 과

거의 진행된 사태에 대한 일반적 서술의 수동 의미로 파악된다. (112)의
〈進められテイク〉는 기준 시점이 발화의 현재가 아니라 문맥에 의해 결
정된 참조시점을 기준으로 한 완료상으로서 사태의 전개를 서술한 객관
적 수동표현이다. 한편 다음의 예는 〈Aが進められるヨウBスル〉 형식으로
서 가능용법에 대한 검토가 이루어져야 할 것이다.

(113) その際、環境保全の達成を目指しつつ、地球的規模での持続可能な開発が進
められるよう努める。(OW6X_00184)

(114) 今後とも、各都道府県においてこのような方向でいろいろな工夫が進められ
るように指導してまいりたいと思います。(OM51_00003)

(113)「進められる」는 〈개발을 진행할 수 있도록 노력 하겠다〉는 가능
표현으로도 해석할 수 있다. 그러나 전문을 보면 〈개발〉의 주체가 일본
이 아니라 개발도상국이다. 본문의「その際」는 직전 문장 끝 부분의「政
府開発援助を実施する」를 지시한다. 일본은 개발도상국에게 '정부개발원
조(ODA)'를 실시하고, 〈개발〉하는 것은 개발도상국이다. 따라서 한 문장
속에「進める」와「努める」두 주체가 오는 것은 어색하므로「開発が進め
られる」는 수동으로 해석되는 것이 자연스럽다. 그것은 (112)를 통해서도
확인된다. (114)의「進められる」는 가능의 의미, 〈여러 가지의 궁리/고안
을 진행할 수 있도록 지도하고 싶다〉로 해석되지 않는다.

〈~が進められる〉는 위에서 살펴본바와 같이 ル형 또는 그 외의 상 표
현 관계없이 모두 수동의 용법으로만 사용되었다.「進められる」의 기타
용법은 〈~を進められる〉를 통해 살펴보기로 하자.

〈~を進められる〉는 [표 7]에서 확인되듯「進められる」의 3%(65건)에 지
나지 않는다. [표 10]은 〈~を進められる〉의 분포도를 나타낸 것이다.

[표 10] 〈~を進められる〉의 분포

Register	OM	LB	OC	PB	OY	OB	OP	PN	PM	OW
빈도	16	12	10	8	8	3	3	2	2	1
비율	24.6	18.5	15.4	12.3	12.3	4.6	4.6	3.1	3.1	1.5

〈~を進められる〉의 분포의 특징은 OM에 가장 많이 나타난다는 점이다.

> (115) その問題については、NHKにおいても検討を進められていると思いますが、(OM18_00001)
>
> (116) これにつきまして県御当局が非常な熱意を持たれていろいろの検討を進められておるように聞いております。(OM24_00001)

(115)(116)의「進める」의 주체는 각각「NHK」와「県御当局」이며, 발화자는 국회의원이다. 따라서「進められる」는 행위주체에 대한 존경표현이다. 〈~を進められる〉16건 중, 다음의 부정표현 이외의 긍정표현은 모두 존경의 용법으로 사용되었다.

> (117)　神田委員　時間がないので、これ以上ちょっと論を進められないのですが、私はこの問題非常に重要だと思いますから、(OM31_00004)

(117)은 우루과이 라운드에 대해 정부관계자의 설명을 듣고, 神田 위원이「論を進められない」라고 발언하고 있는 부분이다. 시간 관계상 더 이상 논쟁을 계속할 수 없지만 중요한 문제이기 때문에 계속해서 진행하고 싶다는 것이다. 〈~を進められる〉의 가능 용법은 부정표현에 의한 불가능에서만 인정된다.

1.5.2.2.2. 〈~が上げられる〉

〈~が上げられる〉의 분포는 [표 11]과 같다.

[표 11] 〈~が上げられる〉의 분포

Register	PB	LB	OW	PM	OY	OC	OM	OP	OB	OT
빈도	799	477	343	49	36	35	35	27	19	18
비율	43.4	25.9	18.6	2.7	2.0	1.9	1.9	1.5	1.0	1.0

〈~が上げられる〉는 PB에 가장 많이 쓰였으며 그 다음으로 LB와 OW이다. 주로 서적에 다용되는 표현임을 알 수 있다. 그리고 〈~が上げられる〉는 어미의 형태에 따라 용법의 차이가 인정된다는 것을 아래 예문을 통해 확인할 수 있다. 먼저, 가능 용법은 ル형에 의해 표현된다.

(118) このような背景には、貯蓄の残高水準の高まりに伴い個人の資産運用動機にも安全性だけでなく収益性を重視するようになってきていることが<u>あげられる</u>。(OW2X_00058)

(119) また、留意すべき点として、面長の顔立ちで、表情が明るく笑みをたたえること、細長い耳、両肩に髪をたっぷり垂らしていることなどが<u>挙げられる</u>。(OY11_00022)

위의 가능 용법은 주체의 능력가능이 아니라 전문가적 또는 개인적 입장에서 어느 정도 객관적 내용이라는 점이 강조된다. 또한 가능 용법은 (118)(119)처럼 문미 종지형에서뿐만 아니라 다음 예와 같이 종지형에 접속하는 조사·조동사와 함께 쓰여도 가능을 나타낸다.

(120) 租税の公平性とは法の内容における公平と、法執行上の公平が指摘できる。

法執行上の問題として納税者間での租税捕捉率の違いがあげられるが、ここでは、法の内容での公平を指す。(PB33_00559)

(121) カッコ悪さの原因には、なんと言っても、その足の短さが挙げられるだろう。(LBq9_00263)

(122) 原因は、前述の福祉の世界の閉鎖性とも関連するが、主に以下の二点があげられると思う。(LBj3_00058)

(123) 傍聴人席の真弓も、俯いたまま、顔が上げられない。(PB19_00371)

(124) 持株会社ではもっぱら傘下企業の業績を通じて企業成果が上げられるのであるから、企業グループとしての運営と成果が肝要である。

(LBm3_00008)

(125) そこで、1人1人に対応できるコーチング技法を身に付けることによって、高い効果が上げられるようにするわけです。(PB23_00220)

(123)은 여타 용례와는 가능의 의미에 있어서 차이를 보인다. 즉 구체적인 물체^{얼굴}의 상하 운동으로서의 단순 가능을 나타낸다. 가능의 의미는 능력가능이 아닌 상황가능이다. ル형이 다음과 같은 연체형에서는 수동의 용법으로 쓰인다는 점에 주의가 필요하다.

(126) 作為義務の発生根拠としては、法令、契約、条理が挙げられることが多い。(PB33_00654)

(118)~(125)와 같은 ル형의 가능 용법은 전체 약 1420건으로 〈~が上げられる〉의 77%를 점한다.

한편, 연용형의 〈~がアゲラレ〉는 표기법에 의해서도 용법의 차이가 인정된다. 즉, 〈~が挙げられ〉는 대부분이 가능, 〈~が上げられ/揚げられ/あげ

られ〉는 수동을 나타낸다. 〈~が挙げられ〉로 표기되는 다음의 (127)은 가능용법을 나타낸다.

(127) エンパワーメントが、さらに求められているとみるべきであろう。ついで女性に対する偏見や社会通念やしきたりを改めさせることが挙げられ、法制面の見直しを必要と考えていることは共通である。(PB16_00084)

　수동의 경우는 아래 예와 같이 주로 구체물이 대상이고, 〈~が揚げられ〉〈~が上げられ〉〈~があげられ〉로 표기되는 것이 일반적이다.

(128) 一号船(図31)船首が尖っている様子がわかるので船首材を描いてみた。「戦棚」(上甲板)の後半の一部の板が揚げられ、「梯子」も見える。
(LBs5_00050)

(129) 母の部屋は八畳の和室だ。その中央の畳の何枚かが上げられ、さらに床板が剥がされて、黒々とした床下が剥き出しになっている。(PB39_00284)

(130) 　千九百八十九年のロシア側の統計によれば、サハリンには百十八の民族名があげられ、その中には日本人が三百八十三人混っています。
　(PB23_00014)

(131) それまで、中世の被差別民といえばただちに散所と河原者があげられ、それは古代の奴隷制や賤民制の延長上に考えるというのが常識化していたから、(LBf2_00041)

(132) だが、ドイツのどこへ行っても同じお金が使われ、同じ国旗があげられ、同じ法律が適用されている。(LBj3_00101)

(133) 帆があげられ、船は岸をはなれた。(LBs9_00209)

(134) この表をみると人口規模順に都市があげられ、小田原が九十六番目に載っ

ている。(PB12_00033)

「板」「畳」「国旗」「帆」와 같은 구체적인 물질과「民族名」「散所・河
原者」「都市」 구체적인 명칭 등이 〈~があげられ/揚げられ/上げられ〉로
표기되어 있다. 다음의 예는 구체적인 장소^{명소}임에도 〈~が挙げられ〉는 가
능용법이다.

(135) 本県は十八カ所の観光地が挙げられ、弘前からは十四カ所が紹介された。
(OY11_09028)

가능용법의 「Aが挙げられ」의 A는 분석, 취업, 강점, 예상을 뛰어넘은
점, 관습을 고쳐야 할 점, 경제적 실현가능성의 조사, 피해가 많은 점 등
이다. 구체적인 대상으로서는 우주공장, 고등어/새우, 도시명^{旭川}, 국명^{미국/}
^{이탈리아} 등을 들 수 있다.

상^{aspect} 형식에 의한 〈~が上げられる〉는 여타 〈V-ラレル〉처럼 모두 수
동 용법을 나타낸다.

(136) 家康が、当時としては驚異的な、七十四歳という長寿を全うできた秘訣の一つ
に、この「数多くかむ」ことが挙げられている。(LBo1_00020)

(137) 崋山は江戸の中心部で暮らしていたので、凧揚げができたと思われる。奴凧、
衣紋凧など多数の凧が揚げられている。(PB47_00204)

(138) 民法七百七十条一項には、離婚理由として、つぎの五項目があげられていた。
(LBm9_00038)

(139) 三号では松田光弘の名が挙げられていた。(LBd5_00017)

(140) 先ず当然のようにピアノの五重奏曲『鱒』が挙げられた。(LBp7_00027)

(141) はしけが接舷し、備蓄品が揚げられた。(LBh9_00023)

(142) 後任の首相には朱鎔基副首相の名が挙げられた。(LBl3_00162)

(143) この年、スペイン王位が空席となり、新しい王の候補として、プロイセン王家のレオポルド大公が挙げられた。(PB12_00110)

(144) 鍵穴に鍵を差し込んだらしき金属音。次にはドアが開き…。「お帰り」そう言った瞬間、驚いたように頭があげられた。(PB19_00035)

(136)~(139)는 사실의 객관적 서술기능으로서의 수동 표현이며, (140)~(143)은 단순 사실의 수동, (144)는 타자로부터의 영향을 받는 전형적인 수동을 각각 나타낸다. (143)에서 놀란 듯이 머리를 치켜든 사람은「駿」이다.

〈~が上げられる〉의 형태적 특징은,「~が上げられ」에 의한 수동과 존경 용법, 〈~が上げられテイル〉에 의한 수동과 존경,「~が上げられタ」에 의한 수동, 존경, 가능 용법이 표현된다는 점이다. 특정 형태가 특정의 용법에 편중되는 다른 동사와는 차이를 보인다. 또한 〈~が上げられる〉가 표기에 의한 용법의 구별이 이루진 것과는 상반되게 〈~を上げられる〉에서는 다양한 용법이 인정된다. 209건이 검출되는 〈~を上げられる〉는 사용 빈도에 비해 다양한 용법을 나타낸다.

(145) だが、一方大先輩の白秋に祝杯を挙げられ、親友の犀星に激賞され、医者で小説家の文壇の大王である森鴎外にも認められた。(LBt9_00214)

(146)〈前略〉解職請求権など直接民主制に関連する諸権利が実践されている地域の一つとして、その名を挙げられている。(B43_00781)

(147) 公園側の街路樹にすがりつくようにしてその客がヌーと立っていたのです。手を挙げられたので停めると、黒人だったので、しまったとお

もったのですが、(OB1X_00084)

(148)　我々は、両君がその手腕と力量を遺憾なく発揮して、議会政治の健全なる
　　　　発展に十分な成果を上げられ、もって国民の期待にこたえられることを
　　　　かたく信じて疑いません。(OM33_00001)

(149)　「本日のこのよき日に、華燭の典をあげられ、偕老同穴、鴛鴦の契りを
　　　　結ばれましたことは、誠に欣快にたえません…」このような祝辞は少な
　　　　くはなりましたが、全くなくなったとはいえません。(LBh8_00015)

(150)　成年式直後のマスコミへの回答では、愛好している音楽の曲名としてメン
　　　　デルスゾーンのヴァイオリンコンツェルトとベートーベンの第九を挙
　　　　げられている。(LBj2_00014)

(151)　今日ではなにはともあれどこであなたが産声をあげられたのか、それが
　　　　生まれの高貴さには重要だと考えられているのを見ますと、
　　　　(PB49_00546)

(152)　いろいろな問題がまだまだございますけれども、まあまあ中心になる問
　　　　題を挙げられたのだろうと私は思っておる。(OM31_00005)

(153)　先日の抗議集会にも韓国から二人の元慰安婦の方がみえて「私をトイレ
　　　　と言った」とはらわたをしぼるような怒りの声をあげられていました。
　　　　(LBp3_00071)

(154)　経済危機に陥ったアジアの国は、例外なく生活水準を二、三割下げている
　　　　のに対して、日本はこれだけ経済が悪くなっても、なお生活水準を上
　　　　げられる。(LBn3_00062)

(155)　いま一つには専制主義despotismの土地制度を挙げられます。
　　　　(PB12_00163)

(156)　というわけで、新しい冒険小説に挑戦していると自覚していましたし、作
　　　　品としてすばらしい効果をあげられたと思います。(LBs9_00099)

(144)~(146)은 수동, (147)~(152)는 존경, (153)~(155)는 가능용법의 〈~を上げられる〉이다. 수동과 존경은 〈~がアゲラレ/アゲラレテイル/アゲラレタ〉와 같이 다양한 상 표현이 이루어져 있지만, 가능은 「~テイル」형이 사용되지 않는 형태적 특징이 인정된다.

1.5.2.2.3. 〈~が設けられる〉

〈~が設けられる〉의 사용 분포는 다음과 같다.

[표 12] 〈~が設けられる〉의 분포

Register	PB	LB	OW	OP	OM	OY	OB	PN	OC	OT	OW
빈도	354	264	173	55	49	24	17	13	13	11	4
비율	35.3	26.3	17.3	5.5	4.9	2.4	1.7	1.3	1.3	1.1	0.4

設けられている〉30%, 〈~が設けられた〉21%를 점한다. 그리고 이들 형태는 모두 수동용법으로만 사용되었다. 〈~が設けられる〉는 약 4% 정도 사용되었으며, 종지형도 수동 용법을 나타낸다. 지금까지의 대부분의 〈V-ラレル〉형태의 부정표현은 불가능의 의미로 가능용법으로 쓰였지만 「設けラレナイ」(-ラレナカッタ)도 수동용법의 부정으로 사용되었다.

(157) この手続の中で債権者集会という債権者の意思を図る場が設けられます。
(PB33_00205)

(158) スウェーデンにおいて、PINの付番機関は課税庁(国税庁)です。しかし、当初からPINの利用については、まったく制限が設けられませんでした。
(LBi3_00054)

일반적으로 〈~がV-ラレル〉의 현재형에 의한 서술용법은 가능의 의미로 사용된 것과는 달리 〈~が設けられる〉는 수동의 의미를 나타내는 것이 특징적 사항이다. 한편, 사용빈도가 전체 1%(17건)에 지나지 않는 〈~を設けられる〉는 다음의 예문과 같이 존경, 가능, 수동의 용법처럼 다양하게 사용되고 있는 것을 알 수 있다.

(159) 一方、六郷下屋敷の当主政林は仲ノ町の七軒茶屋、山口巴屋の二階座敷に上がり、宴を設けられた。(PB49_00660)

(160) アメリカ側が関税化という考え方を九月ごろから出してきましたので、それに対してこちら側は、基礎的食糧については特別の輸入制限措置を設けられるようにするべきだということを中心にして提案をいたしました。(OM42_00001)

(161) これを何とか市の行政なりもしくは何かの規制措置を設けられないかということがこちらの問題意識なんですね。(OM64_00001)

(162) すなわち国境のある、国境でお互いに垣根を設けられた、そういう世界に我々は住んでいるわけであります。(OM42_00001)

(163) それ以外については、「補助金や税制上の優遇措置を受けるかわりに、新たな規制を設けられるのはむしろ困る」というのが本音。(LBl3_00003)

17건의 〈~を設けられる〉는 (159)와 같은 존경용법은 7회, (160)(161)의 가능용법은 5회, (162)(163)의 수동용법은 5회가 각각 사용되었다.

1.5.2.2.4. 〈~が求められる〉

〈~が求められる〉는 「求められる」의 54.2%를 점한다. 그 다음으로 〈~を求められる〉(19.1%), 〈~に求められる〉(12.5%) 순이다. 〈~が求められる〉의 사용 분포는 다음의 [표 13]과 같다.

[표 13] 〈~が求められる〉의 분포

Register	PB	LB	OW	OM	OP	PM	OB	PN	OT	OC	OB	OL
빈도	877	442	403	104	73	65	48	38	38	22	21	1
비율	41.1	20.7	18.9	4.9	3.4	3.0	2.3	1.8	1.8	1.0	1.0	0.0

[표 13]을 통해서 확인되는 것은 〈~が求められる〉도 PB, LB, OW의 도서류와 같은 딱딱한 문장체에 다용된다는 점이다. 형태별 사용빈도는 〈~が求められる〉1016件, 〈~が求められている〉798件, 〈~が求められた〉119件, 〈~が求められ〉69件 순이다. 〈~が求められる〉의 현재형 서술형태가 가장 많이 사용되는 점을 고려하면 일반적 사실을 서술하는 수동의 용법이 가장 많다는 것을 짐작할 수 있다.

(164) 委託調査を有効に活用できる能力の開発が求められる。(LBd3_00001)

(165) 大人の、先達者の人間愛が求められているのである。(LBl1_00027)

(166) こうした全面的な保障の見返りに、イランには多くの譲歩が求められよう。
(LBs3_00021)

(167) 高いレベルのチームワークと強い気持ちが求められる競技だ。
(OP92_00002)

ル形은, 문미의 종지형에서도 문중의 연체형에서도 일반적 사항으로서의 수동용법으로 사용되며, (168)의 テイル형에서는 일반적 사실로서의 계속상의 수동용법이다.

(168) 最初に県より、介護保険料助成制度を実施しようとする経緯について説明が求められ、私は半田市の見解を説明しました。(PB23_00245)

연용형 〈~が求められ〉도 모두 (168)과 같이 수동용법이다. 따라서 〈~が求められる〉는 술어의 형태와 무관하게 수동용법으로만 사용되는 것이 특징이다.

다음으로는 〈~がV-ラレル〉에 비해 다양한 용법이 인정되는 〈~をV-ラレル〉형태의 〈~を求められる〉에 대해 살펴보기로 하겠다.

[표 14] 「~を求められる」의 사용 분포

Register	PB	LB	OM	OC	OY	OL	OB	PM	OW	PN	OP	OT
빈도	219	172	113	63	35	34	30	27	24	20	8	7
비율	29.1	22.9	15.0	8.4	4.7	4.5	4.0	3.6	3.2	2.7	1.1	0.9

〈~が求められる〉와 〈~を求められる〉의 분포상의 차이는 OW과 OM에 있다. PB와 LB는 분포빈도순에서는 같지만 〈~を求められる〉가 PB에서의 비율이 낮아지고, 10% 미만의 분포를 보이는 텍스트에 비교적 골고루 사용되었다. OW은 〈~が求められる〉, OM은 〈~を求められる〉에서 각각 유의미한 차이를 보인다. OM은 텍스트의 성격이 대인배려와 관련된 표현이 많아 존경용법이 많이 나타나는 특징을 보이지만, 〈~を求められる〉는 수동용법이 가장 보편적이며, 존경과 가능은 극소수에 불과하다.

(169) 現在、五十代後半が九十%以上働いておられるか職を求められている状況でありますけれども、(OM68_00001)

(170) 国際社会の有力な一員となった我が国が、この活動について、物、金のみならず、人の面での協力を求められるようになってきました。(OM43_00001)

(171) 議長(綿貫民輔君)この際、保岡興治君から発言を求められております。(OM63_00001)

〈~を求められる〉의 OM에서의 용법은 (169)에서는 50대 후반이 직장을 구하고 있다는 존경, (170)에서는 일본이 협력을 요구할 수 있다는 가능, (171)에서는 (누군가)로부터 발언을 요구받고 있는 수동의 의미 등 다양하다. 그러나 OM에서도 수동용법의 유형인 〈~から~を求められる〉가 가장 많다. 존경용법은 극소수에 지나지 않는다. 가능용법은 긍정과 부정 표현 모두에서 나타난다.

(172) そこで罠の気配がなければ、ハリーはそのまま自信をもって埋め立て地まで進めばいい。問題が発生しても、モーラには電話があるので助け<u>を求められる</u>というわけだ。銃も一丁ある。(LBl9_00026)

(173) この防火安全性の確保のために、建物所有者や居住者に強制的に<u>協力を求められるところ</u>に立法化した特徴が現れている。(PB15_00304)

(174) また政府は、こうして移転された金の規模や、それが誰に渡ったかについて、<u>説明責任を求められない</u>。(PB44_00069)

(175) 「それならば妙案がございます」高徳の表情には成算があるようである。「妙案とは」「叡山に援軍<u>を求められません</u>。山門の衆徒は先年、帝を迎え奉り共に戦った盟友でござる。(LBt9_00251)

　〈~を求められる〉의 부정에 의한 가능 용법은 현재형에서만 인정되며, 다음과 같이 과거형에서는 수동으로 사용된다.

(176) 労働回避は反逆罪に等しい重罪であり、以前には<u>労働を求められなかった</u>人々も、まず女性、次に結核患者、そして年少者、高齢者と動員され、(PB34_ 00181)

(177) 今日代金引換郵便を郵便局で発送したのですが、いつもならある身分証

明書の提示を<u>求められ</u>ませんでした。(OC14_08315)

　(176)에서 노동을 요구한 것은 국가이며 그 영향을 받는 자^{受影者}는 여성, 결핵환자, 연소자, 고령자 그리고 강제연행 된 외국인이다. (177)에서도 신분증명서의 제시를 요구한 동작주는 우체국^{직원}이며, 그 영향을 받은 자는 화자 본인이다.

　〈Aに求められる〉의 A에 오는 명사는 크게 나누어 ヒト^{사람일반}, コト^{인간의 행위}, モノ^{사물/물질}, 집합^{단체, 조직, 국가, 기관}, 지역 등이다. A가 3인칭일 때는 「求める」의 동작주가 되며, 그 외는 피동작주가 된다. A가 인간 행위에 의한 활동(정치, 언어, 교육, 경영, 치료, 스포츠 등)일 경우에도 피동작주가 된다. 학교 기관 같은 경우에는 동작주, 피동작주 모두 인정된다. 그러나 기업과 같은 곳은 피동작주만 인정된다. 또한 인간 활동의 결과물(문명, 문자, 법령, 요리, 의류 등)도 피동작주가 된다. 그러나 어떤 이론과 같은 것은 동작주가 될 수 있다.

　(178)　<u>秀平</u>は以前、尽性社への<u>協力</u>を<u>大井に求められ</u>、拒絶したことがあった。(PB29_00503)

　(179)　この官立卒の<u>教員</u>が、次の<u>学校に求められた</u>。四人が開校の日に迎えられた。(PB33_00577)

　(180)　<u>読者に求められる</u>新聞を<u>僕たち</u>がつくっていなかったからではないか。(PM41_01370)

　(181)　二十五歳のとき<u>ハディージャに求められ</u>て彼女と結婚し、平和な家庭をいとなんでいたが(LBs3_00087)

　(182)　<u>夫</u>の側も<u>妻に求められる</u>とインサートしなければと思って今日はちょっと、ということもありますが、(PB14_00136)

(183) ここで<u>X粒子</u>が、<u>大統一理論に求められて</u>救いの手をさしのべたのだった。
(LBk4_00023)

(184) ですからそうなる前に、うまくガス抜きできる状況をつくってあげることが、<u>親や教師に求められて</u>いるのです。(LBp3_00023)

(185) それでは究極のところ、<u>警察に求められて</u>いるのは何だろう、ということです。(PB43_00456)

(186) 近代国家にふさわしい人材養成という観点から<u>学校に求められた</u>課題であった。(LBo3_00082)

(187) エースにふさわしい戦いが、<u>2人に求められて</u>いる。(PN3a_00031)

(188) 「ドイツの諸利害」に応える道を示すことが、<u>ドイツ政治に求められて</u>いる。(LBj3_00073)

(189) 当然ながら<u>住民の福祉推進の施設</u>として構想され教育の機能が、<u>各施設に求められた</u>のであった。(LBg0_0000)

___이 피동작주, ____이 동작주를 나타낸다. 따라서 (178)~(189)는 다음과 같이 표시된다.

〈동작주〉가　　〈피동작주〉에게 〈요구하다〉

〈大井〉　　　　〈秀平〉

〈학교〉　　　　〈교원〉

〈독자〉　　　　〈자신들〉

〈하디자〉　　　〈화자〉

〈부인〉　　　　〈남편〉

〈대통일이론〉　〈X입자〉

위의 경우, 〈동작주〉는 대부분 표시되며, 그렇지 않은 경우는 화자가 된다. (184)~(189)까지는 피동작주만 표시되고, 동작주는 표시되지 않는 것이 일반적이다.

1.5.2.2.5. 〈~が得られる〉

〈~が得られる〉의 사용 분포는 [표 15]와 같다.

[표 15] 〈~が得られる 〉의 사용 분포

Register	PB	LB	OW	OM	OC	PM	OT	OY	OB	OP	PN	OL
빈도	973	573	172	145	127	118	70	69	53	35	30	5
비율	41.1	24.2	7.3	6.1	5.4	5.0	3.0	2.9	2.2	1.5	1.3	0.2

〈~が得られる〉도 주로 서적에서 다용되는데 전체의 65%를 점한다. 단지 OW, OM, OC, PM 등에서 다른 동사보다 사용 빈도가 조금 높게 나타나는 것이 특징적이다. 〈~が得られる〉는 대부분 가능용법으로 사용된다.

(190) 『大日経』によると、この仏を信仰すればこの世で救いが得られ、成仏できるという「即身成仏」の教えが説かれ、(PB31_00050)

(191) 銀座にいれば、かならずだれかの助けが得られる。(LBt9_00005)

(192) 隣り合う2個の穴を残して他をすべてふさいだときにも同じ結果が得られた。(PB38_00053)

(193) 精神的になかなか解放感が得られない。(OY14_24043)

연용형과 과거형에서도 가능용법이 인정된다. 그러나 다음과 같은 용례는 가능용법으로 판단하기에는 무리가 있다.

(194) 毎日、患部を強酸性水で洗ってやることで相当な効果が得られています。
(LBl4_00044)

(195) リチウム二次電池に使われ好結果が得られている。(PB25_00079)

(196) 来年度に第二基金が底をつくことを考慮して、少なくとも今年の秋には最終
結論を出すことで合意が得られている。(PM31_00572)

(194)(195)(196)은 〈효과〉〈결과〉〈합의〉가 획득되어 있는 상태의 계속
을 나타낸다. 〈~が得られている〉는 자동사화 내지 자발적 수동의 의미로
해석된다. (194)와 (195)는 유정 주어의 행위(씻어주는, 최종결론을 내는)에 의
해 주어진 결과이며, (195)는 탄소가 리튬전지에 사용되어 좋은 결과가
주어진 것이다. 탄소는 재료이며, 그것을 유정의 동작주가 리튬전지에 사
용함으로써 좋은 결과를 얻을 수 있었다는 결과의 지속상태를 나타내는
것으로도 해석가능하다. (194)도 매일 환부를 강산성수로 씻어줌으로써
상당한 효과를 얻을 수 있었다는 결과의 지속상태를 나타내는 것으로 해
석할 수 있겠다. 그러나 (196)은 합의가 이루어진 것을 나타낼 뿐이다.

능동태「得る」는 화자의 의지에 의해 무엇인가를 획득하는(수중에 넣는)
것을 나타낸다.「得ラレル」는 무대타동사^{無対他動詞}「得る」의 자연발생적 자
동사로 파악하는 것이 타당할 것이다. 〈비정물＋が＋V-ラレテイル〉는 상
태성이 높은 표현으로서 자동사의 특징을 갖추고 있다. 따라서 (194)와
(195)도 동작주를 배경화할 수 있어서 결과상태만을 나타내는 자동사화
로 해석하는 것이 타당하겠다. 이것은 다음의 〈~が得られつつある〉라는
표현에서도 확인된다.

(197) 現在、sm垂直浸潤距離千μmを境にsm微小浸潤癌とsm深部浸潤癌を区
分することで合意が得られつつある。(PB44_00252)

(198) 近年分子生物学の応用により、Y染色体上性決定部分の同定がなされ、より深い理解が得られつつある。(PB44_00019)

(199) 冷却材喪失事故時、及び炉心損傷時の燃料挙動について、炉内、炉外実験のデータが得られつつある。(LBd5_00005)

(200) このように、各キーテクノロジーについて、取組みの推進に伴い着実な成果が得られつつある。(OW5X_00001)

〈~が得られつつある〉는 모두 8건이 검출되는데 사용 분포는 각각 PB 2건, LB 2건, OW 4건이다. 〈비정물 + 가 + V-ラレツツアル〉 또한 상태성을 나타낸다. (197)~(200)은 각각 〈합의가 이루어지고 있다〉, 〈이해가 되고 있다〉, 〈데이터가 수중에 들어오고 있다〉, 〈성과가 나고 있다〉는 상태성을 나타낸다. 이것은 다음의 〈~V-ラレツツアル〉라는 표현에서도 확인할 수 있다.

(201) おそらく、あらゆる分野で、全く新しい「僧」たちが生れつつある。見えざる「寺」が建てられつつある。(LBg9_00023)

(202) それとともに昔からの自然はもとより、人々が演じた歴史や文化などが日に日に破壊され、忘れられつつあります。(PB42_00175)

(203) 彼女は、すでにあちこちの雑誌で紹介されて、文学の外側でもその存在が認められつつある。(PM22_00081)

(204) 現在、各国の専門家の参加の下に、この科学的検討が進められつつあるが。(OW2X_00573)

(201)~(203)은 동작주^{행위자}가 표시되어 있지 않다. (204)도 〈전문가〉라는 동작주가 상정되지만 여기서는 〈전문가의 참가 하에 ~(이)가 진행되

고 있다〉는 상태표현이다. 즉,「建てる」「忘れる」「認める」「進める」의 동작주가 직접적으로 표시되어 있지 않다. 따라서 〈절이 세워지고 있다〉, 〈역사와 문화가 잊히고 있다〉, 〈그녀의 존재가 일반에서도 인정되고 있다〉, 〈전문가의 참가 아래 과학적 검토가 진행되고 있다〉는 어떤 사태의 발생상황이 서술되는 자동사 표현이 된다.

한편, 〈~を得られる〉(633건)는 모두 가능으로 사용되었다. 참고로 〈~を得られる〉에는 〈~を得られつつある〉라는 상태성 표현은 없다.

1.5.2.2.6. 〈～が寄せられる〉

〈~が寄せられる〉는 311건이 검출된다.「寄せられる」의 45.7%를 점한다.「寄せる」는 유대타동사이므로「寄せられる」는 자연발생의 자동사의 의미로는 사용되지 않는다. 가능과 존경의 용법은 없고, 311건 모두 수동으로만 사용되는 특징이 있다. 먼저 사용 분포를 살펴보면 다음과 같다.

[표 16] 〈～が寄せられる〉의 사용 분포

Register	OP	PB	LB	OW	OM	OY	PN	PM	OB	OC
빈도	62	52	48	36	33	30	23	14	7	6
비율	19.9	16.7	15.4	11.6	10.6	9.6	7.4	4.5	2.3	1.9

〈~が寄せられる〉의 분포상의 특징은 첫째 OP에서 가장 많이 사용되었다는 점이고, 둘째 다양한 장르에서 골고루 사용되었다는 점이다.

형태적인 특징도 인정된다. 즉 〈~が寄せられない〉와 같은 부정표현은 없고, 전부 긍정표현에 사용되었다. 그리고 〈~から(も)~が寄せられる〉, 〈~に(は/も)~が寄せられる〉, 〈~が寄せられる〉의 유형이 사용되었다.

(205) また堀越のりには彼女に内緒で友達からのコメントが寄せられる。

(PM11_00049)

(206) また、ヴィエトナム側も真摯に対応し、かかる姿勢に好感が寄せられた。

(OW5X_00481)

(207) どこから噂を聞きつけたのか、私のもとにも疑問や質問が寄せられている。

(OB5X_00077)

(208) 当時チェコ国内外の専門家からは様々な批判的見解が寄せられていた。

(PB13_00515)

(209) 眉間に深い皺が寄せられていた。(LBk9_00126)

ル형은 일반적 사실을 묘사한 수동표현이며, 夕형은 단순 사실의 완료를 나타내는 수동표현이며, テイル는 계속상의 수동표현, テイタ는 과거 완료로서의 수동을 나타낸다. (209)의 テイタ는 결과지속으로서의 상태를 나타낸다. 한편, 〈Aが寄せられる〉의 A에 많이 오는 명사는 다음과 같다.

[표 17] 〈Aが寄せられる〉의 A의 내용

A	期待	関心	相談	意見	声	苦痛	情報	要望	回答	作品	反響	イラスト	質問	合
빈도	44	22	22	15	15	14	11	9	7	6	6	5	5	181
비율	14.8	7.4	7.4	5.1	5.1	4.7	3.7	3.0	2.4	2.0	2.0	1.7	1.7	60.9

A의 총어수^{Token}는 297개이며, 다른 낱말 수^{Type}는 92개이다. [표 17]의 13개의 단어가 전체의 60.9%를 점한다.

「寄せられる」는 조사 ガ외에 ニ와도 높은 결합빈도를 보인다. 구조는 〈~は(が)~に寄せられる〉 혹은 〈~に寄せられる~は(が)/を〉를 취하는 것이 일반적이다.

(210) ケロイド状に皮膚が腫れたといった苦情が消費者センターに寄せられて

いるといいます。(PB14_00219)

(211) 全国の消費者相談窓口に寄せられた被害は、この十年で五十倍に増えた。
　　(PN5m_00001)

한편, 〈Aに寄せられる〉의 A의 종류를 보면 다음과 같다.

[표 18] 「Aに寄せられる」의 A의 종류

センター	団体	窓口	委員会	警察	~年度	合
8	5	5	4	4	4	30

「Aに寄せられる」의 A의 총어수^{Token}는 109개이며, 다른 낱말 수^{Type}는 75개이다.

「寄せられる」〈내용〉에서는 편중현상이 있지만 〈장소〉는 다양하게 나타나고 있음을 [표 18]을 통해 확인할 수 있다. [표 18]의 〈장소〉 명사는 총어수에서는 27.5%(30/109), 다른 낱말 수에서는 8%(6/75)를 점한다.

1.5.2.2.7. 〈~が感じられる〉

「感じられる」는 [표 7]을 보면 상접조사의 비율이 が(43.6%) 〉 と(15.5%) 〉 を(9.8%)의 순이다. 먼저 〈~が感じられる〉에 대한 검토를 하기로 하자.

[표 19] 〈~が感じられる〉의 사용 분포

Register	LB	PB	PM	OY	OB	OC	OP	OT	PN	OM	OW
빈도	367	322	99	84	54	47	26	11	9	8	5
비율	35.6	31.2	9.6	8.1	5.2	4.6	2.5	1.1	0.9	0.8	0.5

「感じられる」는 PN, OM, OW와 같은 공공매체 또는 의회에서의 발언과 같은 의례를 갖춘 표현, 공공보고서와 같은 텍스트에는 사용빈도가

극히 낮다. 「感じられる」의 용법상의 특징은 수동의 의미로 사용되지 않는다는 점이다. 먼저 〈~が感じられる〉의 용법에 대해 살펴보기로 하자. 〈~が感じられる〉는 자발과 가능 용법만 인정된다. 자발과 가능의 구분은 쉽지 않지만 志波(2018)에 따르면 다음과 같이 구분된다. 자발은 어떤 사태(행위/심적 움직임 등)가 유정주체의 의지와는 무관하게(의지가 없음에도) 주체에 대해 자연발생 하는 것이며, 가능은 유정의 주체에게 사태실현의 기대는 있지만 의지는 없음에도 어떤 요인에 의해 자연발생 하는 것이 긍정가능이다. 다음의 용례를 보기로 하자.

(212) 特に注目されたのが、高架下の店の昔ながらのたたずまい。昭和の面影が感じられ、それが昭和レトロブームと相まって、変わった風俗街として人気を博したりした。(PB5n_00042)

(213) かつてはブルーハイウエイと呼ばれたものが、何か亡び行く落日の悲しみが感じられる。(LBo5_00068)

(214) その歌声にあわせて自分もハミングしていると、なにか心のなかに無限に広がってくるものが感じられるようでした。(OB5X_00084)

(215) 人差指の触診で針が感じられ、また針をだす前に浸潤の効果もテストできる。(PB24_00195)

(216) この少年のエネルギーの高さと自己中心性が感じられる作品である。(PB41_00067)

(217) 八月十六日の大文字の送り火がすむと朝夕に秋の気配が感じられるようになる。(LBd2_00018)

(212)~(214)는 자발, (215)~(217)은 가능으로 해석된다. (212)는 〈고가교 아래의 예스러운 점포〉가 〈쇼와의 모습〉을 느끼게 하는 요인이 된다.

〈쇼와의 모습〉을 느끼는 주체인 대중은 그것을 느끼고자 하는 의지가 없음에도 그 느낌이 자연적으로 발생하게 되는 것이다. (213)의 〈슬픔〉을 느끼는 것도 〈블루하이웨이〉의 쇠퇴가 요인이며, 화자가 〈슬픔〉을 느끼고자 하는 의지는 엿보이지 않는다. (214)처럼 양태의 「~ようだ」를 접속하는 〈~が感じられる〉는 모두 자발의 의미를 나타낸다. 즉, 가슴깊이 뭔가를 느끼고자 하는 의지가 없음에도 허밍을 하다가 느끼게 되는 감정인 것이다. 이에 비해 (215)~(217)의 가능은 주체에 의한 기대가 인정된다. (215)는 〈인지에 의한 촉진〉이 〈침을 느낄 수 있다〉는, (216)에서는 〈작품〉을 읽으면 〈소년의 큰 힘과 자기중심성을 느낄 수 있는〉 기대가 인정된다. (217)에서도 누구나 음력 〈8월 16일〉이 지나면 〈가을을 느낄 수 있다〉는 기대가 바탕에 깔려 있다. 특히 (217)과 같이 〈V-ラレルヨウニナル〉는 「日本語が話せるようになる」에서 보는 것처럼 능력변화를 나타내는 것이 일반적이다.

〈~と感じられる〉는 1.5.2.1에서 〈~とV-ラレル〉 유형을 설명한 동사들과 유사한 용법을 나타낸다.

[표 20] 「~と感じられる」의 사용 분포

Register	PB	LB	OY	OC	PM	OB	OP	OT	OM	OW
빈도	113	106	17	13	13	11	4	2	1	1
비율	40.2	37.7	6.0	4.6	4.6	3.9	1.4	0.7	0.4	0.4

〈~と感じられる〉는 〈~が感じられる〉에 비해 PB와 LB의 비중이 10%포인트 더 크다.

(218) ただ彼の訴える話を聴いていると、彼の社会批判や理屈が全く根拠のないものではないと感じられ、ときに私は納得させられた。

(PB43_00165)

(219) 「それに行き著く一か八かの方途さへ、悉皆分つためしはない」とはい
いながら、<u>中原に</u>、「それに行き著く」方途は、たしかにある<u>と感じら</u>
<u>れている</u>。(LBb9_00138)

(220) さびついていたような節々も、冷たかった指先も、ちゃんと自分のもの
<u>だと感じられる</u>。(LBm9_00050)

(221) 彼のなかの陽気さは魂すれすれというか、心の底からのもの<u>と感じられ</u>
<u>た</u>。(LBi9_00173)

(222) 早くお参りを致しますと檀家の方々が黙々とお掃除をしている光景を目
に致しますがこれも奉仕の精神であり見返りを求めることなく、むし
ろお掃除をさせて頂いて有難い<u>と感じられている</u>のです。

(OY04_07777)

(223) この<u>聖書のイデオロギーは</u>、父権制に反対するけれども聖書を愛してい
る人たちにとっては問題<u>と感じられてきました</u>。(PB21_00006)

(224) 自分たちが寒い一室に住んでいるときに豪邸がどんどん建つ。<u>それは</u>社会
体制の不備、政治の欠点<u>と感じられ</u>、政治問題にも社会問題にもなる。

(OB5X_00285)

(218)~(219)는 자발, (220)~(221)은 가능, (222)는 존경, (223)~(224)는 수
동 용법으로 사용된 「~と感じられる」이다. (218)은 〈~と~V-ラレル〉의 문
구조이다. 조사 と의 술부에는 의지표현이 올 수 없기 때문에 가능이 될
수 없다. 또한 「感じる」의 주체가 화자이기 때문에 수동도 될 수 없으며,
존경 용법으로도 불가하다. (219)의 자발은 中原에게 있어서 〈그곳에 도
착할 방도〉가 있다는 〈심적〉 움직임이 그의 의지와는 무관하게 어떤 요
인에 의해 자연발생적으로 생겼다는 의미이다. (222)의 「感じる」주체는

〈檀家の方々(일정한 절에 소속하여 시주를 하는 분들)〉이며, 〈고마움〉을 품는 것에 대한 존경표현이다. (223)과 (224)의 「感じる」의 대상은 각각 〈성서의 사상〉과 〈호화저택의 건설〉이다. 小山田 외2(2012)에서는 「感じられる」의 수동용법이 없다. 그러나 (223)과 (224)는 비정주어문에 의한 수동용법으로 판단된다. 먼저 (223)과 (224)를 능동문으로 표기하면 다음과 같다.

　(223)′ 人たちが聖書のイデオロギーを問題と感じる。
　(224)′ (人ガ)豪邸を(豪邸が建つコトヲ)社会体制の不備・政治の欠点と感じる。

　(223)과 (224)는 상기 능동문의 목적어(대상)가 수동문의 주어 위치로 승격한 수동문이다. 이처럼 〈~と感じられる〉에서는 〈~が感じられる〉와 다르게 네 가지 용법이 모두 나타나는 특징이 있다.

1.5.2.2.8. 〈~が行われる〉

　〈~が行われる〉의 코어/비코어 전체 검출 수는 10,131건에 이른다. 그 사용 분포는 다음 [표 21]과 같다.

[표 21] 〈~が行われる〉의 사용 분포

Register	PB	LB	OW	OM	OP	OY	PM	OB	PN	OC	OL	OT	OV
빈도	2876	2177	2136	994	699	526	256	152	148	133	113	102	1
비율	28.4	21.5	21.1	9.8	6.9	5.2	2.5	1.5	1.5	1.3	1.1	1.0	0.0

　분포상의 특징은 PB와 LB 외에 OW에서 많이 사용된다는 점이다. 「行う」는 무대타동사로서 동작주의 일반화와 배경화가 이루어지는 경우의 〈~が行われる〉는 자동사화 또는 자발 용법이 된다. 동작주의 배경화가 이루어지는 것은 시점이 주체에서 대상으로 이동되기 때문이기도 하다.

배경화가 이루어진 동작주는 문중에 표시되는 경우와 그렇지 않은 경우가 있다.

> (225) ハリーとネルソンのあいだで、かなり激しい<u>言葉の闘い</u>が<u>行なわれる</u>。 (LBi9_00202)

> (226) 毎年この日にはテーマが掲げられ、世界各地でさまざまな<u>キャンペーン</u>が<u>行われています</u>。 (OP40_00001)

(225)의 동작주는 〈ハリーとネルソン〉이며, (226)의 동작주는 비표기의 경우이다. (226)과 같은 행사(催し物)를 나타내는 「行われる」는 고대부터 사용되었다.

> (227) 「京にも、この雨風、いとあやしき物のさとしなりとて、<u>仁王会</u>など<u>行はるべし</u>となむ聞こえはべりし。 (20-源氏1010_00013) 〈서울에서도 이 비바람을 몹시 불길한 징조로 여겨 니오에(仁王会)가 개최 될 거라는 소문이 파다했다〉

행사 내용은 대부분이 (227)과 같은 법회이거나 불교관련 행사(방생 등)이다. 이와 같은 「行われる」는 행사주체^{동작주}는 처음부터 고려되지 않기 때문에 문중에 표기되지 않는 것이 일반적이다. 물론, (226)과 (227)의 행사〈(금연)캠페인〉, 〈법회〉의 주최자(동작주)는 암묵적으로 받아들여진다. 다음의 (228)과 같은 경우는 〈시험〉을 주최하는 단체가 존재하며 기지^{既知}의 사실이지만 관심 밖의 사항이다.

> (228) 十月一日から第二回<u>東京医術開業試験</u>が<u>行なわれる</u>。 (PB19_00076)

다음의 예문은 시점을 어디에 두느냐에 따라 가능과 자발 양쪽 모두의 의미로도 해석가능하다.

(229) このどちらにかけても同じ手続きで<u>解約</u>が<u>行なわれる</u>。(LBo5_00026)

(229)의 「どちら」는 〈보험회사〉와 〈대리점 사무실〉을 지시한다. 시점의 위치에 따라 다음과 같이 해석된다.

〈화자〉: 어디에 전화를 걸어도 같은 절차로 해약을 진행할 수 있다.
〈사태〉: 어디에 전화를 걸어도 같은 절차로 해약이 진행된다.

그러나 〈~が行われる〉는 가능용법으로는 쓰이지 않는다. 「行う」의 가능은 가능동사 「行える」에 의해 표현된다.

(230) 一方、再生タブでは撮影画像の回転やプリント指定、撮影画像の確認時間の<u>設定</u>など<u>が行えます</u>。(PB5n_00046)

결과, 〈~が行われる〉의 용법은 전적으로 자발 또는 자동사화뿐이다. 다음은 「Aが行われる」의 A에 대한 검출결과이다.

[표 22] 「Aが行われる」의 A의 종류 및 분포

A	N	PB	PM	PN	LB	OB	OY	OW	OP	OT	OM	OL	OC	OV
改正	178	41	1	0	21	2	1	**63**	9	2	38			
調査	168	**51**	1		52	2	4	30	15	1	10	1	1	
~式	162	17	4	10	22	6	24	4	**72**	1	2			
研究	157	49	1	1	36	2		**62**		2	4			

檢討	155	19	1	2	14			102	1		16			
活動	127	21		1	11		2	58	12	2	13	6	1	
議論	101	17	2		14	1		31	2		34			
~会	101	16	7	2	19	1	16	1	26		8		2	
交換	99	14			24		3	44	8	1	3		1	1
選挙	87	20	1	2	23	1	4	13	9	3	11			
規制	81	12		2	4		3	45	5		9		1	
行為	79	17			19	2		15	2		18	5	1	
工事	77	21	1		25	1	9	1	10	1	4		4	
試驗	77	25	1	1	16	4	4	20	2		1		3	
取引	77	25	1	1	27		1	9			12		1	
投資	73	38			11		1	18		1	4			
見直し	72	13			11		1	33	5		7		2	
開発	71	10		1	10		2	43			5			
交渉	69	10		2	13	2		30		2	10			
実験	68	19	1	2	14	1	4	22	2		2		1	
調整	64	21			9		2	21	2		8		1	
指導	63	16	1		8		2	22	3		11			
改革	59	20	1		13		1	12		5	6		1	
整備	58	11		2	2		2	32	5		4			
檢査	57	24			14	1	2	12			2	2		

[표 21]의 〈~が行われる〉의 사용 분포를 보면 OW과 LB가 PB 다음으로 많다. 그러나 직전의 명사를 보면 특정 단어의 사용빈도가 많은 것은 OW이다. 각 분야의 특징적인 단어를 표시하면 다음과 같다.

PB: 조사, 행위, 시험, 투자, 조정, 개혁, 검사

LB: 조사, 선거, 행위, 공사, 거래,

OW: 개정, 연구, 검토, 활동, 교환, 규제, 재검토, 개발, 교섭, 실험, 조정, 정비

OP: ~식, ~회

OM: 논의, 행위

    * 행위, 조사, 조정은 겹치는 경우임

  PB와 LB는 다루는 내용에 따라 사용빈도의 차이를 보이므로 특징적이라 할 수 없겠지만, 상기 단어만으로 분야를 짐작할 수 있다. 가장 특징적인 것은 OP와 OM이다. OP에서는 행사와 관련된 표현이 다용된다는 것을 알 수 있다. ~式(162건) 중 다른 어수^{Type}는 83개이며, 〈표창식〉(21개) 〈제막식〉(8개) 〈조인식〉(7개)이고 나머지는 모두 4회 미만으로 다양한 행사^{ceremony}가 온다. ~会(101건) 중 다른 어수^{Type}는 57개이며, 〈委員会〉(7) 〈講演会〉(5) 〈説明会〉(5) 〈演奏会〉(5)의 빈도가 5회 이상이다. OW은 텍스트의 성격을 가장 잘 나타내는 어휘들로 구성되어 있다.

  「行われる」의 존경과 수동은 〈~を行われる〉(64)에서 나타난다.

  (231) 景行天皇が日本武尊の跡を偲ぶ巡幸を行われたことはわかると思う。

      (LBp2_00064)

  (232) 警察官でもない人に強制捜査を行われたり拘束されたりします。

      (OC05_02463)

〈~を行われる〉의 대부분은 존경용법으로 사용되었다.

1.5.2.2.9. 〈~が認められる〉

  「認められる」의 상접조사로 많이 오는 것은 ガ와 ト이다. 접속 비율은 각각 38%와 21%를 점한다. 아래 [표 23]은 〈~が/と認められる〉의 사용 분포를 나타낸 것이다.

[표 23] 「~が/と認められる」의 사용 분포

	Register	PB	LB	OW	OM	OC	OY	OP	PM	PN	OB	OT	OL
が	빈도	1327	648	212	124	66	61	55	48	31	29	24	8
	비율	50.4	24.6	8.1	4.7	2.5	2.3	2.1	1.8	1.2	1.1	0.9	0.3
	Register	PB	OL	LB	OW	OP	OM	OC	OB	OY	PM	PN	OT
と	빈도	541	351	206	178	73	53	29	10	9	8	4	2
	비율	37.0	24.0	14.1	12.2	5.0	3.6	2.0	0.7	0.6	0.5	0.3	0.1

〈~が認められる〉는 PB와 LB에 편중되어 있지만, 〈~と認められる〉는 PB와 LB뿐만 아니라 OW과 OM에도 다용되는 특징이 인정된다. 특히 OL 에서의 사용비율이 LB보다 10% 포인트 더 높다. 한편, 〈~が認められる〉 는 OL에서의 사용비율이 가장 낮게 나타난다. 〈~と認められる〉가 OL에 서 다용되고 있다는 것은 〈AとV-ラレル〉구조가 A에 대해 객관적이거나 전문가적 판단의 결과라는 것을 나타내는 것과 관계가 있다. 이것과 관 련해서는 〈~と言われる〉〈~と考えられる〉에서 이미 언급하였다.

[표 24] 〈Aが/と認められる〉의 A의 품사 내역

	명사	대명사	형상사	부사	동사	형용사	조동사	조사	접미사
が	2145	37	1	0	0	0	0	45	303
と	486	1	23	12	606	88	180	2	45

〈~が認められる〉와 〈~と認められる〉의 문법구조에 의한 차이를 설명하 기 위해 상기 [표 24]를 제시하였다. 〈Aが認められる〉의 A에는 오는 품사 는 명사가 압도적으로 많다. 그리고 접미사의 전체 빈도도 높게 나타난 다. 접미사의 종류에 있어서도 〈~と認められる〉와 차이를 보인다. 다음 은 2 이상의 빈도로 사용된 접미사의 종류를 대조한 것이다.

[표 25] 〈Aが/と認められる〉에서의 A의 접미사의 차이

	性	権	力	さ	等	化	痕	症	方	人	ら	物	者	的	病
~が	127	67	12	11	11	10	8	5	4	4	3	3			
~と										3		5	14	5	3

먼저, 중복이 되는 「人」「物」에 대해 살펴보기로 하자.

(233) 要経過観察者十九人が認められた旨の報告四十九年7月(OW3X_00144)

(234) 公式にフランス人と認められていても、外見はアラブ人だから就職できず、(LBg3_00076)

(235) サラは彼女の家族の全財産の唯一の相続人と認められた。(LBp9_00030)

(233)의 「~人」은 조수사로 사용된 경우이다. 〈~が認められる〉에 사용된 나머지 「~人」도 모두 조수사로 사용되었다. (234)와 (235)의 「~人」은 〈~에 속한 사람〉〈~을 하는 사람〉을 나타내는 접미사이다.

(236) 胃の中にはパン、菓子、するめなど約三百グラムの内容物が認められ、酒の匂いがするだけであった。(LBs4_00003)

(237) その規模、構造等からみて緑化施設以外の独立した構築物と認められるものは、当該構築物につき定められている耐用年数を適用する。(PB13_00437)

「Aが認められる」의 A에 오는 「物」는 (236)과 같이 구체적이고, 부분으로서의 규모가 작은 내용물이다[출판물, 피부의 미세한 잔류물]. 이에 비해「Aと認められる」의 「物」A는 (237)처럼 전체로서의 규모가 큰 구조물이 온다[「構築物」(2), 「建造物」(2)].

「Aが認められる」의 접미사 A를 접속하는 내용은 주관적이고 개인적인 사항이 온다. 예를 들어 접미사「-さ」그 자체는「-み」에 비해 객관성이 인정되지만「-さ」를 접속한 명사로서의 내용은 주관적인 것이 대부분이다.

> (238) イギリス、マンチェスター大学の化学教授であったロバート・ロビンソンの提示した構造の<u>正しさ</u>が認められた。(LBj4_00048)

(238)의「正しさ」(2) 외에,「真摯さ」・「素晴らしさ」(2)・「確かさ」・「不自然さ」・「技術の高さ」・「重要さ」・「拙劣さ」・「けなげさ」등이 있다. 하나같이 화자의 주관적 견해의 내용들이다.「Aと認められる」의 접미사 A는「-者」가 가장 많이 사용되고 있다.「-者」는〈~하는(인) 사람〉의 의미를 나타내는 접미사이며, 그 내용은〈~と〉로 받음으로써 객관적으로 묘사된다.

> (239) しかしガリバルディは万人によって<u>天成の軍事指導者と認められ</u>ており、
> (LBf2_00038)

그 외 A로서는〈연구자, 당사자, 학업우수자, 제조업자, 사업자, 심신미약자, 근친자, 제1인자, 예언자〉등이 있다. 이와 같이 평가^{認める}하는 주체는 (239)의〈만인〉처럼 제3자 타인이 된다.

[표 25]를 보면「~と認められる」는 진술의 낱말을 주로 상접하는 것을 알 수 있다. 명사도 상당수 있지만〈~が認められる〉의 명사와는 성격이 다르다.〈~が/と認められる〉의 각각의 명사의 특성을 살펴보면 다음과 같다. 다음은〈~が認められる〉와만 접속하는 명사의 목록이다.

傾向、効果、差、権利、使用、責任、変化、関係、異常、請求、算入、増加、功績、自由、効力、影響、適用、低下、成立、価値、発現、上昇(빈도 10회 이상)

〈Aが認められる〉의 A에 위치하는 명사는 어떤 발현된 결과(화자의 주관적 판단 내용으로서)를 나타낸다. 다음은 「~と認められる」와만 접속하는 명사 목록이다.

適当、相当、妥当、困難、正当、一人前、規範(빈도 4회 이상)

「~と認められる」는 어떤 근거에 의한 판단작용을 나타내는 낱말이 오는 경향을 보인다.

(240) 正常な商慣習に照らして適当と認められるもの(c)会社、(OW1X_00675)

위와 같은 특성은 〈~と認められる〉의 OL뿐만 아니라 OW에서의 사용빈도(12.2%)가 높은 요인이기도 하다. A에 위치하는 명사가 공통으로 사용되는 경우, 아래 표를 보면 〈~が認められる〉는 コト적이며, 「~と認められる」는 モノ적 특성을 보인다. 그런 측면에서 〈~が認められる〉가 コト적인 「事実」「活動」, 〈~と認められる〉가 モノ적인 「必要」의 빈도가 높은 것은 당연한 귀결이다.

[표 26] 「Aが/と認められる」의 A의 공통 명사

	こと	もの	行為	必要	行使	以上	程度	事実	活動
が	233	15	5	7	9	2	1	12	11
と	3	110	4	88	9	10	4	1	1

끝으로 〈Aが/とV-ラレル〉의 문법적 의미^{기능}에 대해 살펴보기로 하겠다. 「認められる」의 문법적 의미에 앞서 「認める」의 사전적 의미를 먼저 확인해 두고자 한다. 「認める」는 존재의 지각과 판단, 수용 등의 뜻이 있다 [「人影を認める」, 「有罪と認める」, 「自分の非を認める」]. 〈~が/と認められる〉가 존경 용법으로 사용된 예는 검출된 자료에 나타나지 않는다. 다만, 〈~を認められる〉에 1건이 인정된다.

> (241) 負けても、ぐちゃぐちゃ泣き言も、言い訳もしない方には敬意をはらいます。素直に敗北を認められる方は、尊敬いたします。(OY07_02229)

「認められる」의 존경용법은 상기 (241)에서 보는 것처럼 OY에서 1건이 확인될 뿐이다. 「~が/と認められる」의 대부분은 가능과 수동용법으로 사용되었다. 〈~が認められる〉의 수동용법은 자발적 수동 또는 자동사화된 경우라고 할 수 있다.

> (242) 前衛的な絵はいつの時代も、理解されることはないが、数百年たってからその価値が認められる。(OY14_07961)
> (243) その結果これらの諸国では、経済ないしは雇用のいわゆるインフォーマルセクター(非公式部門)の爆発的拡大が認められる。(PB33_00217)

(242)는 동작주가 배경화되고, 비정의 〈전위적인 그림〉이 수동문의 주어인 경우이며, (243)은 동작주가 설정되지 않는 대응하는 능동문이 없는 수동문의 사례다. 즉, 「〈経済or雇用の〉拡大を認める」 동작주가 없는 자동사문인 것이다.

〈~と認められる〉는 [표 24]에서 확인되는 것처럼 진술을 나타내는 낱말이 앞에 오는 경우가 많다. 명사가 올 때도 〈명사 + が認められる〉의 명사가 〈대상〉을 나타내는 것에 대해 「명사 + と認められる」는 진술(판단의 결과)로 해석된다.

(244) 自発的な発語はほとんどみられず、また会話中、妻に対する興奮や攻撃的行為が認められました。(PB14_00004)

(245) そのうちの一人が単独で行った行為であっても、会社の行為と認められます。(LBp3_00026)

(244)는 「認められる」의 대상(무엇)으로서의 〈(흥분과 공격적인) 행위〉이며, (245)는 〈(단독) 행위〉일지라도 〈(회사의) 행위〉로 간주된다는 의미에서 〈会社の行為ダ〉라는 진술의 기능을 갖고 있다. 〈~と認められる〉의 「と」가 인용의 기능을 한다는 점에서도 수긍이 간다. 한편, 〈~が認められるのは〉(21건)와 〈~と認められるのは〉(2건)는 빈도뿐만 아니라 기능면에서도 차이가 있다.

(246) 因果関係さえ立証されれば、労災補償や損害賠償が認められるのは時間の問題であろう。(PB33_00309)

(247) 第3順位…兄弟姉妹亡くなった人＝被相続人に子どもがあるとき、血族相続人と認められるのは子どもだけです。(LBl3_00028)

(246)과 (247)의 차이는 다음과 같이 고쳐 쓰면 분명해진다.

(248) ?時間の問題は労災補償や損害賠償が認められる。

(249) 子どもは血族相続人と認められる。

(248)의 B^{시간문제}는 화자의 판단내용이며, (249)의 B^{아이}는 A와 의미의 포섭관계에 있으며 화자의 판단내용이 아니다.

직접수동은 〈~を認められる〉에서만 나타난다.

(250) この撤退作戦はモスクワで大いに称賛され、書記長に手腕を認められる 契機となった。(OB3X_00120)

〈~が認められる〉의 가능용법은 주체의 능력가능과 의도성취가능의 두 가지가 상정된다. 주체의 능력가능은 다음과 같이 「認める」가 〈수용〉의 의미로 쓰일 때 나타난다.

(251) 十二の性格のうち他人には知られたくない性格については、本人が認め られる方向へ持っていってあげましょう。(PB47_00143)

의도성취는 「認められる」가 〈지각〉이나 〈판단〉의 의미로 쓰일 때 나 타난다.

(252) 彼はこちらにいる二人へ、軽く顎をしゃくった。前後の車からも、降り てくる人影が認められる。(PB49_00177)

(253) それは彼が政治のあり方はすべて朝廷を基とすべきであるという復古主 義の思想にもよるもので、単なる道楽以上の真摯さが認められる。 (LBd2_00046)

「~と認められる」의 가능용법은 대부분이 객관화되어 있다. 그것은 인 용의 「と」에 기인되는 것으로 판단된다.

(254) あれは犯罪ではないのですか？ 著作権法違反ですよね。部分的な引用な

どと<u>認められる</u>範囲までなら、大丈夫です。(OC12_00473)

(255) したがって、電力会社は強い価格交渉力を有していると<u>認められる</u>。

(OW6X_00244)

(254)의「認められる」는 화자의 주관적인 판단기준이 아니라 일반론을 말하고 있으며, (255)는 논리적으로 그렇게 볼 수 있다는 의미에서의 가능용법이다.

1.5.2.2.10. 〈～が開かれる〉

「開く」는 자동사「つぼみが開く」「花を開く」와 타동사「扉を開く」를 겸하는 동사이다. 따라서「つぼみが開かれる・花を開かれる」처럼 자발 또는 자동사화로는 쓰이지 않는다. 〈～が開かれる〉의 사용 분포는 다음과 같다.

[표 27] 〈～が開かれる〉의 사용분포

Register	LB	PB	OP	OY	OM	PN	OB	PM	OW	OC	OT
빈도	473	349	70	68	66	58	58	49	36	19	17
비율	37.5	27.6	5.5	5.4	5.2	4.6	4.6	3.9	2.9	1.5	1.3

LB와 PB에 〈～がV-ラレル〉가 편중되는 현상(65%)은 다른 동사와 다를 바 없지만, OP, OY, OM, PN, OB 등에 골고루 사용되는 점이 다른 동사와의 분포상의 차이로 인정된다. 그 이유는 〈Aが開かれる〉의 A에 오는 명사에 기인한다.

[표 28] 〈Aが開かれる〉의 A의 명사

~会	会議	道	大会	集会	パーティー	扉	宴会	総会	市
152	148	64	51	31	29	22	21	17	16
ドア	会談	目	戦端	オリンピック	コンサート	公判	国会	幕府	議会
14	14	12	12	11	11	10	9	9	9
祝宴	会見	シンポジウム	講座	教室	サミット	ページ	軍議	途	式
9	9	8	8	8	7	7	7	7	7

A의 명사 중에서 가장 많은 분야는 〈모임〉과 관련된 것들이며, 「開く」의 기본적 의미인 개폐로 쓰인 것은 「ドア」뿐이다. 「扉が開かれる」는 새로운 길을 여는 개척/개발의 「道・途が開かれる」와 유의 표현이다. 「市」는 여기서 〈시장〉을 의미하고, 「目を開かれる」는 새로운 관심이나 흥미를 품게 되는 것을 나타낸다. 「公判・国会・議会が開かれる」는 업무의 개시를 의미한다. OP, OY, OM, PN 등에 골고루 〈~が開かれる〉가 사용된 것은 [표 28]에 열거된 명사의 특성 때문이라는 것을 알 수 있다.

〈~が開かれる〉의 용법은 자동사화 또는 수동용법이 대부분을 차지한다. 가능은 「開ける」가 있기 때문에 「開かれる」형의 가능태 길은 닫혀있다고 할 수 있다. 또한 「花が開く」와 같은 자동사 「開く」의 자동사화 용법 「開かれる」는 나타나지 않으며, 수동용법으로 사용될 때는 「花に/を開かれる」가 된다. 따라서 [표 28]의 명사가 자동사 「開く」와 함께 쓰이는 것은 「ドア/扉が開く」밖에 없다[타동사는 「ドア/扉を開く」]. 나머지 명사는 모두 타동사 「開く」와 접속하므로 〈~が開かれる〉는 자동사화 또는 수동의 용법으로 사용되었다. 「ドア・扉が開かれる」에 대한 검토를 먼저 하기로 하겠다.

　(256) やっと老人は納得して、階下に引返えすと、暫くたって鍵のたばを持っ

て来た。ドアが開かれた。(PB59_00515)

(257) ノックに続いて扉が開かれ、執事が顔を覗かせた。(LBb9_00155)

(256)과 (257)의 「ドア」와 「扉」는 〈노인이 열쇠로 문을 열〉어서 그 결과 〈ドア〉가 열렸으며, 〈집사가 노크를 하고 문을 열〉어서 열린 결과를 나타내므로 「開かれる」는 타동사 「開く」의 수동표현이다. 즉, 〈老人/執事ガドア/扉ヲ開く〉라는 능동문이 상정되는 비정주어 수동문인 것이다. 그러나 다음과 같은 〈~が開かれる〉는 대응하는 능동문이 없는 자동사화 용법이라 할 수 있다.

(258) 虫や鳥もそうだが、生物の名前を知ると興味の扉が開かれる。
(LBq7_00020)

(259) 事故が多発している海とはいえふだんは穏やか。異次元への扉が開かれているのかもしれないいたってふつうの海に見えるが、(PB3n_00065)

(260) 左右の壁面の窓に、いまだ探検されていない深淵が開かれている。
(LBt9_00209)

(258)은 〈AスルトB〉구문으로 B는 비의지 표현이 온다. 〈흥미가 생기〉는 것은 〈생물의 이름을 아는〉 조건이 갖추어지면 발생한다. (259)〈이차원으로 통하는 문이 열려〉 있는데 그 문을 여는 주체는 없다. 다만, 〈사고 다발 지역의 바다〉가 〈이차원으로 통하는 문〉을 여는 요인으로 작용한 결과로 볼 수도 있겠지만 여기서는 자동사화 용법으로 해석된다. (260)은 배안에서 바라보는 바다 속의 풍경을 묘사한 표현으로서, 〈깊은 바다〉를 펼친 주체는 당연히 존재하지 않는다. 눈앞에 펼쳐지는 광경을 묘사한 현상문(現象文; 花が咲いている)이라는 점에서 자동사로 쓰인 경우이다. 다음

의 (261)은 〈춤〉이 〈문을 여는〉 요인이지만 직접적인 동작의 주체는 아니다. 여기서의 「扉を開く」는 장애물이 걷히고 나가고자 하는 방향으로의 진출이 이루어지는 것을 의미하며, 「開く」는 타동사이다.

(261) 少女の時代に夢にまで見た<u>ダンス</u>によって<u>その扉が開かれよう</u>としてい<u>た</u>。(LBp3_00174)

그 외의 〈~が開かれる〉는 동작주의 배경화가 이루어진 수동용법이며, 단순히 사실을 묘사하거나 완료된 사태의 지속 또는 과거의 사태를 나타낸다.

(262) 今日は津田英学塾の校庭で、<u>サヨナラパーティが開かれる</u>。
(LBd7_00015)

(263) 翌二十一日、第十一期人民大会議第八回議<u>会が開かれ</u>、十二項目の問題につき協議がなされ<u>た</u>。(PB12_00153)

(264) お嬢さんを嫁がせる親としての現在の心境私たちの人生の新たなる１ページ<u>が開かれました</u>。(PM31_00619)

(265) 共和国広場では連日、反空爆のコンサート<u>が開かれた</u>。(LBo7_00057)

(266) 庭から見た貴族邸の外観総門をくぐって邸内に入ると、<u>中門が開かれている</u>。(LBt2_00022)

(267) 駅舎の一角のギャラリーでは、七宝焼きの展示<u>会が開かれていた</u>。
(LBl9_00194)

(262)~(267)은 동작주의 배경화가 이루어지고, 대상이 비정주어 위치로 승격한 경우이다. 「開かれる」의 존경용법은 「~を開かれる」에 의해 주

로 표현된다.

(268) 昭和天皇はおもむろに口を開かれた。(PB12_00353)

「~を開かれる」의 약 45%는 수동용법이며, 나머지는 존경용법으로 사용되었다. 수동과 존경용법으로 사용되는 경우, 〈Aを開かれる〉의 A에 편중현상이 인정된다. 즉, 〈口(3)・悟り(6)・道(5)・会(3)〉는 모두 존경, 〈目(11)・蒙(3)・眼(3)〉는 수동용법으로 각각 사용되었다.

「開かれる」는 조사 「で」와의 호응빈도(1002건/30.7%)도 높게 나타난다. 「~で開かれる」는 〈~(は・が)~で開かれる〉 또는 〈~で開かれる~(は・が)〉의 구조를 가지며, 「で」는 동작이나 작용이 일어나는 장소를 나타내는 격조사이다. 장소는 시설물이거나 지역^{도시/국가}이 된다. 대표적인 시설물로는 호텔, 홀, 회관, 센터 등이며 지역은 도시(동경, 파리, 북경, 오사카, 뉴욕 등)가 많다. 「~で開かれる」의 사용 분포는 「~が・を開かれる」와 달리 PN에서의 사용빈도가 높게 나타난다.

[표 29] 「~で開かれる」의 사용 분포

Register	LB	PN	PB	OY	OP	PM	OM	OW	OB	OT	OC	OV
빈도	246	**183**	170	67	46	29	22	19	16	8	3	1
비율	30.4	**22.6**	21.0	8.3	5.7	3.6	2.7	2.3	2.0	1.0	0.4	0.1

「~と開かれる」는 전체 8건 밖에 검출되지 않으며, 모두 「~へと開かれる」로 사용된다.[2]

---

2) 「時間が~「過去」へと開かれている」「母親の子どもに向ける時間が「存在」の豊かさへと開かれる可能性」「自然科学も応用科学へと開かれるべき」「この前奏曲は~性的関係へと開かれた」「次のステップへと開かれてもいる演劇の在り方」「構造へと開かれた生物

(269) 新聞に投稿すれば、自分のことばが世界<u>へとひらかれる</u>。(OT03_00011)

(269)와 같은 「~へと開かれる」는 〈~로 전개되다〉의 의미를 나타내며, 대응하는 능동문이 존재하지 않는다?自分の言葉ヲ世界へと開く(展開する)]. 용법은 「開く」의 자동사화로 볼 수 있으며, 상태성을 띤다.

1.5.2.2.11. 〈~が見られる〉

「見られる」는 「が」(34.4%), 「に」(24.5%), 「と」(17.4%)와의 접속비율이 비교적 높게 나타난다. 〈~が/に/と見られる〉의 각각의 사용 분포는 다음과 같다.

[표 30] 「~が / に / と見られる」의 각각의 사용 분포

조사	Register	PB	LB	OW	OY	OC	PM	OT	OP	OM	OB	PN	OV
が	빈도	1524	1085	1083	246	171	131	128	90	77	53	40	
	비율	32.9	23.4	23.4	5.3	3.7	2.8	2.8	1.9	1.7	1.1	0.9	
に	빈도	739	679	283	63	105	44	58	6	46	31	11	2
	비율	35.8	32.8	13.7	3.0	5.1	2.1	2.8	0.3	2.2	1.5	0.5	0.1
と	빈도	581	556	497	192	50	90	3	6	35	39	230	
	비율	25.5	24.4	21.8	8.4	2.2	3.9	0.1	0.3	1.5	1.7	10.1	

「見られる」는 PB와 LB뿐만 아니라 OW에서도 다용되며, 특히 〈~と見られる〉가 PN에서 10% 정도의 사용비율을 보이는 것은 〈~が/に見られる〉와 다른 점이다. PN에 〈~と見られる〉가 다용되는 것은 텍스트의 성격상 표현내용의 객관화 때문으로 판단된다.

概念」「常に外へと開かれた状態」

(270) 景気低迷や大型選挙がなかったことが要因とみられる。(PN3c_00019)

(271) 函館西署によると、遺体は死後数週間とみられる。(PN4e_00021)

(270)은 화자 자신에 의한 전문가적인 견해이며, (271)은 전문가의 견해를 가미한 가능 표현이며, 화자가 사실을 외부에서 바라보는 시각의 객관화 된 표현이다. 〈~と見られる〉의 수동용법은 많지 않으며, 특히 전형적인 수동은 보이지 않는다. 〈~ている/た〉에 의한 상^{aspect} 표현은 4건, 〈~た〉는 3건에 지나지 않는다.

(272) ブッシュ政権が現在、検討中の有力案とみられているのが、「国連の査察チームに米軍などが同行し、(PN2b_00011)

(273) 収支見込みも、当初は数年間の赤字が必至とみられていたが、(PN1d_00001)

(274) それに小泉さんの人気が乗った」抵抗勢力と見られた橋本派は選挙区で十三人、(PN1b_00022)

(272)는 계속의 의미이며, 일반론에 많은 표현으로서 객관적으로 묘사된다. (273)과 (274)는 완료된 단순 사실의 수동표현이다.

한편, 〈명사＋が/に/と見られる〉에서 〈명사〉가 중복되는 낱말은 〈が와 と〉의 「もの」, 〈に와と〉의 「一部」(16/5), 「人」(106/5) 뿐이다(が・には 10회 이상, とは 5회 이상의 빈도）. 〈が와 に〉의 중복 낱말은 없다. 「が와 と」의 차이는 이미 1.5.2.2.9. 〈~が認められる〉의, 〈명사＋が와認められる〉에서 기술하였다. 「に와と」의 차이에 대해 살펴보기로 하자.

(275) 突入したハイジャック機の胴体の一部とみられる金属片が二十四日まで

に発見された。(PN1e_00011)

(276) 安易に公費を投入して低所得者の保険料減免を行おうとする市町村が一部にみられる。(PB23_00245)

(275)의 「~と」는 「見られる」의 〈내용〉을, (276)의 「~に」는 「見られる」의 〈장소〉를 나타낸다. 「一部」라는 단어가 〈~と見られる〉의 〈내용〉으로, 〈~に見られる〉의 〈장소〉로 사용되었다. 〈~に見られる〉의 명사에는 「図, 人, 随所, 例, 他人, 各地, 中, 場合, 表, ところ, 一般, 作品, 患者」 등이 오며, 〈~と見られる〉에는 「程度, 行為, 原因, 困難, 必要, テロ, 結果, 人, 人物, 狙い, 必死」 등이 온다.

〈Aが見られる〉의 A에는 「傾向(323), 変化(177), 動き(171), 姿(120), 差(96), 改善(74), 増加(72), 違い(63), 進展(57), 特徴(55), 低下(51), 症状(51), 現象(50)」 등이 높은 빈도로 나타난다. 문법적 의미는 다음과 같이 분류된다.

(277) 君のような女の子には状況別に共通するふたつの傾向が見られる。
(LBn1_00018)

(278) この時期の制度の運用状況には、次のような特徴が見られる。
(OW5X_00180)

(277)과 (278)의 〈~が見られる〉는 〈AにBが見られる〉라는 구조를 가지며, 「見られる」는 지각동사로서의 의미가 희박해져서 수동으로 해석하기에는 무리가 있다. 또한 동작주의 의도와도 무관하기 때문에 자발용법도 아니다. 〈경향〉과 〈특징〉이 〈상황별〉·〈운용상황〉이라는 곳에서 그 존재가 확인〈지각〉되는 것을 나타낸다. 동작주의 의도유무는 불분명하지만 결과적으로 성취를 표현한 것으로 〈의도성취〉에 가까운 가능용법으로

인정된다. 〈Aが見られる〉의 A가 구체명사일수록 지각의 의미가 강하며, 가능용법으로서의 의미도 한층 더해진다.

(279) 笹ヶ岳山麓では、初夏には滋賀県下でも稀少なイナモリソウが咲き、初秋には、テイショウソウの花がみられます。(OP66_00002)

(280) 透明層の中央部にも骨硬化像がみられます。(PB24_00197)

〈~と見られる〉의 가능용법은 화자의 전문가적인 입장 또는 전문가의 견해, 일반론 등의 객관화된 표현이라 할 수 있다.

(281) このあいだ、大津の聖衆来迎寺で、鎌倉初期の作品とみられる六道絵を見たんです。(LBm3_00133)

〈~と見られている〉 같은 상적 표현은 수동의 뜻으로 사용되었으며, 단순 사실의 일반적인 것들이 온다.

(282) これらは主に胎児期に環境ホルモンの影響を受けた結果と見られています。(PB34_00105)

전형적인 수동은 「〈人〉に見られる」, 존경은 「~を見られる」에서만 나타난다. 참고로 〈~を見られる〉는 존경, 가능, 수동 모두를 나타낸다.

(283) もしも人に見られたくなかったら、鍵をかけておくべき。(PB29_00730)

(284) 新規投資はもう少し様子を見られたほうが良いと思われます。(PN2d_00022)

(285) 主に6~8月の夏場、各工場・工房では熟練工による製造の生の様子を見られる。(PB52_00088)

(286) この男は、当日の運転士だった前田に顔を見られている。(LBs9_00007)

1.5.2.2.12. 〈～が含まれる〉

「含まれる」의 사용분포 중 특이점은 PN에서의 사용빈도가 낮다는 점을 들 수 있다. OP, OL, PN과 같이 내용의 명료성을 요하는 텍스트에서의 사용빈도가 낮다.

[표 31] 〈～が含まれる〉의 사용 분포

Register	PB	LB	OC	OW	PM	OY	OT	OB	OP	OL	PN
빈도	666	468	141	86	54	50	38	29	24	20	14
비율	41.0	28.8	8.7	5.3	3.3	3.1	2.3	1.8	1.5	1.2	0.9

「含まれる」의 특징은 〈～を含まれる〉가 2건에 지나지 않는다는 점이다. 「含まれる」와 결합하는 조사의 약 90%가 「が・も・に」이다. 계조사[강조기능] 「も」의 기능은 다양하지만 〈～も含まれる〉에서는 〈첨가〉의 의미로 사용되었으며, 〈첨가〉의 기능 외에, 〈～に～も含まれる〉의 형태를 취하는 점에서 〈～が含まれる〉와 같은 범주에 넣을 수 있다. 다음의 [표 32]는 〈Aが/も含まれる〉의 A에 오는 명사의 대조이다[〈명사＋も含まれる〉의 명사는 5회 이상의 빈도, 〈명사＋が含まれる〉의 명사 빈도는 3회 이상]. 「倍」는 〈～倍が含まれる〉라는 표현이 없고, 나머지는 〈～が/もふくまれる〉의 형태로 사용되고 있음을 알 수 있다.

[표 32] 「Aが/も含まれる」의 A의 대조

명사	もの	こと	意味	場合	問題	行為	分	人	成分	情報	要素	費用	倍	者	項目
も	69	59	22	18	9	7	7	6	6	6	6	6	6	5	5
が	94	22	48	3	20	4	14	0	54	23	31	4	0	6	14

〈~が/も含まれる〉는 〈AにBが/も含まれる〉 구조를 취하는 경우가 일반적이다.

(287) 鳴沢夫人の愛用した頭痛薬にも、発がんの恐れのある成分が含まれていた。(LBj4_00030)

(288) しかるという言葉には、相手の立場を考えて論すという意味も含まれています。(LBh3_00013)

A는 B가 존재하는 〈장소〉로 사용되고 있다. 〈~に含まれる〉는 〈AはBに含まれる〉형태가 일반적이고, 〈Aが/もBに含まれる〉는 소수에 불과하지만 〈Bに〉는 〈장소〉로서의 기능을 하고 있다는 점에서 공통적이다.

(289) 少なくともある種の新世界の樹木では、植物には不要だがコウモリには必須なアミノ酸が花粉に含まれている(PB16_00001)

(290) 租税債権なども、一般優先債権に含まれます。(PB13_00637)

(291) 養分はパネル裏から根に向けて噴出される液体に含まれる。(PB46_00151)

〈Aが含まれる〉와 〈Aに含まれる〉의 A의 사용빈도가 5회 이상인 낱말은 각각 43건, 47건이며, 그 중 중복되는 것은 「もの・情報・ガス・言葉・データ」뿐이다. 「~が/も」 대 「~に」는 명사의 종류가 다를 뿐 문의 구조는 유사하다. 따라서 〈~가/도 含まれる〉와 〈~に含まれる〉는 수동의 의미를 나타내는 점에서 공통적이다.

> (292) ここで言う技術には、流通機能の遂行に関連する全ての技術<u>が含まれる</u>。
> (PB16_00122)
>
> (293) このなかには微生物の増殖制御技術<u>も含まれる</u>。(LBt5_00029)
>
> (294) この巨大な糖タンパク質は粘液<u>に含まれる</u>。(PB34_00302)

「含まれる」의 가능용법은 찾을 수 없다. 대개의 경우, 부정형은 불가능의 의미로 가능용법이 인정되는데 「含まれず/ない」는 수동의 부정 의미로 사용되었다.

> (295) このことによって十二条に離婚する権利<u>が含まれない</u>ことは明らかです。
> (PB33_00448)
>
> (296) また、新株の発行・社債の発行<u>も含まれない</u>。(PB33_00755)
>
> (297) なお、厚生行政基礎調査では、特別養護老人ホームなど社会福祉施設に
> 居住する者は、対象<u>に含まれない</u>。(OW2X_00045)

참고로 「含められる」(49건 검출)도 모두 수동용법으로만 사용되었다.

> (298) そして産業者とは、農・工・商に従事する国民大衆であり、広義には学
> 者や芸術家<u>も含められる</u>のである。(PB12_00183)

「含む」는 무대타동사로서 비정주어 수동문의 경우, 「含まれる」가 자동사화 되는 경향이 있다.

(299) ビューティには三つの内容がふくまれる。(LBn3_00007)

〈AにBが含まれる〉는 〈AにBがある〉라는 상태표현과 같다는 점에서「含まれる」는 상태성을 가지며「含む」의 자동사화로 볼 수 있다.

1.5.3. ラレル 상접동사의 시대별 분포

〈V-ラレル〉형 동사의 시대별 사용 분포를 파악하기 위해 사용빈도 10회 이상의 동사를 각 고전^{헤이안, 가마쿠라, 무로마치, 에도, 메이지}과 현대^{70~2000년대}로 나누어 검색하였다.

1.5.3.1. 고전어 ラレル 상접동사

고전어 ラレル 상접동사를 검출하기 위해 CHJ^{일본어역사코퍼스}를 사용하였다. 각 시대별 동사와 조동사 수는 다음과 같다.

[표 33] 시대별 동사와 조동사 수

C	V	れる	られる
H	187966	2504	1358
K	170436	2244	1243
Mu	68851	2337	3012
E	32082	483	142
Me	1859124	35777	27445

* C: Century, V: Verb, H: 平安時代(794-1185), K: 鎌倉時代(1185-1333), Mu: 室町時代(1336-1573),
E: 江戸時代(1603-1868), Me: 明治時代(1868-1912)

동사와 조동사의 공기 빈도가 10 이상인 동사 중에서 특정 시대에만 분포하는 유표^{markedness}의 동사는 다음 [표 34]와 같다.

[표 34] 시대별 유표의 〈V-ラレル〉형 동사

H		K		Me	
V	F	V	F	V	F
思す	447	出だす	49	得る	43
遣る	93	殺す	39	用いる	38
許す	76	下す	28	包む	36
給える	76	当てる	17	称する	30
続ける	48	捕らえる	16	連れる	28
嘆く	36	図る	13	囲む	27
忘る	34	返す	13	考える	26
驚く	31	戒める	10	覆う	26
騒ぐ	30	絡める	10	来る	24
傳く	28	Mu		食べる	23
ものする	26	V	F	照らす	22
寝る	26	御覧ずる	67	開く	21
頼む	24	仰せ付ける	45	教える	20
待つ	20	召し使う	31	上げる	19
分く	20	仰せ出だす	28	思い出す	19
留める	20	呉れる	24	運ぶ	19
責める	19	抜く	22	奪う	19
恨みる	18	返る	19	感ずる	18
損なう	17	言い付ける	17	雇う	14
惑う	17	遣わす	17	導く	14
疎む	16	奉る	16	動かす	14
侍う	16	持つ	16	仰ぐ	14
込める	16	差す	15	乗せる	13
消つ	15	致す	15	選ぶ	12
催す	15	下る	15	煽る	12
よそえる	15	聞こし召す	14	襲う	12
眺める	15	負う	13	抱く	12
咎める	13	上る	13	与える	11

微笑む	13	失う	13	認める	11
侮ずる	12	召し返す	12	閉ざす	11
まどろむ	11	撥ねる	12	育てる	10
涙ぐむ	11	落ちる	10	励ます	10
守る	11	申し付ける	10	縛る	10
栄す	11	生け捕る	10	犯す	10
忍ぶ	11	喜ぶ	10	死ぬ	10
辿る	10			尽くす	10
合う	10			破る	10
愛でる	10			設ける	10
驚かす	10				
落とす	10				

　헤이안시대(H) 어휘의 절반을 조금 넘는 54%는『源氏物語』(101,649)가 점하고 있으며, 나머지 대부분도 산문 작품에 집중되어 있다. 운문의『古今和歌集』와 운문과 산문의 혼합인『伊勢物語』의 동사는 4.7%에 지나지 않는다. 따라서 헤이안 시대에만 분포하는 〈V-ラレル〉형은 산문과 운문에서 다용되는 어휘가 중심이며, 또한 시대적 특징이 인정되는 동사$^{消つ・}$^{栄す} 등로 구성되어 있다. 가마쿠라시대(K)에만 분포하는 〈V-ラレル〉형의 수는 동사의 총어휘수에서 헤이안시대와 크게 차이가 나지 않음에도 많지 않은 것이 특징적이다. 가마쿠라시대 총어휘수^{Token}의 62%가『今昔物語』(105,581)에 분포한다.『今昔物語』는 설화집으로서 한문훈독체이다. 그리고 같은 설화집인『宇治拾遺物語』와『十訓抄』^{교훈설화집}에 〈V-ラレル〉형이 약 22%(36,589) 분포한다. 설화집이라는 작품의 특성상,「殺す・戒める・捕らえる」와 같은 어휘가 유의미한 빈도로 사용되고 있다. 무로마치시대(Mu)는『虎明本狂言集』(47,121)에 68%의 〈V-ラレル〉형이 분포한다. 따라서 구어체의 어휘가 많고,『狂言』이라는 작품의 특성상「仰せ付ける・

仰せ出だす・言い付ける・申し付ける・聞こし召す・召し返す・下る・上る・遣わす・返る・呉れる・召し使う」と같은 전달동사와 이동을 나타내는 동사가 다용되고 있다. 그리고 「御覧じらる・仰せ付けらる・仰せ出ださる・聞こし召さる・召し返さる・申し付けらる」처럼 이중경어 형태가 많이 나타나는 것이 특징이다. 에도시대(E)는 『洒落本』한 작품만이 코퍼스 텍스트로 사용되어 어휘의 다양성과 숫자에 있어서 한계가 있다. 이와 같은 텍스트의 한계로 에도시대에서만 사용된 〈V-ラレル〉형은 없다. 메이지시대(Me)의 어휘는 현대어[1970~2000]에서 〈V-ラレル〉형으로 다용되는 동사들이 많이 분포하고 있다. 텍스트로는 『明六雑誌』 『国民の友』 『女学雑誌』 『太陽』 『女学世界』 『夫人倶楽部』와 같은 잡지와 초중등학교 국어교재로 구성되어 있다. 〈V-ラレル〉형의 분포는 잡지에 편중되어 있다[95.2%(58,495)].

다음의 [표 35]는 각 시대에 걸쳐서 분포하는 〈V-ラレル〉형 동사들이다.

[표 35] 〈V-ラレル〉형 동사의 중복 분포와 시대

C	V
H~K	捨てる, 誘う, 立てる, 測る, 出でる, 合わせる
H~Mu	書く, 定める, 思し召す, 付ける
H, Mu	成る, 入れる, 流す, 渡す, 参る, 泣く
H~Me	思う, 言う, 為る, 申す
H, K, Mu, Me	取る, 引く, 仰せる, 置く, 掛ける, 使う
H, K, E, Me	知る
K, Mu	尋ねる, 食う, 読む, 召す, 問う, 参らせる
K, Mu, Me	切る, 打つ
K, Me	作る, 追う, 行う
Mu, E, Me	居る
Mu, Me	出す, 聞く, 遊ばす, 行く, 送る, 叱る, 見る
Mu, E	出る
E, Me	呼ぶ, 騙す

[표 35]의 동사 중, 현대어에서 〈V-ラレル〉형으로 사용되지 않는 것은 「仰せる・参らせる」(BCCWJ에서 검출되지 않음)이다. 그러나 가마쿠라와 무로마치시대 이후 유효빈도의 사용을 보이지 않는 「出でる・思し召す」도 현대어에서 일반적으로는 그다지 사용되지 않으며, 특정 장르에서만 주로 표현되는 동사들이다. 「出でる」는 주로 옛 모습을 모방한 문체나 단가短歌와 철학 같은 장르에 4건 사용되었으며, 텍스트의 참조자료^{Register}는 각각 OV (1), PB (2), PM (1)이다. 「出でられる」의 용법은 존경 (2), 가능 (2)이다. 「思し召す」도 고전문학(번역), 고전 철학과 역사서에 주로 분포하며, 텍스트의 참조자료는 각각 LB (9), OB (1), PB (1)건으로 총 11번 사용되고 있다. 「思し召さる」의 용법은 11건 모두 존경으로 사용되었다. 소위 이중경어에 해당한다.

(300) 立派な見識のある人間ならでは、実朝の歌の如き力ある歌は詠みいでられまじく候。(PM11_00735)

(301) 利家は「捕虜に対する処分を、上様(信長)が不十分と思し召されては大変だ」と考えており (LBq2_00056)

무로마치와 메이지시대까지 유효빈도로 사용되던 「遊ばす・参る」는 현대어에서 각각 87건과 61건이 검출된다. 텍스트의 참조자료는 「遊ばす」가 LB (43), PB (14), PB (1), OY (1), OB (28)이며, 「参る」가 LB (25), PB (15), PM (5), OY (2), OB (8), OM (5), OC (1)이다. 「遊ばす」³⁾는 헤이안시대부터 「遊ぶ」와 「為(す)」의 존경어로 쓰이는 동사이며, 이중경어 형태인 「遊ばされる」로 처음 사용되기 시작한 것은 『天草版平家物語』

---

3) 헤이안시대의 「遊ばす」의 사용분포; 『大和物語』(951)1, 『蜻蛉日記』(974)1, 『落窪物語』(986)1, 『枕草子』(1001)1, 『源氏物語』(1010)8, 『大鏡』(1100)16

(1592)에 6건이다. 답신을 포함한 편지에 2건(「返事遊ばされる」「御文を遊ばされる」), 작가作歌에 4건 사용되었다. 현대어에서도 「返事遊ばされる」의 보조동사, 「文を遊ばされる」의 일반동사(する)로 사용되고 있다.

(302) 宮様、この少進が着くまで何とぞ御待ち遊ばされて。心の中で念じ続けた。(OB1X_00098)

(303) その辺り、我が殿は十分に配慮遊ばされ、今後の相手には我が平家の息のかからぬ高い官位の官人を(PM11_00144)

(304) ようやく玄関扉が塗りなおされてご帰還あそばされました。(OY14_22262)

1.5.3.2. 〈겸양동사 + ラレル〉의 용법
1.5.3.2.1. 「参られる」

「参る」는 헤이안시대부터 「参られる」로 사용되기 시작하였다. 헤이안시대의 「参られる」의 분포는 『源氏物語』(1), 『今昔物語』(2), 『大鏡』(5), 『讃岐典侍日記』(2)이다. 「参る」는 입궁을 하거나 조정에 출사하는 행위를 나타내는데 「行く」의 겸양어로 쓰였다. 따라서 「参られる」는 겸양동사에 조동사 ラレル가 접속한 것으로 존경의 용법을 나타낸다. ラレル의 존경 용법이기는 하지만 4장에서 기술한 것처럼 ラレル의 존경도는 가장 낮다.

(305) 心憂く渡りたまふべかなれば、まして聞こえがたかべければ。人ひとり参られよかし」とのたまへば、(20-源氏1010_00005)

(306) 河内国そこそこに住むなにがしの聖人は、庵より出づる事もせられねど、後世の責めを思へばとて、のぼり参られたりけるに、関白殿参らせ給ひて(20-大鏡1100_02010)

(305)는 源氏가 女官^{상궁} ^{정도}에게 오라고 하는 장면이며,「参る」는 신분이 낮은 女官이 源氏가 있는 곳으로 이동하기 때문에 겸양어를 사용하였고, ラレル는 源氏가 女官의 이동 행위에 대해 가벼운 경의를 표현한 것이다. (306)의「のぼり参られる」는 聖人이 관백^{關白4)}의 거처로 이동하는 것을 나타낸다.「のぼり参る」는 어떤 성인이 상경하여 입궁하는 것을 나타내며, ラレル는 화자^{語リ手}의 시점에서 이동주체^{어떤 성인}에 대한 경의 표현인 것이다. 고대어의「参られる」용법은 다음 문장의 현대어에 나타나는「参られる」의 용법과는 차이가 있다.

(307) これは三陸の方ばかりでなくて、北海道の方も実は参られました。
(OM61_00009)

(307)의「参られる」는 화자^{국회의원}가 홋카이도에서도 온 사람이 있다는 것을 나타내는「来る」의 존경어로 사용되었다. 상대의 이동행위를 낮추고(参る), 그 행위에 존경의 ラレル가 접속한 것으로 경어사용법에서는 오류로 인정되지만, 그 과정을 살펴보면 수긍이 된다. 즉, 고대에는 입궁 또는 입조^{入朝}와 같이 신분이 높은 귀인의 거처로 이동하는(이동하여 출사하거나 하는)「行く」의 겸양어로「参る」가 사용되었지만 현대에는 이 부분이 퇴색되고「参られる」전체가 가벼운 경의를 나타내는 존경어로 자리매김 한 것이다.

1.5.3.2.2.「申される」

「申される」는 헤이안시대부터 메이지에 이르기까지 전시대에 걸쳐 사

---

4) 왕의 정무를 맡아 의견을 올리거나, 왕을 보좌하여 정무를 보던 중직(섭정).

용되었다(576건). 현대어에서도 BCCWJ에 314건이 검출된다. 「申す」는 「言う」의 겸양어로서 「まをす」의 형태로 『万葉集』에도 사용되고 있다.

(308) 秋去らば 帰りまさむと たらちねの 母に<u>申して</u> [波々爾麻乎之弖]

(万15/3688)

「申される」의 형태가 나타나는 것은 헤이안시대부터이다. 분포는 다음과 같다.

[표 36] 「申される」의 헤이안시대의 분포 상황

Register	落窪	枕	源氏	紫	更級	大鏡	讚岐
년도	986	1001	1010	1010	1059	1100	1110
건수	2	2	7	1	1	14	6

* 落窪: 落窪物語, 枕: 枕草子, 源氏: 源氏物語、紫: 紫式部日記、更級: 更級日記、讚岐: 讚岐典侍日記

수필과 모노가타리[5]의 「申される」는 25건 중 24건이 회화문에 사용되고 있다.

(309) 中納言、取り入れさせて見たまへば、「昨日、越前守して聞こえし御消息は、<u>申され</u>けむや。御暇あらば、必ず今日立ち寄らせたまへ。(20-落窪0986_00003)

(310) かくてのみいまするが、いとほしや」とのたまへど、恥づかしくて、物も<u>申され</u>ず。(20-落窪0986_00001)

---

5) 모노가타리^{物語}는 9세기부터 12세기에 걸친 히라가나 전용의 산문문학작품(소설류)을 일컫는다.

「申される」는 현대일본어에서 오용의 예로 흔히 지적되곤 한다. 그것은 「申す」가 「言う」의 겸양어이기 때문에 존경의 「ラレル」를 접속하는 것은 맞지 않기 때문이라는 의견이다. (310)은 지문^{地の文}6) 중의 「申される」로 부정표현에 의한 가능(불가능)용법으로 사용되었다. 헤이안시대에 부정형 「申されず」는 3건이 검출되며 모두 가능용법으로 사용되고 있다. 물론 긍정표현에 의한 가능용법도 있다.

> (311) 「金たまはりたるはよけれども、さも見ぐるしかりしものかな」とこそ今に申さるなれ。(20-大鏡1100_02007)

(311)의 내용은 道隆의 셋째 딸이 문장을 배우는 학생들을 불러 모아 놓고, 병풍 위에서 돈을 뿌렸다. 학생들이 서로 경쟁하듯 그 돈을 받았는데, 그 자리에서는 못마땅한 행태로 거슬린다고 말도 못하다가, "돈을 주시는 것은 좋은데 정말 눈에 거슬렸다"고 이제야 말할 수 있다고 한다, 라는 뜻이다. (311)의 「申さる」는 가능의 의미로 쓰이고 있다.

그렇다면, (309)의 「申される」는 존경용법일까, 아니면 수동용법일까. 가능의 의미는 아닌 것이 분명하다. (309)는 에몬노카미^{衛門の督}로부터 배달되어 온 편지를 中納言이 읽는 장면이다. 편지 내용에는 "어제 에치젠노카미^{越前守}를 시켜서 보내드린 소식은 들었나요?" 정도이다. 「申される」의 동작주는 「越前の守」이며, 주어는 中納言이다. 「申される」가 가벼운 경의의 존경용법이라면 주어는 「越前の守」가 된다. 그러나 「昨日~立ち寄らせたまへ」의 주어는 中納言이다. 따라서 「申される」는 〈수동〉의 용법으로 해석하는 것이 타당하다. 헤이안시대의 「申される」가 위와 같이 가능과

---

6) 소설이나 희곡 따위에서 회화문이 아닌 설명이나 어떤 묘사를 하고 있는 문장을 말한다.

수동용법으로만 사용되었을까? 그렇지는 않다. 다음 예를 보자.

(312) 「行きて聞け」とのたまはすれば、わざと出でたれば、「一夜の門の事中納言に語りはべりしかば、いみじう感じ申されて、『いかでさるべからむをりに心のどかに対面して申しうけたまはらむ』となむ申されつる」とて、また異事もなし。(20-枕草1001_00006)

(313) されば源民部卿は、「冷泉院の狂ひよりは、花山院の狂ひは術なきものなれ」と申したまひければ、入道殿は、「いと不便なることをも申さるるかな」と仰せられながら、いといみじう笑はせたまひけり。(20-大鏡1100_02002)

(312)의 「感じ申さる」와 「~となん申されつる」의 주체는 大進生昌의 형인 中納言이다. 生昌가 형에 대해서 중궁 定子의 시녀에게 말하는 장면으로 「申さる」는 형에 대한 가벼운 경의의 존경용법이다. (313)도 入道가源民部卿의 「言う」행위에 대한 가벼운 경의 표현이다. 入道는 관백 藤原道長를 지칭하며, 源民部卿는 源俊賢이다. 따라서 신분이 높은 사람이 낮은 사람의 말하는 행위에 대해 가벼운 경의를 나타내는 ラレル를 겸양동사 「申す」에 접속하여 전체적으로 경의의 존경어로 사용한 것이다. (312)의 「申さる」도 신분이 낮은 中納言의 행위에 대해 동생이 신분이 높은 중궁(의 시녀)에게 고하는 장면에서 사용되었다.

(314) 重盛は舎弟宗盛の座上に着かれた: 清盛も言い出ださるる旨も無し: 重盛も申さるる事も無し。やや有って清盛言われた: 成親の卿が謀反は事の数でも無い(40-天平1592_01006)

(315) 法皇あれはと仰せられたれば、新大納言立ち返って平氏倒れて御座ると、

申されたれば、法皇笑壷に入らせられ猿楽共参って、曲を仕れと、仰せられた所に(40-天平1592_01003)

　(314)와 (315)의 ラレル용법을 보면, 平氏 일족에게는 〈V-ラレル〉형 존경표현을, 法王^{상황}에게는 〈존경동사+ラレル〉 또는 〈V-セラレル〉의 극존칭의 존경표현을 하여 신분에 따른 존경도의 차이를 선명하게 보여준다. 이와 같은 「申される」에 의한 가벼운 존경표현은 고전에서 흔히 사용되었다. 「申される」는 에도시대, 그리고 메이지시대에도 가벼운 존경표현으로 사용되고 있는 것을 볼 수 있다.

(316) 宗芭蕉翁も句の出来不出来は其時の仕合と不仕合によると申された(52-洒落1800_01015)

(317) するとだんだん上手になつて、後には立派に働らく様になりますと夫人が申されました。(60M女世1909_03039)

(318) 又或は看護婦が権式ばるとか、容体ぶるとかで、使ひにくいと申さるる方がありますが、(60M女世1909_03052)

(319) 結婚してからもう廿五年にもなる或る奥さんにお尋ねしますと、その方はかう申されました。(60M女世1909_13005)

　(316)~(319)는 다양한 신분의 사람들, 즉 (316)은 俳人「芭蕉」, (317)은「夫人」, (318)은「환자」, (319)는「어떤 귀부인」의「言う」행위에 대한 존경표현으로「申される」가 사용되고 있음을 볼 수 있다. 「申される」는 메이지시대에 존경의 의미뿐만 아니라 가능과 수동의 의미로도 사용되었다.

(320)　今日この問題について、国民が、立ち止つて考へると云ふ事は、至当な

事と<u>申され</u>ませう。(60M太陽1925_11012)

(321) 且つ妻の云ふには『<u>私も幼少の頃から喰物の事は父から厳しく申され</u>、万一自分の嫌ひな物が膳に附いて居たら、(60M女世1909_03014)

(320)은 〈국민이 잠시 멈춰 서서 생각하는〉 것에 대해 화자가 〈지당한 자세〉라 할 수 있다는 가능의 의미로「申される」가 사용되고 있다. (321)은 〈Nから V-ラレル〉(父から言われる)의 전형적인 수동양식을 갖추고 있다.

현대어에는 314건의「申される」가 검출된다.

[표 37] 현대어「申される」의 분포와 용법

C	F	OM	OB	PB	PM	OY	OC	존경	가능
1970	19	18	1					16	1
1980	76	31	22	23				76	
1990	72	21	4	47				70	2
2000	147	7	32	97	3	7	1	142	5
합계	314	77	59	167	3	7	1	304	8

[표 37]에서「申される」의 분포를 보면 전체적으로는 PB에서의 사용빈도가 가장 많지만, 80년대까지는 OM에서의 사용빈도가 높다. 특히 70년대의「申される」는 1건을 제외한 나머지 18건이 모두 OM에서의 사용 건수이다. [표 37]은 70년대의 출판관련 데이터가 코퍼스에 적게 적용되었음을 보여준다. 그러나 OM에서의 사용빈도가 90년대 이후 낮게 나타나는 것은「申される」의 사용에 대한 오용 지적이 작용한 것으로 풀이된다.「申される」는 고전어와 마찬가지로 가벼운 경의표현으로 사용되는 경우가 압도적으로 많다. 가능용법의 8건 중, 긍정표현에 의한 가능의 의미로 사용된 예는 단 1건도 없고 모두 부정표현에 의한 불가능의 의미로 사용

되었다. 그리고 80년대의 「申される」 76건은 모두 존경용법으로만 사용된 것이 특징적이다. 「申される」가 수동의 의미로 사용된 사례는 단 1건도 없다. 이것은 「申される」의 현대어와 고전어의 차이로 인정된다.

다음에 올리는 예문은 수동의 의미로 해석할 수도 있겠지만 존경용법의 「申される」라는 것을 알 수 있다.

> (322) 先ほども政務次官の方から<u>申されており</u>ましたが、どうも国会での答弁と末端へ行ったときとが違うことが多いというのは、再々私らはそれを体験いたしております。(OM12_00003)

(322)는 〈NからV−ラレテオル〉의 형태를 취하고 있는데 이와 같은 유형은 다음 사례와 같이 대부분 수동의 의미를 나타내는 것이 일반적이다.

> (323) また、<u>クチコは大君から伝えられておった</u>通りに、その心の中の思いを伝え歌うた。(PB29_00369)

> (324) 「堺町御門警衛の任は、<u>長州藩が帝から命ぜられている</u>。(LBl9_00153)

(323)(324)의 수동문의 구조는 〈クチコ・長州藩は/が大君が伝える/帝が命ずるられておる/いる〉이다. 그러나 (322)와 같은 〈V-ラレテオル〉 유형은 〈주어ハ동작주ガV-ラレテオル사태의 틀)[7]의 구조를 갖는다. 따라서 (322)는 수동용법이 아니라 존경의 의미로 사용되었다. 다음의 예에서 거듭 확인을 하겠다.

---

7) 〈성립시점, aspect 내용, 성립가능성〉

(325) 特に敷地の買収につきまして、<u>町長</u>さんは非常に<u>悩まれており</u>ました。
(OM12_00003)(OM26_00001)

(326) 下田会議に日本側は<u>各党</u>から<u>出られておる</u>ようでありまして、これに対
する反論もやっておるようでございます。(OM26_00001)

(327) 先ほども<u>政務次官</u>の方から<u>申されており</u>ましたが、どうも国会での答弁
と末端へ行ったときとが違うことが多いというのは、再々私らはそれを
体験いたしております。(OM12_00003)

(328) 努力をしていろいろ調べてみますということをたしか前の<u>岡安局長</u>が<u>申</u>
<u>されておる</u>と思います。(OM11_00011)

〈~ておる〉는 일반적으로 화자 또는 화자가 속한 공동체 구성원을 낮추
어 표현하는 겸양표현이다.8) 그러나 (325)~(328)의 〈~ラレテオル〉는 직
전의 동작주 〈町長・各党・政務次官・岡安局長〉의 언어행위 상태를 나
타낸다. 이와 같은 유형은 특히 OM에서 두드러지게 나타나는 언어현상
이다.

1.5.3.3. 〈자동사 + ラレル〉형과 〈피해〉의 의미

1.5.3.3.1. 고전일본어의「泣かれる」

고전어「泣かれる」의 분포와 문법적 의미는 다음과 같다.

[표 38]을 보면 8세기^{奈良時代}에는「泣かれる」가 없는 것을 확인할 수 있
다. 8세기에는 조동사「ゆ」에 의한「泣かゆ」가 사용되고 있었기 때문이
다. 조동사「ラレル」는 8세기의「ゆ」를 대신하여 9세기부터 왕성하게 사
용되기 시작하였다. 자동사「泣く」에「る」가 접속한「泣かる」는 헤이안

---

8) 今後とも被害状況の把握に努めまして、適切に処理していきたいと考え<u>ておる</u>ところ
であります。(OM61_00009)

[표 38] 고전어 「泣かれる」의 분포와 의미

C	F	자발	존경	(불)가능	수동
H	41	23	18	0	0
K	8	4	4	0	0
Mu	19	0	19	0	0
Me/Tai	17	1	3	5	8
합계	85	28	44	5	8

* Tai: 大正時代

시대와 가마쿠라시대까지 자발과 존경용법에 편중되어 있다. 자발용법은 주체에 의한 의지발동이 없음에도 「泣く」라는 감정이 자연적으로 생기生起하는 것을 나타낸다. 현대어에 다용되는 수동용법의 「泣かれる」는 메이지시대 들어서부터 사용되기 시작한 용법이라는 것을 알 수 있다.

(329) 妻の表情が崩れた。泣くのだな、と思つた、泣かれては困る…。(60M太陽1925_14058)

(330) お村に泣れて所在なきに、仔細らしく病の経過など語りつ、慰さむるでもなく詫ぶるでもなく、(60M太陽1895_11024)

(329)와 (330)의 「泣かれる」는 현대일본어에 보이는 〈자동사+ラレル〉의 "피해"의 뜻이 인정된다. 한편, 가능과 자발의 「泣ける」는 메이지이후의 자료부터 검출된다(11건). 아래의 (331)은 주체가 의지발동을 하면 「泣く」라는 행위가 실현되는 가능의 「泣ける」이고, (332)의 「泣ける」는 주체의 의지발동이 없음에도 저절로(「つい」) 「泣く」라는 사태가 발현되는 것을 나타내는 자발의 의미이다.

(331) 伯母を思ひ、富貴子を思ひ、両親の怒を思つて、彼れは<u>泣ける丈け泣きた</u><u>い</u>と願つた。(60M女世1909_10012)

(332) 何故私達は斯うまでも不運に出来てゐるんだらうかと、今さら其れが悲しくて<u>つい泣ける</u>んで御ざいますのよ(60M婦倶1925_06098)

1.5.3.3.2. 현대일본어의 「泣かれる」

[표 39] 현대일본어 「泣かれる」의 사용 분포와 의미

Register	F	수동	존경	(불)가능
LB	18	18	0	0
PB	13	9	4	1
PM	3	2	1	0
OY	11	10	1	0
OB	2	0	1	0
OT	1	1	0	0
OC	**31**	30	1	0
합계	79	70	8	1

현대어의 「泣かれる」는 약 89%가 수동의 의미로 사용되고, 존경이 10%, 가능이 1%의 비율로 사용되었다. 고전어의 「泣かれる」의 용법이 자발과 존경에 편중되어 있는 것과는 다르게 현대어에서는 수동에 편중되어 있는 것이 특징이다. 가능용법의 경우, 고전어에 5건, 현대어에 1건이 검출되는데 모두 「泣くに泣かれぬ」라는 관용표현으로 사용되었다.

(333) これは<u>泣くに泣かれぬ</u>生の実相である。(PB31_00019)

(334) 何故の罪業でせうか、私の胸の中は、<u>泣くにも泣かれず</u>、(60M婦倶1925_03133)

1.5.3.3.3. 「出られる」의 사용 분포와 용법

「出られる」는 고전어에서 「出でらる」와 「出られる」, 현대어에서 「出られる」의 형태로 사용된다. 여기서는 「出られる」의 형태변화와 용법의 변화에 대해서 살펴보기로 하겠다.

① 고전어 「出でらる」

「出でらる」는 헤이안시대부터 메이지시대까지 아래 [표 40]에서 보는 것처럼 308건이 검출되며, 각 시대별로 용법의 편중현상을 보인다.

[표 40] 「出でらる」의 사용 분포 및 용법

C	N	작품	N	자발	존경	가능	불가능	수동
H	196	Kagero	5	1	4			
		Ochikubo	7	7				
		Makura	8	5	1		2	
		Genji	135	129	1			5
		Murasaki	2	2				
		Izumi	4	4				
		Tsutsumi	2	1	1			
		Sarashina	10	8	2			
		Oho	1		1			
		Sanuki	22	22				
K	70	Konjaku	8	7				1
		Uji	3	2	1			
		Kaido	1		1			
		Kenrei	10	10				
		Tokan	5	5				
		Jikkinsho	12	6	6			
		Izayoi	6	6				
		Towazu	23	21	2			
		Tsurezure	2	2				

Mu	20	Kyougen	9	9				
		Heike	10	10				
		Isoho	1	1				
Me	22	Kokumin	2	2				
		Taiyo	13	9		2	1	1
		Sekai	5	3		1		1
		Jogaku	1	1				
		Kokugo	1	1				
합계			308	238	56	3	3	8

* Kagero: 蜻蛉日記, Ochikubo: 落窪物語, Makura: 枕草子, Genji: 源氏物語, Murasaki: 紫式部日記, Izumi: 和泉式部日記, Tsutsumi: 堤中納言物語, Sarashina: 更級日記, Oho: 大鏡, Sanuki: 讃岐典侍日記, Konjaku: 今昔物語, Uji: 宇治拾遺物語, Kaido: 海道記, Kenrei: 建礼門院右京大夫集, Tokan: 東関紀行, Jikkinsho:十訓抄, Izayoi: 十六夜日記, Towazu: とはずがたり, Tsurezure: 徒然草, Kyogen: 虎明本狂言集, Heike: 天草版平家物語, Isoho: 天草版伊曾保物語, Kokumin: 国民之友, Taiyo: 太陽, Sekai: 女学世界, Jogaku: 女学雑誌, Kokugo: 小学校国語

「出でらる」의 자발용법은 헤이안시대와 가마쿠라시대에 한정되며, 긍정표현에 의한 가능용법은 메이지시대부터 나타나는 특징이 인정된다. 존경용법만이 전시대를 통틀어 사용되고 있는 것을 볼 수 있다. 헤이안시대와 가마쿠라시대에 편중되어 있는 「出でらる」의 자발용법은 사고동사 「思ふ」와 결합하여 〈思ひ出でらる〉9)(237건)로 표현되는 특징이 있다. 「出づ」는 기본적으로 자동사이지만 고대에 타동사로도 사용되었다.10) 「思ひ出づ」는 조동사 「らる」와 결합하여 화자의 의지발동과는 무관하게 사태(사고)가 생기는 것을 나타낸다. 「思ひ出でらる」의 수동용법은 타동사로서의 「出づ」가 사용되었을 때이다. 고전자료의 수동용법은 『源氏物語』의 5건, 「引き出でらる」「選り出でらる」「尋ね出でらる」「召し出でらる」

---

9) 「思ひ出でらる」 표현은 「思しめし出でらる」「思ほし出でらる」「思し出でらる」「思うたまへ出でらる」「思ひたまへ出でらる」를 대표한다.
10) 〈前略〉朝霧の乱るる心に出でて[許登爾伊泥弖]言はばゆゆしみ〈後略〉(万17/4008)

「押し出でらる」와 『今昔物語』의 1건, 「召し出でらる」이다. 고전어 「出で
らる」의 수동용법에 "피해"의 의미가 발생하는지 용례를 들어 검토해 보
기로 하자.

(335) 殿にも、御方々の童、下仕のすぐれたるを、と御覧じくらべ、<u>選り出でらる</u>
       <u>る</u>心地どもは、ほどほどにつけて、いと面だたしげなり。(20-源氏
       1010_00021)

(336) 「あまりことことしく、恥づかしげにぞおはする。よろしき親の、思ひか
       しづかむにぞ、<u>尋ね出でられ</u>たまはまし」(20-源氏1010_00026)

(335)는 귀인 곁에서 잔심부름을 할 동녀^{童女}로 선발될 아이들의 심경이
신분에 맞게 꽤나 명예롭게 여기고 있다는 내용으로 "피해"의 의미는 내
포되어 있지 않다. (336)의 「尋ね出でらる」는 자신을 사랑해줄 것 같은
부모에게 입양되고 싶다는 희망 사항의 표현이다. 다음의 예는 "피해"의
뜻은 인정되지 않지만 "부끄러움"이 잘 표현되어 있다.

(337) 「笛すこし仕うまつれ。ともすれば、御前の御遊びに<u>召し出でらるる</u>、
       <u>かたはらいたし</u>や。まだいと 若き笛を」(20-源氏1010_00043)

「かたはらいたし」는 현대어 「きまりが悪い・気恥ずかしい(부끄럽다)」의 뜻
이다. 아직 미숙한 피리를 앞에 불려 나가서 연주하게 되면 부끄러울 것
이라는 뜻이다. "부끄러움"이 "피해"의 의미는 아니다. 따라서 고전어 「出
でらる」는 "피해"의 수동으로 사용되지 않는다.

단지, 「出でらる」가 복합어를 구성하여 타동사로 사용되었을 때 수동
의 용법을 나타내고 있을 뿐이다. 「出でらる」가 단독으로 수동의 용법으

로 사용된 예는 없다. 현대어에 「出でられる」는 각각 PB(2), PM(1), OV(1) 등 4건이 검색되는데 용법은 존경(2)과 불가능(2)으로 사용되었다.

「出でらる」의 용법이 가마쿠라시대까지 자발에 편중되어 있는 것을 상기 [표 40]을 통해 알 수 있는데, 무로마치시대부터 「出られる」가 사용된다. 「出でらる」의 공백을 「出られる」가 어떻게 대체하고 있는지를 다음 절에서 기술하고자 한다.

② 고전어 「出られる」

「出られる」는 현대어뿐만 아니라 고전어에서도 사용되고 있다. 현대어와의 차이를 논하기에 앞서 고전어 「出でらる」와의 비교를 통해 용법의 구분사용이 있는지 확인하고자 한다.

[표 41] 고전어 「出られる」의 사용 분포와 용법

자료	건수	자발	존경	가능	불가능	수동
Heike	15	1	13		1	
Isoho	1		1			
Kyogen	1		1			
Sharebon	10		2		8	
Jogaku	1		1			
Taiyo	60		11	17	25	7
Kokugo	6		4	2		
Sekai	12		4	2	4	2
Fujinkurabu	10		5		5	
합계	116	1	42	21	43	9

* Fujikurabu: 夫人倶楽部, Sharebon: 洒落本大成

「出られる」는 16세기부터 사용되기 시작했으며, 자발용법으로는 그다지 사용되지 않은 점이 「出でらる」와의 차이로 볼 수 있다. 자발용법 1

건은 「出でらる」와 마찬가지로 「思ひ出られる」형이다. 「出でらる」와 「出られる」가 병용되던 무로마치시대에는 수동용법은 「出でらる」에 의해 표현되었다. 결국, 「出でらる」에서 「出られる」로의 변화는 2단동사의 1단화라는 형태변화뿐만 아니라 의미변화도 병행했음을 알 수 있다. 이와 같은 의미변화의 욕구가 형태변화를 촉진했을 수도 있다. 앞장에서 언급한 ラユ에서 ラル로의 변화도 결국 자연생기^{자발}의 한계를 극복하기 위한 대체였던 것과 같은 맥락에서의 변화로 받아들일 수 있겠다.

(338) 欧洲の平和の為に君の方は目をつぶつて居て呉れ玉へ、といふ如な調子に出られたら如何する。(60M太陽1917_02013)

(338)은 상대가 무리한 요구를 하는 태도로 나왔을 때 어떻게 해야 하느냐 라는 "피해"의 뜻이 내포되어 있다. 메이지시대의 「出られる」의 수동의미는 모두 복합어가 아닌 단독용법에 의해 표현되는 것이 「出でらる」와 다른 점이며, (338)에서처럼 "피해"의 의미로 사용되기 시작한 것도 이 시기부터인 것을 알 수 있다.

③ 현대어 「出られる」

현대어 「出られる」의 연도별 사용 분포와 용법을 나타내면 다음과 같다.

[표 42] 현대어 「出られる」의 사용 분포와 용법

년도	합계	LB	PB	PN	PM	OY	OB	OP	OM	OW	OT	OV	OC
1970	12	0	0	0	0	0	9	0	3	0	0	0	0
1980	82	50	0	0	0	0	28	0	3	1	0	0	0
1990	179	153	0	0	0	0	15	0	11	0	0	0	0
2000	608	121	201	15	46	127	4	3	3	0	1	1	86

합계	881	324	201	15	46	127	56	3	20	1	1	1	86
존경	61	10	18		3	5	8		9				8
가능	352	159	75	6	22	38	18	1	5				28
불가능	446	141	106	8	20	82	30	2	5	1	1	1	49
수동	22	14	2	1	1	2			1				1

OY, OC, PM, PN의「出られる」가 2000년대 들어서부터 사용되기 시작하는 것은 인터넷의 보급 때문이다. PB, PN, PM은 2001년, OC는 2005년, OY는 2008년 자료에 사용되었다. 가능과 불가능을 가능용법으로 묶으면「出られる」의 90.6%가 가능의 의미로 쓰였으며, 그 외 존경 6.9%와 수동 2.5%의 비율로 나타난다. 2.5%의 수동「出られる」는 대부분이 "피해"의 뜻으로 사용되었다.

(339)「いや不都合はないが、突然そうやって素直に出られると、とまどうわ。
   (LBe9_00153)

현대어「出られる」는 (339)에서 보는 것처럼 "피해"의 수동으로 사용되는 것이 일반적이다. 그러나「出られる」의 수동용법은 2.5%에 지나지 않는다.

④「行かれる」

고전어「行かれる」는 주로 존경용법으로 많이 사용되고, 수동용법으로 사용될 때는 "피해"의 의미도 인정된다.

「行かれる」의 존경용법은 통시대적으로 나타나며, 가능(불가능포함)과 수동의 용법은 16세기 이후부터 사용되기 시작하여 19세기에 다용되는 양상을 보인다. 11세기의『更級日記』에 보이는 수동의「行かれる」는「連

[표 43] 「行かれる」의 사용 분포와 용법

자료	건수	존경	가능	불가능	수동
Sarashina	1				1
Kenrei	1	1			
Heike	5	5			
Jikkin	1	1			
Kyogen	10	3		6	1
Sharebon	8	5	2	1	
Kokumin	1				1
Jogaku	6	1	2	2	1
Tai	112	51	18	22	21
Sekai	29	22	5	1	1
Kokugo	19	11	1	3	4
Fujinkurabu	24	8	6	3	7
합계	217	108	34	38	37

れて行く」의 복합어로 나타나는데 이때의 「行く」는 보조동사로서 방향성
만을 나타내며 주동사는 「連れる」이다. 따라서 「~行かれる」는 엄밀한 의
미에 있어서의 「行く」의 수동표현으로는 볼 수 없다. 『更級日記』의 「連
れて行かれる」에는 "피해"의 뜻은 인정되지 않는다.

(340) いそぎ率て行かるる心地、いとあかずわりなし。 (20-更級1059_00001)

(340)은 상대^{오빠}가 자신을 서둘러 데리고 돌아갈 때의 기분이 아쉬움으
로 괴롭다는 의미이다. 「行かれる」의 대부분은 〈V + て行かれる〉의 형태
로 사용되었다(110건). 그 중에서 주로 수동의 용법으로 사용된 주동사는
「連れる」이다.[11] 그 외 「出て行かれる」 「持って行かれる」 「運んで行かれ

---

11) 내역은 다음과 같다. 『狂言』1, 『洒落本』1, 『太陽』16, 『女学世界』1, 『婦人倶楽部』
2, 『小学校国語』3

る」「代へて行かれる」「こしらへて行かれる」「奪って行かれる」に 의한 수
동표현이 있다.

> (341) かれ等は庫裡から入つて行つた。<u>婆さんに出て行かれ</u>たかれは、ひとり
> ぽつねんとして庫裡にゐた。(60M太陽1917_10041)
>
> (342) それがある日の戦闘に鬢を半分だけ<u>持つて行かれ</u>た。
> (60M太陽1925_04018)

(341)는 유정의 동작주가 표기되어 있으며, 수동문의 주어는 직전 문장
에 명기되어 있어서 문미의 「庫裡にゐた」의 주어가 「かれ等」임을 알 수
있다. 따라서 (341)은 유정주어와 유정 동작주에 의한 "피해"의 수동이다.
(342)는 "소유자수동"문이다. 「行かれる」에 의한 가능표현은 긍정의 가능
과 부정의 불가능을 통틀어 72건이 검출된다. 가능동사 「行ける」는 메이
지시대부터 사용되기 시작한다.

[표 44] 가능동사 「行ける」의 분포

자료	Kokugo	Sekai	Jogaku	Meiroku	Fujinkurabu	Tai	합계
건수	10	8	2	1	10	103	134

16세기부터 19세기 이전까지 가능동사 「行ける」는 사용되지 않았으며,
19세기 이후 사용되기 시작하였다. 하1단동사 「行ける」는 모두 974건이
검출되는데 가능동사로 사용된 것은 상기 [표 44]에서 보이는 134건에 지
나지 않는다. 나머지는 〈～てはいけない〉(195), 〈～ちゃいけない〉(65), 〈～なけ
ればいけない〉(27), 〈～ではいけない〉(17), 〈～ていけない〉(27), 〈いけない〉(527)
등과 같이 문법적 요소로 사용된 용례가 대부분이다.

가능표현은 근세까지는 「行かれる」가 담당했으며, 근대에 이르러 비로

소 가능동사 「行ける」에 의한 가능표현이 사용되게 된다. 따라서 근대에는 「行かれる」와 「行ける」가 혼용되고 있었고, 「行ける」의 사용빈도가 조금 높게 나타난다.

> (343) 南の方宇治川を渡りますすれば、かの有名なる小椋の池、又は淀にゆかれます (60M女世1909_10024)
>
> (344) 晩香坡までは八時間、タコマまでは一時間、ポートランドへは二時間で行ける。(60M太陽1909_08054)

(343)의 「行かれる」는 상황이 갖추어지면 자연 갈 수 있게 되는 가능이며, (344)는 단순 능력가능을 나타낸다. 현대어 「行く」의 가능표현은 「行ける」로 대체되었으며, 「行かれる」는 존경과 수동의 용법으로 주로 사용된다. 단, 부정표현 「行かれない」에 의한 불가능용법은 현대에도 사용되고 있다.

> (345) そういうところに日本の自衛隊は行かれない。(OM46_00002)
>
> (346) 私だって学校へ行きたい、でも、今の私は行かれない、行けばみんなに迷惑をかけるし、どうしても行けない。(OB2X_00246)

19세기의 「行かれる」와 「行ける」는 신구 가능표현의 혼용이며, 이후 가능표현은 가능동사로 집약되어 현대어에 이르게 된다.

1.5.3.4. 현대어의 ラレル 상접동사

현대일본어의 〈V-ラレル〉형 동사는 모두 778,071건이 검출되며, 자음어간동사에 れる가 접속하는 것이 603,932건, 모음어간동사에 られる가 접속하는 것이 174,139건이다. 연대별 〈V-ラレル〉의 검색 건수는 다음과 같다.

[표 45] 연대별 〈V-ラレル〉의 검색 건수

년대	れる	られる	합계
1970	11,160	3,538	14,698
1980	47,250	15,004	62,254
1990	124,941	37,943	162,884
2000	420,581	117,654	538,235
합계	603,932	174,139	778,071

1.5.3.4.1. 결합강도가 높은 어휘

BCCWJ에서 〈V-ラレル〉를 검색하여 연대별로 통계분석을 하여 조건에 일치하는 동사를 살펴보기 위해 [표 46]과 같이 통계분석을 실시하였다.

[표 46] 연대별 〈V-ラレル〉 통계분석 방법

C	V	F	A	B	N	MI	LD
2000년대	見受ける	156	453	120715	9675747	4.79	5.40
	呼ぶ	9123	19855	422599	9675747	3.40	9.40
90년대	見受ける	112	130	38974	2970877	6.04	6.55
	考える	3327	21521	38974	2970877	3.56	10.82
70-80년대	見受ける	85	94	18887	1501592	6.17	7.20
	行う	3569	13220	58501	1501592	2.79	10.67

* C: Century, V: Verb, F: Frequency, A: 공기어빈도, B: 중심어빈도, N: 동사총어휘수,
MI: 상호정보량, LD: 로그다이스

MI스코어는 [표 46]에서 보는 것처럼 공기어빈도(A)가 낮은 단어의 결합강도를 측정하기에 유효한 통계방법이다. 중심어 빈도가 상이하게 나타나는 것은 「-れる」와 「-られる」의 사용빈도(정확하게는 자음어간동사와 모음

어간동사의 출현 빈도에 따른 차이)에 따른 결과이다. 참고로 「為る」와 「한어 + 為る」는 조사대상에서 제외한다.

먼저, MI스코어와 LD값의 차이에 따른 목록 동사의 특징에 대해 살펴보기로 하겠다.

[표 47] 2000년대의 MI스코어 3이상의 동사를 LD값을 기준으로 내림차순

No.	V	F	MI	LD	No.	V	F	MI	LD
1	呼ぶ	9123	3.4	9.4	18	褒める	191	3.14	5.68
2	含む	4844	3.13	8.51	19	聞かす	645	4.43	5.64
3	認める	1486	3.2	8.51	20	植える	177	3.22	5.57
4	成す	3328	3.49	7.99	21	苛める	171	4.12	5.53
5	囲む	1408	3.8	6.76	22	名付ける	163	3.53	5.45
6	設ける	370	3.04	6.61	23	見受ける	156	4.79	5.4
7	記す	1242	3.17	6.58	24	繰り広げる	153	4.02	5.37
8	包む	1238	3.1	6.57	25	駆る	470	3.83	5.19
9	耐える	311	3.35	6.37	26	縛る	411	3.41	4.99
10	寄せる	310	3.34	6.37	27	追い込む	384	3.33	4.89
11	見なす	981	3.14	6.24	28	悩ます	374	4.01	4.86
12	襲う	905	3.33	6.13	29	組み込む	372	3.3	4.85
13	覆う	847	3.12	6.03	30	任す	369	4.19	4.84
14	晒す	803	3.51	5.95	31	知らす	333	4.17	4.69
15	騙す	788	3.77	5.93	32	見舞う	323	3.81	4.64
16	嫌う	726	3.36	5.81	33	見込む	318	3.02	4.62
17	巻き込む	721	3.7	5.8	34	驚かす	211	3.49	4.03

MI스코어 3이상인 동사 중, 내림차순의 LD값이 큰 즉 결합강도가 매우 높은 15개의 동사 중 가능의 의미로 쓰이는 「耐える」를 제외한 나머지 대부분의 동사는 ラレル를 접속하여 수동의 의미를 나타낸다. 공기동사와 공기 빈도가 비교적 낮은 동사의 결합강도를 측정하는데 MI스코어

가 유효하다는 것을 위 [표 47]에서 잘 보여준다. 다음의 동사는 공기 빈도가 공기동사Collocate의 사용 빈도에 비해 상당히 높게 나타나는 것을 볼 수 있다(공기빈도/공기어빈도: 비율).

「聞かす」(645/687:94%)・「任す」(369/463:80%)・「知らす」(333/424:79%)・「悩ます」(374/531:70%)・「見舞う」(323/526:61%)・「駆る」(470/757:62%)・「驚かす」(211/431:49%)・「縛る」(411/877:47%)

[표 47]의 34개 동사 중, 70년대부터 공통적으로 나타나는 동사목록은 아래 [표 48]의 23개 동사이다. [표 48]은 〈V-ラレル〉의 결합강도가 가장 높은 동사를 시대별로 추출하여, 70년대에서 2000년대까지 전시대에 걸쳐 공통적으로 나타나는 동사의 목록이다. 12번까지의 MI스코어 3이상, LD값이 6이상인 동사는 결합강도가 매우 높은 연어수준의 〈V-ラレル〉형이라 할 수 있겠다. 검출 조건은 MI스코어 3이상인 동사이다3장의 통계방법 참조.

[표 48] 〈MI스코어 3이상, 70~2000년대 공통출현 동사〉

No.	V	자/타	70-80		90		2000	
			MI	LD	MI	LD	MI	LD
1	呼ぶ	무/타	3.23	8.82	3.39	9.48	3.4	9.4
2	認める	무/타	4.78	10.37	4.73	10.17	3.2	8.51
3	成す	유/타	3.89	8.95	3.57	8.38	3.49	7.99
4	囲む	무/타	3.95	6.57	3.8	6.8	3.8	6.76
5	設ける	무/타	4.7	8.85	4.5	8.24	3.04	6.61
6	記す	무/타	3.11	6.26	3.14	6.86	3.17	6.58
7	包む	무/타	3.3	6.14	3.4	6.83	3.1	6.57
8	耐える	무/자	4.27	7.13	4.41	7.69	3.35	6.37

9	寄せる	유/타	4.53	7.37	3.75	6.62	3.34	6.37
10	襲う	무/타	3.36	6	3.41	6.69	3.33	6.13
11	覆う	무/타	3.57	5.99	3.08	6.35	3.12	6.03
12	晒す	무/타	3.68	5.23	3.73	6.35	3.51	5.95
13	騙す	무/타	3.87	5.86	3.6	5.76	3.77	5.93
14	巻き込む	무/타	4.2	5.5	3.79	5.85	3.7	5.8
15	聞かす	유/타	4.16	5.89	4.45	6.26	4.43	5.64
16	名付ける	무/타	5.02	6.34	4.67	6.78	3.53	5.45
17	見受ける	무/타	6.17	7.2	6.04	6.55	4.79	5.4
18	駆る	무/타	4.03	5.14	3.94	5.76	3.83	5.19
19	縛る	무/타	3.77	5.27	3.49	5.55	3.41	4.99
20	悩ます	유/타	4.17	4.99	4.14	5.01	4.01	4.86
21	知らす	유/타	4.51	4.92	4.47	5.53	4.17	4.69
22	見舞う	무/타	4.03	5.18	3.87	4.98	3.81	4.64
23	見込む	무/타	4.05	6.86	3.89	5.62	3.02	4.62

* 무/타: 무대타동사, 무/자: 무대자동사, 유/타: 유대타동사[12]

무/타 17개의 동사는 대부분이 수동용법으로 사용되었으며, 무/자「耐える」(1070)는 가능용법으로 사용되고 있다. 나머지 유/타 5개의 동사는 주로 존경용법으로 사용되는 것이 특징적이다. 「知らす」에 대응하는 자동사를 「知れる」로 상정할 경우, 「知れられる」는 검출되지 않는다. 나머지 네 동사의 건수와 용법은, 「成る」(979; 존경), 「寄る」(15; 존경 6, 수동 9), 「聞える」(1; 존경 1),[13] 「悩む」(14; 존경)로 분류된다. 「寄る」의 수동은 모두 "피해"의 의미로 사용되었다.

---

12) 무대타동사라 함은 대응하는 자동사를 갖지 않는 타동사를 말하며, 유대타동사는 대응하는 자동사가 있는 경우를 말한다. 또한 무대자동사는 대응하는 타동사가 없는 자동사를 뜻한다.

13) 貴兄は、いかで其意をまとひ給ふらんや。前の友有ば、捨がたきとの事聞えられ候は、論にも足らぬ事也。(LBg1_00020)

1.5.3.4.2. 〈V-ラレル〉형 동사출현의 추이

[표 48]의 동사 중, 공기빈도가 1000을 넘는 것은 「呼ぶ」(9123), 「含む」(4844), 「認める」(1486), 「成す」(3328), 「囲む」(1408), 「包む」(1238)정도이다[2000년대 기준]. 공기빈도가 높으면서 LD값이 큰 동사는 다음의 [표 49]와 같다.

[표 49] 〈MI스코어 2이상 3이하이고, LD값이 7이상인 동사〉

70~80년대				90년대				2000년대			
No.	V	F	MI	LD	No.	V	F	MI	LD	No.	V	F	MI	LD
1	行う	3569	2.79	10.67	1	見る	3659	2.7	10.52	1	許す	1961	2.93	9.96
2	得る	504	2.93	9.42	2	行う	4892	2.83	10.14	2	信ずる	600	2.82	9.85
3	掛ける	215	2.14	8.27	3	上げる	736	2.87	9.01	3	行う	14363	2.71	9.46
4	含む	508	2.38	8.09	4	掛ける	539	2.23	8.53	4	思う	9825	2.68	9.16
5	続ける	169	2.44	8.02	5	含む	1201	2.88	8.25	5	限る	1840	2.63	9.03
6	使う	447	1.96	7.9	6	食べる	344	2.57	8.02	6	定める	531	2.6	8.71
7	述べる	145	2.83	7.86	7	殺す	903	2.94	7.85	7	用いる	683	2.55	8.39
8	開く	367	2.53	7.64	8	向ける	295	2.85	7.84	8	求める	1019	2.49	8.25
9	加える	111	2.55	7.48	9	開く	884	2.44	7.81	9	残す	1753	2.44	8.25
10	忘れる	97	2.89	7.32	10	述べる	256	2.46	7.62	10	与える	827	2.24	8.17
11	残す	288	2.93	7.31	11	残す	629	2.69	7.34	11	描く	2000	2.24	8.13
12	食べる	95	2.36	7.26	12	描く	590	2.33	7.24	12	決める	579	2.15	8.06
13	限る	246	2.35	7.08	13	加える	191	2.43	7.23	13	引く	1686	2.08	7.95
14	向ける	76	2.55	6.97	14	変える	174	2.17	7.09	14	開く	2501	2.05	7.79
					15	乗せる	157	2.94	6.99	15	考える	3231	2.01	7.76
										16	得る	1291	2	7.65

상기 [표 49]는 공기빈도가 높아도 공기어의 사용빈도가 높아 MI스코어가 낮게 나타나는 동사 중, 공기하는 결합강도가 높은 것을 검출하는데 LD값이 유효하다는 것을 잘 보여준다. MI스코어만을 사용할 경우 위와 같은 동사는 ラレル와의 공기빈도가 높게 나타남에도 검출되지 않는다.

[표 49]에서 70년대부터 2000년대에 걸쳐 공통적으로 나타나는 높은 강도의 결합빈도를 보이는 동사는 「行う」「開く」「残す」뿐이다. 그리고 70~80년대와 90년대, 70~80년대와 2000년대, 90년대와 2000년대의 공통 비율을 보면 다음과 같다.

[표 50] 각 시대별 공통비율

	70~80 vs 90	70~80 vs 2000	90 vs 2000
1	行う	行う	行う
2	開く	開く	開く
3	残す	残す	残す
4	述べる		
5	食べる		
6	加える		
7	含む		
8	向ける		
9	掛ける		
10		得る	
11		限る	
12			描く
비율	31%	16.7%	12.9%

[표 50]을 보면 90년대를 전후해서 〈V-ラレル〉형의 검출어휘에 상이점 이 나타나는 것을 확인할 수 있다. 이것은 아래 [표 52]와 [표 53]에서처 럼 2000년대 들어서부터 BCCWJ의 자료로 추가되는 출판물과 인터넷자 료에 의한 용어의 다양성에 기인하는 것으로 추정할 수 있다.

그리고 각 시대별 한정동사는 70~80년대의 「続ける」「使う」「忘れる」, 90년대의 「見る」「上げる」「殺す」「変える」「乗せる」, 2000년대의 「許す」 「信ずる」「思う」「定める」「用いる」「求める」「与える」「決める」「引く」 「考える」이다. 먼저 70~80년대의 한정동사를 살펴보면 아래 [표 51]에서 처럼 LD값은 높고, MI스코어가 낮게 나타나는 것을 알 수 있다.

[표 51] 70~80년대 한정동사

V	C	F	A	MI	LD
続ける	1990년대	233	6200	1.52	7.40
	2000년대	327	18370	0.51	6.27
使う	1990년대	1558	9645	1.94	8.56
	2000년대	6133	56290	1.32	8.71
忘れる	1990년대	314	2857	3.07	7.94
	2000년대	453	10597	1.78	6.82

「続ける」「使う」「忘れる」는 공기빈도와 공기어빈도의 증감에 의해 MI스코어가 상대적으로 낮아진 경우, 공기빈도의 증가보다 공기어사용의 빈도수가 급격하게 증가하여 2000년대는 MI스코어가 낮아진 것이다. 공기어의 사용빈도가 높게 나타나는 것은 다음 [표 52]와 [표 53]처럼 2000년대부터 첨가되는 출판물과 인터넷자료 때문이다.

[표 52] 「続ける」의 사용분포

C	Register	LB	PB	PN	PM	OY	OB	OM	OW	OP	OT	OC	OV
70~80년대	건수	75					18	16	58				2
	비율	44.4					10.7	10.7	34.3				1.2
90년대	건수	181					16	16	20				
	비율	77.7					6.9	6.9	8.6				
2000년대	건수	119	313	19	62	87	8	12	8	40	8	83	
	비율	15.7	**41.2**	2.5	**8.2**	**11.5**	1.1	1.6	1.1	5.3	1.1	10.9	

[표 53] 「使う」의 사용분포

C	Register	LB	PB	PN	PM	OY	OB	OP	OT	OM	OW	OV	OC
70~80년대	빈도	234					79			106	28		
	비율	52.3					17.7			23.7	6.3		
90년대	빈도	1353					118			74	12	1	
	비율	86.8					7.6			4.7	0.8	0.1	
2000년대	빈도	1049	2732	112	355	534	15	143	263	71	22	2	951
	비율	16.8	**16.8**	1.8	5.7	**8.5**	0.2	2.3	4.2	1.1	0.4	0	**15.2**

1.5.3.5. 지각동사와 ラレル형

현대일본어의 대표적인 지각동사로는 「見える」와 「聞こえる」가 있다. 두 동사 모두 고대에는 「見ゆ」 「聞こゆ」라는 형태의 「-ゆ」어미동사로서 자연생기의 의미를 나타내는 것이 특징이다. 「見える」와 「聞こえる」에 대응되는 능동사가 「見る」와 「聞く」이다. 「見る」-「見ゆ」의 관계는 「射る」-「射ゆ」와 동일하며, 형태적으로는 태^{Voice}의 관계에 있다. 「聞こゆ」는 「-ゆ」어미동사의 어미가 문법화의 과정[☞ 1장 참조]을 거쳐 「聞く」에 조동사 「ゆ」가 접속하여 파생한 동사이다[生む-生まれる].

「見える」 대 「見られる」, 「聞こえる」 대 「聞かれる」는 자동사 대 자발태의 대립을 이룬다. 자발이 자연생기의 의미를 가진다는 점에서 자동사와 의미적으로 상통한다. 현대일본어에서 이 두 형태의 차이를 파악하기 위해 〈대상-が見える/見られる〉와 〈대상-が聞える/聞かれる〉의 〈대상〉에 무엇이 놓이는지 살펴보고자 한다.

[표 54] 지각동사와 ラレル형의 〈대상〉

見える		見られる		聞こえる		聞かれる	
姿	549	傾向	323	声	1106	声	44
もの	230	変化	177	音	762	言葉	10
顔	213	動き	171	足音	129	感想	6
目	146	姿	120	耳	73	意見	6
山	109	差	96	悲鳴	72		
こと	102	改善	74	笑い声	52		
海	102	増加	72	鳴き声	47		
先	97	違い	63	叫び声	43		
光	78	進展	57	物音	43		
兆し	50	特徴	55	言葉	38		
名	43	低下	51	音楽	37		
中	38	症状	51	銃声	29		
空	36	現象	50	話し声	28		

明かり	35	もの	46	泣き声	26		
様子	35	効果	46	もの	21		
文字	34	例	44	歌	21		
建物	33	上昇	43	歌声	21		
人影	33	影響	38	爆音	21		
自分	32	兆し	34	ため息	20		
ところ	31	関係	32	会話	20		
看板	31	光景	32	話	17		
色	31	記述	29	息づかい	16		
物	30	状況	29	寝息	16		
点	30	行動	28	叫び	15		
影	27	減少	27	返事	15		
星	26	格差	27	大声	13		
部分	25	姿勢	26	うめき声	12		
底	25	障害	25	こと	12		
中身	25	展開	25	サイレン	12		
青空	25	反応	24	水音	12		
動き	24	こと	23	歓声	12		
屋根	23	様子	23	アナウンス	10		
人	23	ばらつき	21	さえずり	10		
灯	23	跡	21	息遣い	10		
川	22	相違	20	ささやき	9		
道	21	異常	20	ざわめき	9		
像	21	回復	20	鼓動	9		
世界	21	高まり	19	怒鳴り声	9		
限界	21	工夫	19	呻き声	9		
家	20	発生	18	人声	9		

[표 54]를 보면 지각동사 「見える」와 「聞こえる」는 구체적인 대상^{구체명사}을 받고, 자발태의 「見られる」와 「聞かれる」는 추상적인 대상^{추상명사}을 주로 받는다는 것을 확인할 수 있다. 「見える」와 「見られる」에 공통으로 오는 것은 「こと・もの・動き・様子・姿・兆し」이다.

(347) 「ここに出入りする女は多くない。気になって素性を調べさせたら、幾つか危ないことが見えてきた」(PB49_00367)

(348) まず企業規模は関係がなく、やはり女性問題担当者がいるかないかが影響力があることがみられる。(PB13_00692)

(349) 前方にぼんやりと黒っぽい岩の塊のようなものが見えた。
(PB29_00323)

(350) 逆に日本側にはあらゆる面で"甘さ"といったものが見られる。
(PB23_00104)

(351) 環境家計簿などを利用して消費生活を見直すなどの動きが見え始めた。
(OW5X_00170)

(352) しかしながら、九十一年後半以降、金融機関や家計、企業部門のバランスシートには改善の動きがみられるようになっており(OW4X_00642)

(353) 店内はキッチンの様子が見える開放感のある空間となっています。
(OY14_01986)

(354) メリーのほうが自己主張が強く、人に簡単に従おうとせず、また日常はより自分を抑える様子がみられました。(LBf4_00005)

(355) 香織と真弓に混じって、伸子の姿が見える。(LBm9_00128)

(356) 巡礼の初日には各国の参加者が、挨拶し旧交を温め合う姿が見られた。
(LBs3_00171)

(357) 世界経済は、欧米のインフレーションに、ようやく好転の兆しがみえたものの (OW2X_00034)

(358) 二千一年に入ると、マンションブームも販売ペースが鈍化し変化の兆しがみられます。(PB13_00378)

(347)~(356)의 「こと・もの・動き・様子・姿」가 「~が見える」와 〈~が見

られる〉앞에 놓이는 공통점은 있지만 구체적인가 추상적인가라는 상이점이 인정된다. 예를 들어, (347)의 「こと」는 〈신원조회에서 의심스러운〉 구체적인 〈점^{ヨ소}〉이 확인된다는 것을 나타내지만, (348)의 「こと」는 〈여성문제담당자의 존재여부〉가 〈영향력〉이 있다는 〈점〉이 인정된다는 것을 나타내는데, 〈영향력〉이라는 것은 추상적이다. (348)과 (349)는 구체적인 〈바위덩어리〉와 추상적인 〈허술함〉에 의한 「もの」의 차이가 인정된다. (351)과 (352)는 같은 〈개선$^{見直し · 改善}$움직임〉이지만, 구체적인 〈가계부를 이용한 소비생활의 개선(소비패턴의 개선이라는 구체성이 인정됨)〉과 추상적인 〈금융기관/가계/기업부문의 대차대조표의 개선〉(대차대조표상의 어떤 개선인가가 불명확)이라는 차이가 있다. (353)과 (354)의 「様子」는 구체적인 〈부엌〉과 추상적인 〈자신을 억제하는 모습〉의 차이가 인정된다. (355)와 (356)의 「姿」도 구체적인 〈사람^{ノ부코}의 실루엣〉과 추상적인 〈교분을 두텁게 하는 행위〉라는 점에서 상이하다. (357)과 (358)의 「兆し」는 추상성과 구체성으로는 설명이 되지 않는 부분이 있다. 〈세계경제의 호전〉과 〈부동산^{맨션}붐의 변화〉라는 〈조짐〉 그 자체로는 구체성과 추상성을 파악하기 어렵지만, 「~が見える/見られる」라는 표현의 상이성에 의해 〈세계경제의 호전〉은 〈서구의 인플레이션〉이라는 구체적 근거를, 그리고 〈부동산 붐의 변화〉는 〈거래 둔화〉라는 추상적 현상에 근거하고 있는 것으로 파악할 수 있다.

제2절 〈V-ラレル〉형 동사의 연어 Collocation

2.1. 연어

2.1.1. 연어의 개념

연어에 대한 개념은 무엇을 중요한 기재로 삼느냐에 따라 다양한 설명이 가능하며, 실제로 학자마다 조금씩 다르다. 연어의 개념을 설명함에 있어서 먼저 그 종류에 대해 알아보고 본장에서 다루고자 하는 부분을 언급하고자 한다.

연어의 종류로는 다음과 같은 것들이 있다.[14)]

a. 어휘적 연어(Lexical collocations; collocates)

b. 의미적 연어(Semantic collocations; semantic prosodies)

c. 문법적 연어(Grammatical collocations; colligations)

'어휘적 연어'는 "의미 계열이 다른 둘 이상의 어휘가 공기하되, 한 어휘가 어휘적으로 제약된 다른 어휘를 선택하는 구 구성"(조 2010:7)을 의미한다(「目を覚す」·「山に登る」 등). '의미적 연어'는 "어떤 낱말(또는 성분)이 다른 낱말(또는 성분)의 의미적 범주를 선택하고 한정하는 것"(野田2007:20)이다. 즉 어떤 낱말과 낱말의 의미적 범주의 공기를 의미하는데, 이때의 공기 관계는 특정 의미영역과의 궁합과 관련된 문제이다. 예를 들면, 동사「飲む」는 그 동작의 대상을 씹을 필요가 없는 'ジュース'와 같은 액체의 음식물에 한정된다.[15)] '문법적 연어'는 문법적 범주의 공기로, "어떤 낱말(또는

14) 堀(2011:9) 참조.

15) *「焼き肉を飲む」

성분)이 다른 낱말(또는 성분)의 문법적 범주를 선택하고 한정하는 것"(野田 2007:19)」이다. 예를 들면, 조사「しか」는 술어성분의 긍정과 부정이라는 범주를 부정으로 한정 한다(自分の利益しか眼中にない).

연어는 일정한 통사적 관계를 이루는 어휘소와 어휘소 사이에서 구성되기 때문에 어휘소간의 공기관계로 볼 수 있다. 어휘소간의 공기관계는 당연히 그 분포에 있어서 제약이 따른다. 따라서 연어는 기본적으로 어휘 차원에서의 제한된 결합을 의미한다.[16] 따라서 본장에서는 기본적으로 연어의 개념에 있어서는 어휘소간의 결합빈도가 아닌 어휘적 차원의 제한된 결합 관점을 수용한다. 이와 같은 입장은 본장의 결합빈도를 위한 통계적 접근과 상충할 수 있겠지만 필자의 최종적인 견해는 결합빈도와 어휘적 차원의 제한된 결합의 혼합형을 추구하는 것이다.

2.1.2. 중심어(=연어핵)

다음의 표를 보자. 〈표 1〉은 명사를 중심어(base, 연어핵; 이하, 중심어)로 추출한 공기어(collocate, 연어변; 이하, 공기어) 목록이며, 〈표 2〉는 동사를 중심어로 추출한 공기어 목록이다.[17]

---

* "It provided them with a bad environment."가 부자연스러운 것은 'provide'가 통상적으로 플러스 뉘앙스(좋은 의미)에 대해 사용하기 때문이다.

16) 어휘의 제한된 결합이란 예를 들어 '어휘적 유사어 대치'나 '반의어 대치' 등에서 제약을 보이는 것을 의미한다. 예) '숨결이 고르다- ?숨결이 균등하다/균일하다'와 같이 유사어 대치가 불가한 경우에는 연어로 인정할 수 있다.

17) IntelliText 2.6 (The University of Leeds, 2011), a 250 million-word corpus of written Japanese.

[표 1] 〈トラブル + V〉

공기어	빈도	중심어	공기어	동사총어수	MI	LD
遭う	21	3101	234	14148216	8.68	7.69
陥る	4	3101	600	14148216	4.93	5.15
見舞われる	20	3101	575	14148216	7.31	7.48
巻き込まれる	67	3101	1040	14148216	8.20	9.05

[표 2] 〈N + に巻き込まれる〉

공기어	빈도	중심어	공기어	명사총어수	MI	LD
トラブル	67	234	3101	36651626	11.72	9.36
事件	87	234	21188	36651626	9.33	7.06
事故	36	234	11643	36651626	8.92	6.63
渋滞	30	234	1025	36651626	12.16	9.61
渦	24	234	630	36651626	12.54	9.83
戦争	27	234	14116	36651626	8.23	5.95

[표 1]과 [표 2]는 명사와 동사를 가각 다르게 중심어로 하여 공기어를 추출했을 때 통계 값의 차이를 보이고 있다. 「トラブル」를 중심으로 했을 때는 「巻き込まれる」의 빈도수가 가장 많지만, 동사 「巻き込まれる」를 중심으로 하면 「事件」의 결합빈도가 가장 크다. 연어는 "이항적^polar binary relations 인 어휘적 의존관계에 있으므로 하나의 요소가 다른 요소를 선택하는 관계에 있"기 때문이다(임2002:293). 이와 같이 연어 구성을 검출함에 있어서 중심어를 명사(목적어)로 하느냐, 동사(술어)로 하느냐는 중요한 요소임을 알 수 있다. 따라서 본장에서는 명사를 중심어로 하여 ラレル형 동사를 추출하기로 하겠다.

2.2. 연어추출

2.2.1. 추출방법 및 대상

〈명사＋조사＋동사＋ラレル〉형의 연어를 추출하기 위해 BCCWJ를 이용하였으며, 검색대상은 2000년대의 코어와 비코어 자료이다. 검색조건은 중심어^{Key}를 〈명사〉로 하고, 후방공기1 〈조사〉, 후방공기2 〈동사〉, 후방공기3 〈ラレル〉로 설정하였다. 중심어 〈명사〉의 목록작성을 위한 사전 검색조건은 다음과 같은 방법으로 이루어졌다.

Key : 품사 ; 명사

후방공기1 : 품사 ; 동사

후방공기2 : 품사 ; 조사

후방공기3 : 품사 ; 조동사

상기 조건에서 검출된 각 구(ex. 「声を掛けられる」(350건))를 [표 3]과 같이 분류^{sort}하여 사용빈도가 15회 이상인 표현의 명사를 중심어로 선정하였다.

[표 3] 중심어 선정

P	N	P	N
ものと考えられる	583	ものと見られる	109
ことが求められる	423	~用に供される	104
ものと思われる	366	気を取られる	102
声を掛けられる	350	ことは考えられる	100
ことも考えられる	299	~式が行われる	99
ことが知られる	283	ことが許される	98
ことが考えられる	268	対象とされる	98
ものと思われる	234	変化が見られる	98
ことが挙げられる	207	ことで知られる	89

ことが認められる	170	ことが知られる	78
傾向が見られる	155	ことが示される	58
ことは許される	153	気に入られる	54
呆気に取られる	151	アンサーに選ばれる	53
結果が得られる	143	会が行われる	52
ことが示される	134	ために作られる	49
ことを言われる	133	風に吹かれる	48
ものと見なされる	131	ことが書かれる	47
レーザーを受けられる	119	気を取られる	44
効果が得られる	118	文句を言われる	44
ことを言われる	117	呆気に取られる	42

* P: phrase, N: number of cases

[표 3]의 목록에서 〈명사〉를 중심어[key]로 하여 검출한 구[phrase]의 결합 강도를 측정하기 위해 MI스코어와 LD값을 구하기 위한 통계분석을 실시 하였다. 본장에서는 검출된 구의 연어의 정도를 파악하기 위해 통계적인 수치와 함께 문법 틀 속에서의 사용빈도, 그리고 같은 조건 아래에서의 능동태의 출현빈도를 함께 제시하였다.

[표 4] 구의 결합강도 측정

구[phrase]	능동태	문법 틀	비율	빈도	중심어	공기어	총어휘	MI	LD
後ろ髪を引かれる	0	30	100	30	55	1732	9675747	11.57	9.10
レッテルを(が)貼られる	3	72	88.9	64	150	478	9675747	13.08	11.71

[표 4]의 〈능동태〉는 「後ろ髪を引く」, 〈문법 틀〉은 「後ろ髪 + 조사 + 동사 + ラレル」, 〈비율〉은 전체 〈문법 틀〉 건수에 대한 공기 〈빈도〉를 나타내 며, 〈빈도〉는 〈중심어〉와 〈공기어〉의 공기하는 빈도를 나타낸다. 〈공기 어〉는 당해문법유형 즉 〈V + ラレル(引かれる)〉형의 빈도이며, 〈총어휘〉는 조사대상 자료의 해당 년도인 2000년대 범위 안의 동사의 총어휘수이다.

[표 4]의 「後ろ髪を引かれる」는 결합강도를 나타내는 통계수치 MI스코어와 LD값이 클 뿐만 아니라, 중심어 「後ろ髪」는 비율 100%를 통해 「~(を)引かれる」와만 결합하는 것을 알 수 있다. 〈조사〉는 「レッテルを(が)貼られる」에서 보는 것처럼 「を」 또는 「が」가 올 수 있다. 연어구성에서 의미의 차이[「~ものガ考えられる」와 「~ものト考えられる」, 「関係ガ見られる」와 「関係ニ見られる」]가 없는 경우에는 공기 빈도에 넣었다.

연어목록에 들어 있는 구의 조건은 통계수치 MI스코어 3이상을 충족하는 경우에 한한다. LD값은 MI스코어 3이상에서는 모두 유효한 값을 얻을 수 있기 때문에 기준을 MI스코어로 하였다.

연어목록을 제시함에 있어서는 〈중심어〉〈공기어〉〈총어휘〉 항목은 생략하고, 그 외의 통계치를 표기하기로 한다.

2.2.2. 연어목록
2.2.2.1. 고강도 연어

고강도의 연어는 MI스코어 10이상의 결합강도를 나타내는 구^{phrase}이다. [표 5]를 보면 MI스코어가 높은 구는 LD값도 큰 것을 알 수 있다. LD값은 중심어와 공기어의 결합강도를 나타내므로 값이 크면 결합강도가 세다는 것을 의미한다.

[표 5] 고강도 연어 통계수치

구^{phrase}	능동태	문법 틀	비율	빈도	MI	LD
度肝を抜かれる	30	80	81.3	65	13.96	12.09
狐につままれる	0	76	52.6	40	13.32	10.78
レッテルを(が)貼られる	29	72	88.9	64	13.08	11.71
烙印を捺される	2	51	94.1	48	12.85	11.00
苦境に立たされる	0	58	43.1	25	12.76	11.09

熱戦が繰り広げられる	14	33	69.7	23	12.66	10.64
窮地に立たされる	0	89	24.7	22	12.50	10.87
呆気に取られる	1	196	99.5	195	11.69	11.05
用に供される	5	695	17.6	122	11.58	11.02
後ろ髪を引かれる	0	30	100	30	11.57	9.10
窮地に追い込まれる	10	89	22.5	20	11.45	10.16
衝動に駆られる	0	148	57.4	85	11.22	11.18
苦戦を強いられる	0	42	73.8	31	11.18	10.44
真価が問われる	0	35	85.7	30	11.08	9.46
熱に浮かされる	0	462	7.1	33	10.86	8.10
聖霊に(で)満たされる	0	38	65.8	25	10.73	9.87
押しも押されぬ	0	58	62.1	36	10.57	10.24
不意を突かれる	0	695	8.2	57	10.47	10.34
蚊に刺される	2	101	55.4	56	10.10	10.32
誘惑に駆られる	0	75	36.0	27	9.98	9.76

[표 5]는 MI스코어와 LD값이 큰 연어목록이지만 〈중심어 + 조사 + 동사 + 조동사〉라는 문법 틀에서의 검색빈도와 공기빈도(중심어 + 공기어〈동사 + 조동사〉)의 비율에서는 상당한 차이를 보인다. 즉, 「後ろ髪を引かれる」 (100%), 「呆気に取られる」(99.5%), 「烙印を押される」(94.1%), 「レッテルを貼られ る」(88.9%), 「真価が問われる」(85.7%), 「度肝を抜かれる」(81.3%)는 〈문법 틀〉 속에서 80% 이상을 점한다. 이중에서 공기빈도와 MI스코어, 그리고 LD 값에서 상위에 속하는 구는 「度肝を抜かれる」와 「レッテルを貼られる」이 다. 이 두 구의 공통점은 능동표현에도 고빈도(〈중심어 + 공기어〉 빈도의 46% 와 45%)로 사용된다는 점이다. 제시된 구^{phrase}를 살펴보면, 「度肝を抜く」 「熱戦を繰り広げる」「窮地に追い込む」「用に供す」「蚊がさす」「烙印を押す」 가 능동태로 사용되며, 「呆気に取らせる」는 사역태로 사용되고 있다. 나 머지 표현은 모두 수동태로만 사용되고 있다. 한편, 「不意を突かれる」 (8.2%), 「熱に浮かされる」(7.1%)는 10% 이하의 비율로 사용되는 표현이지

만 결합강도는 상당히 크다.

2.2.2.2. 중강도 연어

중강도의 연어는 MI스코어 10이하 5이상의 통계수치에 해당하는 구^{phrase}가 여기에 해당한다. 참고로 기준의 MI스코어에 해당하는 LD값은 9이하 6이상이다. 중강도 연어의 특징은 〈중심어〉와 〈공기어〉의 사용빈도가 높은 경우가 많으며, 또한 〈문법 틀〉에서의 경우의 수(표현)가 다양하고 많다는 점이다. 따라서 〈문법 틀〉에 대한 〈빈도〉의 〈비율〉이 낮은 것이 특징이다. 그리고 대응하는 〈능동태〉표현이 공기〈빈도〉보다 많은 [표 6]과 같은 경우 목록에서 제외하였다.

[표 6] 능동태의 사용빈도가 많은 경우

구^{phrase}	능동태	문법 틀	비율	빈도	MI	LD
風に吹かれる	397	614	15.1(%)	93	9.88	8.99
措置が講じられる	506	680	9.1(%)	62	9.79	8.78
思いが(を)込められる	85	2268	2.0(%)	45	6.65	7.29
措置が取られる	343	680	14.6(%)	99	6.25	8.80
意味が込められる	107	2364	2.5(%)	59	5.44	6.13
整備が進められる	164	382	9.9(%)	38	5.27	7.01

[표 6]의 구^{phrase}는 능동표현이 더 일반적이며, 〈문법 틀〉에 대한 비율 또한 낮다. 이와 같은 경우는 조동사 ラレル를 접속하는 형태의 연어목록에서 제외하기로 한다. 결합강도는 높지만 연어로는 인정할 수 없기 때문이다. 그것은 「ご飯を食べる」가 〈중심어〉「ご飯」과 〈공기어〉「食べる」의 결합빈도가 높지만 일반적인 결합관계로서 연어로는 취급되지 않는 것과 마찬가지이다. 「整備が進められる」와 「整備を進める」는 태^{voice}의 문제로 〈초점〉과 관련되어 있다. 그리고 연어의 성립조건 중에는 유의어

대치 불가라는 것이 있다. [표 5]의 「度肝を抜かれる」는 「度肝を引き抜かれる」로 대치^{代置}되지 않는다. 그러나 「風に吹かれる」는 「風に吹き飛ばされる」, 「措置が講じられる」는 「措置が行われる/取られる」처럼 유의어 대치가 가능하다.

[표 7] 중강도 연어 통계수치

구^{phrase}	능동태	문법 틀	비율	빈도	중심어	공기어	MI	LD
胸が(を)締め付けられる	12	1042	6.6	69	6341	161	9.35	8.44
渦に巻き込まれる	14	93	22.6	21	427	738	9.33	9.21
熱気に包まれる	0	52	44.2	23	384	1272	8.83	8.83
渋滞に巻き込まれる	0	66	37.9	25	806	738	8.67	9.05
炎に包まれる	2	194	24.7	48	1162	1222	8.35	9.37
風に煽られる	0	614	4.4	27	5839	156	8.16	7.21
トラブルに巻き込まれる	6	396	13.6	54	2565	738	8.11	9.07
魅力に取り付かれる	0	406	5.4	22	4695	171	8.05	7.21
危機に見舞われる	0	328	6.7	22	3410	289	7.75	7.61
目に遭わされる	22	9794	0.7	72	36776	89	7.73	6.00
恐怖に駆られる	0	289	8.3	24	2547	475	7.58	8.02
立場に立たされる	0	651	3.5	23	5786	212	7.50	6.97
トラブルに見舞われる	0	396	4.5	18	2565	389	7.45	7.64
危機に晒される	3	328	14.6	48	3410	815	7.38	8.54
胸を突かれる	20	1042	3.6	37	6341	361	7.29	7.50
雪に(で)閉ざされる	0	529	3.2	17	4508	290	6.98	6.86
思いに駆られる	0	2268	2.3	52	8957	475	6.89	7.50
腹は替えられる	0	776	3.4	26	3760	634	6.72	7.60
雪に(で)覆われる	1	529	7.8	41	4508	858	6.68	7.97
緊張を強いられる	1	198	7.6	15	3522	428	6.59	6.96
立場に追い込まれる	8	651	3.2	21	5786	399	6.46	6.80
雰囲気に包まれる	1	628	8.0	50	4699	1222	6.40	8.11
批判に晒される	0	400	7.0	28	4520	815	6.20	7.43
増加が見込まれる	4	223	8.5	19	6401	415	6.11	6.51
微塵も感じられる	4	84	21.4	18	976	2614	6.09	7.36
香りに包まれる	1	431	7.2	31	3765	1272	5.97	7.66

雨に打たれる	0	762	6.0	46	6326	1129	5.96	7.66
事件に巻き込まれる	1	986	6.0	59	12653	738	5.93	7.17
事故に巻き込まれる	1	790	3.9	31	7206	738	5.82	7.00
攻撃に晒される	0	382	5.8	22	5228	815	5.64	6.90

〈중심어〉와 〈공기어〉의 사용빈도가 높을수록 MI스코어는 낮아지는 것을 [표 6]에서 볼 수 있다. 「雨に打たれる」는 〈중심어〉와 〈공기어〉의 사용빈도가 높고, 〈문법 틀〉에 대한 〈비율〉 또한 낮다. 그러나 유의어 「叩く」와 「殴りつける」「打撃する」를 대치하여 「雨に叩かれる/殴りつけられる/打撃される」로는 표현할 수 없다는 점에서 연어로 설정할 수 있다. 〈비율〉 측면에서 중강도 연어의 경우 10% 이상의 수치를 보이는 것은 「熱気に包まれる」「渋滞に巻き込まれる」「炎に包まれる」「渦に巻き込まれる」「微塵も感じられない」「危機に晒される」「トラブルに巻き込まれる」 7건에 지나지 않는다.

2.2.2.3. 저강도 연어

저강도 연어의 통계수치는 MI스코어 5이하 3이상이다. MI스코어 기준에 부합하는 LD값은 최고 8.42, 최저 3.34이다. LD값은 최고 14를 넘지 않기 때문에 최저 3이상이면 어느 정도의 결합강도는 있다고 할 수 있겠다. 당연한 결과이겠지만 저강도의 연어는 중강도의 연어보다 〈중심어〉와 〈공기어〉의 사용빈도가 더 높다.

[표 8] 저강도 연어 통계수치

구phrase	능동태	문법 틀	비율	빈도	중심어	공기어	MI	LD
目が奪われる	7	9794	1.2	114	36776	981	4.93	6.63
傾向が(は/も)見られる	4	877	19.7	173	4916	11661	4.87	8.42
手に委ねられる	5	7901	0.3	22	32298	227	4.86	4.47

効果が(を/は)得られる	6	1586	9.5	150	14534	3882	4.69	8.06
立場に置かれる	0	651	6.6	43	5786	3113	4.53	7.31
労働を強いられる	1	138	10.9	15	15046	428	4.49	4.99
仕事で磨かれる	0	3177	0.3	10	28242	154	4.48	3.53
目も当てられ	11	9794	0.3	34	36776	415	4.43	4.90
仕事に追われる	0	3177	1.4	45	28242	815	4.24	5.67
回答が(は)得られる	30	900	6.8	61	8400	3882	4.18	7.35
取り組みが(を/も)求められる	1	244	7.0	17	3007	3259	4.07	6.47
工夫が(も)求められる	0	419	4.1	17	3283	3259	3.94	6.41
取り組みが(も)なされる	0	244	6.6	16	3007	3362	3.94	6.36
置き去りにされる	17	84	79.8	67	223	192110	3.92	3.51
異常が認められる	14	220	13.6	30	3812	5338	3.83	6.75
取り組みが(も)行われる	11	244	25.8	63	3007	14604	3.80	6.87
光景が見られる	22	169	16.0	27	1709	11661	3.71	6.05
傾向が認められる	0	877	4.0	35	4916	5338	3.69	6.81
人に好かれる	0	10457	0.4	37	119340	321	3.22	3.34
記述が見られる	1	168	16.7	28	2593	11661	3.16	6.01

〈능동태〉로 쓰이지 않는 구^{phrase}는 「立場に置かれる」「仕事で磨かれる」「仕事に追われる」「工夫が求められる」「傾向が認められる」「人に好かれる」6건이다. 「取り組みがなされる」도 〈능동태〉로 쓰이지 않으며, 통계수치로는 모든 조건을 충족시키지만 「取り組みが行われる」로 대치가능하기 때문에 제외하였다. 〈중심어〉와 〈공기어〉의 공기 빈도에 있어서 100회 이상의 고빈도 구^{phrase}는 「傾向がみられる」(173), 「効果が得られる」(150), 「目が奪われる」(114) 3건이며, 이들 구의 LD값은 높게 나타난다. 「置き去りにされる」는 〈문법 틀〉에 대한 사용 〈비율〉이 79.8%에 이른다. 즉「置き去り」는 「にされる」 이외의 표현과는 그다지 호응하지 않는다는 것이다.

MI스코어가 3이상이지만 LD값이 낮아 제외된 「たらい回しにされる」와「骨抜きにされる」의 통계수치는 아래와 같다.

たらい回しにされる	0	27	77.8	21	72	192126	3.88	**1.84**
骨抜きにされる	2	21	71.4	15	75	192126	3.33	**1.35**

　두 표현 모두 LD값이 낮아 연어항목에서 제외되었지만 나머지 통계수치에서는 모든 조건을 충족하고 있다. LD값은 〈공기어〉의 사용빈도가 높고, 〈공기빈도〉가 낮으면 낮은 LD값이 나올 수밖에 없다.[18] 〈문법 틀〉에 대한 당해 구의 사용 〈비율〉도 70%가 넘고, 〈능동태〉표현도 거의 이루어지지 않는 정형의 패턴에 가깝다. 당연히 대치 표현이 불가한 연어로서의 자격요건을 갖추고 있다. 따라서 문법적 연어의 특성characteristics of grammatical collocation을 고려할 때는 LD값은 참조사항으로 사용하는 것이 적합할 수도 있다. 이것은 MI스코어가 3이하인 전체 구에서 LD값의 최소치가 3.7이상인 것을 감안할 때 충분히 설득력을 갖는다.

　이상 통계수치를 통해 연어를 고강도와 중강도 그리고 저강도로 나누어 목록을 작성하였다. 연어를 구성하는 각각의 〈공기어〉의 특성을 기술하면 다음과 같다. 고강도 연어의 〈공기어〉를 살펴보면 서로 다른 어휘Type의 수는 17개이며, 2번 사용된 〈공기어〉는「押される」「立たされる」「駆られる」3건이다.

[표 9] 〈공기어〉의 종류

연어 강도	Token	Type	1번	2번	3번	4번	5번
고강도	20	17	抜く・包む・取る・追い込む・貼る・繰り広げる・刺す・引く・浮かす・問う・満たす・突く・供する・強いる	押す・立たす 駆る			

---

18) $LD = 14 + \log 2 \dfrac{2*공기빈도}{당해문법패턴중심어빈도 + 공기어빈도}$

중강도	34	22	なす・感じる・強いる・見込む・突く・覆う・煽る・施す・囲む・遭う・替える・締め付ける・追い込む・取り付く・打つ・閉ざす	見舞う・駆る立たす	晒す	包む	巻き込む
저강도	19	14	好く・行う・奪う・置く・追う・委ねる・磨く・当てる・強いる・する	認める・得る求める	見る		

고강도에서 저강도까지의 모든 연어구성에서 복수로 사용된 동사는 다음과 같다.

「包む」(5)、「立たす」(4)、「駆る」(4)、「強いる」(3)、「追い込む」(2)、「突く」(2)、「認める」(2)、「得る」(2)、「求める」(2)

그리고 통계수치가 연어기준에 미치지 못한 표현 중에는 「~が(は/と/を)見られる」와 공기하는 〈중심어〉가 많다.

改善{増加/特徴/異常/症状/障害/違い/反応/工夫/行動/効果/関係}が見られる

상기 구^{phrase}의 LD값은 6.60~3.70으로 결합강도 측면에서는 통계수치를 충족하지만 상호정보량을 나타내는 MI스코어가 3이하이다. 그리고 유의어 「確かめられる」로 대치되기 때문에 연어로 인정하기는 어렵다.

2.2.3. 「こと」와 「もの」의 공기동사

〈コト/モノ + 조사 + V-ラレル〉 구조는 〈중심어〉 「こと」와 「もの」에서 〈공기어〉 동사(v)의 차이가 인정된다.

[표 10] 공통 공기어 대조

もの	N	こと	N	もの	N	こと	N
と思われる	611	と思われる	46	が挙げられる	38	が挙げられる	207
と考えられる	587	と考えられる	17			も挙げられる	8
が考えられる	43	が考えられる	289	を挙げられる	2	を挙げられる	2
		も考えられる	325			で挙げられる	1
		は考えられる	107	が含まれる	64	が含まれる	10
		を教えられる	20	も含まれる	45	も含まれる	57
		しか考えられる	19	は含まれる	8	は含まれる	3
と認められる	75	と認められる	2	まで含まれる	1	まで含まれる	3
が認められる	6	が認められる	173	に含まれる	6	に含まれる	1
は認められる	4	は認められる	45	が行われる	14	が行われる	93
も認められる	2	も認められる	28	も行われる	1	も行われる	14
の認められる	1	を認められる	16	は行われる	2	は行われる	5
		で認められる	5	で行われる	1	で行われる	5
		すら認められる	1	を行われる	1	さえ行われる	1
		まで認められる	1			まで行われる	1

당해 문법패턴 〈중심어〉 「ものと」는 〈공기어〉 「思われる」와 「考えられる」와의 결합에 있어서 동일 문법 패턴의 〈중심어〉 「ことと」에 비해 결합빈도가 압도적으로 많다. 이것은 사고동사 「思う」와 「考える」와의 결합관계를 통해 「もの」와 「こと」의 차이가 설명될 수 있다는 것을 보여주는 사례가 된다. 그 외 「認められる」에 있어서도 「もの」는 「ものと」라는 문법 패턴 속에서만 결합하고, 「こと」는 「ことが/は/も/を」라는 다양한 스펙트럼의 문법 패턴과 결합할 수 있다는 것을 보여준다.

이하 위와 같은 결합관계를 통한 「こと」와 「もの」의 차이를 설명하고, 이들 형식명사와 결합하는 동사의 종류가 어떤 것이 있는지 제시하기로 하겠다.

2.2.3.1. 〈~ものと思われる〉

먼저, 「~ものと思われる」의 「~」에 오는 낱말의 종류를 살펴보면 명사, 형용사, 동사 등이 온다. 명사의 경우는 아래 예와 같이 구체적인 것과 추상적인 것이 대상으로 설정된다.

(1) <u>自由</u>は、<u>最高のものと思われ</u>ます。(PB51_00139)
(2) 平成の世は空前の盆栽ブーム かつては一部の<u>愛好家のものと思われ</u>ていた
<u>盆栽</u>も、このところはそれに親しむ<u>年齢層</u>がぐっと広がり、(LBr6_00012)

「もの」가 지시하는 것은 (1) 추상적 대상인 〈자유〉, (2) 구체적 대상인 〈분재〉이다. 「もの」는 〈분재〉와 같이 기본적으로 형태가 있는 물체를 비롯하여, 〈자유〉와 같이 추상적인 것까지 인간이 지각하고 사고할 수 있는 대상의 일체를 의미한다.

「~ものと思われる」는 형용사와 동사의 부정형을 받는 경우가 많다.

(3) <u>心の状態が身体に及ぼす影響</u>は、比較的<u>分かりやすいものと思われ</u>ます。
(LBr4_00033)
(4) そしてこの真の<u>嫉妬家の定義</u>は、ドミートリイという人間を理解するうえ
できわめて<u>重要なものと思われ</u>ます。(PB19_00378)
(5) <u>一般に言語は思考と切っても切り離せないものと思われ</u>ている。
(PB13_00144)

(3)~(5)는 주제에 대한 화자의 판단내용을 「ものと思われる」로 강조한 것이다. 특히 (5)는 명제로 표현된 내용으로서 언어의 속성에 대한 일반적인 개념을 표현한 것이다. (3)은 "심리상태가 신체에 미치는 영향은"「分かりやすい」라는 상태로 표현되어 일반적인 개념으로 표현한 것이다. 그 외의 형용사와 동사의 부정표현으로 다음과 같은 것이「ものと思われる」를 받는다.

大きい・ないに等しい・乏しい・使いやすい・分かりやすい・くだらない・少ない・ペースでよい・とってよい・強い・多い・心地が良い・致し方ない・自然に戻ることはない・かかわりはない・変動はない・適用はない・問題はない・大差はない・損害はない・影響はない・困難な・妥当な・偶発的な・精神的な…

油断ならない・変わらない・足りない・巡ってこない・示していない・上がっていない・間違いない・差しさえない・できない・抜けない・増さない・発生しない・切り離せない…

다음은 동사를 승접^{承接}하는 경우에 대해 알아보기로 하자. 〈V + と思われる〉에서의 V는 대부분이 「-た/ていた」형이거나, 「-ていく」(11건)와 같은 상태 또는 변화상태의 진행을 나타내는 표현이 온다. 「-る」형이 오는 경우는 어떤 사태의 초래와 같은 변화 또는 상태를 나타내는 동사가 온다.

(6) またきのこは昔の人には、泡のように生まれては消えていくものと思われたのだろうか。(LBr4_00004)

(7) 特性に応じて実施される単独施策は、大きな役割を果たしており、今後においてもその重要性は増していくものと思われる。(OW5X_01499)

(8) 欧州のMBA卒業生は高く評価されているし、今後もその傾向は高まってい
く<u>ものと思われる</u>。(PM23_00017)

(9) また今後における<u>ショッピングモールの続出は</u>デパートの大型化を呼び、
大型小売業の革命的変革を来す<u>ものと思われる</u>。(PB16_00090)

(10) <u>金融庁は</u>メガバンクのUFJ銀行に出したように、<u>業務改善命令を出すもの
と思われる</u>。(PB53_00258)

(11) <u>視察員の存在にも気づいていたものと思われる</u>。(PM31_00391)

(12) こうした酒の需要をまかなうために、<u>酒の売買が行われていたものと思われ
る</u>。(PB12_00203)

(13) おそらく<u>いくばくかの金が動いたものと思われる</u>。(PB32_00028)

(14) 今後、より開発技術、とくにバイオ技術との連動で身体健全さを謳歌でき
<u>る薬の開発が進むものと思われる</u>。(PB16_00011)

(15) <u>これは</u>、成人後の運動選手に故障やけがが多くなってきたことにも<u>結びつ
いているものと思われる</u>。(PB34_00443)

(6)~(8)은 변화동사에 「~ていく」가 접속하여 앞으로의 변화를 일반적
개념으로 표현한 것이다. 이것은 (9)~(15)까지의 「-る」형・「-た」형・「-て
いる/いた」형으로 표현되는 작용, 상태, 변화 등의 표현을 일반적 개념으
로 표현하였다. 기타 「ものと思われる」를 받는 동사표현으로 다음과 같은
것들이 있다.

消えていく・増加していく・増していく・~となっていく・高まっていく・~
されていく・囲まれていく・求められていく・スムースにいく・~に基づく・
流れを引く・続く・適切を欠く・役割を果たす・奇特をあらわす・~が/にあ
る・増加する・達する・進展する・意味する・~になる・~による

2.2.3.2. 〈～ことと思われる〉

「ことと」와 「思われる」의 호응은 전체 46건이 검출될 정도로 미미하다. 〈ことと思われる〉는 형용사와 동사보다 명사와 호응하는 경우가 많다. 그 내역은 명사 27건, 형용사 6건(동사부정표현 1건 포함), 동사 13건이다.

먼저 명사를 받는 〈ことと思われる〉에 대해 살펴보기로 하자. 명사를 받을 경우에는 〈명사のこと+と思われる〉로 해석할 수 있다. 명사를 받는 「Nのこと」는 "N과 관련된 사항"을 나타낸다.

(16) このニンジンは朝鮮人参のことと思われる。(LBq3_00129)

(16)과 같이 〈Nのこと〉(N과 관련된 사항)를 나타내는 「こと」는 모두 10건이다. 다음은 N이 형용사의 전성명사로서 화자의 판단내용을 나타내며, 「こと」는 사고동사 「思われる」에 의해 파악되는 화자의 판단내용을 가리킨다. 이것은 「当然のことと思われる」(4건)라는 정형화된 표현과 형용사에 의해 주로 나타난다.

(17) 将来に期待を持たず、成熟を拒否する青少年が多くなるのも当然のことと思われる。(PB14_00180)

(18) だがそれは、魔法つかいであるわたしでも、むずかしいことと思われました。(PB2n_00003)

그 외의 〈Nのこと〉는 발생한 사태나 사항을 나타낸다.

(19) ちなみに、戦争で無線電信が有効な働きをしたのは、これが史上最初のことと思われます。(PB54_00207)

(20)　いつから増員したのかははっきりしませんが、明治以後のことと思われます。(PB23_00094)

　(19)와 (20)의 「こと」는 「戦争で無線電信が有効な働きをした」「増員した」사태를 지시한다. 그리고 〈~のこと〉에는 명사뿐만 아니라 〈V-てのこと〉・〈V-たまでのこと〉도 있다.

(21)「それが、この汝南に年内にも侵入する手筈かと。むろん、魏と示し合わせてのことと思われます」(PB29_00529)

(22)　万葉調の古体和歌における仮名遣がかつてかくの如くであったがためにそれに従ったまでの事と思われる。(PB18_00043)

(23)　牧師の子であったのでたぶん教会から奨学金を得てのことと思われるが、彼は十八歳でイエール大学に入った。(PB21_00034)

　(21)~(23)의 「こと」는 「示し合わせる」「従う」「奨学金を得る」를 지시하며, 「示し合わせたと思われる」「従ったと思われる」「奨学金を得たと思われる」로 해석가능 한 점을 고려하면 (19)(20)처럼 앞의 사태를 나타내는 형식명사이다.

　끝으로 〈V-ことと思われる〉에 대해 기술하기로 하겠다. 동사의 형태는 「-る」「-ている」「-られる」형으로 사용되었으며, 동작 또는 행위의 계속을 나타내는 예는 없으며 모두 상태를 나타낸다.

(24)　これらの薬剤の有効性は、救命救急センターで頻繁に診療にあたる精神科医には経験のあることと思われる。(PB54_00109)

(25)　時間がかなり超過しておられるので食中毒の原因となるバクテリアが、氷の

<u>内部に発生していることと思われます。</u>(OC08_07963)

(26) ちっぽけな村がたいへんなさわぎにまきこまれたということは、<u>読者諸君</u>
<u>にも、なっとくのいかれることと思われます。</u>(PB1n_00039)

(24)~(26)의 「経験のある」「バクテリアが発生している」「なっとくのいか
れる」라는 사항은 「精神科医」「氷の内部」「読者諸君」에 있어서의 존재
상태이며 그것을 「こと」가 지시한다.

이상, 「~ものと思われる」와 「~ことと思われる」에 대해 살펴보았다. 두
표현은 「~」에 위치하는 낱말의 종류에서 큰 차이를 보이며, 또한 전체의
사용빈도에 차이를 보인다. 조사 「と」의 역할은 〈そのように〉로 해석되
며, 앞의 〈~もの/こと〉는 〈~もの/ことダ〉로 고쳐 쓸 수 있다. 이것은 「考
えられる」와 「認められる」에서 「と」의 호응여부와 관련이 있다.

2.2.3.3. 〈~こと + 조사 + 考えられる〉

「~ことと考えられる」는 「~ものと考えられる」에 대해 유표적이다. 그러
나 「~ことが/は/も考えられる」라는 표현은 「~ものが考えられる」보다 일반
적이다. 「~もの/ことと考えられる」와 「~もの/ことと思われる」는 「 もとと」
와 「ことと」가 동일한 사고동사와 호응하기 때문에 그 차이는 같다. [표
10]에서처럼 「もの」는 「こと」에 비해 「が」격과 호응하여 「考えられる」를
접속하는 빈도가 낮고, 「は」「も」「しか」를 접속하는 경우는 전무하다.

먼저 「~ものが考えられる」의 「~」에는 「~という/といった」(10)・「どのよ
うな/どんな/次のような/いかなる」(18)・「さまざま/いろいろな」(7)・「~によ
る」(2)・「~に関する」(1)・그 외 「動詞」(3)와 같은 표현이 온다.

(27) ロジスティクス体系では<u>ロジスティクス・ネットワークという</u>ものが考え

られます。(PB46_00130)

(28) 例えば、産業革命期にみられたような劣悪な労働環境下で働かされた場合の精神的苦痛といったものが考えられるであろう。(PB33_00180)

(29) 旅行目的以外で人が国境を越え移動するのは、労働のほか、どのようなものが考えられるだろうか。(OT33_00018)

(30) 災害防止命令の具体的内容本条の命令は次のようなものが考えられます。(PB45_00046)

(31) 言葉というのは、内容の深さ、豊かさ、あるいは話し振りの美しさ、華やかさ、優しさなど、いろいろなものが考えらえれます。(OP29_00002)

(32) 病態生理POTSの病態はまだ明らかにされていないが、現在まで2つの機序によるものが考えられている。(PB14_00316)

(33) さらに最広義の公共サービスとして、個人または集団が自発的におこなう公共サービスをも含めたものが考えられます。(PB13_00121)

(27)~(33)은 ____과 같은 추상적인 내용이「もの」의 지시대상으로 상정된다.「ものが思われる」가 아닌「ものが考えられる」인 것은「思う」와「考える」의 차이로 인한 결과로 보인다.「思う」는「思い妻」「思い詰める」에서 보는 것처럼 사고의 대상이 하나로 집약되지만,「考える」는 사고의 대상이 복수로 상정된다.[19] 예를 들어,「答えを考える」의 경우, 복수의 지문 중에서 정답으로 생각되는 하나를 고르지 않으면 안 된다.

「~ことが考えられる」에도「~ということが考えられる」(39)라는 표현이 많다. 그러나「~というものが考えられる」와는 상이하다. 먼저, 35건의 예문 중〈동사술어 + ことが考えられる〉가 31건에 이르고, 명사를 받는 경우는

---

19) 大野(1999:2-8)

4건에 지나지 않는다. 형용사가 오는 경우는「多い」「弱い」 2건이고,「ど のような」(42), 「次の/以下の」(10), 「명사; 他/他人/二つ 등」(10), 「どういう/ そういう」(10), 나머지는 모두 동사를 받는「~ことが考えられる」이다.

(34) しかし、<u>災害が発生した場合、行政の備蓄だけでは十分な対処ができないこ とが考えられ</u>ますので、(OP80_00001)

(35) なぜ、<u>このようなちがいが出る</u>のでしょう。まず、もともと体質的に<u>腸が 弱いことが考えられ</u>ます。(PB24_00017)

(36) 原因は本人も分からないそうなんですが、<u>原因としてどういうことが考えら れる</u>でしょうか。(OC02_04019)

(37) <u>新しい形態の武士の生き方、あるいは戦闘方法をめぐる新しい体系ができ つつあったのではないか、ということが考えられ</u>ます。(PB4n_00206)

(38) 六番目といたしまして、政治、行政における<u>情報の公正性ということが考え られ</u>ます。(OM66_00001)

(39) まず短期資金面では<u>貿易ファイナンスを円建てで行うことが考えられる</u>。 (PB23_00554)

(34)~(39)의 「ことが考えられる」는 기본적으로 어떤 사태나 그 원인, 또는 현상을 나타낸다. (37)(38)의 「~ということ」는 사태의 배경 또는 이 유 등을 나타내는 표현이다.

「~ことは/も/しか考えられる」는 모두 앞에 오는 내용을 강조^{prominence}하 는 표현으로서 「しか」를 제외한 나머지는 앞에 행위를 나타내는 표현이 오는 경우가 대부분이다. 「~ことは考えられる」는 「~という」를 받는 「~こ とが考えられる」와 같은 용법으로 사용되는 경우가 많고, 「~こんな/そん な/どんな」와 같은 비격식^{informal}의 표현이 많다. 「~ことも考えられる」도

「~って/なんて」와 같은 비격식의 표현이 많이 사용되었다. 「~しか考えられる」는 전체 19건 중, 17건이 명사를 받으며, 모두 「~のこと」(~와 관련된 사항)의 용법으로 사용되었다는 점이 특이사항이다.

지금까지 〈もの/こと + 조사 + 동사 + ラレル〉 구조에서 [표 10]의 구^{phrase}에 대한 검토를 통해 「もの」와 「こと」의 차이 및 〈V-ラレル〉와의 호응관계에 대해 살펴보았다. 그 결과 「~こと(조사)V-ラレル」의 구^{phrase}가 많이 사용되고 있음을 알 수 있었다. 다음은 「もの」와 「こと」와만 호응하는 〈~조사 + V-ラレル〉를 열거하기로 하겠다.

2.2.3.4. 중심어의 문법적 양식^{pattern}과 공기어

먼저 중심어 「もの」와 「こと」의 문법적 양식^{pattern}에 대해 알아보기로 하자. 「もの」와 「こと」는 그 의미 특성으로 인해 조사와의 접속에서 아래 [표 11]에서 보는 것처럼 현격한 차이를 보인다.

[표 11] 〈もの/こと + 조사〉

조사	もの 3907	비율	こと 7033	비율
が	727	18.6	3014	**42.9**
は	98	2.5	592	8.4
を	216	5.5	1240	17.6
も	105	2.7	657	9.3
に	294	7.5	319	4.5
と	2353	**60.2**	724	10.3
で	52	1.3	319	4.5
합계	3845	98.4	6865	97.6

「もの」는 조사 「と」, 「こと」는 조사 「が」와의 접속비율이 다른 조사에 비해 압도적으로 높게 나타난다. 언어의 선조성의 원리에 의해 「ものと」

와 「ことが」는 후속하는 동사구 〈V-ラレル〉형이 결정되게 된다.

먼저, 「もの」와 「こと」의 문법적 양식^{pattern}과 〈V-ラレル〉형 동사구의
접속 빈도를 살펴보기에 앞서 「もの」와 「こと」가 각각 어떤 〈V-ラレル〉
동사구와 높은 빈도로 호응하는지 확인하기로 하겠다.

[표 12] 「もの」와 「こと」의 동사구 비교

「もの」우세 동사구				「こと」우세 동사구			
동사	もの	こと	비율	동사	こと	もの	비율
作られる	44	8	18.2	行われる	123	18	14.6
見られる	166	25	15.1	避けられる	32	3	9.4
解される	66	8	12.1	書かれる	165	12	7.3
思われる	626	64	10.2	記される	78	5	6.4
与えられる	21	1	4.8	強いられる	21	1	4.8
見なされる	164	3	1.8	命じられる	21	1	4.8
食べられる	55	0	0.0	聞かれる	64	3	4.7
売られる	25	0	0.0	忘れられる	65	3	4.6
囲まれる	18	0	0.0	気付かれる	22	1	4.5
				耐えられる	23	1	4.3
				述べられる	23	1	4.3
				教えられる	28	1	3.6
				聞かされる	29	1	3.4
				求められる	491	14	2.9
				思い出される	37	1	2.7
				気付かされる	42	1	2.4
				示される	231	4	1.7
				禁じられる	62	1	1.6
				窺われる	68	1	1.5
				知らされる	70	1	1.4
				知られる	566	8	1.4
				望まれる	123	1	0.8
				許される	537	2	0.4
				確められる	31	0	0.0
				告げられる	25	0	0.0
				繰り返される	24	0	0.0
				驚かされる	23	0	0.0
				思い知らされる	23	0	0.0
				巻き込まれる	21	0	0.0

「もの」와 결합하는 〈V-ラレル〉동사구 중, 사용빈도가 가장 높은 것은 「思われる」이며, 「こと」는 「もの」의 10.2%에 지나지 않는다. 「食べられる」「囲まれる」「売られる」는 「こと」와 결합하지 않으며, 「もの」와만 결합한다. 이때의 「もの」는 구체적인 사물의 뜻으로 쓰인 경우이다. 한편, 「こと」와의 결합빈도가 가장 높은 〈V-ラレル〉동사구는 「知られる」이며, 「もの」는 1.4%에 지나지 않는다. 그리고 「確かめる」「告げられる」「繰り返される」「驚かされる」「思い知らされる」「巻き込まれる」는 「こと」와만 호응하며 「もの」와는 접속하지 않는다. 상기 [표 12]의 「もの/こと」와 호응하는 〈V-ラレル〉동사구가 〈조사〉를 삽입한 문법적 양상pattern의 중심어와 어떻게 결합하는지 나타낸 것이 [표 13]이다.

[표 13] 〈{もの/こと + 조사} + 〈V-ラレル」동사구〉의 결합관계 비교

No.	V	N	V	N	No.	V	N	V	N
1	ものと思われる	611	こととされる	613	1	ものが含まれる	77	ことが求められる	426
2	ものと考えられる	587	ことと思われる	46	2	ものが考えられる	43	ことが知られる	369
3	ものとされる	541	ことと考えられる	17	3	ものが挙げられる	38	ことが考えられる	288
4	ものと見做される	167	ことと言われる	11	4	ものが見られる	29	ことが挙げられる	204
5	ものと見られる	110	ことと解される	8	5	ものが使われる	29	ことが示される	195
6	ものと言われる	86	ことと知られる	6	6	ものが作られる	29	ことが認められる	176
7	ものと認められる	80	ことと見做される	3	7	ものが感じられる	25	ことが許される	140
8	ものと解される	65	ことと信じられる	2	8	ものが食べられる	25	ことが書かれる	132
9	ものと伝えられる	13	ことと定められる	2	9	ものが売られる	23	ことが望まれる	115
10	ものと見込まれる	12	ことと捉えられる	2	10	ものが得られる	17	ことが行われる	93
11	ものと呼ばれる	10	こととなられる	1	11	ものが置かれる	16	ことが記される	65
					12	ものが用いられる	15	ことが窺われる	64
					13	ものが行われる	13	ことが言われる	58
					14	ものが好まれる	13	ことが見込まれる	56
					15	ものが求められる	12	ことが忘れられる	42
					16	ものが送られる	10	ことが定められる	33
					17	ものが喜ばれる	10	ことが思い出される	33
					18	ものが認められる	9	ことが確められる	27
					19	ものが入れられる	8	ことが繰り返される	21
					20	ものが残される	8	ことが信じられる	20

「もの」と「こと」が 조사 「と」와 접속한 문법적 양상에서는 「ものと」가 다양한 〈V-ラレル〉동사구를 접속하며, 특히 「見做される」「認められる」「見られる」「解される」와 같은 판단표현이 많이 오는 것을 알 수 있다. 한편 「こと」는 「ことが」의 문법적 양상에서 「ものが」에 비해 다양한 〈V-ラレル〉동사구를 접속하며, 「求められる」「知られる」「示される」「認められる」「許される」「書かれる」「望まれる」 등에서 「ものが」보다 고빈도의 결합률을 보인다. 〈명사〉와 〈V-ラレル〉동사구의 결합빈도를 표시한 [표 12]의 목록과 문법적 양상이 〈명사 + 조사〉와 〈V-ラレル〉동사구의 결합에서 빈도의 차이를 보이는 것을 알 수 있다. 따라서 중심어와 공기어의 결합강도를 측정하기 위해서는 중심어의 문법적 양상을 고려할 필요가 있다.

2.2.4. 〈~が~に取り付かれる〉

「取り付かれる」는 〈~が~に取り付かれる〉 구조의 문을 갖는 것이 가장 일반적이다. 여기에서는 「~が」와 「~に」에 위치하는 명사를 추출하여 「取り付かれる」 술어문의 특징에 대해 언급하기로 하겠다.

2.2.4.1. 부정적 이미지

「取り付かれる」는 [표 14]와 같이 부정적 이미지를 나타내는 명사를 받는 경우가 많다. 먼저, NLT에서의 검색 결과를 나타내면 다음과 같다.

[표 14] 부정적 이미지의 낱말

いやな気分	1	上昇欲求	1	もののけ	
メランコリー	1	先入観	1	霊	9
恐ろしい夢	1	左翼運動	1	魔力	4
恐怖	1	罪悪感	1	魔物	7
恐怖心	5	妙なもの	1	魔晶石	1

狂気	3	奇妙な味わい	1	亡霊	3
復讐の念	1	奇妙な発想	1	魅力	128
不安	4	不思議なもの	1	想念霊	1
不安感	1	不思議な世界	1	貧乏神	1
不安感	1	空想	4	憑き物	4
思い込み	2	夢	1	邪教	1
憂き物	2	妄想	17	死霊	1
欝的気分	1	妄信	1	死神	1
強迫観念	7	幻想	1	悪霊	13
誘惑	1	複雑さ	1	悪魔	9
陰の気	1	欲求	1	悪夢	1
疑問	1	拝金思想	1	暗鬼	1
疑惑	1	奇病	1	呪い	2
自殺願望	1	寄生虫	2	怨霊	3
自虐思想	1	金儲け	1	死	2
脅迫観念	1	金銭欲	1	死への魅惑	1
衝動	1	脳病	1	幽霊	4
酔狂	1	断捨離	1	妖怪	1
偏見	1	ギャンブル	2	悪	1
偏執さ	1	白癬菌	1	悪いもの	2
苦悩	1	病気	2	悪い狸	1
絶望	1	病魔	1	悪さ	1
絶望感	1	病状	1		
厭世観	1	病原菌	1		
傲慢	1	不眠症	1		
戦争	1	疫病神	1		
敵	1	ウイルス	2		
熱病	1		1		

좋지 않은 심리적 상태나, 육체적 상태 또는 눈에 보이지 않는 공포의 존재 등을 나타내는 낱말이 「取り付かれる」의 앞에 오는 경우가 많음을 [표 14]를 통해 알 수 있다.

2.2.4.2. 긍정적 이미지

한편, 긍정적인 이미지의 낱말은 「取り付かれる」와 그다지 공기하지 않는다는 것을 알 수 있다. 「取り付かれる」의 전체 용례 수 482회 중, 긍정적인 이미지의 어휘는 다음의 7개가 전부이다.

面白さ、美しさ、迫力、楽観主義、願望、真理

2.2.4.3. 중립적 이미지

다음은 중립적 이미지의 낱말을 ニ격으로 받는 경우이다.

[표 15] 중립적 이미지의 낱말

イメージ	1	カッパ	1	気分	1
テーマ	1	寄生生物	1	感覚	1
力	4	ヒレ	1	考え	11
民謡	1	睡蓮	1	観念	2
写真	1	虱	1	気持	1
世界	1	狐	3	瞳	1
神楽	1	蟻	1	無意識	1
神話	1	獲物	1	思い	6
言葉	1	パソコン	1	思想	3
研究	1	金	1	熱さ	1
宗教	1	石	1	政権軍	1
作品	1	石油	2	鳥人幸吉	1
潜在意識	1	違う山	1	他者	1
興奮	1	海	1	重圧	1
興奮感覚	2	靴下	2	責任感	1
国家	1	ばあさん	1	主義	1

「興奮」과 같은 낱말은 중립적이면서도 다음 예문에서처럼 부정적 또는 긍정적 이미지 모두를 나타낼 수 있다. 따라서 「興奮」 그 자체는 중

립적 이미지가 된다.

(40) <u>他国の兵士を殺してやりたい</u>という<u>興奮</u>に取り付かれるれるのだろうか。
  (『戦争と平和』081-100,007,45886)

(41) また自分の家系の糸をたぐりながら<u>過去の血の中にもぐり込んでいく</u><u>興奮</u>
  にとりつかれたものである。(LBm9_00035)

　다음은 BCCWJ의 「取り付かれる」의 대상 내용들이다. 상기 [표 14]와
[표 15]의 NLT의 예에서도 긍정표현과 호응하는 「取り付かれる」의 수가
적었던 것처럼 BCCWJ에서는 그 수가 더욱 적다.

[표 16] 「取り付かれる」와 호응하는 명사의 의미적 특징

긍정적 이미지		중립적 이미지				부정적 이미지			
魅力	27	考え	10	毛皮	1	悪魔	11	夢魔	1
快感	3	思い	8	文学	1	強迫観念	10	物の怪	1
		虫	4	体	1	妄想	9	迷信	1
		発想	3	思考	1	死病	6	病気	1
		スピード	2	思想	1	病	4	不幸	1
		霊	2	社会	1	魔力	3	思い込み	1
		物	2	像	1	亡霊	2	思惑	1
		事	2	想念	1	死	2	蠅	1
		心理	2	商売	1	死神	2	悪霊	1
		熱	2	序	1	コンプレックス	1	眼病	1
		主義	2	性格	1	ストレス	1	怨霊	1
		イメージ	1	小説	1	硬変	1	淫乱	1
		ガンダム	1	息子	1	恐怖	1	疑問	1
		ギリシャ	1	神話	1	狂気	1	憎悪	1
		コード	1	予言	1	倦怠	1	爆撃	1
		サッカー	1	映画	1	菌	1	恨み	1
		スタンド	1	欲求	1	狼狽	1	海鞘	1

	セックス	1	猿人	1	魔性	1	虚栄	1
	セット	1	日付け	1	妄執	1	謀殺説	1
	計画	1	片仮名	1	恐怖感	1	自己愛	1
	碁	1	皮膚	1	征服欲	1		
	機関	1	海軍	1				
	気分	1	幻想	1				
	記憶	1	意欲	1				
	気持ち	1	野望	1				
	金	1	アニマ	1				
	興奮	1						

　「取り付かれる」가 긍정적 이미지의 낱말을 받는 경우는「快感」「魅力」
밖에 없으며, 대부분은 중립적 이미지를 나타내는 낱말과 호응하며, 그
다음 순으로 부정적 이미지의 낱말과 호응한다. 중립적 이미지의 낱말은
문맥에 의해 긍정으로도 부정으로도, 또는 중립적으로 사용된다.

(42) 彼はひどく前かがみの姿勢で、ゆっくりと、何か考えにとりつかれたよう
　　　な様子で歩いていたので、(LBf9_00170)

(43) 徹頭徹尾九人のこどもたち各々に百万ドルずつ残して死ぬという考えに取
　　　りつかれている男なのだ(私にしょっちゅうそう言っていた)。
　　　(LBk2_00050)

(44) この教えから生の実践的な神酒を吸う数少ない英雄の一人になるという考
　　　えに取りつかれていた。(PB11_00039)

　「考えに取り付かれる」의 「考え」는 각각 (42) 중립, (43) 부정적, (44)
긍정적 이미지의 「考え」이다. 한편, 「セックス」 그 자체는 중립적 가치의
낱말이지만 사회적으로 금기[taboo]시 되는 문화권에서는 부정적 이미지로

사용된다. 그리고 (46)과 같이 「快感」도 낱말의 뜻은 긍정적 이미지이지
만 부정적으로 사용되는 경우도 있다.

(45) リビーが知ったら、ぼくに思いきり<u>平手打ちを食らわせ</u>、ぼくがセックスに
<u>取りつかれている</u>と<u>皮肉を言う</u>だろう。(PB49_00270)

(46) するところを破る<u>快感</u>が発振する。司法自体が、<u>犯罪する快感に取り付か
れた</u>。それは禁止することで生まれる反作用だ。(OY13_05915)

2.3. 연어 분석

2.2.2.에서 고강도, 중강도, 저강도의 연어 목록을 작성하였다. 각각의
연어에 대해 살펴보기로 하자.

2.3.1. 고강도 연어

MI 스코어 10 이상의 고강도연어 목록은 모두 20건이 검출되었다. 그중,
「狐につつまれる」「後ろ髪を引かれる」「熱に浮かされる」는 관용구[idiom]로서
사전의 표제어로 등재되어 있기도 하다.

狐につつまれる: 〈여우로 둔갑하다〉〈의외의 일로 무슨 일인지 영문을 모
른 채 멍하게 있다〉〈사태의 의외의 진행에 영문을 몰라
망연자실한 모양〉등의 의미를 나타낸다.
後ろ髪を引かれる: 「後ろ髪」가 표제어이며, 「後ろ髪を引かれる」의 형태로
자주 쓰여, 〈미련이 남아 좀처럼 단념할 수 없다〉〈미
련이 남거나 하다〉라는 의미의 표현으로 사용된다.
熱に浮かされる: 표면적인 일차적 의미와 함께 관용구로서의 의미를 함께

갖고 있다. 즉, 〈앞뒤 분간을 못하고 열중하다〉〈완전히 흥분하다〉〈열중하여 분별력을 잃다〉 등의 의미로 쓰인다. 이상의 3건은 표면적인 문자적 의미에서 벗어나 새로운 의미를 형성하는 관용구로 쓰인 것들이다.

押しも押されもせぬ: 〈어디에 나가도 압도되지 않는〉〈실력이 있어서 당당한〉의 의미를 나타낸다. 「押すに押されぬ」

　　　* 문화청이 발표한 2012년 「国語に関する世論調査」에서는 본래의 표현으로 여겨지는 「押しも押されもせぬ」를 사용하는 사람이 41.5%, 「押しも押されぬ」를 사용하는 사람이 48.3%라는 역전된 결과가 나왔다.

　　　「押しも押されぬ」라는 표현은, 「押しも押されもせぬ(押しも押されもしない)」—실력이 있고(당당하고) 훌륭한 모습—와, 「押すに押されぬ(押しても押せない)」—엄연히 존재하는 사실—와의 혼용표현이다. 최근 이 표현이 「押しも押されもせぬ」와 같은 의미로 널리 사용되고 있는 것 같지만, 사전에는 「押しも押されもせぬ」의 해석(단어의 의미나 사용법의 설명)에서 〈「押しも押されぬ」는 잘못된 말투〉라 명기하여 주의를 당부하는 사전도 있다.

　　　그리고 국내의 주요 신문사나 통신사의 『用字用語集』이나 『記者ハンドブック』등에도 「押しも押されぬ」라는 말투를 "틀리기 쉬운 표현·관용어구"로 들어, 「押しも押されもせぬ[=しない]」로 바꿔 말할 것을 명시하고 있다. 예를 들면, 〈押しも押されぬ→押しも押されもせぬ「揺るぎない、誰もが認める」의미의 관용구. 「押すに押されぬ」와의 혼동.〉『最新用字用語ブック[第6版]』(時事通信社編) 등.

이 잘못된 표현은 젊은 세대를 중심으로 널리 사용되게 된 것은 분명한 것 같다. 문화청의 2003년도 「国語に関する世論調査」에서는 「実力があって堂々としていること」라는 원래의 말투인 「押しも押されもせぬ」를 사용하는 사람이 36.9%에 머물러 있는데 반해, 잘못된 말투인 「押しも押されぬ」를 사용하는 사람이 20대~30대를 중심으로 절반 이상인 51.4%나 되었다. [NKH방송문호연구소; 방송현장의 의민·시청자의 의문, 2014.01.01]

다음의 표현들은 관용구로 등재는 되어 있지 않지만 그에 준하는 표현으로서 연어로 설정하기에 충분한 조건을 갖추고 있다. 즉, 중심어[명사]와 결합하는 공기어[collocate, 동사]를 다른 유의어로 대체 불가하다는 점과, 반의어 대체를 할 수 없다는 점에서 연어로서의 조건을 갖추고 있다고 할 수 있다.

「度肝を抜かれる」「烙印を押される」「呆気に取られる」「苦戦を強いられる」「衝動に駆られる」「真価が問われる」「押しも押されぬ」「不意を突かれる」와 같은 표현은 관용구로서 표제어로 등재는 되어 있지 않지만 접속강도 측면에서는 연어로서의 기능을 충분히 하고 있는 표현으로 판단된다.

度肝を抜かれる: 의외의 사태에 매우 놀라는 것을 나타내는 표현으로서
　　　　　　　〈깜짝 놀라다〉의 의미
烙印を押される: 〈낙인이 찍히다〉의 의미로 씻을 수 없는 오명을 입거나,
　　　　　　　주변으로부터 그러한 사람으로 오해받는 것을 나타낸다.
呆気に取られる: 놀라서 〈어안이 벙벙하다〉의 의미이며, 의외의 사태에 직

면하여 기가 막히거나 어처구니없어 하는 것을 나타내는 표현이다.

苦戦を強いられる: 〈고전을 면치 못하다〉의 의미. 준비가 부족하거나 불리한 조건 또는 상대의 역량이 강하거나 한 싸움에서 상당한 에너지를 필요로 하는 모양을 나타낸다.

衝動に駆られる: 〈충동에 사로잡히다〉의 의미. 앞뒤 가리지 않고 어떤 욕구에 끌리는 모양을 나타내며, 재우치는 것과 같은 충동을 느끼는 것을 의미한다.

真価が問われる: 〈진가가 문제시되다〉의 의미. 「真価を問われる(진가를 의심받다)」라는 표현도 있으며, 능동표현인 「真価を問う(진가를 따지다)」가 있다.

不意を突かれる: 〈허를 찔리다〉「不意を突く(허를 찌르다)」라는 능동표현이 존재한다. 예기치 않은 일이 벌어지는 상황, 또는 예기치 못한 타이밍에서 사태가 발생하는 것을 나타낸다. 유의표현으로는 「不意打ちを食らう」「足元をすくわれる」「寝込みを襲われる」「不意を食らう」「隙を突かれる」「意表を突かれる」 등 많다.

誘惑に駆られる: 〈유혹에 사로잡히다〉의 의미. 「駆られる」는 「駆る」수동태이지만 「生れる」처럼 하나의 단어로 굳어진 것이며, 〈어떤 격한 감정에 동요되는〉것을 나타낸다. 「Aに駆られる」로 쓰이며, A에는 〈감정〉〈공포〉〈기분〉〈분노〉〈망상〉〈생각〉〈욕구〉〈욕망〉〈유혹〉〈의분(義憤)〉〈절망〉〈질투〉〈초조〉〈충동〉〈불안〉〈호기심〉 등의 심리적 작용을 나타내는 명사가 온다. 능동태 「駆る」는 〈내몰다〉〈내쫓다〉, 〈빨리 달리게 하다/서두르게 하다〉의 의미를 나타내며, 어떤 행동을 취해야만 될 것 같은 마음을 갖게 하는 뜻으로 사용된다. 이 경우에는 〈Aが(Bを)Cへと駆る〉라는 구문을 형성한다[噂が人々を不安へと駆った]. 〈~を駆る〉형태로 쓰일 때는 〈말/소〉〈여세〉〈자동차〉등과 같은 낱말이 온다.

끝으로 다음의 표현들은 일반적 의미, 즉 중심어와 공기어의 의미가 기본적 의미를 유지하고 있는 경우이며, 단지 결합강도가 높게 나타나는 연어들이다.

蚊に刺される: 〈모기에게 물리다〉의 의미. 〈모기가 물다〉라는 표현은 일반적이지 않다. 즉 〈모기〉가 주어가 되는 경우는 드물기 때문이다.

~用に供される: 「供す」는 〈제공하다〉〈내놓다〉〈대접하다〉의 의미이며, 「供される」는 「供す」의 수동태이다. 〈~용으로 이용되다〉〈~용으로 쓰이다〉등의 의미이다.

聖霊に満たされる: 〈성령이 충만하다〉의 의미. 「満たされる」는 무엇인가로 채워지는 것을 나타낸다. 〈성령〉(19/195) 〈~감〉(11/195) 〈~애〉〈기쁨〉〈기분〉〈빛〉〈공기〉〈평안〉〈고요〉〈슬픔〉〈에너지〉등과 같은 소재가 주로 온다. 〈성령〉과 〈충만하다〉의 결합빈도가 가장 높다.

窮地に追い込まれる: 〈궁지에 몰리다〉의 의미. 〈窮地+に+동사+조동사〉의 구조에서 〈궁지〉와 가장 많이 결합하는 주요 동사(collocate)는 다음과 같다. 「追い込まれる」(34/124), 「追い立たされる」(33/124), 「陥った」(19/124)이다. 「追い込

まれる」와「立たされる」는 유의어 관계에 있는 표현이다.

熱戦が繰り広げられる: 〈열전이 펼쳐지다〉의 의미.「熱戦が繰り広げられる」는 24건/222건,「熱戦を繰り広げる」는 15건/354건이 검색된다.

[표 17] 〈Aが繰り広げられる〉의 A 명사

2회	3회	4회	5회	7회	23회	24회
ゲーム・パーティー・激戦・遣り取り・劇・内戦・模様・暗闘・祭り・饗宴・絵巻・会話	キャンペーン・ショー・バトル・レース・攻防・勝負・演技・展開・戦闘・討論・闘争・行事	イベント・競争・合戦・抗争	光景・戦争	論争・活動	戦い	熱戦

[표 18] 〈Aを繰り広げる〉의 A 명사

2회		3회		4회	
イベント・コント・セックス・チェイス・デモ・葛藤・大会・道中・乱闘・舞・商戦・世界・演技・鼬ごっこ・作戦・行動・会		ゲーム・ステージ・トーク・激闘・攻防・劇・妄想・批判・暗闘・踊り・展開・闘争・抗争		ヒート・激戦・対決・騒動・討論	

5회	7회	11회	13회	14회	15회	16회	24회	29회
キャンペーン・パフォーマンス・勝負	論争・戦闘	合戦	争い	バトル・運動	競争・熱戦	活動	死闘	戦い

[표 17]과 [표 18]의 〈Aが繰り広げられる〉와 능동태 〈Aを繰り広げる〉의 A에 가장 많이 오는 낱말은 〈싸움/전쟁/경쟁〉과 관련된 것들이 대부분이다. 수동표현에서는 〈열전〉이, 능동표현에서는 〈싸움〉과 〈사투〉가 가장

결합강도가 높다. 능동표현의 7회 이상의 결합빈도를 보이는 낱말의 대부분이 〈싸움〉과 관련된 것들이다. 수동표현에서도 〈활동〉을 제외한 대부분이 〈싸움〉과 관련된 낱말들이다.

苦境に立たされる: 〈곤경/역경에 처해지다〉의 의미. 능동표현「苦境に立つ」19건이 있으며, 유의표현「苦境に陥る」는 28건이 있다. 「苦境に立たされる」(33건)의 유의표현으로서는 「苦境に追い込まれる」(3건)가 존재한다.

レッテルが貼られる: 〈レッテル + 조사+동사〉구조는 모두 157건이 검출된다. 「貼る」의 수동표현은 「レッテルが貼られる」(12건)・「レッテルさえ貼られる」(1건)・「レッテルの貼られる」(1건)・(レッテルを貼られる」(72건), 총 86건이다. 한편 능동표현은 「レッテルを貼る」(48건)・「レッテルが貼っ(てある)」(1건)으로 49건이다. 「レッテル」는「貼る」의 수동태/능동태와의 결합빈도가 전체 157건 중 135건(약 86%)에 이른다.

2.3.2. 중강도 연어

[표 19] 중강도 연어의 분석

구phrase	대응되는 능동표현	유의 공기어	의미
胸が(を)締め付けられる	胸を締め付ける	?引き締められる	가슴이 죄어지다
渦に巻き込まれる		?引き込まれる	소용돌이에 휩쓸려 들어가다
熱気に包まれる		?包み込まれる・覆われる	열기에 싸이다

渋滞に巻き込まれる		?取り込まれる・引きずり込まれる	교통 체증에 빠지다?
炎に包まれる		?包み込まれる	불길에 휩싸이다
風に煽られる		?吹きつけられる	바람에 펄럭이다/들먹거리다
トラブルに巻き込まれる		?引き込まれる	트러블에 말려들다
魅力に取り付かれる		?魅入られる・憑かれる	매력에 사로잡히다/빠지다
危機に見舞われる		!晒される	위기에 봉착하다
目に遭わされる	目に遭う	?出くわされる・遭遇される	지독한・아픈・반죽음의・끔찍한・지독한・무서운 꼴을 당하게 하다/당하게 되다
恐怖に駆られる		?急き立てられる	공포에 사로잡히다
立場に立たされる	立場に立たせる	!置かれる	처지/입장에 놓이다
トラブルに見舞われる		?晒される	混乱に見舞われる・波乱に巻き込まれる・混乱に巻き込まれる 갑작스러운 소동이나 다툼에 휘말리게 되는 것
危機に晒される		!見舞われる	어떤 일을 함에 있어서 위험이 따른다/위험에 처하다 危ない目に遭う・危険にさらされる・危ない目に遭う・危険が生じる 등등
胸を突かれる	胸を突く	?すくわれる	깜짝 놀라다, 정신이 번쩍 들다
雪に(で)閉ざされる		?閉じられる	눈에 갇히다
思いに駆られる		?急き立てられる	생각에 사로잡히다
*背に腹は替えられぬ		?交代できない・置き替えられない	오장육부가 있는 배는 등과 교환할 수 없다는 뜻, 닥친 고통을 회피하기 위해서는 다른 것을 희생해도 어쩔 도리 없다는 뜻
雪に(で)覆われる	雪で覆う	?被さられる	눈에(으로) 뒤덮이다
緊張を強いられる	緊張を強いる	?強要される	긴장을 해야 한다
立場に追い込まれる	立場に追い込む	!立たされる	코너에 몰리다, 상황에 놓이다
雰囲気に包まれる		?包み込まれる	분위기에 휩싸이다

批判に晒される		?見舞われる	비판을 받다, be/come under fire
増加が見込まれる	増加を見込む	予想される・ 考えられる	증가가 예상/예측 된다 増加が予測/予想される
微塵も感じられない		?感知・ 予感できない	조금도 느끼지 못하다
香りに包まれる		?包み込まれる	향이 가득한
雨に打たれる		?打撃される	비를 맞다
事件に巻き込まれる	事件に巻き込む	!引き込まれる	사건에 말려들다/연루되다/휩쓸리다
事故に巻き込まれる		?引き込まれる	사고를 당하다 事故の巻き添えになる
攻撃に晒される		攻撃を受ける	공격을 받다. come/be under attack, be open to attack

　대응되는 능동표현이 있는 구^{phrase}는 9건이며, 연어 척도의 하나인 유의어 대체 불가의 구가 대부분인 가운데 「危機に見舞われる」「立場に追い込まれる」「立場に立たされる」「事件に巻き込まれる」 4건이 유의표현이 상정되며, 「攻撃に晒される」도 공기어 「晒される」의 의미적 유의어로 「受ける」를 상정할 수 있다. 이상의 5건 이외는 유의어 대체 불가의 구로서 연어도가 높다 할 수 있겠다. 끝으로 의미적 측면에서 연어 인정 여부를 살펴보면, 「背に腹は替えられぬ」이외의 구는 중심어(A)와 공기어(B)의 의미는 각각 원래의 뜻을 유지하고 있어서 단순결합임을 알 수 있다. 그러나 단순결합이라고는 하지만, 「ご飯を食べる」와 같은 단순결합은 아니다. 즉, 「立場に立たされる」를 예로 들면, 공기어 「立たされる」는 기본적 의미에서 〈어떤 지위나 입장, 상황과 같은 곳에 처하게 되다〉라는 뜻으로 사용되는 것은 의미의 확장으로 해석할 수 있다.

　중강도 연어에서는 고강도 연어와 다르게 관용구가 적지만 중심어와 공기어의 의미적 확장이라는 측면에서 단순결합으로 보기 힘든 연어로 인정할 수 있는 요소가 통계수치 이외에 있음을 확인할 수 있다.

2.3.3. 저강도 연어

[표 20] 저강도 연어 분석

구^{phrase}	능동표현	유의 공기어	의미
目が奪われる	目を奪う	!取られる	마음이 끌려 무심결에 보다
傾向が(は/も)見られる	傾向を見る	見受けられる	경향이 보인다
*手に委ねられる	手に委ねる	?任せられる	~의 손에 달려 있다
効果が(を/は)得られる	効果を得る	?獲得できる	효과를 얻을 수 있다
立場に置かれる	立場に置く	?据えられる	입장에 처하다/ 처지에 놓이다
労働を強いられる	労働を強いる	強制・強要される	노동을 강요당하다
仕事で磨かれる	仕事で磨く	?研磨される	일로 단련되다
*目も当てられない	目を当てる	?割り当てられない	차마 볼 수 없다
仕事に追われる	?仕事が(私ヲ)追う	?追い廻される	일에 쫓기다
回答が(は)得られる	回答を得る	?獲得できる	답변을 받을 수 있다
取り組みが(を/も)求められる	取り組みを求める	?要求される	대처가 요구되다
工夫が(も)求められる	工夫を求める	?要求される	혜안이 요구되다
取り組みが(も)なされる	取り組みをする	行われる	대처가 이루어지다
置き去りにされる	置き去りにする	?なされる	방치되다, 등한시 여겨지다
異常が認められる	異常を認める	?見受けられる	이상이 인지되다
取り組みが(も)行われる	取り組みを行う	なされる/進められる	대처가 이루어지다
光景が見られる	光景を見る	!見受けられる	광경을 볼 수 있다
傾向が認められる	傾向を認める	!見受けられる	경향이 인정 되다
人に好かれる	!人を好く	好意を持たれる	남에게 호감을 사다
記述が見られる	!記述を見る	!見受けられる	기술이 보이다

대응되는 능동표현이 없는 것은「仕事に追われる」뿐이며,「人に好かれる」와「記述がみられる」는「人を好くということは」와「記述を見ることがある」라는 표현에서는 능동표현이 가능하다. 한편, 공기어의 유의어 대치가 되는 것은「傾向がみられる ↔ 傾向が見受けられる」「労働を強いられる ↔ 労働を強要/強制される」「取組がなされる↔取組が行われる/進められる」이다. 그리고「目を奪われる」는「目を取られる」와「惹き付けられる」라는 점에서 의미의 공통성을 인정할 수 있다.「光景/記述が見られる」는「傾向が見受けられる」(4건),「記述が見受けられる」(1건)가 각각 검출되어 유의어 대치에서 긍정적인 측면이 있다.「傾向が認められる」도 아래 예문처럼「傾向が見受けられる」가 1건 검출되어 유의어 대치 불가로는 판정하기 어렵다.

(47) どうも一般的に小さいものを使う傾向が見受けられるが、(PB25_00290)

(48) 思わずほほえみ喜んでいる光景が見受けられるようになった。
(PB12_00153)

(49) 一部に誤認・誤解に基づくと見られる記述が見受けられ、ODA本来の姿を正確に反映したものとは言い難いものがある。(PB13_00650)

「手に委ねられる」는「(人)の手に委ねられる」로 쓰여,〈~be left in the hands of~〉의 뜻을 나타낸다. 의미 측면에서 연어의 성격이 강하다. 그리고「目も当てられない」는〈상태가 심해서 차마 눈 뜨고 볼 수 없는〉것을 의미한다[悲惨で目も当てられない事故現場]. 그리고 이 구는 사전의 표제어에도 올라가 있으며, 의미적 측면에서도 중심어와 공기어의 융합적 의미로 쓰이고 있어서 연어로서의 특징을 갖추고 있다.

저강도 연어의 특징은 대부분의 구^{phrase}가 대응되는 능동표현을 갖추고 있다는 점이다. 이것은 그만큼 두 낱말의 결합이 일반적이라는 것을 의미한다. 저강도 연어 목록이 일반적 결합의 모습을 보이지만 유의어 대치에서 불가한 것들이 많다는 점에서 통계수치에 의한 연어목록 작성이 신뢰가 없는 것은 아니라는 것을 알 수 있다.

제3절 「ら抜き言葉」와 「れ足す言葉」의 변화추이

3.1. 「ら抜き言葉」의 사용실태

3.1.1. 조사방법

먼저 NLT(NINJAL-LWP for TWC)[20]를 이용하여 「ら抜き言葉」의 리스트를 작성하고, 개별 낱말의 「られる」형과 「ら抜き」형의 사용빈도 등에 대한 통계 값(MI스코어와 LD값)을 제시하여 「ら抜き言葉」의 사용빈도 순위와 결합도 순위를 표시한 목록을 작성할 것이다.

둘째로, 사용빈도와 결합도 순위가 앞서는 낱말을 중심으로 BCCWJ를 사용하여 출현 연도와 분포를 확인한다. 개별 단어의 「ら抜き」 표현의 출현과 관련해서는 CHJ(Corpus of Historical Japanese)도 함께 사용할 것이다.

셋째로, 구어체에서의 「ら抜き言葉」의 사용실태를 파악하기 위해 CSJ (Corpus of Spontaneous Japanese)를 활용할 것이다. CSJ를 통해서는 개별 「ら抜き言葉」 사용 연령층과 성별 등에 대해서도 함께 기술할 것이다.

이상과 같은 방법을 통해 본절에서는 19세기말부터 현재에 이르기까지의 「ら抜き」의 변화추이와 양적 증감, 어휘의 다양화, 출현 장르 등의 양

---

20) 일본어 웹사이트에서 수집하여 구축한 약 11억 어절의 코퍼스 TWC(Tsukuba Web Corpus)를 검색하기 위한 툴.

상을 기술할 것이다.

3.1.2. 「ら抜き言葉」의 목록

다음의 [표 1]은 사용빈도가 10회 이상인 「ら抜き言葉」의 목록이다. ⟨V-ラレル⟩와 ⟨V-レル⟩의 결합강도를 나타내는 LD값은 생략하고 MI스코어만을 사용하기로 하겠다. 그것은 「ら抜き言葉」의 사용빈도^{Frequency}가 낮은 관계로 유의미한 LD값을 나타내는 동사가 거의 없기 때문이다(MI스코어 3이상, LD값 2이상의 조건을 모두 충족하는 동사는 「来る」(4.6/3.82)와 「寝る」(6.13/2.5)뿐이다.

[표 1] NLT의 「ら抜き言葉」의 목록

V	られる				ら抜き				F
	F	F-r	MI	MI-r	F	F-r	MI	MI-r	
やって来る	162	121	7.61	133	320	9	6.76	1	197.5
浴びる	82	125	8.32	132	67	44	6.2	2	81.7
寝る	1604	82	8.38	130	1202	2	6.13	3	74.9
落ちる	24	131	8.38	130	18	88	6.13	3	75.0
増える	18	133	8.55	129	10	123	5.87	5	55.6
起きる	861	97	8.56	128	465	7	5.84	6	54.0
夢見る	23	132	8.66	127	10	123	5.63	7	43.5
活かせる	51	128	8.75	126	18	88	5.41	8	35.3
生れる	53	127	8.85	125	12	112	5.09	9	22.6
下りる	195	120	8.87	124	47	53	4.99	10	24.1
降りる	718	102	8.89	122	164	18	4.92	11	22.8
借りる	3242	63	8.89	122	730	5	4.91	12	22.5
慣れる	50	129	8.9	120	10	123	4.88	13	20.0
知らせる	60	126	8.9	120	13	110	4.86	14	21.7
来る	17320	18	8.95	119	3013	1	4.6	15	17.4
生き延びる	284	118	9.01	118	37	60	4.23	16	13.0

みせる	111	124	9.04	116	12	112	3.99	17	10.8
痩せる	843	99	9.04	116	90	36	3.98	18	10.7
辞める	982	93	9.05	114	96	32	3.86	19	9.8
賭ける	145	122	9.05	114	14	106	3.85	20	9.7
盛り上げる	116	123	9.07	112	10	123	3.7	21	8.6
抜ける	950	95	9.07	112	80	40	3.66	22	8.4
貯める	542	106	9.08	110	43	56	3.58	23	7.9
生きる	5522	49	9.08	110	430	8	3.56	24	7.8
やめる	2973	66	9.09	108	203	16	3.38	25	6.8
投げる	1684	80	9.09	108	112	27	3.35	26	6.7
うける	615	104	9.11	104	33	64	3.06	27	5.4
ためる	208	119	9.11	104	11	119	3.04	28	5.3
締める	326	116	9.11	104	17	94	3.02	29	5.2
言い換える	466	109	9.11	104	24	76	3	30	5.2
儲ける	521	107	9.12	101	23	79	2.79	31	4.4
着る	1809	79	9.12	101	79	41	2.77	32	4.4
比べる	830	100	9.12	101	36	62	2.76	33	4.3
食べる	23790	13	9.13	94	991	4	2.71	34	4.2
下げる	1524	85	9.13	94	63	46	2.7	35	4.1
越える	989	92	9.13	94	39	59	2.63	36	3.9
諦める	432	113	9.13	94	17	94	2.63	36	3.9
見極める	439	112	9.13	94	17	94	2.61	38	3.9
開ける	2372	73	9.13	94	91	35	2.59	39	3.8
混ぜる	297	117	9.13	94	11	119	2.54	40	3.7
つなげる	951	94	9.14	87	33	64	2.45	41	3.5
含める	415	114	9.14	87	14	106	2.41	42	3.4
捕まえる	554	105	9.14	87	18	88	2.36	43	3.2
替える	389	115	9.14	87	12	112	2.29	44	3.1
終える	687	103	9.14	87	21	80	2.28	45	3.1
負ける	461	110	9.14	87	14	106	2.27	46	3.0
見せる	4360	55	9.14	87	129	24	2.23	47	3.0

耐える	10633	27	9.15	78	300	10	2.16	48	2.8
変える	10534	29	9.15	78	297	11	2.16	48	2.8
受ける	40557	8	9.15	78	1127	3	2.14	50	2.8
甘える	518	108	9.15	78	14	106	2.1	51	2.7
別れる	460	111	9.15	78	12	112	2.05	52	2.6
上げる	6425	44	9.15	78	159	19	1.98	53	2.5
超える	851	98	9.15	78	20	83	1.91	54	2.4
覚える	4935	53	9.15	78	111	29	1.84	55	2.2
載せる	1888	78	9.15	78	41	57	1.79	56	2.2
攻める	1272	88	9.16	66	27	72	1.76	57	2.1
止める	6780	41	9.16	66	143	21	1.75	58	2.1
閉じる	1637	81	9.16	66	33	64	1.69	59	2.0
避ける	9388	33	9.16	66	178	17	1.6	60	1.9
合わせる	1271	89	9.16	66	24	76	1.6	60	1.9
揃える	797	101	9.16	66	15	104	1.59	62	1.9
かける	14628	19	9.16	66	271	12	1.57	63	1.9
出る	6717	42	9.16	66	122	25	1.54	64	1.8
掛ける	3517	59	9.16	66	62	47	1.5	65	1.8
逃げる	3233	64	9.16	66	56	50	1.47	66	1.7
見付ける	6968	39	9.16	66	109	30	1.33	67	1.6
立てる	5278	50	9.16	66	81	39	1.3	68	1.5
信じる	18260	16	9.17	44	242	13	1.09	69	1.3
答える	7656	37	9.17	44	98	31	1.04	70	1.3
応じる	1555	84	9.17	44	19	86	0.98	71	1.2
乗せる	2657	70	9.17	44	32	67	0.96	72	1.2
申し上げる	1255	90	9.17	44	15	104	0.95	73	1.2
預ける	2095	76	9.17	44	25	75	0.94	74	1.2
捨てる	7276	38	9.17	44	86	37	0.93	75	1.2
演じる	1559	83	9.17	44	18	88	0.9	76	1.2
舐める	1036	91	9.17	44	12	112	0.9	76	1.2
感じる	50025	7	9.17	44	574	6	0.89	78	1.1

眺める	1425	86	9.17	44	16	99	0.86	79	1.1
出かける	889	96	9.17	44	10	123	0.86	79	1.1
あげる	12966	23	9.17	44	137	22	0.77	81	1.1
当てる	4287	56	9.17	44	45	54	0.76	82	1.0
調べる	3507	60	9.17	44	35	63	0.69	83	1.0
続ける	11820	24	9.17	44	112	27	0.62	84	0.9
決める	25332	12	9.17	44	229	15	0.55	85	0.9
入れる	10557	28	9.17	44	92	34	0.53	86	0.9
埋める	2288	74	9.17	44	20	83	0.5	87	0.9
応える	3281	62	9.17	44	27	72	0.41	88	0.8
抑える	8112	35	9.17	44	62	47	0.31	89	0.8
居る	2806	69	9.17	44	21	80	0.27	90	0.7
作り上げる	1360	87	9.18	3	10	123	0.25	91	0.7
建てる	13424	21	9.18	3	94	33	0.18	92	0.7
始める	8099	36	9.18	3	55	51	0.14	93	0.7
迎える	4266	57	9.18	3	27	72	0.04	94	0.6
集める	5095	52	9.18	3	32	67	0.03	95	0.6
訴える	2854	67	9.18	3	18	88	0.03	95	0.6
任せる	2550	71	9.18	3	16	99	0.03	95	0.6
任せる	2550	71	9.18	3	16	99	0.03	95	0.6
助ける	5901	48	9.18	3	37	60	0.02	99	0.6
届ける	39.06	130	9.18	3	24	76	0	100	61.4
教える	11697	25	9.18	3	68	43	-0.08	101	0.6
鍛える	3347	61	9.18	3	19	86	-0.12	102	0.6
向ける	6185	46	9.18	3	32	67	-0.25	103	0.5
責める	2198	75	9.18	3	11	119	-0.3	104	0.5
高める	2068	77	9.18	3	10	123	-0.35	105	0.5
与える	50617	6	9.18	3	233	14	-0.42	106	0.5
伝える	25660	11	9.18	3	117	26	-0.43	107	0.5
分ける	13294	22	9.18	3	60	49	-0.45	108	0.5
纏める	6914	40	9.18	3	29	71	-0.55	109	0.4

収める	2809	68	9.18	3	10	123	-0.79	110	0.4
捉える	5166	51	9.18	3	18	88	-0.82	111	0.3
並べる	3227	65	9.18	3	10	123	-0.99	112	0.3
植える	3768	58	9.18	3	11	119	-1.07	113	0.3
褒める	5919	47	9.18	3	17	94	-1.1	114	0.3
触れる	4812	54	9.18	3	12	112	-1.19	115	0.2
付ける	14227	20	9.18	3	31	70	-1.49	116	0.2
進める	20946	15	9.18	3	44	55	-1.55	117	0.2
述べる	9941	31	9.18	3	20	83	-1.61	118	0.2
込める	8144	34	9.18	3	16	99	-1.64	119	0.2
義務付ける	9756	32	9.18	3	17	94	-1.82	120	0.2
挙げる	23507	14	9.18	3	40	58	-1.85	121	0.2
名付ける	6292	45	9.18	3	10	123	-1.95	122	0.2
加える	6453	43	9.18	3	10	123	-1.99	123	0.2
定める	33384	10	9.18	3	49	52	-2.06	124	0.1
認める	104688	3	9.18	3	149	20	-2.11	125	0.1
支える	11451	26	9.18	3	16	99	-2.13	126	0.1
付ける	10479	30	9.18	3	12	112	-2.42	127	0.1
求める	82590	5	9.18	3	86	37	-2.56	128	0.1
得る	93130	4	9.18	3	73	42	-2.97	129	0.1
考える	184692	1	9.18	3	137	22	-3.05	130	0.1
寄せる	17738	17	9.18	3	13	110	-3.06	131	0.1
用いる	38801	9	9.19	1	21	80	-3.5	132	0.1
見る	169212	2	9.19	1	64	45	-4.02	133	0.0

* MI-r：MI-ranking

〈V-ラレル〉형과 〈V-レル〉형(「ら抜き」)의 MI스코어는 내림차순과 오름차순으로 대치된다. 즉 〈V-ラレル〉형의 MI스코어가 낮을수록 〈V-レル〉형 MI스코어는 커진다. 「やって来る」에서 「言い換える」까지의 31개 동사는 MI스코어가 3이상으로서 유의미한 결합강도를 보인다. 「やって来る」는 「ら

れる」형(非ら抜き)보다 「れる」형(ら抜き)의 사용빈도가 약 2배정도 많으며, 「なれる」(慣れる는 22%)・「浴びる」・「落ちる」・「寝る」・「増える」・「起きる」는 「られる」형의 54%~91%의 사용빈도를 보인다. 특히 「なれる」(慣れる포함)・「落ちる」・「増える」・「起きる」는 자동사로서 「られる」형의 용법은 다음과 같은 분포를 보인다(増える 이외 동사는 모두 의지동사).

[표 2] 〈자동사 + られる〉형 용법분포

동사	자발	존경	수동	가능
なれる	2	9	11	39
落ちる		8	2	14
増える	3	2	3	10
起きる	1	10	3	847

모든 동사에서 가능용법이 가장 많이 분포하고 있음을 [표 2]를 통해 알 수 있다. 위 4개의 동사는 일반적으로 자주 사용되는 낱말들이다. 후술하는 바와 같이 일반적으로 사용빈도가 잦은 동사 중, 가능용법의 횟수가 다른 용법에 비해 많거나 존경용법과 충돌을 빚는 경우에는 〈~れる〉형(「ら抜き」)으로 대체되는 것이 예상된다. 음절수의 절약에 의한 경제적 측면과 의미충돌에 의한 불편을 해소하기 위한 회피의 목적으로 〈~れる〉형이 선택된다고 볼 수 있다.

1단동사의 〈V-レル〉형 사용빈도(100회 이상)를 30위까지 오름차순으로 나타내면 다음과 같다(上げる와 あげる는 단독으로 계산).

来る、寝る、受ける、食べる、借りる、感じる、起きる、生きる、やって来る、耐える、変える、かける、信じる、与える、決める、やめる、避ける、降りる、上げる、認める、止める、あげる、考える、見せる、出る、伝え

る、投げる、続ける、覚える、見付ける

상기 사용빈도 100회 이상의 30위 내의 「ら抜き」형 동사 중, 기본형이 「-れる」로 끝나는 1단동사의 어간은 「れ」가 된다. 따라서 가능동사 「ら抜き」형은 ラ행 연속의 「-れれ」가 된다. 이러한 「れれ」 연속은 명사나 동사, 또는 형용사와 같은 일반적인 내용어에서는 부자연스러운 형태이다. 이와 같은 동사의 「ら抜き」형 가능동사는 고빈도로 「非ら抜き」가 우세하다. [표 1]에서 1단동사의 기본형이 「-れる」로서 어간이 「れ」인 동사의 「ら抜き」 비율은 다음과 같다「られる」형 동사에 대한 비율].

「生まれる」(26.4%)・「触れる」(0.3%)・「別れる」(2.6%)・「慣れる」(34.4%)・「入れる」(0.9%)

「生れる」와 「慣れる」 이외의 동사는 「ら抜き」 비율이 낮다. 그 외의 사용빈도 100회 이하 동사의 사용빈도와 비율은 다음과 같다.

「離れる」(9/0.7%)・「隠れる」(6/5.2%)・「逃れる」(6/0.3%)・「切れる」(5/3.5%)・「くれる」(1/16.7%)・「訪れる」(1/1%)・「流れる」(3/42.9%)

「流れる」의 비율이 40%를 넘지만 사용빈도는 극히 제한적이다. 이들 동사의 경우, 「ら抜き」의 가정형은 「-れれれば」와 같이 「れれれ」의 3연속이 된다. 상기 활용어간이 「れ」인 1단동사 중, 가정형을 포함하는 동사는 「慣れる」(3) 하나뿐이다.

これも慣れれれればどうってことないですけど、相手に自分の性を伝える方法

です。 (http://study.tabine.net/ks/002760.html)

留年したって、いじめられたって 看護師に<u>なれれれば</u>いいもん!

(http://study.tabine.net/ks/002760.html)

「ら抜き言葉」는 음절의 제약을 받아 다음절어인 경우에는 제한적이라는 지적을 많이 받고 있다. 다음은 단일 형태소 1단동사의 음절수에 따른 「ら抜き」형 동사의 분포이다.

[표 3] 음절수에 따른 「ら抜き」형 분포

사용빈도	2음절	3음절	4음절	5음절
100-이상	3/11%	19/68%	6/21%	
99-50회	3/14.3%	13/61.9%	5/23.8%	
49-20회	1/3.1%	16/50%	15/46.9%	
19-10회		20/48.8%	19/46.3%	2/4.9%
합계(122)	7/5.7%	68/55.7%	45/36.9%	2/1.6%

2음절어와 3음절어의 「ら抜き言葉」비율은 전체의 61.4%를 점하며, 5음절어는 1.6%에 지나지 않는다. 이것은 음절수가 적은 동사에서 「ら抜き」가 발생하기 쉽다는 것을 잘 보여준다. 특히 100회 이상의 사용빈도를 보이는 「ら抜き」형 가능동사는 79%가 2음절과 3음절 동사에 편중되어 있다. 즉 자주 사용되는 「ら抜き」형 가능동사의 대부분은 음절수가 적은 동사에서 발생한다는 것을 [표 3]에서 확인할 수 있다.

3.1.3. 코퍼스 공통의 「ら抜き言葉」

NLT와 BCCWJ, 그리고 CSJ는 코퍼스의 텍스트와 규모(총어휘수)가 각각 다르기 때문에 검출되는 「ら抜き言葉」와 그 사용빈도 등에서 차이를 보인다. NLT는 일본어 웹사이트에서 어휘를 수집하여 구축한 약 11억 어절의 코퍼스이다. BCCWJ는 현대일본어의 글말체의 전체상을 파악하기 위해 구축한 유일한 균형코퍼스이다. 서적과 잡지전반, 신문, 백서, 블로그, 인터넷게시판, 교과서, 법률, 운문 등의 다양한 장르에 걸쳐 1억 어절 규모의 데이터를 바탕으로 구축된 코퍼스이다. 끝으로 CSJ는 일본어의 구어체 음성(학회발표, 낭독, 모의발표 등)을 대량으로 수집하여 구축한 DB를 검색할 수 있는 코퍼스이다. 코퍼스의 종류에 따라서 검출되는「ら抜き言葉」의 어휘수와 빈도 등의 차이를 보이는 것은 당연한 결과일 것이다.

이상의 세 종류의 코퍼스에서 검출되는「ら抜き言葉」의 대조를 통해 코퍼스 상호간에 공통되는 어휘를 추출하고, 그 사용분포 등에 대해 기술하고자 한다.

코퍼스별로 검출되는「ら抜き言葉」의 총건수는 NLT 258건, BCCWJ 113건, CSJ 45건이다.

[표 4] NLT vs BCCWJ vs CSJ

No.	동사	NLT	BCCWJ	CSJ
1	来る	3013	21	55
2	寝る	1202	1	14
3	食べる	991	2	95
4	借りる	730	5	8
5	感じる	574	20	2
6	生きる	430	14	4
7	やめる	203	2	7
8	考える	137	1	9
9	続ける	112	3	2
10	覚える	111	6	2
11	見付ける	109	3	1
12	着る	79	2	4
13	付ける	12	8	2
14	確かめる	2	2	3

[표 5] BCCWJ vs CSJ

No.	동사	BCCWJ	CSJ
1	来る	21	55
2	感じる	20	2
3	生きる	14	4
4	付ける	8	2
5	覚える	6	2
6	借りる	5	8
7	続ける	3	2
8	見付ける	3	1
9	食べる	2	95
10	やめる	2	7
11	着る	2	4
12	確かめる	2	3
13	寝る	1	14
14	考える	1	9

NLT, BCCWJ, CSJ 모두에서 공통으로 검출되는「ら抜き言葉」는 14건에 지나지 않는다. 그 중에서「来れる」는 NLT와 BCCWJ에서 가장 빈도 수가 높으며, CSJ에서는「食べる」의 뒤를 잇는 고빈도「ら抜き言葉」라는 사실을 확인할 수 있다. [표 4]와 [표 5]를 통해 알 수 있는 것은 BCCWJ와 CSJ에서 공통되는「ら抜き言葉」는 NLT에 모두 존재한다는 점이다.

[표 6] NLT vs BCCWJ

No.	동사	NLT	BCCWJ
1	来る	3013	21
2	寝る	1202	1
3	食べる	991	2
4	借りる	730	5
5	感じる	574	20
6	生きる	430	14
7	信じる	242	11
8	与える	233	2
9	やめる	203	2
10	避ける	178	5
11	止める	143	5
12	考える	137	1
13	続ける	112	3
14	覚える	111	6
15	求める	86	3
16	抜ける	80	1
17	着る	79	2
18	浴びる	67	5
19	逃げる	56	1
20	始める	55	2
21	定める	49	5
22	当てる	45	2
23	乗せる	32	2

[표 7] NLT vs CSJ

No.	동사	NLT	CSJ
1	来る	3013	55
2	寝る	1202	14
3	受ける	1127	9
4	食べる	991	95
5	借りる	730	8
6	感じる	574	2
7	起きる	465	4
8	生きる	430	4
9	耐える	300	1
10	決める	229	2
11	やめる	203	7
12	降りる	164	1
13	上げる	159	6
14	考える	137	9
15	見せる	129	2
16	出る	122	36
17	続ける	112	2
18	覚える	111	2
19	答える	98	6
20	入れる	94	3
21	立てる	81	3
22	着る	79	4
23	得る	73	3

24	つける	31	8
25	儲ける	23	2
26	締める	17	2
27	揃える	15	1
28	負ける	14	3
29	舐める	12	2
30	付ける	12	8
31	離れる	9	1
32	育てる	7	2

24	見る	64	138
25	分ける	60	1
26	下りる	47	1
27	載せる	41	1
28	閉じる	33	2
29	纏める	29	1
30	迎える	27	1
31	居る	21	5
32	付ける	12	2
33	並べる	10	1
34	数える	9	1
35	叶える	8	1

NLT와 BCCWJ의 공통「ら抜き言葉」는 32건이며, NLT와 CSJ는 35건이다. 먼저 [표 6]에는 있고 [표 7]에는 없는, 즉 BCCWJ에는 있고 CSJ에는 없는「ら抜き言葉」는 다음의 18건(56.3%)이다.

「信じる」「与える」「避ける」「止める」「求める」「抜ける」「浴びる」「逃げる」「始める」「定める」「当てる」「乗せる」「儲ける」「締める」「揃える」「舐める」「離れる」「育てる」

그리고 [표 7]의 CSJ에는 있지만 [표 6]의 BCCWJ에 없는 동사는 다음의 19건(54.3%)이다.

「受ける」「耐える」「決める」「降りる」「上げる」「見せる」「出る」「答える」「入れる」「立てる」「分ける」「下りる」「載せる」「閉じる」「纏める」「迎える」「並べる」「数える」「叶える」

NLT에 없고 CSJ에 있는 유일한 동사는 「住む」이다. CSJ의 「ら抜き言葉」는 총 37건에 이른다. BCCWJ와 CSJ는 공통되는 「ら抜き言葉」의 수보다 서로 다른 「ら抜き言葉」의 사용량이 더 많다는 것을 알 수 있다. 이것은 NLT와 CSJ의 데이터의 성격에 유래한다. 즉 비격식 문체인 웹사이트의 NLT와 부드러운 회화체 데이터의 CSJ가 비격식 표현에 자주 사용되는 「ら抜き言葉」의 특성이 일치하기 때문이다. BCCWJ는 「ら抜き言葉」의 출현 빈도에 있어서 가장 보수적이라 할 수 있다. BCCWJ가 CSJ보다 「ら抜き言葉」의 상이相異어휘Type 건수가 많은 것은 데이터의 양적문제로 인한 결과이다.

3.1.4. 〈V-ラレル〉형과 〈V-レル(=「ら抜き」)〉형의 비율

「ら抜き」와 「非ら抜き」(V-ラレル형)의 비율을 통해 어휘별 「ら抜き」화의 정도를 파악할 수 있을 것으로 기대된다. 또한 「非ら抜き」의 용법과 「ら抜き」화와의 상관관계 및 성차, 연령차에 대해서도 검토해 보기로 하겠다. 검색 코퍼스는 CSJ를 사용하기로 하겠다. CSJ는 구어체의 데이터를 수집하여 구축된 것으로 비격식의 〈V-レル〉형과 격식 갖춘 표현인 〈V-ラレル〉형의 비율이 일정하게 나타나기 때문이다.

굵은 테두리 안의 「寝る」「借りる」「出る」「来る」「起きる」「食べる」는 「ら抜き」화의 비율(40-70%)도 높을 뿐만 아니라 빈도도 높게 나타나는 핵심 「ら抜き言葉」라 할 수 있다. [표 8]의 「ら抜き言葉」에서 특징적인 것은 성차에 따라 사용빈도의 차이를 보인다는 점이다. 「ら抜き言葉」의 전체적인 사용빈도는 남성이 여성보다 조금 높게 나타나지만, 「寝る」「借りる」「食べる」「着る」「下りる」「受ける」와 같은 낱말은 여성에게 두드러지게 나타나는 것들이다. 남성에서 고빈도로 사용되는 「ら抜き言葉」는 「出る」「確かめる」「止める」「考える」 등을 들 수 있다. 남녀 성차에 의한「ら抜き言葉」의 사용어휘에 차이가 인정된다. 연령별「ら抜き言葉」의 사용빈도는 20~30대에서 전체 71.7%를 점하며, 전체 연령대에 걸쳐 비교적 골고루 분포하는 것은「食べる」와「来る」이다.

[표 8]「ら抜き」와「非ら抜き」의 비율 및 사용연령대

| 동사의 られる형과 れる형의 비율 | | | | れる형 분포 | | | | | | | | | | | |
동사	非ら抜き	ら抜き	비율	남	여	20대 남	20대 여	30대 남	30대 여	40대 남	40대 여	50대 남	50대 여	60대 남	60대 여
生き延びる	1	4	400	2	2		1	1	1	1					
組み合わせる	1	1	100	1	0							1			
寝る	20	14	70	5	9	1	1	3	5	1	3				
借りる	12	8	67	2	6			5	2	1					
出る	67	36	54	22	14	12	8	9	4		1		1		1
来る	112	58	52	30	28	7	7	8	10	6	2	8	8	1	1
起きる	8	4	50	1	3		1		1	1					
食べる	225	95	42	35	60	15	20	11	27	3	6	3	4	3	3
着る	15	4	27	0	4				3						1
溜める	4	1	25	1	0							1			
閉じる	6	2	33	1	1	1			1						
下りる	9	2	22	0	2					1					1
叶える	5	1	20	1	0			1							
確かめる	17	3	18	3	0	1		1		1					
受ける	53	9	17	3	6	2	5					1	1		
纏め上げる	6	1	17	1	0			1							
生きる	29	4	14	1	3		1		1	1			1		
迎える	8	1	13	1	0							1			
覚える	16	2	13	0	2		2								
答える	53	6	11	4	2			2	2	2					
止める	40	7	18	7	0	3				4					
受け止める	10	1	10	1	0										

押さえる	26	2	8	2	0	1		1							
見付ける	28	2	7	2	0		1			1					
立てる	44	3	7	3	0				3						
見せる	30	2	7	2	0			2							
数える	17	1	6	1	0									1	
続ける	35	2	6	0	2		1		1						
居る	108	5	5	4	1	1		3		1					
避ける	22	1	5	1	0	1									
受け入れる	44	2	5	2	0			2							
乗せる	24	1	4	1	0	1									
入れる	75	3	4	2	1			1	1		1				
纏める	41	1	2	1	0	1									
決める	88	2	2	2	0	1		1							
耐える	49	1	2	1	0	1									
分ける	94	1	1	1	0			1							
上げる	577	6	1	4	2	1	1	3		1					
付ける	296	2	1	1	1			1	1						
考える	2205	9	0	8	1	4	1	3			1				
並べる	274	1	0	0	1		1								
得る	1496	3	0	3	0	2			1						
差し伸べる	0	3		0	3					3					
書き替える	0	1		1	0				1						
합계				164	154	56	57	57	58	27	18	18	15	5	7

다음은 「ら抜き」 비율이 10% 이상인 동사의 「非ら抜き」표현의 용법에 대해 살펴보기로 하겠다.

동사에 따라서는 조동사 ラレル를 접속하여 나타내는 의미의 편중현상을 보이는 것도 있다. 예를 들어, 「焼け出される」는 수동의 용법으로만 쓰이며, 또한 대응하는 능동태가 없다. 상기 [표 9]의 「寝る」는 일반적으로 존경표현은 「お休みになる」가 준비되어 있고, 수동용법으로 사용될 경

[표 9] 「非ら抜き」형의 용법

동사의 られる형과 れる형의 비율				られる형 용법			
동사	非ら抜き	ら抜き	비율	자발	존경	수동	가능
生き延びる	1	4	400				1
組み合わせる	1	1	100				1
寝る	20	14	70				20
借りる	12	8	67				12
出る	67	36	54		10	4	53
来る	112	58	52		65	15	32
起きる	8	4	50				8
食べる	225	95	42			25	200
着る	15	4	27			3	12
溜める	4	1	25			2	2
閉じる	6	2	33			6	
下りる	9	2	22				9
叶える	5	1	20	4			1
確かめる	17	3	18			2	15
受ける	53	9	17		1		52
纏め上げる	6	1	17			6	
生きる	29	4	14				29
迎える	8	1	13		1	3	4
覚える	16	2	13		2	1	13
答える	53	6	11		2	14	37
止める	40	7	18		6	1	33
受け止める	10	1	10			5	5

우에는 "피해"의 의미가 가미되며 사용 환경이 한정되어 있어서 쓰이는 경우가 극히 드물다. 따라서 고대부터 현대에 이르기까지 가능용법으로 사용되는 경우가 대부분이다. 웹사이트에서 「~に寝られる」를 검색한 결과 「相手に寝られる」가 22件, 「人に寝られる」가 3건이다. 전체적으로는 「非

ら抜き」表現에서 가능용법이 가장 많고, 낱말에 따라 존경과 수동이 그 뒤를 잇는다. 존경, 수동, 가능의 세 가지 용법 모두가 나타나는 동사는 「出る」「来る」「迎える」「覚える」「答える」「止める」 6건이다. 존경용법이 다른 용법에 비해 많은 것은 「来る」뿐이다. 「ら抜き」화가 「来る」에서 비롯된 것이 존경과 가능의 충돌현상이라는 기존의 설명은 [표 9]를 통해서도 확인된다. 유일하게 자발용법이 인정되는 것은 「叶える」이다.

(1) それからプログラミングのこえー授業とかそれから人間工学とか私が専攻したえーし社会心理学とかいうのがあって非常にバラエティーに富んでました 一つ目の目標はかそこで<u>叶えられた</u>と思います(S05M1093)

(2) 帰国子女の人がいまして 彼女から色々な話を聞いたり また四階建ての家に住んでたということでどんな町だろうってせ非常に非常に興味を持っていてそれがやっと<u>叶えられ</u>そしてあの夜の運河ツアーに参加してその美しい町をまた更にこう夜ライトアップされて…(S00F0047)

(3) 体の調子もよくそのまま会社に復帰することができましたがまー仕事が非常に忙しかった為に十二月末をめどに退職する意向を上司に伝えたんですけれどもなかなかその願いは<u>叶えられずにして</u>新商品の開発が迫っておりましたので…(S00F0350)

　상기 (1)~(3)의 「叶えられる」는 〈목표〉〈흥미〉〈소원〉이 성취되거나 되지 않은 것을 나타낸다. ラレル의 자발용법과 가능용법은 화자의 〈의지〉 유무에 따라 구별된다. 즉 행위주체의 의지가 없음에도 사태가 화자에게 발생한 경우에는 자발, 의지발동에 의해 사태가 실현되면 가능의 의미인 것이다. (1)~(3)의 「叶えられる」는 타동사 「叶える」의 자동사로 사용되었다고 할 수 있다.

「食べられる」를 비롯해 대부분의 「非ら抜き」표현은 가능의 의미로 사용되고 있다. 이것은 이미 「ら抜き」화가 진행된 결과 〈れる형가능동사〉의 성립을 잘 나타내주고 있다고 할 수 있다.

3.1.5. 「ら抜き言葉」의 사용 분포

「ら抜き言葉」의 사용 분포는 BCCWJ를 사용하여 살펴보고자 한다. 그 것은 BCCWJ가 다양한 장르의 데이터를 수집하여 구축된 균형코퍼스이기 때문이며, 또한 연대별 「ら抜き言葉」의 사용분포를 확인할 수 있는 유일한 코퍼스이기 때문이다.

BCCWJ에서 「ら抜き」로 사용된 동사 수$^{\text{Type; 異なり語数}}$는 87건이며, 그중에서 빈도가 2회 미만인 동사는 47건에 이른다.[21] 47건의 동사는 모두 OY(31건) 또는 OC(20건)에서만 사용되었다. 이것은 「ら抜き言葉」의 비격식성을 잘 보여준다. 이들 47건의 동사 중 「非ら抜き」표현이 존재하지 않는 동사는 「潰れる」「外れる」「寂びる」 3건이다. 상기 건의 동사는 2005년과 2008년의 OY와 OC에서 각각 사용되었다. 보수적인 「非ら抜き」형이 존재하지 않는다는 것은 이들 동사의 나타내는 의미 때문일 것이다. 자동사 「潰れる」에 ラレル가 접속할 경우 자발, 존경, 가능의 용법은 나타낼 수 없고 수동용법만이 가능하다. 다만 대상으로부터 「潰れられる」함으로써 "피해"를 입는 상황이 별로 없기 때문에 BCCWJ에서는 사용빈

---

21) 「見せつける」「考える」「告げる」「(行き)過ぎる」「掛ける」「勧める」「潰れる」「勤める」「耐える」「落ちる」「抜ける」「捧げる」「飛び下りる」「思い浮かべる」「傷付ける」「生み付ける」「訴える」「乗り越える」「乗り入れる」「尋ねる」「押さえる」「押し上げる」「言い聞かせる」「外れる」「拗ねる」「引き当てる」「煮る」「寂びる」「揃える」「伝える」「絶える」「キレる」「整える」「組み上げる」「増える」「追い掛ける」「追い詰める」「出かける」「寝かせる」「打ち解ける」「通り抜ける」「抱き上げる」「暴れる」「惚れる」「話し掛ける」「滑り降りる」. 복합어를 제외한 단일 형태소의 동사는 27건이다.

도가 0일 것이다(NLT에서는 1건이 검출 된다).[22] 「外れる」는 NLT에 17건이 검출되는데 가능 11건(부정형에 의한 가능 10건), 수동이 6건이다. NLT의 「外れる」는 자동사이지만 의지동사로서 「離れる」의 의미로 사용되었다. BCCWJ에서 「外れる」의 「非ら抜き」형이 검출되지 않는 것은 「離れる」의 의미로 사용되는 경우가 없거나, 「離れる」의 의미로 쓰인 경우 「ら抜き」로 대체되었다고 볼 수 있다. 「寂びる」는 「寂ぶ」동사에 「-る」가 접속하여 파생한 동사로, 무의지 자동사이다. NLT에도 「非ら抜き」형은 검출되지 않고, 「ら抜き」형만 10건이 존재한다.

(4) それだけ隣家との間隔の広い寂びれた農村なのだ。(心霊スポット写真館 怖い話)

NLT의 「寂びる」는 (4)와 같이 「寂びれた」형태가 8건이며 나머지 2건은 각각 「寂びれるばかりで」와 「寂びれ具合」로 사용되었다. NLT의 「ら抜き」형 「寂びれる」는 가능의 의미가 아닌 「寂びている」의 상태성을 나타낸다. 다음은 BCCWJ의 「寂びれる」이다.

(5) イギリスの寒村である「インバー Imber」とは、かつて第二次世界大戦時、連合国・アメリカ陸軍のナチスドイツ解放のための軍事作戦上での市街戦演習に供され地域からの全住民の退去を強制された歴史を持ち、(中略)いまなお往時の弾痕傷跡を残したまま寂びれるにまかされているのだそうだ。(OY13_07362)

---

22) 「とにかく潰れられたら我々が困る」(ANTIKNOCK 25周年コメント特設ページ)

(5)의「寂びれる」는「寂びる」의 의미로 사용되었다. 결국 NLT와 BCCWJ의「寂びれる」는「ら抜き」를 거친 새로운 형태의 동사, 즉「寂びる〉寂びれる」의 이행과정에 있는 것으로 볼 수 있다.

「ら抜き」형의 빈도가 2 이상인 동사의 사용 분포와 연대는 다음과 같다.

[표 10] BCCWJ의「ら抜き言葉」의 분포와 사용 연대

V	N	Register							Century							
		LB	PB	PM	OY	OW	OC	OP	70	90	01	02	03	04	05	08
来る	17		1		10		3	3					1		3	13
付ける	8				1		7								7	1
とめる	8				4		4								4	4
覚える	6				1		5								5	1
見る	6				5		1								1	5
浴びる	5				2		3								3	2
定める	5					1	4		1						4	
借りる	5				3		2								2	3
錆びる	5		4				1					1		3	1	
避ける	5				1		4								4	1
求める	4				2	1	1			1					1	2
負ける	4				3		1								1	3
見付ける	3						3								3	
続ける	3				1		2								2	1
始める	3				2		1								2	1
取り上げる	3		1		1		1							1	1	1
寝る	3				3											3
やめる	2				1		1								1	1
見える	2				1		1								1	1
見分ける	2				1		1								1	1
当てる	2				1		1								1	1
逃げる	2	2													1	1

離れる	2			2								2
泊める	2			1	1						1	1
嘗める	2			1	1						1	1
生きる	2			2								2
乗せる	2			1	1						1	1
食べる	2	1			1				1		1	
与える	2			1	1						1	1
茹でる	2			2								2
萎びる	2			1	1						1	1
育てる	2			1	1						1	1
儲ける	2				2						2	
締める	2			1	1						1	1
下りる	2				2						2	
確かめる	2			1	1						1	1
着る	2		2									

[표 10]의「ら抜き言葉」는 주로 OY와 OC에 편중되어 있으며, 2005년과 2008년의 데이터에 많이 나타나는 것을 알 수 있다.「ら抜き言葉」는 PN, PM, OB, OT, OM, OL, OV에는 전무하다. 공식적이고 격식 갖춘 문체가 주를 이루는 PN, OT, OM, OL, OV에 비격식표현인「ら抜き言葉」가 사용되지 않는 것은 당연한 귀결일 것이다. OW에도 [표 10]에서는「定める」와「求める」이외는「ら抜き」표현이 사용되지 않고 있음을 확인할 수 있다.

「ら抜き」형이 2005년과 2008년에만 나타나는 동사는 OY와 OC에 분포하는 동사들이다. 즉 이들 동사는 비격식표현으로서 인터넷의 발달과 함께 개인적인 체험이나 일기, 뉴스, 시사와 같은 화제성 내용을 담은 웹사이트^{blog}, 그리고 전자게시판에서 참가자 상호간에 정보와 지식을 주고받는 지식검색 서비스(Yahoo知恵袋; 네이버 지식iN)와 같은 공간에서 자주 사용되는 것들이다. 반대로 「脱げる」와 「着る」는 PB에만 분포한다. 70년대의 「ら抜き言葉」는 「定める」뿐이다. [표 10]의 「ら抜き言葉」 중 사용시기가 이른 것을 알아보기 위해 CHJ(Corpus of Historical Japanese)를 이용하여 검색하였다. 그 결과는 다음 [표 11]과 같다.

[표 11] CHJ의 「ら抜き言葉」

동사	1901	1909	1917	1925	작품
居る		1			太陽
起きる			1		太陽
来る				1	太陽
変える				2	太陽
癒える		1			太陽
引き締める	1				太陽

상기 [표 11]의 7건의 동사는 코퍼스 상에서 검출되는 20세기 초의 「ら抜き言葉」이다. 모든 코퍼스(CHJ, CSJ, BCCWJ, NLT)에서 검색되는 공통의 「ら抜き言葉」는 「来る」가 유일하다. 무의지동사인 「癒える」에서도 「ら抜き」화가 이루어진 것은 「居る」「起きる」「来る」「変える」「引き締める」와 같은 의지동사의 「ら抜き」와는 그 기능을 달리한다. 즉 의지동사의 「ら抜き」화는 주체의 의지발동을 하면 그 행위가 주체에게 있어서 자연생기^{自然生起}하는 것을 나타내지만, 무의지동사의 「ら抜き」는 개연성을 나타내는 것으로 볼 수 있다.

(6) 誰の役は誰、誰の役は誰なぞと試に役名なぞも振分けたりして見た。「そんな話を聞くと、早く癒りたくなるね。癒れると思ふかね、岡村君。(60M 太陽1909_14030)

「癒える」는 주체의 의지와는 무관하게 치료가 되는 상태가 발생하는 것을 나타내므로, 가능표현은 주체에 의한 〈능력가능〉이 아니라 사태^{治癒}의 발생이 일어날 수 있다는 개연성을 나타낸다. 이와 같은 가능용법은 이후 「見える」와 같은 무의지자동사에서도 「ら抜き」가 발생하는 것을 볼 수 있는데 「癒える」는 그 시초인 셈이다.

[표 10]을 통해 알 수 있는 것은 「ら抜き言葉」의 대부분은 2005년의 OC와 2008년의 OY에 많이 분포하고 있다는 점이다. 「ら抜き言葉」가 OY와 OC에 편중되어 분포하는 것과 비례하여 「非ら抜き言葉」는 「ら抜き言葉」가 전무한 종류^{register}의 텍스트에 많이 분포한다.

[표 12] 「ら抜き」와 「非ら抜き」의 상호분포

| V | ら抜き言葉 | | | 非ら抜き言葉 | | | |
| | N | Register | | N | Register | | |
		OY	OC		LB	PB	비율
付ける	8	1	7	4615	1460	1580	65.9
とめる	8	4	4	744	217	227	59.7
覚える	6	1	5	226	72	43	50.9
見る	6	5	1	17918	5010	5798	60.3
浴びる	5	2	3	4	2	1	75.0
借りる	5	3	2	176	42	46	50.0
避ける	5	1	4	757	219	266	64.1
負ける	4	3	1	62	14	4	29.0
見付ける	3		3	600	161	217	63.0
続ける	3	1	2	1161	375	313	59.3
始める	3	2	1	587	241	170	70.0
寝る	3	3		188	54	37	48.4
やめる	2	1	1	419	109	94	48.4
見える	2	1	1	28	11	9	71.4
当てる	2	1	1	632	225	198	66.9
離れる	2	2		170	53	49	60.0

泊める	2	1	1	5	3	1	80.0
嘗める	2	1	1	187	33	53	46.0
生きる	2	2		474	173	156	69.4
乗せる	2	1	1	708	291	208	70.5
与える	2	1	1	4338	1638	1806	79.4
茹でる	2	2		12	4	5	75.0
育てる	2	1	1	661	246	188	65.7
儲ける	2		2	32	4	10	43.8
締める	2	1	1	195	76	51	65.1
下りる	2		2	79	29	19	60.8
確かめる	2	1	1	206	88	72	77.7

[표 12]를 보면「非ら抜き言葉」는 LB와 PB에「覚える」「借りる」「負ける」「寝る」「やめる」「嘗める」「儲ける」7건 외는 60% 이상 편중하여 분포하고 있음을 알 수 있다. 이것을 통해「ら抜き言葉」와「非ら抜き言葉」는 존경과 가능의 변별을 위한 기능적인 측면 외에 격식과 비격식의 문체의 차이에 의해 구분 사용되었음을 알 수 있다.

상기 [표 12]에는「萎びる」와「錆びる」가 누락되었다. 그것은 두 동사 모두「非ら抜き」형이 존재하지 않는다. 따라서 이 두 동사의「ら抜き」형은 기능적인 측면에서의 변별성이라기보다는「れる」형 가능동사의 확장으로서 중간과정을 생략한 신형「ら抜き言葉」임을 알 수 있다. 이와 같은 동사로는 상기 [표 12]에서「浴びる」를 들 수 있다.「浴びる」는「ら抜き」형이「非ら抜き」형보다 사용빈도 수가 많다. 이하 [표 13]은 [표 12]에서「非ら抜き言葉」의 사용빈도가 100 이하인 동사를 중심으로「-られる」형의 용법과 사용연대를 정리한 것이다. 참고로「負ける」와「儲ける」의 수동은 〈지다, 패하다〉와 〈벌다, 이익을 보다〉의 의미가 아니라, (7) (8)처럼 〈값을 깎아 주다〉와 〈마련하다, 설치하다〉의 의미로 사용된 예이다.

(7) その店舗に関しては固定資産税を減免するという状況になっているわけで
すね。ですから、これは税金が<u>まけられ</u>ているんです。(OM41_00004)

(8) それを身体障害者の雇用とみなす旨の特例が<u>もうけられ</u>ていた。
(OW5X_00830)

[표 13] 「非ら抜き言葉」의 연대별 분포와 용법

년도	용법	浴びる (4)	泊める (5)	茹でる (12)	見える (28)	儲ける (32)	負ける (62)	下りる (79)
70	가능							
	존경				OM1			
	수동							
80	가능		OM1				LB4	OB1, OM1, LB3
	존경				OB1			OB1
	수동		LB1					
90	가능	LB2		LB1		LB2	LB7, OB1	LB15
	존경				LB9			LB2
	수동		LB2	LB1		<u>PB1, OM1, OW1</u>	<u>OM1</u>	
00	가능							LB3
	존경							LB1
	수동							
01	가능			LB1			PM4	LB2
	존경				PB2			
	수동			LB1				
02	가능	PB1	PB1			LB1, PB1	PM1	PB6, PM1
	존경				LB1, PB3			
	수동							

03	가능				PB5	PB2,PN2	LB2, PB3, PM1, OB1
	존경			PB2, PN1			
	수동		PB1				
04	가능			LB1, PB3, PM3		PB1,PN3	PB3
	존경			PB1			PB1
	수동		PB1				
05	가능		PB2, OC1		PM2, OC8	LB3, PB1, OC6	LB3, PB3, PM1, OC8
	존경			OB1, PB1, OM1, OC1			PB1, OC1
	수동	OC1	PB1				
08	가능		OY1		OY3	OY26	OY12
	존경			OY3			OY3
	수동		OY1				

　존경용법은「見える」와「下りる」동사에 한정되며, 수동용법은 밑줄[예문 (7)과 (8)]의「負ける」와「儲ける」를 제외하면 8(茹でる6, 泊める1, 浴びる1)건이 사용되었다. 나머지는 모두 가능용법으로 사용되었다. 존경과 가능의 의미에서 충돌이 있는 것은「下りる」가 유일하다. 나머지는「非ら抜き言葉」의 가능용법을「ら抜き」에 의한 가능용법으로 형태변화만 발생한 경우에 해당된다. 즉, 당초의「ら抜き言葉」가 존경과 가능의 충돌회피라는 기능면에서의 발생이었다면, 의미충돌이 아닌 형태면에서만의「ら抜

き」는 체계변화(가능=ら抜き)로 해석된다.

3.2.「れ足す言葉」의 사용실태

3.2.1.「れ足す言葉」의 검출

NLT와 BCCWJ를 이용하여「れ足す言葉」를 검출하여 사용실태를 파악하고자 한다. 주지하는 바와 같이「れ足す言葉」는 장음절화 현상의 하나로서 〈V-eru〉형 가능동사「書ける」「読める」에「ら抜き」에 의해 형성된 가능의 접미사 〈-れる〉를 첨가하여「書ければ」「読めれる」와 같이 이중가능표현을 하는 것을 의미한다. NLT에서 검출되는「れ足す言葉」는 다음과 같다.

[표 14] NLT의「れ足す言葉」

V	N	V	N	V	N
頂ける	54	使える	4	隠せる	2
行(ゆ)ける	33	持てる	4	示せる	2
選べる	25	聞ける	4	産める	2
出せる	23	許せる	4	断れる	2
見れる	20	遊べる	4	学べる	1
作れる	16	食える	4	解ける	1
知れる	13	食べれる	4	動ける	1
読める	12	勝てる	3	頑張れる	1
なれる	10	歩ける	3	弾ける	1
書ける	10	飛べる	3	扱える	1
話せる	10	絞れる	3	待てる	1
呼べる	9	言い表せる	3	外せる	1
表わせる	9	思える	2	省ける	1
言える	8	飲める	2	起こせる	1
取れる	8	乗れる	2	目指せる	1

売れる	6	打てる	2	満たせる	1
やれる	6	住める	2	流せる	1
もらえる	5	置ける	2	抱ける	1
働ける	5	残せる	2	押せる	1
描ける	5	通える	2	履ける	1
送れる	5	返せる	2		

　[표 14]에서의 「れ足す言葉」는 기본적으로 자음어간동사의 가능동사(V-eru형)에 「ら抜き」에 의해 형성된 가능의 접사 「-れる」를 접속한 동사가 대부분을 이룬다. 「ら抜き」에 의해 형성된 소위 「れる型가능동사」에 「-れる」를 접속한 동사로는 「見れる」와 「食べれる」뿐이다. 「れ足す言葉」가 가능동사에서 주로 나타나는 것은 「れる型가능동사」의 유추작용에 의한 결과로 분석된다. 모든 동사에 접미사 「-れる」를 접속하면 가능형태를 쉽게 만들 수 있기 때문이다. 언어의 명석화^{明晰化}와 문법의 단순화를 위한 언어변화라 할 수 있다. 이와 같은 합리성도 언어가 갖는 특징 중의 하나라 할 수 있겠다. 가능의 접미사 「-れる」는 자음어간동사의 가능동사뿐만 아니라 「ら抜き」에 의해 이미 가능동사로 고착화한 「れる型가능동사」^{「ら抜き言葉」}에도 접속하기에 이른다. 결국 모음어간동사에 나타나는 「ら抜き」도 자음어간동사의 가능형태에 나타나는 「れ足す」현상 이 모두 「れる付け言葉」^{-reru접속말}이며, 언어의 합리적인 변화의 발현으로 볼 수 있다.

　[표 14]의 「れ足す言葉」에서 가능의 접미사 「-れる」를 접속하는 동사어간의 형태에 주목해보면 다음과 같은 결과를 얻을 수 있다.

[표 15] 동사의 어간형태와 れ접속

エ단+れる	-エれる	-ケれる	-セれる	-テれる	-べれる	-メれる	-レれる
건수	7	14	15	4	5	4	13

[표 15]를 통해 알 수 있는 것은 「れ足す」가 동일음의 연속을 기피하지 않는다는 사실이다. 이것은 「ら抜き」와는 대조적이다. [표 1]의 「ら抜き言葉」에서는 「慣れる」「生れる」「別れる」「入れる」「触れる」 5건에서만 「れれ」 연속이 나타난다. 다음은 음절수의 제약 여부에 대해 살펴보기로 하겠다. 다음의 [표 16]은 가능동사의 어간 음절수를 나타낸 것이다アラワセ + れる: 4음절 + れる].

[표 16] 어간음절수

어간음절수	2음절	3음절	4음절	6음절
건수	28	29	4	1

4음절 자음어간동사의 가능태는 5음절이지만, 「れ足す」에 의한 가능표현은 6음절이 된다. 예를 들면, [アラワス(4음절 자음어간동사) 〉 アラワセル(5음절 가능동사)] → [アラワセル〉アラワセレ니가 된다. 이와 같이 「れ足す言葉」는 장음절화라는 비경제적인 음운현상으로서 다음절어 제약은 크게 영향을 받지 않는 것을 알 수 있다. 적어도 [표 15]와 [표 16]을 통해 「れ足す言葉」는 「れれ」라는 동음연속과 장음절화의 제약에서 벗어나 문법의 단순화를 꾀한 언어변화임을 알 수 있다.

3.2.2. 「れ足す言葉」의 사용 분포와 시대별 추이

다음은 균형 코퍼스인 BCCWJ를 통해 「れ足す言葉」의 사용 분포와 시대별 추이를 살펴보고자 한다.

BCCWJ의 「れ足す言葉」는 20건이 검출되며, 「れ」가 첨가되는 가능동사의 유형으로는 자음어간동사의 가능동사 14건, 「れる型가능동사」(「ら抜き言葉」) 6건이다. [표 14]의 NLT에서 62건 대 2건에 비하면 많은 편이다.

[표 17] BCCWJ의 「れ足す言葉」

V	N	LB	OY	OC	02	04	05	08
行ける	9		4	5			5	4
選べる	3		2	1			1	2
見付けれる	2			2			2	'
動ける	2	1	1		1			1
飲める	2		2					2
頂ける	2	1		1		1	1	
話せる	2		1	1			1	1
考えれる	1			1			1	
貢げる	1			1			1	
来れる	1		1					1
思える	1			1			1	
楽しめる	1		1					1
泳げる	1		1					1
踊れる	1		1					
追い掛けれる	1		1					1
出せる	1		1					1
出かれる	1			1			1	
限れる	1		1					1
話し掛けれる	1		1				1	
休める	1			1			1	
合계	35	2	18	15	1	1	16	17

그 요인 중 하나로 꼽을 수 있는 것은 「見付けれる」「追い掛けれる」「話し掛けれる」와 같은 복합어의 존재이다. [표 14]와 [표 17]에서 「れる型가능동사」의 중첩은 없으며, 서로 다른 어휘[Type]는 5건[見れる・食べれる・来れる・考えれる・出かけれる]에 지나지 않는다. 그러나 5건의 「れる型가능동사」는 사용빈도수가 높은 기초어휘에 속하는 것들로서 「れ足す」현상이 자음어간동사의 가능동사에서 그 세력을 확장하여 문법의 단순화를 꾀하는 언어변화의 모습을 잘 보여주고 있다. 이와 같은 「れ足す」현상은 「ら抜

き」와 마찬가지로 비격식의 가능표현이라는 것을 상기 [표 17]을 통해 잘 알 수 있다. 「動ける」와 「頂ける」가 2002년과 2004년에 LB에서 각각 1회 사용되었고, 나머지는 모두 2008년의 OY와 2005년의 OC에만 분포한다.

「れ足す言葉」의 최근 추이를 파악하기 위해 Yahoo Japan 사이트에서 아래와 같은 조건 검색을 실시하였다.

키워드: "순서를 포함하여 완전일치" "페이지 내 모든 대상"

도메인: 모든 도메인

파일형식: 모든 파일 형식

대상언어: 일본어

검색일시: 2019년 3월 27일, 19:00~21:30

검색 동사의 목록은 NLB(NINJAL-LAW for BCCWJ)[23]에서 사용빈도가 높은 단어순으로 작성하였다. 「れ足す言葉」와 함께 「ら抜き言葉」와 자음어간동사의 가능동사도 대조를 위해 동시에 검색하였다. 먼저 자음어간동사의 가능동사에 「れ」를 첨가한 이중가능동사 중, 그 비율이 가능동사의 1% 이상인 동사와, 단순 빈도수가 100회 이상인 동사를 제시하면 다음과 같다.

[표 18] 가능동사의 「れ足す」비율(1% 이상)

れ足す	빈도	비율(%)	가능동사	빈도
呼べれる	3,300	3402.06	呼べる	97
渡せれる	1,350	1406.25	渡せる	96
思い起こせれる	76,500	735.58	思い起こせる	10,400
差し込めれる	142,000	79.33	差し込める	179,000
拭けれる	34	73.91	拭ける	46

---

23) NLB Ver.1.30은 BCCWJ의 DVD판 공개데이터(2011)를 사용한 검색엔진이다.

縛れれる	44	45.83	縛れる	96
編めれる	24	25.53	編める	94
起これれる	6	6.19	起これる	97
振り回せれる	1,090	1.99	振り回せる	54,800
寄こせれる	1	1.92	寄こせる	52
閉ざせれる	16	1.52	閉ざせる	1,050
引きずれれる	32	1.14	引きずれる	2,810

[표 18]의 「れ足す」 비율이 1% 이상인 동사 중에서 일반적으로 사용빈도가 높은 능동태의 동사는 「呼ぶ」와 「渡す」이다. 이들 동사의 가능동사 빈도는 「れ足す言葉」보다 낮게 나타난다. 따라서 「れ足す」의 사용실태를 파악하기 위해서는 단순빈도를 살펴보는 것이 효과적일 수 있다.

[표 19] 「れ足す言葉」의 단순빈도순(100회 이상)

れ足す	빈도	れ足す	빈도	れ足す	빈도	れ足す	빈도
差し込めれる	142,000	増やせれる	2,540	動れれる	1,110	望めれる	447
思い起こせれる	76,500	買えれる	2,430	振り回せれる	1,090	見込めれる	444
選べれる	75,200	表せれる	2,290	目指せれる	1,070	押せれる	440
着れれる	50,400	見渡せれる	2,100	驚かせれる	994	帰れれる	434
行われれる	12,700	思えれる	1,890	味わえれる	849	歌えれる	423
話せれる	10,200	持てれる	1,640	扱えれる	794	笑えれる	408
動かせれる	7,420	描けれる	1,630	行えれる	789	迫れれる	403
出来れる	6,720	言えれる	1,460	断れれる	737	狙えれる	401
稼げれる	4,050	渡せれる	1,350	叩けれる	688	脱げれる	349
呼べれる	3,300	暮らせれる	1,330	解けれる	571	追いつけれる	331
やれれる	2,980	抜け出せれる	1,150	照らせれる	476	頼めれる	100
働けれる	2,620						

[표 19]에서 사용빈도 100회 이상의 「れ」 첨가 이중가능동사는 45건이며, 그중 NLB의 사용빈도순 400위 안의 동사는 26건이다.[24] 즉 사용빈도가 높은 가능동사에서 「れ足す」 현상이 발생하기 쉽다는 것을 알 수 있다.

한편, [표 19]에 포함되지 않은 사용빈도 100이하의 동사는 모두 128건이며, 「治れる」(1830)와 「思い切れる」(6520)의 「れ足す言葉」 빈도수는 전무하다. 다음은 모음어간동사의 가능동사에 대한 「れ足す言葉」 목록이다(사용빈도 50회 이상.

[표 20] 「ら抜き言葉」의 「れ足す」

れ足す	빈도	비율	ら抜き	빈도	비율	가능표현	빈도
見れれる	5,380	0.01	見れる	50,100,000	34.32	見られる	146,000,000
食べれれる	4,300	0.02	食べれる	19,700,000	29.36	食べられる	67,100,000
考えれれる	2,970	1.52	考えれる	196,000	0.39	考えられる	50,500,000
続けれれる	1,450	0.79	続けれる	184,000	0.60	続けられる	30,600,000
進めれれる	816	2.30	進めれる	35,500	0.33	進められる	10,600,000
分かれれる	634	0.00	分かれる	15,400,000	8.80	分かる	175,000,000
止めれれる	373	0.15	止めれる	253,000	5.39	止められる	4,690,000
出れれる	369	0.01	出れる	2,700,000	57.82	出られる	4,670,000
変えれれる	328	0.04	変えれる	781,000	4.65	変えられる	16,800,000
答えれれる	313	0.32	答えれる	96,400	1.99	答えられる	4,850,000
分けれれる	91	0.18	分けれる	50,300	1.41	分けられる	3,560,000
向けれれる	75	0.63	向けれる	11,900	0.60	向けられる	1,980,000
応えれれる	73	0.15	応えれる	50,000	1.04	応えられる	4,820,000
届けれれる	71	0.37	届けれる	19,200	0.65	届けられる	2,940,000
任せれれる	71	0.33	任せれる	21,200	0.87	任せられる	2,440,000
用いれれる	68	1.58	用いれる	4,300	0.02	用いられる	24,000,000
勧めれれる	68	1.00	勧めれる	6,780	0.38	勧められる	1,790,000
出かけれれる	68	0.57	出かけれる	12,000	3.11	出かけられる	386,000
舐めれれる	65	0.13	舐めれる	49,200	3.24	舐められる	1,520,000
見せれれる	61	0.03	見せれる	207,000	6.25	見せられる	3,310,000
やめれれる	55	0.08	やめれる	70,100	17.66	やめられる	397,000
捨てれれる	53	0.16	捨てれる	32,800	1.08	捨てられる	3,030,000

24) 「言う」「思う」「持つ」「行う」「やる」「呼ぶ」「買う」「帰る」「選ぶ」「描く」「話す」「笑う」「動く」「頼む」「押す」「渡す」「歌う」「目指す」「表す」「動かす」「叩く」「扱う」「暮らす」「着く」「望む」「迫る」

[표 20]은 모음어간동사의 가능표현인 「-られる」형의 「ら抜き言葉」에 거듭 「れ」를 첨가한 「れ足す言葉」의 목록이다. 사용빈도 50회 이상의 「れ足す言葉」는 22건이며, 50회 이하의 전체 동사 수는 70건이다. 「れ足す」 현상이 일어나지 않는 동사는 「鑑みれる」(407)・「釣れれる」(90)・「仕えれる」(80)・「傷付けれる」(637)・「頑張れれる」(67) 5건이다. 「見れれる」와 같은 「ら抜き言葉」의 「れ足す」화 동사는 「行けれる」와 같은 가능동사의 「れ足す」가 먼저 발생한 후에 이루어지는데 2019년 검색일 현재에서는 상당한 양의 「ら抜き言葉」에서 「れ足す」현상이 발생한 것을 확인할 수 있다. 비율 측면에서 보면 「妨げれる」(22.22%)・「慰めれれる」(15.15%)・「否めれれる」(9.09%) 등 사용빈도가 낮은 동사에서 「れ足す」화가 많이 발생하였다. 「れ足す」화 비율이 1% 이상인 동사 중, 사용빈도 100회 이상은 「進めれれる」(816)・「考えれれる」(2970) 2건에 지나지 않는다. [표 20]과 같은 「ら抜き言葉」의 「れ足す」화는 형태적인 측면에서 「れれ」연속을 감수할 수밖에 없는데 그 중에는 「れれれ」 3연속인 동사도 포함되어 있다[触れれれる(10)・慣れれれる(5)・つれれれる(1)・踏み入れれれる(1)].

　이와 같이 「れ足す言葉」는 장음절화와 동음연속이라는 음절 제약의 제한을 받지 않고 다양한 형태의 동사에서 발생하고 있으며, 미미하지만 사용빈도와 동사 종류에서 확장성을 보여주고 있다. 이러한 언어의 변화는 유추작용에 의해 이루어지며, 그것은 문법의 단순화와 명료화라는 구체적인 의도에 의해 발생하는 현상이라 할 수 있다.

Epilogue

[참고문헌]

박종승(1999)「万葉集65番歌의解釈─弟日娘と見れど飽かぬかも」『学習院大学国語国文学会誌』42, pp.13-27.

박종승(2003)「可能動詞の形成について」『일어일문학연구』47, pp.97-115.

박종승(2004)「助動詞「(ら)れる」の用法の変遷─自発と可能─」『일어일문학연구』50(1), pp.287-303.

박종승(2005)「助動詞「(ら)れる」の用法の変遷─自発と受身─」『일어일문학연구』54(1), pp.117-136.

박종승(2008)「助動詞「(ら)れる」の用法の変遷─尊敬用法の発生過程─」『일본어문학』40, pp.27-52.

박종승(2011)「일본어 존경표현의 사적변천─중세일본어를 중심으로」『일어일문학연구』77(1), pp.97-116.

박종승(2012)「일본어 가능동사 형성 再考─형태·음운론적 접근」『일어일문학연구』82(1), pp.259-278.

박종승(2017)「코퍼스에 의한 일본어 이은말 연구」『일본어문학』77, pp.81-104.

박종승(2018a)「조동사(ら)ゆ의 생성과 용법」『일본어문학』80, pp.83-110.

박종승(2018b)「일본어 수동표현의 변화양상」『비교일본학』44, pp.1-20.

임홍빈(2002)「한국어 연어의 개념과 그 통사·의미적 성격」『국어학』39, pp.279-320.

조은영(2010)「어휘적 연어의 형성과 유추」『한국어학』48, pp.299-331.

한세진(2005)「尊敬表現에 관여하는 補助動詞・助動詞의 意味用法 変遷—中世 後期부터 近世前期까지의 口語資料를 中心으로」, 단국대학교 대학원 박사학 위논문, pp.17-82.

青木博文(1996)「可能動詞の成立について」『語文研究』81, pp.56-45.

赤瀬川史朗/プラシャント・パルデシ/今井新悟(2016)『日本語コーパス入門』大修 館書店.

秋元実治(2002)『文法化とイディオム化』ひつじ書房.

井上史雄(1998)「ら抜き言葉の背景」『日本語ウォッチング』岩波書店, pp.2-31.

大野晋(1967)「日本人の思考と日本語」『文学』35(12), pp.1-13.

大野晋(1999)『日本語練習帳』岩波新書.

大堀寿夫(2004)「文法の広がりと問題点」『言語』33(4), pp.26-33.

大堀寿夫(2005)「日本語の文法化研究にあたって: 概観と理論的課題」『Studies in the Japanese Language』1(3), pp.1-17.

奥津敬一郎(1983)「何故受身か?-〈視点〉からのケース・スタディー」『国語学』132, pp.65-80.

尾上圭介(1998a)「文法を考える5 出来文(1)」『日本語学』17(7), pp.76-83.

尾上圭介(1998b)「文法を考える6 出来文(2)」『日本語学』17(10), pp.90-97.

尾上圭介(1999)「文法を考える7 出来文(3)」『日本語学』18(1), pp.86-93.

尾上圭介(2003)「ラレル文の多義性と主語」『月刊言語』32(4), pp.31-41.

小山田由紀・柏野和佳子・前川喜久雄(2012)「助動詞レル・ラレルへの意味アノテー ション作業経過報告」, 第2回コーパス日本語学ワークショップ予稿集, pp.59-61.

金沢庄三郎(1912)『日本文法新論』早稲田大学出版部, p.215.

川村大(1993)「ラル形式の機能と用法」『国語研究』明治書院.

川村大(2005)「ラレル形述語文をめぐって—古代語の観点から」『日本語文法』5-2, pp.39-56.

川村大(2009)「古代日本語における受身表現」東京外国語大学『語学研究所論集』

14, pp.97-111.

川村大(2012)『ラル形述語文の研究』くろしお出版.

辛島美絵(1991)「古文書における「る・らる(被)」の特色」『語文研究』71, pp.1-17.

辛島美絵(1993)「「る・らる」の尊敬用法の発生と展開―古文書他の用例から―『国語学』第172集, pp.1-13.

菊知芳子(2000)「上代助動詞「ゆ」の接続の仕方についての再検討-ル語尾動詞の未然形に接続する「らゆ」を中心に-」(祥明大学校 人文科学研究所)『人文科学研究』9, pp.9-11.

金水敏(1991)「受動文の歴史についての一考察」『国語学』164, pp.1-4.

金水敏(2004)「日本語の敬語の歴史と文法化」『言語』33-4, pp.34-41.

釘貫亨(1991)「助動詞「る・らる」「す・さす」成立の歴史的条件について」『国語学』164(再録「「る・らる」「す・さす」成立の歴史的条件」釘貫1996).

釘貫亨(1996)『古代日本語の形態変化』和泉書院.

久野暲(1978)『談話の文法』大修館書店.

児島正年(1973)『国語助動詞の研究』桜風社.

小杉商一(1979)「非情の受身について」『田辺博士古希記念助詞助動詞論叢』桜風社, pp.473-488.

後藤和彦(1973)「上代語の助動詞「ゆ・しむ・す・ふ」の働きについて」 奈良女子大学『研究年報』17, pp.21-36.

小林賢次(1980)「版本狂言記における二段活用の一段化について」『新潟大学教育学部高田分校紀要』25, pp.11-28.

小松英雄(1999)『日本語はなぜ変化するか』笠間書院.

佐伯梅友(1972)『奈良時代の国語』三省堂.

坂上直樹(1997)「『信長公記』の尊敬表現(続)―『平家物語』『太平記』と比較して」『愛知教育大学大学院国語研究』第5号, pp.71-83.

坂梨隆三(1969)「いわゆる可能動詞の成立について」『国語と国文学』第46巻 第11号, pp.34-46.

坂梨隆三(1970)「近松世話物における二段活用と一段活用」『国語と国文学』47, pp.157-174.

坂梨隆三(1996)「江戸後期の可能動詞」『国語と国文学』第72巻 第1号, pp.1-15.

佐々木淳志(2010)「自動詞・他動詞と二段活用の一段化」(愛知教育大学大学院)『国語研究』18, pp.56-43.

佐々木淳志(2013)「「語の安定化」と二段活用の一段化」『愛知教育大学院国語研究』21, pp.80-66.

斎藤章(1988)「非意志にあらざるものは意志にはあらず―不可能用法の「る」「らる」をめぐる「自発」と「可能」」『山梨大学国語・国文と国語教育』3, pp.25-37.

佐藤琢三(2005)『自動詞文と他動詞文の意味論』笠間書院.

志波彩子(2005)「2つの受身―被動者主役化と脱他動詞化―」,『日本語文法』5(2), pp.196-212.

志波彩子(2015)『現代日本語の受身構文タイプとテクストジャンル』和泉書院.

志波彩子(2018)「受身と可能の交渉」『名古屋大学人文学研究論集』(1), pp.305-323.

渋谷勝己(1986)「可能表現の発展・素描」『大阪大学日本学報』5, p.111

渋谷勝己(2000)「副詞エの意味」国語語彙史研究改編『国語語彙史の研究19』和泉書院.

城田 俊(1998)『日本語形態論』ひつじ書房.

杉本和之(1988)「現代語における「自発」の位相」(『日本語教育』66号), pp.217-228.

杉山明(1993)「いわゆる「ら抜き言葉」について」『津山工業高等専門学校紀要』32, pp.95-100.

田中道治(2002)「非情受身とその類似機能表現」『人文社会学学紀要』2, pp.93-101.

辻村敏樹(1967)『現代の敬語』共文社.

坪井美樹(1991)「終止形連体形統合と二段活用の一段化」(筑波大学『文芸言語研究』言語篇 19, pp.86-102.『日本語活用体系の変遷』所収(2001), 笠間書院, p.26.

寺村秀夫(1982)『日本語のシンタクスと意味Ⅰ』くろしお出版.

時枝誠記(1941)『国語学原論』岩波書店

中西宇一(1978)「自発と可能ー「る」「らる」の場合ー」『女子大国文』83号, pp.115-137.

中西宇一(1996)『古代語文法論 助動詞編』和泉書院.

中村通夫(1953)「「来れる」「みれる」「食べれる」などという言い方についての覚え書き」『金田一博士古稀記念・言語民族論叢』所収, 三省堂, pp.579-594.

西田直敏(1964)「可能(含自発)の助動詞」『国文学解釈と教材の研究』9(13), pp.51-54.

仁科明(2011)「「受身」と「自発」ー万葉集の「(ら)ゆ」「(ら)る」についてー」青木博文(編)『日本語文法の歴史と変化』くろしお出版, 所収, pp.24-44.

仁田義雄・編(1991)『日本語のヴォイスと他動性』くろしお出版.

日本語記述文法研究会(2009)『現代日本語文法 2』くろしお出版.

野田尚史(2007)「文法的なコロケーションと意味的なコロケーション」『日本語学』26(10), pp.18-27.

橋本進吉(1931)「助動詞の研究」『橋本進吉博士著作集⑧ 助詞助動詞の研究』岩波書店.

橋本進吉(1969)『助詞・助動詞の研究』岩波書店.

原口 裕(1974)「『お-になる』考 続貂 (近代敬語(特集)) 国語学 96, pp.23-32.

原田真一(1974)「中古語受身文についての一考察」, 福井直樹編(2001)『シンタクスと意味』大修館書店再録, pp.516-527.

早津(1987)「対応する他動詞のある自動詞の意味的・統語的特徴」『言語学研究』7, pp.79-109.

福田嘉一郎(1996)「自動詞・他動詞・可能動詞」『熊本県立大学文学部紀要』48, pp.41-55.

細井由紀子(1986)「日本語の受身文における動作主のマーカーについて」『国語学』114, pp.124-113.

細井由紀子(1987)『命題の文法』くろしお出版.

堀 正広(2011)『英語コロケーション研究』研究社.

益岡隆志(1982)「日本語受動文の意味分析」『言語研究』82 (再録:「受動表現の意味分析」.『命題の文法――日本語文法序説』くろしお出版 1987).

益岡隆志(1987)『命題の文法』くろしお出版.

松下大三郎(1928)『改選標準日本文法』中文館, 현재는 勉誠社.

松下大三郎(1930)『標準日本口語法』中文館書店.

三浦法子(1973)「平安末期の受身表現についての一考察」『岡大国語国文論稿』1, pp.129-143.

水野雅央(1995)「可能動詞の発達と誤用」『Kyushu Otani Junior College』22, pp.89-98.

三上章(1953)『現代語法序説: シンタクスの試み』刀江書院.

三上章(1972)「現代語法序説―シンタクスの試み』くろしお出版.

見野久幸(1968) 「『保元物語』・『平治物語』における待遇表現について―尊敬語の用法をめぐって」『文学論藻 40』, pp.36-52.

三矢重松(1908)『高等日本文法』明治書院.

宮地幸一(1968)「非情の受身表現法」『近代語研究 第二集』武蔵野書院.

森田良行(1995)『日本語の視点』創拓社.

森山由紀子(2007) 「文法化の観点から見た日本語敬語形式の通時的変遷試論」『同志社大学総合文化研究所紀要』第24巻, pp.67-76.

柳田征司(1989)「助動詞「ユ」「ラユ」と「ル」「ラル」との関係」『奥村三雄教授退官記念国語学論叢』桜風社(再録『室町時代語を通して見た日本語音韻史』武蔵野書院1993).

矢野亜希子(1994)「天草版平家物語の語法研究(1)―尊敬語形式「お~ある」について」『活水日文』29, pp.38-45.

山田孝雄(1908)『日本文法論』宝文館.

山田孝雄(1922)『日本文法講義』宝文館.

山田孝雄(1936)『日本文法学概論』宝文館.

吉田金彦(1973)『上代語助動詞の史的研究』明治書院.

吉田永弘(2013)「「る・らる」における肯定可能の展開」『日本語の研究』9(4), pp.18-32.

吉田永弘(2016)「る・らる」における否定可能の展開」国学院大学『国語研究』79, pp.49-64.

吉村公宏(2003)『認知音韻・形態論』大修館書店.

Bonelli, E.T.(2000) Corpus classroom currency. *Darbai ir Dienos 24*, pp.205-243.

Kuroda, S-Y(1979) "On Japanese Passives" Exploration in Linguistic: Papers in Honor of Kazuko Inoue, eds. By G. Bedell, E. Kobayashi, and M. Muraki, pp.305-347. Kenkyusya.

Hoppe, Puaul J. and Elizabeth C. Traugott(1993) *Grammaticalization*. Cambridge: Cambridge University Press.

Shibatani, M.(1985) Passives and Related Constructions: A Prototype Analysis, *Language*, Vol.61, No.4, pp.821-848, Linguistic Society of America.

Shibatani, M.(1994) "Voice", R.E. Asher ed. The Encyclopedia of Language and Linguistics, vol.9, Pergamon Press.

Siewierska, Anna.(1984) The Passive: A Contrastive Linguistic Analysis. London: CroomHelm.

[참고자료]

■ 문헌

『万葉集』,『古事記』,『日本書紀』,『記紀歌謡』,「祝詞」,『土佐日記』,『続日本紀』,『竹取物語』,『紫式部日記』,『和泉式部日記』,『源氏物語』,『伊勢物語』,『大和物語』,『平中物語』,『蜻蛉日記』,『更級日記』,『落窪物語』,『枕草子』,『古今和歌集』,『徒然草』,『拾遺集』,『後拾遺集』,『十訓抄』,「推古遺文」,『虎明本狂言』,『虎寛本狂言』,『大名狂言』,『小名狂言』,『平家物語』,『天草版平家物語』,『高良大社蔵覚一本平家物語』,『中

華若木詩抄』,『蒙求抄』,『沙石集』,『史記抄』,『蒙求抄』,『毛詩抄』,『閑吟集』,『洒楽』, 『浮世風呂』,『吐本・鹿の巻筆』,『滑稽本・浮世床』,『浄瑠璃』,『歌舞伎・お染久松色読販』,『お染久松色読販』,『浮世草子・好色一代女』,『鎌倉三代記』,『松の葉』,『人情本・いろは文庫』

■ 사전

『名義抄』,『岩波古語辞典』,『例解古語辞典』,『日葡辞書』,『日本国語大辞典』,『広辞苑』

■ 코퍼스

㉠ The Oxford Corpus of Old Japanese(The OCOJ)

㉡ 「日本語歴史コーパス」(CHJ)

㉢ 「現代日本語書き言葉均衡コーパス」(BCCWJ-NT)

㉣ 「日本語話し言葉コーパス」(CSJ)

㉤ NINJAL-LWP for TWC(NLT)

㉥ NINJAL-LWP for BCCWJ(NLB)

■ DB

朝日新聞データベース

■ 인터넷사이트

yahoo.co.jp

찾아보기

박종승

1990 계명대학교 일어일문학과 졸업

1994 学習院大学大学院 日本語日本文学科 文学修士

2001 学習院大学大学院 日本語日本文学科 文学博士

현재: 강릉원주대학교 일본학과 교수

저서: Neo Japanese Ⅰ, Ⅱ(2009)

논문: 고대가요해석, 일본어음운론 및 일본어사 관련 40여 편

일본어 조동사 (ら)れる의 사적변천

초판 1쇄 인쇄 2021년 2월 10일
초판 1쇄 발행 2021년 2월 25일

지은이 박종승
펴낸이 이대현
책임편집 강윤경 | **편집** 이태곤 권분옥 문선희 임애정
디자인 안혜진 최선주 | **마케팅** 박태훈 안현진
펴낸곳 도서출판 역락 | **등록** 1999년 4월 19일 제303-2002-000014호
주소 서울시 서초구 동광로46길 6-6 문창빌딩 2층(우06589)
전화 02-3409-2060(편집부), 2058(영업부) | **팩스** 02-3409-2059
전자우편 youkrack@hanmail.net | **홈페이지** www.youkrackbooks.com

ISBN 979-11-6244-696-6 93730

*정가는 뒤표지에 있습니다.
*파본은 교환해 드립니다.